Clara Völker
Mobile Medien

Clara Völker (Dr. phil.) lebt in Berlin und arbeitet im Bereich Musiktechnologien.

CLARA VÖLKER
**Mobile Medien.
Zur Genealogie des Mobilfunks
und zur Ideengeschichte von Virtualität**

[transcript]

Bibliografische Information der Deutschen Nationalbibliothek
Die Deutsche Nationalbibliothek verzeichnet diese Publikation
in der Deutschen Nationalbibliografie; detaillierte
bibliografische Daten sind im Internet über
http://dnb.d-nb.de abrufbar.

© 2010 transcript Verlag, Bielefeld

Die Verwertung der Texte und Bilder ist ohne Zustimmung des
Verlages urheberrechtswidrig und strafbar. Das gilt auch für
Vervielfältigungen, Übersetzungen, Mikroverfilmungen und für
die Verarbeitung mit elektronischen Systemen.

Umschlaggestaltung: Pfadfinderei Berlin
Umschlagabbildung: © 2010 Nomad
Lektorat & Satz: Clara Völker
Druck: Majuskel Medienproduktion GmbH, Wetzlar
ISBN 978-3-8376-1372-8

Gedruckt auf alterungsbeständigem Papier mit chlorfrei
gebleichtem Zellstoff.

Besuchen Sie uns im Internet:
http://www.transcript-verlag.de

Bitte fordern Sie unser Gesamtverzeichnis
und andere Broschüren an unter:
info@transcript-verlag.de

INHALT

1. Einleitung
9
1.1 Cell Phone Studies
21

2. Anfänge der Telekommunikation
31

3. Das zweifache Sein
43
3.1 Aristoteles: Dynamis und Energeia
43
3.2 Thomas von Aquin: Potenz und Akt
69

4. Magisch-magnetische Telegraphie
75

5. Wirklichkeit und Möglichkeit
93
5.1 Spinoza – Gott und die Welt
94
5.2 Leibniz – eine Vielfalt an Möglichkeiten
105

6. Telegraphie
123
6.1 Optische Telegraphie
123
6.2 Elektrische Telegraphie
130

7. Drahtlose Telephonie und Radio
157
7.1 Fernsprecher
157
7.2 Drahtlose Telephonie
162
7.3 Radio
182

8. Virtualität in der Zeit
199
8.1 Bergson – Werden
199
8.2 Heidegger – Technik und Welt
215
8.3 Peirce – Virtualität
225

9. Wireless und portables Radio
229
9.1 Faszinosum Wireless
229
9.2 Portables Radio, erste Mobiltelefone
242

10. Mobile Medien
251
10.1 Das Mobiltelefon
251
10.2 Mobilfunk in Deutschland
270
10.3 Tragbare Computer
276

11. Digitale Virtualität
291
11.1 Luhmann – reale Unterscheidung
291
11.2 Deleuze – Virtuelles und Aktuelles
300
11.3 Lévy – Virtualität und digitale Medien
311
11.4 Virtualitätsfiktionen
317
11.5 Digitale Virtualität
321

12. Fazit
333

Literaturverzeichnis
349

1. Einleitung

Einst war das Mobiltelefon vor allem für eines zu gebrauchen: um unterwegs zu telefonieren. Mittlerweile ist das so genannte Handy jedoch zu einem mobilen Medium geworden. Es kann Daten diverser Art generieren, senden und empfangen. Damit steht es in einer Reihe mit dem Smartphone, dem Laptop und anderen portablen Digitalapparaten. Das »Mobile« begegnet uns im Alltag nicht mehr schlicht als ein portabler Telefonapparat, mit dem man auch kurze Textnachrichten verschicken kann. Es hat sich in unsere Praktiken als Uhr, Wecker, Adressbuch, Kamera, Internetportal, Postkasten, Notizzettel, Spielzeug – kurz: als Fenster zur Welt – nahtlos eingefügt. Als leicht tragbares und damit mobiles Medium, das durch Funknetze stets und nahezu überall an das Andere angeschlossen ist, verändert es unsere Welt.

Mobile Medien eröffnen Kommunikations- und Informationsräume, welche die gewohnten Realräume zunehmend und in diversen Formen durchdringen. Beispielsweise kann man per Mobiler Medientechnologie unterwegs Informationen über den Ort, an dem man sich befindet, die Objekte, die einen umgeben und auch die Personen, die man trifft, erhalten. Gleichzeitig ist man ein potentieller Teil dieser virtuellen Gemeinschaft und in der Lage zu jenem sich beständig transformierenden virtuellen Raum, der in der physischen Realität verankert ist, beizutragen. Mobile Medien verweben digitale Datenräume und lebendige Realräume und führen damit zu einer steigenden Präsenz von Virtualität. Tendenziell allerorts und jederzeit steht nun der digitale, gestaltbare Informationsraum zur Verfügung. Das Virtuelle ist also höchst aktuell. Die Interdependenz von Wirklichkeit und Medientechnologie wächst und es eröffnen sich bislang unbekannte Möglichkeitsräume.

Während ich die durch Mobile Medien generierte Virtualität als Bereicherung von Wirklichkeit wahrnehme, wurden Digitaltechnologien im ausgehenden 20. Jahrhundert entgegengesetzt gedacht. Zu jener Zeit wurden Computer als Virtualitäts-Maschinen rezipiert, die »Realität« bedrohen oder sie gar ausschließen. Das Virtuelle bekam in der Folge eine recht negative Konnotation. Dieser Widerspruch zwischen meiner Beobachtung von mobilen Medientechnologien und der Forschung zur Medientheorie des Computers ist der Ausgangspunkt für die hier formulierte Frage nach der Virtualität.

Technologien und insbesondere digitale Medientechnologien werfen stets Fragen auf, nicht nur nach ihrer Herkunft, Funktion oder Zukunft, sondern vor allem danach, wie sie unser Verhältnis zu Dingen und Wirklichkeit, wie sie Auffassungen von Welt umgestalten. Insbesondere in den 1980er und 1990er Jahren waren Digitaltechnologien Anlass für apokalyptische Spekulationen über die Verfasstheit von »Realität« und das menschliche Zusammenleben im Allgemeinen. Bedingt war dies wohl durch die Verbreitung des Personal Computers, der Entwicklung des World Wide Webs, der Popularisierung des Mobiltelefons, der allgemeinen Miniaturisierung und Verfeinerung dieser Technologien und einer mit sinkenden Produktionskosten einhergehenden Allgegenwärtigkeit von digitalen Netzwerk- und Bildtechnologien.[1] Debattiert wurden aus heutiger Sicht kuriose Fragen und Thesen, wie die einer Agonie des Realen,[2] eines Wirklichkeitsverlusts, eines Gleichwerdens von Schein und Sein, beziehungsweise von Simulation und Realität, und insgesamt wurde dem vernetzten Computer das Potential und die Aktualität unterstellt, »Realität« zu Gunsten einer nicht-realen Seinsweise – Simulation oder Virtualität – zu nivellieren. Neuartig ist eine solche Konfusion angesichts einer neuen Medientechnologie jedoch nicht. Wie Lorenz Engell in Anschluss an Niklas Luhmann formuliert: »Jedes Medium macht etwas möglich, das vor dem Auftreten dieses Mediums nicht möglich war. [...] Medien sind grundsätzlich generativ.«[3]

Obwohl Medien auf ihre je eigene Weise generativ sind und Friedrich Nietzsche zufolge das Schreibzeug mit an den Gedanken arbeitet[4], wirken durch ihr medial-technisches Dispositiv geformte

---

[1] Das angesichts jener »neuen Medien« aufgetretene Problem des Realen bzw. des Wirklichen wurde in den 1990er Jahren z.B. hier thematisiert: Sybille Krämer (Hg.): Medien – Computer – Realität. Wirklichkeitsvorstellungen und Neue Medien. Frankfurt am Main: Suhrkamp, 1998; Gianni Vattimo und Wolfgang Welsch: Medien-Welten Wirklichkeiten. München: Wilhelm Fink Verlag, 1998; Niklas Luhmann: Die Realität der Massenmedien. Opladen: Westdeutscher Verlag, 1996; Florian Rötzer (Hg.): Digitaler Schein. Ästhetik der elektronischen Medien. Frankfurt am Main: Suhrkamp, 1991; Florian Rötzer und Peter Weibel (Hg.): Strategien des Scheins. Kunst Computer Medien. München: Klaus Boer Verlag, 1991; u.v.a.

[2] Jean Baudrillard: Agonie des Realen. Berlin: Merve Verlag, 1978.

[3] Lorenz Engell: Taste, Wählen, Denken. In: Stefan Münker, Alexander Roesler, Mike Sandbothe (Hg.): Medienphilosophie. Beiträge zur Klärung eines Begriffs. Frankfurt am Main: Fischer Taschenbuch Verlag, 2003. S. 53-77. S. 54.

[4] Friedrich Nietzsche: Briefwechsel. In: Giorgio Colli und Mazzino Montinari (Hg.): Kritische Gesamtausgabe. Dritte Abteilung. Erster Band: Briefe Januar 1880-Dezember 1884. Berlin und New York: Walter Gruyter, 1981. S. 172.

Zeiten nicht kausal auf die in ihnen entstandenen Ideen und Begriffe, sondern erschaffen die Rahmenbedingungen für ihr Werden prozessual und korrelativ. Damit rütteln »neu« emergierte Medientechnologien immer an bisherigen Denkweisen und können insbesondere in ihren Entstehungsphasen oft zu obskuren Vorstellungen über ihren ontologischen Wert und ihre längerfristigen Effekte führen. Das generative Moment medialer Zusammenhänge wird oft als determinierendes interpretiert. Beispielsweise erschütterten die ersten elektronischen Massenmedien, Radio und Fernsehen, die bildungsbürgerlich-konservative Vorstellung von dem Entstehen und der Bewahrung von Gesellschaften und ihrer Wissensproduktion. In der ersten Hälfte des 20. Jahrhunderts stand der Rundfunk unter akutem Verdacht, die Massen in die Irre zu führen, ihnen eine nichtreale Realität vorzugaukeln und ein per se bösartiges Propagandainstrument zu sein.[5] Es kursierte die Annahme, dass er die Menschen systematisch verblende,[6] da sie nur noch mit Welt beliefert und damit ihrer Fähigkeit beraubt würden, zwischen Realität und Schein zu unterscheiden. Die Welt werde durch jene Medientechnologie »halb an- und halb abwesend, also phantomhaft.«[7] Folgend geriet das Fernsehen in das Visier der Kritik und wurde als Kulturvernichtendes Übel skeptisch beäugt. Als man sich weitgehend an dieses Bildmedium gewöhnt hatte, rollte sich die Debatte anhand des Digitalcomputers mit erstarkter Vehemenz von Neuem auf und projizierte nahezu sämtliche pessimistischen Visionen, die mit dem ausgehenden zweiten Jahrtausend einhergingen, auf jene Technologie. Der Verdacht, dass bis dato unbekannte Medien und Technologien Denken als irritierenden Störfaktor beeinträchtigen, lässt sich allerdings, wie im Verlauf der vorliegenden Studie zu sehen sein wird, nicht nur im 20. Jahrhundert nachweisen. Oft wird rückblickend eine vermeintlich prä-mediale Vergangenheit idealisiert im

---

5 Brecht war 1932 der Ansicht, dass dem durch die Umfunktionierung des Rundfunks von einem »Distributionsapparat in einen Kommunikationsapparat« entgegengewirkt werden könne. Vgl. Bertolt Brecht: Der Rundfunk als Kommunikationsapparat. Rede über die Funktion des Rundfunks (1932). In: Claus Pias, Joseph Vogl, Lorenz Engell u.a. (Hg.): Kursbuch Medienkultur. Die maßgeblichen Theorien von Brecht bis Baudrillard. Stuttgart: DVA, 2000. S. 259-263. S. 260

6 Max Horkheimer und Theodor W. Adorno: Dialektik der Aufklärung. Philosophische Fragmente. Frankfurt am Main: Fischer Taschenbuch Verlag, (1944) 1998. S. 128 ff.

7 Günther Anders: Die Antiquiertheit des Menschen. Band 1. Über die Seele im Zeitalter der zweiten industriellen Revolution. München: Beck, 1985. S. 110. Sowie ders.: Die Antiquiertheit des Menschen. Band 2. Über die Zerstörung des Lebens im Zeitalter der dritten industriellen Revolution. München: Beck, 1985. S. 252.

Vergleich zu der die neue, medial geprägte Gegenwart bedrohlich erscheint.

Zunächst sei also festgehalten, dass der per Kabel vernetzte Computer, neben dem Radio und dem Telefon der bedeutendste Vorgänger »mobiler Medientechnologien«, in seiner Verbreitungsphase häufig zu Verunsicherungen führte und in der sich damals formierenden Medientheorie und -philosophie als Bedrohung rezipiert wurde. Zugleich wurde er orientiert am Vorbild des ihm vorangegangenen »neuen« Mediums, dem Fernsehen, als ein nunmehr nicht rein elektronisches, sondern digitales Bildmedium, als ein Immersionsapparat, gedacht. Die sich hiermit aufwerfende Frage nach seiner Daseinsweise wurde anhand des Kontrasts zwischen »Realität«[8] und »Virtualität« konstruiert, eine Diskussion, die sich um Sein und nicht-Sein, um Wahrheit und Täuschung, kurz: um in der Philosophie altbekannte, dichotome Kategorien drehte. »Virtualität« geriet neben »Simulation« zum theoretischen »Modewort«[9], mit dem das Phänomen zu fassen versucht wurde, oftmals verkürzt auf »Virtuelle Realität«[10] und verknüpft mit der Annahme, Virtuelle Realität würde Realität ihrer Materialität entheben, indem sie diese im immateriellen Raum des Digitalen diametral verdopple, wodurch sich die materielle im Gegensatz zur virtuellen Realität als minderwertig darstelle. Eine Frage, die sich daher angesichts von mobilen Medientechnologien aufdrängt, ist, ob dasjenige, welches digital erzeugt ist, zugleich virtuell ist, und ob daher aufgrund der steigenden Präsenz digitaler Technologien in unserer Alltagspraxis Realität zunehmend virtueller Art ist, der es an Wirklichkeit mangelt.

Wenn es tatsächlich so wäre, dass wir aufgrund von Digitaltechnologien »den« Bezug zu »der« Realität verlieren und nicht länger wissen würden, was virtuell, was wirklich, was fiktiv und was überhaupt ist, also in einen Zustand von Konfusion und illusionärem Nicht-Wissen abrutschten, hätten uns die in den letzten fünfzehn Jahren populär gewordenen »mobilen Medientechnologien« wie Mobiltelefone bzw. »Handys«, PDAs (»Personal Digital Assistants«) und Laptops aufgrund ihrer Allgegenwart und multiplen Netzwerk-

---

8   Vgl. Siegfried Zielinski: Expanded Reality. In: Florian Rötzer und Peter Weibel (Hg.): Cyberspace. Zum medialen Gesamtkunstwerk. München: Klaus Boer Verlag, 1993. S. 47-64. S. 51. Zielinski plädiert hier dafür, den Begriff »Expanded Reality« für die Beschreibung der Vermischung von elektronisch-digitalen mit »materiellen« Formen der Realität zu verwenden, anstatt wie Jean Baudrillard eine »Agonie des Realen« anzunehmen.
9   Elena Esposito: Fiktion und Virtualität. In: Krämer 1998, S. 269-296.
10 Vgl. Benjamin Woolley: Die Wirklichkeit der virtuellen Welten. Basel u.a.: Birkhäuser Verlag, 1994. S. 249.

zugehörigkeit endgültig in ein flimmerndes Nichts aus Illusion und Virtualität, Simulation und Konstruktion katapultiert. Denn mit ihnen durchdringt jene digitale Virtualität in zunehmendem Maße den realen Raum. »Mobile Medien« oder »Mobile Medientechnologien« können digitale Virtualität eingewoben in nicht-digitale Kontexte nahezu jederzeit gegenwärtig werden lassen.

Mitte des 20. Jahrhunderts waren Digitaltechnologien Rechengroßanlagen, sperrige Apparate, die ganze Räumen füllten und nicht nur massig Strom verbrauchten, sondern gleichzeitig auch immense Hitze produzierten, also wenig handlich oder »mobil« waren. Eine Verwendung dieser Technologie im Alltag des Einzelnen schien aufgrund der technischen Möglichkeiten jener Zeit problematisch bis unvorstellbar. Trotz diverser Optimierungen waren Personalcomputer noch in den 1990er Jahren weitgehend durch Strom- und Netzwerkkabel und ihr eigenes Gewicht an einen fixen Ort gebunden. Mit ihnen und ihren Programmiersprachen konnten zwar mittlerweile digitale Simulationen, »virtuelle Welten«, erschaffen werden, und sie füllten nicht mehr ganze Räume, dennoch war die digitale Virtualität des World Wide Web und der »Virtuellen Realität« noch immer vor allem daran gebunden, verkabelt zu sein. Mittlerweile sind digitale Medientechnologien diversester Art auf breiter Basis »mobil« geworden, d.h. sie sind portabel und in einem durch ein Netzwerk definierten Gebiet anwendbar.[11]

Erforderlich waren hierzu die Generierung elektromagnetischer Wellen zwecks drahtloser Datenübertragung (»wireless«), die Speicherung von Strom durch Akkumulatoren und die Miniaturisierung der Speicher- und Bildschirmtechnologie. Der Computer gelangte von Arbeitskontexten als »Persönlicher Rechner« in Privathaushalte und mittlerweile als »Mobile«, Laptop, PDA, etc. in den öffentlichen Raum.[12] Im ersten Jahrzehnt des 21. Jahrhunderts sind Mobile Medien Massenprodukte, die ohne großen Kraftaufwand am Körper transportiert werden können, teilweise als »Wearables« in Kleidung eingewoben sind, und deren Funktionsraum in Abhängigkeit von den sie umgebenden Netzwerkstationen im Vergleich zu den auf Drähten basierenden Netzen erweitert worden ist.

---

11 Bärbel Tischleder und Hartmut Winkler: Portable Media. Beobachtungen zu Handys und Körpern im öffentlichen Raum. In: Ästhetik & Kommunikation, Heft 112, Berlin 2001. S. 97-104. »Mobiles« bzw »Mobile Medien« werden hier als »Portable Media« bezeichnet.
12 Zur Entstehungsgeschichte des PCs vgl. z.B.: Roy A. Allan: A History of the Personal Computer. The People and the Technology. London, Ontario: Allan Publishing, 2001.

Durch diese Loslösung und Neukopplung via Funk wird, so meine Beobachtung, der digitale Datenraum nicht nur an mehreren Orten potentiell anwesend, sondern die Virtualität des Digitalen wird darüber hinaus und damit einhergehend zu einem prägenden und nicht negierbaren Teil von Realität. Das vormalige Paradox des zugleich Anwesenden und Abwesenden – des Virtuellen – wird durch diese mobilen Digitaltechnologien merklich zu einem bestimmenden Faktor von Welt. Das Mobile an Mobilen Medien besteht dabei nicht in einer Automobilität, sondern in ihrer durch Miniatisierung und Funknetze bedingten unaufwendigen Transportierbarkeit und der damit einhergehenden potentiellen Allgegenwärtigkeit und zunehmenden Interkompatibilität der Apparate.

Das im Deutschen »Mobiltelefon«[13] genannte Gerät ist weder bloß ein bewegliches Telefon, noch ist es schlicht die Nachfolgetechnologie des »Festnetztelefons«. Aus technischer Sicht ist der Urahne des Mobiltelefons nicht das Telefon, sondern das Radio. Mobile Medien sind im Prinzip Zwei-Wege-Radios: Sie übertragen mittels Funk- bzw. Radiowellen Informationen von einem Ort zu einem anderen. Als »Mobiltelefone« kann man hingegen bereits jene Haushaltsgeräte verstehen, die es in den 1970er Jahren in insbesondere nordamerikanischen Wohnstätten gab: Telefone, die zwar per »Festnetz« an das Telefonnetz angeschlossen waren, jedoch nicht, wie in den Anfangszeiten des Telefons üblich, an der Wand eines Postamts oder des Hauses montiert waren, sondern zunächst durch elastische gekringelte Kabel und später durch Funkübertragung in einem gewissen Rahmen »mobil« d.h. portabel waren und somit im Radius des Kabels oder der Basisstation verwendet werden konnten. Heutige Mobile Medien haben nicht nur einen größeren Umkreis, innerhalb dessen telefoniert werden kann und sind wesentlich leichter, können also problemlos getragen werden, sondern die Übertragung an sich ist eine andere geworden. Sie ist digital und unabhängig von Kabelverbindungen, in dieser Hinsicht also drahtlos. Damit ähneln Mobile Medien von der technischen Seite mehr dem Radio – dem erstem portablen Gerät, mit dem Klänge zumindest empfangen, wenn auch nicht gesendet werden konnte – als dem Telefon.

---

13 Die Tragbarkeit ist in den meisten Sprachen namensgebend: Im Finnischen wird das Mobile »kanny« genannt (eine Erweiterung der Hand), im Spanischen »el movil«, im Arabischen »telephone gowal« (Lufttelephon), in Thailand »moto«, in Japan »ke-tai« (tragbares Telefon), in China »sho ji« (Handmaschine), im Französischen »le portable« (das Tragbare). Vgl.: Sadie Plant: On the Mobile. The effects of mobile telephones on social and individual life. Motorola, 2002. S. 12. (www.motorola.com/mot/doc/0/234_MotDoc.pdf); sowie Henrietta Thompson: The Ultimate Guide to the Cell Phone Phenomenon. London: Thames & Hudson, 2005. S. 17 ff.

Einleitung

»Mobile Medien« oder »Mobiles« sind digitale und multifunktionale Netzwerktechnologien, die so klein sind, dass sie mindestens in der Hand gehalten werden können, mittels Funkwellen funktionieren und daher während des Bewegens verwendet werden können, also unabhängig von einem bestimmten Ort sind.

Ausgangspunkt und Grundthese der vorliegenden Studie ist, dass Mobile Medien durch ihre zunehmende Durchdringung des Realraums verdeutlichen, dass sich der mit Medientechnologien einhergehende epistemologische Wandel nicht in den simplifizierenden Dichotomien von Virtualität vs. Realität, Schein vs. Sein, Trug vs. Wahrem usw. fassen lässt. Zudem wird es implausibel, dass »virtuell« gleichbedeutend sein soll mit »digital«, und damit ein vergleichsweise neuartiges Phänomen wäre.[14] War Denken und Realität nicht schon immer durch abwesendes Anwesendes geprägt? Dieser Frage wird hier anhand von mobilen Medientechnologien nachgegangen.

Offensichtlich ist, dass sich die den vernetzten Digitalcomputer begleitenden Verlustvisionen nicht bewahrheitet haben. Realität hat sich zwar weiterhin diversifiziert und ist durch medientechnologisch generierte Informationsnetzwerke supplementiert[15] worden, von (digitaler) Virtualität vernichtet wurde sie jedoch nicht. Wie hat sich die Idee des Virtuellen durch und mit mobilen Medientechnologien verschoben?

Um diese Frage zu beantworten, unternimmt das vorliegende Buch eine mediale Historiographie in der Hinsicht, dass es die Entwicklung kabelloser digitaler Kommunikations- und Informationstechnologien nachzeichnet um daraus Schlüsse zu ziehen auf die sich wandelnde Idee des Virtuellen. Verknüpft hiermit betrachtet der begriffliche Teil, wie »das Virtuelle«, die Welt bestimmende Wirkkraft, in durch verschiedene Medientechnologien geprägten historischen Epochen gedacht wurde: mit Aristoteles in der Antike, mit Spinoza und Leibniz im Barock, mit Deleuze im elektronischen Medienzeitalter, und mit Autoren wie Lévy, Serres und Massumi im Kontext digitaler Netzwerktechnologien.

Die Geschichtsschreibung von Medientechnologien ist immer mit der Gefahr behaftet, das konstruktivistische Moment der Wissenschaftenzu exaltieren und eine Gerichtetheit technologischer Ent-

---

14 Virtualität und digitale Technologien bzw. dasjenige, welches durch sie erzeugt wird, werden z.B. hier gleichgesetzt: Steve Woolgar: Virtual Society? Technology, Cyberbole, Reality. Oxford: Oxford University Press, 2002.
15 Im Sinne eines derridaschen Supplements, vgl. Jacques Derrida: Grammatologie. Frankfurt am Main: Suhrkamp, (1967) 1974. S. 250.

wicklungen zu präsumieren.[16] Medien und Technologien entstehen jedoch nie isoliert und selten intentional, sondern immer innerhalb von Verknüpfungen historischer, sozialer, ökonomischer und politischer Art, weswegen ihre Ursprünge nie komplett rekonstruiert werden können.[17] Auch wenn medial-technologische Dispositive als Konstrukte und Ermöglichungen das sich in und mit ihnen Vollziehende prägen, lassen sie sich kaum als Zweckursache verstehen, deren Wirkung auf das Denken in der und über die jeweilige Zeit klar fassbar und messbar wäre. Ihre Effekte sind diffuser Art und lassen sich nicht als reine, unidirektionale Kausalität im Nachhinein deutlich begreifen. Daher werden im Folgenden die Faktoren, Ereignisse und Brüche, die ausschlaggebend für die Ermöglichung mobiler Medientechnologien waren, erforscht. Leitend ist hierbei »Virtualität« als Primärkategorie Sinn.[18] Wenngleich Medienarchäologie darin besteht, das aus der jeweiligen Perspektive Neue gegen das Alte zu lesen,[19] geht diese Untersuchung ausgehend von der aktuellen Präsenz mobiler Medientechnologien chronologisch vor. Denn nur vor der Entwicklung des Alten lässt sich das Neue fassen, nur im Rückblick auf die Faszinationen, welche die Entdeckungen und Nutzbarmachungen von Elektrizität, Radiowellen und Computern auslösten, lässt sich begreifen, weshalb das Handy als mobile Digitaltechnologie jene Virtualitäts-Phantasmen, die mit digitalen Medientechnologien einhergingen, unterläuft und verdeutlicht, dass Virtualität von je her ein Bestandteil von Welt gewesen ist, wenngleich sie in verschiedener Weise gedacht wurde.

Die Illusion einer rekonstruierbaren unmittelbaren objektiven Wirklichkeit, die durch den Terminus »Geschichte« meist suggeriert wird, soll hier also nicht verfolgt werden. Die vorliegende »Mediengeschichtsschreibung« ist nicht durch Kontinuität und Kausalität bestimmt, sondern durch Emergenz und Kontingenz. Aus dieser sy-

---

16 Vgl. Harry Collins und Trevor Pinch: Der Golem der Technologie. Wie die Wissenschaft unsere Wirklichkeit konstruiert. Berlin: Berlin Verlag, 2000.
17 Vgl. Wiebe E. Bijker, Thomas P. Hughes und Trevor J. Pinch (Hg.): The Social Construction of Technological Systems. New Directions in the Sociology and History of Technology. Cambridge und London: MIT Press, 1987.
18 Vgl. Niklas Luhmann: Soziale Systeme. Grundriß einer allgemeinen Theorie. Frankfurt am Main: Suhrkamp, 1984. S. 100.
19 »Media archeology is first and foremost a methodology, a hermeneutic reading of the ›new‹ against the grain of the past, rather than a telling of the histories of technologies from past to present.« Vgl. Geert Lovink: My First recession: Critical Internet Culture in Transition. Rotterdam: V_2 Publishing / NAI Publishers, 2003. S. 11. Zitiert nach Lisa Gitelman: Always Already New: Media, History and the Data of Culture. Cambridge: MIT Press, 2006. S. 11.

stemtheoretisch geprägten Perspektive macht es wenig Sinn, zu behaupten, dass ein einzelner Umstand, beispielsweise »Krieg«, die Ursache – und nicht bloß ein beschleunigender Motor – für die Entwicklung von Medientechnologien war und ist, und diese nur aufgrund dieser Kausalursache entstehen konnten, wie prominent von Friedrich Kittler behauptet wurde.[20] Ebenso unproduktiv ist es, zu behaupten, dass es einzelne Erfindergenies waren, die eine Technologie aus ihrem inneren Genius heraus entwickelt haben, wie es der den gängigen Medien- bzw. Telekommunikationsgeschichten zugrunde liegende Tenor ist.[21] Diese Mediengeschichte kann und soll nicht darin bestehen, im Rückblick einzelne Ereignisse kausal aneinander zu reihen und dabei anzunehmen, dass ein genialer, seiner Zeit voraus denkender Erfinder das Mobiltelefon erfunden habe und dieses sich sodann unmittelbar auf den Begriff des Virtuellen ausgewirkt hat. Von Erfindern realisierte Technologien sind ein Produkt ihrer Zeit und nicht eines den weiteren historischen Verlauf determinierenden Genius'.[22] Am Beispiel von mobilen Medientechnologien soll im Verlauf gezeigt werden, dass es Konstellationen aus ineinander greifenden Faktoren sind, die das Werden einer Technologie, die nie als endgültige, unmodifizierbare die Welt erblickt, ermöglichen. Daher werden verschiedene Versuche, über Distanzen ohne Kabel Informationen zu übermitteln und zu empfangen – also zu telekommunizieren – beschrieben, einerseits um eine geläufige Vorstellung, nämlich dass Kommunikationstechnologien erst im 19. Jahrhundert mit der Elektrizität oder dem Morse-Code entstanden sind, zu widerlegen, andererseits um zu verdeutlichen, aus welchen Komponenten, Ideen, Erfindungen und Entwicklungen heutige Mobile Medien emergiert und gewachsen sind. Es geht also darum, zu zeigen, welche technischen Entdeckungen und Experimente im Zusammenspiel mit ihren Erfindern und medienbasierten Netzwerken dazu führten, dass gesprochene Sprache und schließlich Daten ohne Kabel übertragen werden konnten. Drei wesentliche Bereiche technisch-physikalischer Neuerungen sind als Bedingungen der Möglichkeit von Mobilen Medien zu betrachten: Magnetismus, Elektrizität, Digitaltechnologie.

Hiermit in engem Zusammenhang stehen die Gedanken derjenigen, die eine Technologie entwickelt haben bezüglich der Anwendung von ihr. Fehleinschätzungen über den zukünftigen Gebrauch

---

20 Vgl. Friedrich A. Kittler: Grammophon, Film, Typewriter. Berlin: Brinkmann und Bose, 1986.
21 Vgl. z.B. Anton A. Huurdeman: The Worldwide History of Telecommunications. Hoboken, New Jersey: John Wiley & Sons, 2003.
22 Vgl. Frank Hartmann: Globale Medienkultur. Technik, Geschichte, Theorien. Wien: Facultas, 2006, S. 17.

von Erfindungen sind in Technologie-Geschichten verbreitet, beispielsweise ging Thomas Alva Edison davon aus, dass der von ihm erfundene Phonograph als Diktiergerät für Geschäftsmänner verwendet werden würde,[23] und verneinte, dass er jemals kommerziellen Wert haben könnte, schätzte also das Potential der von ihm erfundenen Technologie falsch ein. Ein weiteres Beispiel dafür, dass weder bestehende technische Möglichkeiten noch der Wille von Technologie-Entwicklern den tatsächlichen Gebrauch einer Technologie determinieren, ist die Video- oder Bildtelephonie, die bereits vor rund fünfzig Jahren antizipiert und als Zukunftstechnologie enthusiastisch gefördert wurde, sich jedoch bis heute noch nicht wirklich durchgesetzt hat. Hinsichtlich mobiler Medientechnologien gestaltet sich der Entstehungsverlauf insofern komplex, da sie Konglomerate aus Radio, Telegraph, Telefon, Schreibmaschine, Walkman, Laptop, Adressbuch, Uhr und vielem mehr sind, also ein Netzwerk aus Ursprungsfäden haben, denen gemeinsam das Bestreben war, in die Ferne sprechen oder hören zu können, ungebunden von einem bestimmten Ort Abwesendes Anwesendes werden lassen und Daten weitergeben zu können, sich also in der Realität zu verankern und diese gleichzeitig zu erweitern. Wie diese Technologien sich herauskristallisiert haben, soll unter Berücksichtigung der Medientransformationen und -deformationen anhand verschiedener historischer Ereignisse, Entwicklungsstränge und Zusammenkünfte dargestellt und in Bezug auf das Phänomen der Virtualität interpretiert werden.

Die Welt scheint durch digitale Technologien zu einer zweigeteilten geworden zu sein, oder aber es scheint die eine Hälfte des seit je in Zwei zerfallenden Seins oder Werdens durch das Digitale bekräftigt und erweitert worden zu sein, wie diesem Kommentar des Internetjuristen Laurence Lessig entnommen werden kann: »The digital world is closer to the world of ideas than to the world of things.«[24] Die angesichts digitaler Technologien angenommene Dichotomie von Ideen und Dingen, von Virtualität und Realität knüpft allerdings nicht nur beispielsweise an die aristotelische Unterscheidung zwischen Dynamis und Energeia und weitere philosophische Konzepte an, die das Virtuelle in Zusammenhang mit etwas mit ihm Korrespondierendem dachten, sondern vor allem auch unmittelbar an die in der mathematischen Informationstheorie getroffene Trennung von Information und Materie. Claude Shannon und Warren

---

23 Vgl. z.B. Mark Katz: Listening in Cyberspace. In: ders.: Capturing Sound: How Technology Has Changed Music. Berkeley: University of California Press, 2004. S. 158-187. S. 160.
24 Lawrence Lessig: Future of Ideas. New York: Random House, 2001. S. 116.

Weaver differenzierten 1948 vor dem Hintergrund der zur damaligen Zeit geläufigen Telekommunikationstechnologien nicht bloß zwischen Information und materiellem Informationsträger sondern postulierten diese als unabhängig voneinander. Hiermit ebneten sie den Weg für die spätere Unterscheidung – einer aus dieser Verschiedenartigkeit mutierten Gegensätzlichkeit – zwischen Virtualität, als Informationsraum, und Realität, als materiellem raumzeitlichem Gefüge. Information wird hier zu einer einen Kanal passierenden Wahrscheinlichkeit, die nicht materiell und nicht notwendigerweise bedeutsam ist, und durch Störungen manipuliert werden kann. Sie ist ein Ereignis, das sich durch die Minimierung von Unsicherheit auszeichnet.[25] Damit wird sie, wie N. Katherine Hayles herausgearbeitet hat, von etwas Präsentem zu etwas Strukturellem, von etwas Nebensächlichem zu etwas »Essentiellem«, wodurch wir Hayles zufolge in den Zustand der Virtualität eintreten.[26] Virtualität ist aus dieser Sicht also eng gekoppelt mit Information.

Während es in den 1940er Jahren bei den Macy-Conferencen noch unter anderem darum ging, auszuloten, was Mensch und Maschine voneinander trennt und was ihnen gemeinsam ist, wie die Gegensätze zwischen beiden, zwischen Biologie und Informationswissenschaft überbrückt und nicht nur nicht-menschliche, sondern auch menschliche Organismen gesteuert und kontrolliert werden können, änderte sich dieses Paradigma des Denkens über den neuartigen Maschinentypus in der zweiten Hälfte des 20. Jahrhunderts.[27] Noch Alan Turing und seine Papiermaschine, ein Gedankenexperiment, das zwischen Frau und Mann, sowie zwischen Mensch und Computer zu differenzieren versuchte, setzte eine Dichotomie voraus, die durch jene Experimente und die Vision des Hybrids aus Mensch und Maschine, des vor allem in den 1980er Jahren in Fiktionen unterschiedlichster Art populären »Cyborgs«, zu überbrücken versucht wurde.[28] Kybernetiker wie Norbert Wiener stellten fortan enthusiastisch Thesen auf, wie die, dass der Mensch wie die Ma-

---

25 Claude E. Shannon und Warren Weaver: The Mathematical Theory of Communication. Urbana, Chicago und London: University of Illinois Press, 1949. S. 9 ff, S. 33 ff.

26 N. Katherine Hayles: How We Became Posthuman. Virtual Bodies in Cybernetics, Literature, and Informatics. Chicago und London: University of Chicago Press, 1999. S. 18-19.

27 Vgl. Norbert Wiener: Cybernetics, or Control and Communication in the Animal and the Machine. New York: The Technology Press, 1948. Sowie: Claus Pias (Hg.): Cybernetics – Kybernetik. The Macy-Conferences 1946-1953. Bd. 1 Transactions/Protokolle. Zürich und Berlin: diaphanes, 2003.

28 Alan M. Turing: Computing Machinery and Intelligence. In: Mind, Vol. 59, Nr. 236, Oktober 1950. S. 433-460.

schine eigentlich auch nur aus Informationen bestehe und daher theoretisch ein Mensch telegraphiert werden könne.[29] Ebenso wie die populärkulturellen Phantasien der Teleportation sind sie bislang jedoch Gedankenspielereien geblieben, denn Materie und Information sind nicht ineinander übersetzbar oder verlustfrei voneinander abkoppelbar. Nachfolgend ging es angesichts der immer handlicher und aufgrund von grafischen Betriebssystemen immer leichter bedienbar gewordenen PCs um andere Fragen als den Vergleich zwischen Mensch und Maschine. Die digitale Rechenmaschine begann, als Werkzeug und als »Universalmedium« rezipiert zu werden, wodurch nicht mehr allein sie selbst, sondern das, was mit ihr gemacht werden konnte, in den Mittelpunkt des Interesses rückte und sich Medienwissenschaften formierten. Erzeugt werden konnten mit ihr nun neben Telekommunikation auch virtuelle Welten wie die des Computerspiels oder des Cyberspace.

Die Trennung zwischen »intelligenter« Informations-Maschine und Mensch in den 1940er und 1950er Jahren geht der Dichotomie zwischen Virtualität und Realität in den späteren Jahren logisch voraus: würde man nicht annehmen, Informationen seien unabhängig von ihrem materiellen Träger und die Welt bestünde aus zwei Sphären: Information und Materie, die miteinander gleich der cartesianischen Vorstellung von Geist und Körper unvereinbar sind und sich kaum beeinflussen, so könnte man nicht davon ausgehen, dass digitale Virtualität materielle Realität verdrängt und beseitigt. Kurzum: in der vorliegenden Studie wird gefragt, wie Virtualität in verschiedenen medienhistorischen Epochen gedacht wurde. Hierbei zeigt sich, dass die Zweiteilung des Seins sich in verschiedenen Formen durch die Philosophiegeschichte zieht. Virtualität wird jedoch erst mit elektronischen und digitalen Netzwerktechnologien als medientechnologisch erzeugtes Phänomen verstanden. Zuvor mag das Denken als solches latent durch die Schreibgeräte und technischen Apparaturen der jeweiligen Zeit mitgeprägt gewesen sein. Das Mediale und das Virtuelle wurden jedoch nicht im Zusammenhang reflektiert. – Wie wurden Telekommunikation und Mobile Medien möglich und inwieweit haben sich die Ideen von Virtualität, die duale Seinsstruktur gewandelt?

---

29 »Let us then admit that the idea that one might conceivably travel by telegraph, in addition to travelling by train or airplane, is not intrinsically absurd, far as it may be from realization.« Vgl. Norbert Wiener: The Human Use of Human Beings. Garden City, New York: Doubleday Anchor Books, 1954. S. 103-104.

Einleitung

1.1 Cell Phone Studies

Es gibt vergleichsweise wenige Publikationen zu Mobilen Medien, die ihre Entstehungsgeschichte berücksichtigen. Die Effekte dieser Medientechnologien auf menschliches Zusammenleben werden oft für relevanter als ihre Herkunft gehalten und hiervon separiert betrachtet. In Geschichtsschreibungen zur Technik kommt das Mobiltelefon meist nur am Rand vor. In diesem Kontext wird es also für relativ unbedeutend erachtet. Wenn es thematisiert wird, dann meist als Nachfolgetechnologie des Telefons, und nicht als ein Konglomerat aus Radio, Computer, Telefon und vielem mehr. Und während sich in den letzten Jahren einige Publikationen aus kommunikationswissenschaftlichen, soziologischen und auch ethnologischen Perspektiven mit dem Mobiltelefon befasst haben, finden sich in Buchform nur zwei Versuche, den Entstehungsbedingungen des Mobiltelefons und seiner Entwicklung nachzugehen.

Zum einen hat Jon Agar 2003 »eine globale Geschichte des Mobiltelefons« mit dem Titel »Constant Touch«[1] verfasst. Zum anderen hat Paul Levinson 2004 eine mit dem nicht minder enthusiastisch-exaggerierten Titel »Cellphone. The Story of the World's Most Mobile Medium and How It Has Transformed Everything!«[2] versehene Geschichte des Mobiltelefons publiziert. Abgesehen von der wenig medienphilosophischen Herangehensweise an das Sujet ist diesen beiden Publikationen gemeinsam, dass sie den Beginn des mobilen Telefonierens auf 1901 datieren, und damit auf das Jahr, in dem Guglielmo Marconi angeblich die Übertragung des Buchstaben »S« via Funk über den Atlantik gelang. Während Agar vor allem die neueren Entwicklungen der Mobilfunknetze beschreibt und das Mobiltelefon in einer Reihe mit der Taschenuhr, die ihm zufolge Zeit personifizierte und mobil werden ließ, betrachtet, befasst sich Levinson weniger historisch-chronologisch mit dem »welt-populärsten Mobilmedium«, als vielmehr damit, »wie es alles verändert hat«. Für Levinson hat das Mobiltelefon seinen Ursprung in Bells Erfindung des elektrischen Telefons von 1876 und in der Erfindung des Phonographen durch Edison im Folgejahr. Ihm zufolge sind Medientechnologien wie Laptops, Computer, Radio, Fernsehen und Telefone an Räume gebunden. Das Mobiltelefon hingegen ist ein »raumloses Medium«.[3] Diese Beobachtung mag zwar partiell zutreffend sein, nur ist das Mobiltelefon bei weitem kein raumloses Medium. Es befindet

---

1 Jon Agar: Constant Touch. A Global History of the Mobile Phone. Cambridge: Icon Books, 2004.
2 Paul Levinson: Cellphone. The Story of the World's Most Mobile Medium and How It Has Transformed Everything! New York: Palgrave, 2004.
3 Levinson 2004, S. 43.

sich schlicht in einem neuen Typus von Raum, der nicht durch physische Barrieren wie Mauern definiert wird. Kennzeichnend für ihn ist vielmehr die Präsenz von an Koordinaten gekoppelte Informationsräumen. Das Mobiltelefon funktioniert innerhalb des Raumes des Funknetzes. Es ist also nicht raumlos, sondern bildet eine den Raumideen des 19. Jahrhunderts entgegenstehende Form des Raumes aus. Auch wenn Levinson die allgemeinen durch das Handy bewirkten Veränderungen teilweise treffend beobachtet und den nachvollziehbaren Umstand anmerkt, dass das Mobiltelefon generativ und kreativ ist, bleibt diese »Geschichte« recht oberflächlich und ist von wenig medienhistorisch oder -philosophisch relevantem Gehalt. Während Agar also seinen Versuch »die« Geschichte des Mobiltelefons zu schreiben tatsächlich, wenn auch in etwas verkürzter Weise, realisiert, handelt Levinsons Untersuchung eher recht pauschal von den durch den Verbreitungsgrad des Handys bewirkten Verschiebungen von Alltagspraktiken.

Die meisten der seit circa 2000 vorwiegend im englischsprachigen Raum publizierten Sammelbände zu Handys thematisieren diese durch die Allgegenwart des Mobiltelefons bewirkten Veränderungen im Sozialen. Es wird zwar auch nach anderen Zusammenhängen wie zum Beispiel den Effekten von Mobilfunkwellen auf den menschlichen Körper oder dem Überwachungspotential von Mobiltechnologie gefragt. Im Mittelpunkt des Forschungsinteresses steht jedoch die Frage nach der Umgestaltung verschiedener Formen nationaler oder interessensdominierter Kulturen durch die Emergenz von »Handys«, »Cell Phones« oder »Mobiles«. Untersucht wird beispielsweise wie Teenager mit diesen Medientechnologien umgehen, wie sie den Familienalltag unterbrechen, welche sozialen Normen sich zum Umgang mit Mobiltechnologien ausgebildet haben und worin hierbei die länderspezifischen Unterschiede bestehen. Es handelt sich also, abgesehen von einzelnen Ausnahmebeiträgen, gängigerweise nicht um medienphilosophische Zugänge zum Thema. Folgend ein kurzer Überblick über bisherige Herangehensweisen zur Erforschung und Theoretisierung von Handys bzw. Mobilen Medien.

Die erste umfassende Studie über das Mobiltelefon, »On the Mobile. The Effects of Mobile Telephones on Social and Individual Life«[4], wurde 2002 von der britischen Philosophin und Kulturwissenschaftlerin Sadie Plant im Auftrag der Mobilfunkfirma Motorola publiziert. Es handelt sich hierbei um eine Betrachtung der mit Mobiltelefonen einhergehenden Veränderungen des menschlichen Zu-

---

4   Sadie Plant: On the Mobile. The effects of mobile telephones on social and individual life. Motorola, 2002. (www.motorola.com/mot/doc/0/234_Mot Doc.pdf)

sammenlebens im internationalen Vergleich. Eine von Plants zentralen Beobachtungen ist beispielsweise, dass sich mit dem Mobiltelefon beim Telefonieren die Frage des Ortes anstatt des Befindens in den Vordergrund geschoben hat. Zu Konversationsbeginn fragt der Anrufer meistens »where are you?«[5], und nicht mehr »how are you«. Hieraus kann man ihr zufolge schlussfolgern, dass das Mobiltelefon zu einem ortsdefinierenden Teil des Selbst geworden ist. Zudem haben die Klänge des Handys als »electronic birdsong« den sonischen Raum transformiert. Und auch der menschliche Körper hat sich der Technologie angepasst. Es entwickelt sich eine neuartige Körpersprache. Plant schlussfolgert dies daraus, dass Japanische Kinder oft nicht mit dem Zeigefinger auf Dinge zeigen oder Klingeln drücken, sondern hierzu ihren Daumen verwenden. Mit diesem bedienen sie üblicherweise »Handys« und andere Mobiltechnologien, sowie Fernbedienungen und Spielkonsolen. Er ist in der technisch bestimmten Alltagspraxis dieser Kinder präsenter als ihr Zeigefinger.[6] Einzigartig ist das Mobiltelefon darüber hinaus vor allem in dieser Hinsicht:

»The relatively low costs and simplicity of the mobile phone have made its spread and reach unique in the history of technology. The mobile has taken its place in a time marked by increasing connectivity, unprecedented mobility, and the emergence of new cultures, communities and collectivities, and it is now helping to shape that new, emerging world. If the landline telephone ›arrived at the exact period when it was needed for the organisation of great cities and the unification of nations‹, the mobile phone arrived to suit a new era of mobility. All around the world, people are moving and migrating for work [...]. The mobile encourages such movements, and helps to repair the connections they may break.«[7]

Plant betrachtet das Mobiltelefon also als auf das Engste verbunden mit der unsere Epoche auszeichnenden räumlichen Mobilität. Als Lückenfüller für die instabil gewordenen Sozialbeziehungen und die räumliche Verstreuung geht es mit der Globalisierung einher. – In dieser Studie wird das »Mobile« hauptsächlich als Telefon, mit dem auch Kurznachrichten verschickt werden können, betrachtet. In der 2006 publizierten Nachfolgestudie von Plant bezeichnet der Begriff eine erweitere Technologie.

Der Daumen ist als primäres Bedienungswerkzeug des Handys titelgebend für das 2005 erschienene Buch »Thumb Culture«.[8] Die-

---

5 Plant 2002, S. 29.
6 Plant 2002, S. 53, 51.
7 Plant 2002, S. 76.
8 Peter Glotz, Stefan Bertschi, Chris Locke (Hg.): Thumb Culture. Bielefeld: transcript Verlag, 2005.

ser Sammelband befasst sich mit »dem Mobiltelefon in der Gesellschaft«, dem sich unter anderem mittels einer Delphi-Studie und anderer empirischer Untersuchungen genähert wird. Unterteilt in drei Sektionen (»Kulturelle Identitäten«, »Mobile Persönlichkeiten« und »Industrie-Perspektive«) werden so diverse Facetten des »Mobiltelefons« angesprochen wie das »Daumenzeitalter«, die Personalisierung der Technologie und die durch sie entstehende Identitätsbildung, der mit ihr entstehende Zwischen-Raum, mobile Sitten, Moblogs, Klingeltöne, SMS, Ortung und vieles mehr. – Auch hier stehen weder explizit die Entstehung des Mobilfunks, noch seine Implikationen für »Virtualität« oder »Realität« im Mittelpunkt.

In der 2002 veröffentlichten Aufsatzsammlung »Mobile World« geht es um soziale und interaktive Aspekte des Mobiltelefons. Einerseits wird ein kurzer historischer Abriss der Entwicklung des Mobiltelefons in den 1960er und 1970er Jahren gegeben, andererseits wird das Mobiltelefon als Enkel des nun in ihm unsichtbar gewordenen Computers betrachtet.[9] In einem weiteren im selben Jahr publizierten kommunikationswissenschaftlichen Sammelband zu Mobilen Medien namens »Perpetual Contact«[10] werden Themen wie »abwesende Präsenz« behandelt und komparativ Mobilkulturen in Finnland, Israel, Italien, Korea, Frankreich etc. aufgegriffen. Auch in dem deutschsprachigen Sammelband »Mobile Kommunikation. Perspektiven und Forschungsfelder«[11] von 2005 wird das Mobiltelefon als eine ubiquitär gewordene Medientechnologie betrachtet, welche die Mediatisierung des Alltags verdeutlicht und nicht nur die Mobilisierung, sondern vor allem die Individualisierung der Gesellschaft widerspiegelt. Hier dominieren neben sozialwissenschaftlichen auch psychologische und pädagogische Perspektiven, insgesamt ist auch dieser Band damit aus medientheoretischer Hinsicht wenig interessant.

Aufschlussreicher hingegen ist das von dem US-amerikanischen Futurologen Howard Rheingold ebenfalls 2002 veröffentlichte Buch »Smart Mobs. The Next Social Revolution«.[12] Es handelt von »smart

---

9 Barry Brown: Studying the Use of Mobile Technology. In: Barry Brown, Nicola Green, Richard Harper (Hg.): Wireless World. Social and Interactional Aspects of the Mobile Age. London: Springer, 2002. S. 3-16. S. 5.
10 James E. Katz and Mark Aakhus (Hg): Perpetual Contact. Mobile Communication, Private Talk, Public Performance. Cambridge: Cambridge University Press, 2002.
11 Joachim R. Höflich und Julian Gebhardt (Hg.): Mobile Kommunikation. Perspektiven und Forschungsfelder. Frankfurt am Main: Peter Lang, 2005.
12 Howard Rheingold: Smart Mobs. The Next Social Revolution. Cambridge: Basic Books, 2002.

mob technologies«[13], von durch Mobile Medien ermöglichten spontanen, Schwarm-artigen Versammlungen. Rheingold hält fest, dass Mobiltelefonierer sich während des Gebrauchs dieser Technologie simultan in zwei Räumen befinden: in dem Raum, den sie ›physikalisch okkupieren und in dem virtuellen Raum der Konversation‹[14]. Für ihn ist das Handy zur Fernbedienung für das eigene Leben geworden,[15] wodurch sich ein profunder Wandel des Zukünftigen abzeichnet.

In seiner als Einzelpublikation veröffentlichten Untersuchung über ›den Einfluss des Handys auf die Gesellschaft‹ betrachtet Rich Ling 2004, wie das Mobiltelefon im alltäglichen Leben verwendet wird. Er stellt fest, dass es das Leben hinsichtlich Alltagsorganisation, Reise, Sozialbeziehungen und Öffentlichkeit grundlegend verändert.[16] Hierbei ist das Mobiltelefon nicht eine von vielen Technologien, die in Beziehung zu anderen, sie bedingenden und formenden, steht. Es hat eine weiter reichende Bedeutung, denn es ist eine essentielle Technologie, die als einzige prägend ist. Ling gibt hierfür kaum Gründe an, daher bleibt der proklamierte einschneidende Wandel des Mobiltelefons weitgehend unbeleuchtet, auch wenn er eine Abhängigkeit betont: »We rely on the mobile telephone. It helps us coordinate our lives while on the run; it provides us with a sense of safety and gives us accessibility to others.«[17] Ling findet zudem den Aspekt des Mobiltelefons wichtig, dass es nicht nur aktuell gebraucht werden kann, sondern auch ein Potential beinhaltet, zu jeder Zeit verwendet werden zu können, beispielsweise »wenn etwas passiert«. Insgesamt handelt es sich bei diesem Buch um eine von enthusiastischen Übertreibungen begleiteten Zusammenstellung von teilweise sehr relevanten, teilweise nicht nachvollziehbaren Beobachtungen bezüglich des Umgangs mit und der Eigenart von Mobilen Medien.

Der australische Wissenschaftler Gerard Goggin beschreibt das Mobiltelefon 2006 lakonisch wie folgt: »The cell phone is a technology among many other technologies that constitute us.«[18] Aus dieser Perspektive ist das Mobiltelefon also nichts Außergewöhnliches.

---

13 Rheingold 2002, S. 193.
14 Vgl. Edwin Goffman: Alienation from Interaction. In: Erving G. Smith (Hg.): Communication and Culture. New York: Holt, Rinehart and Winston, 1966. Zitiert nach Rheingold 2002, S. 27.
15 Rheingold 2002, z.B. S. 11.
16 Rich Ling: The Mobile Connection. The Cell Phone's Impact On Society. San Francisco: Morgan Kaufmann, 2004. S. 23.
17 Ling 2004, S. 4.
18 Gerard Goggin: Cell Phone Culture. Mobile Technology in Everyday Life. London: Routledge, 2006. S. 10.

Goggin schließt an die von Bruno Latour und anderen entwickelte »Actor-Network-Theory« an und stellt fest, dass Technologien nur in einem Netzwerk, also im Zusammenhang mit anderen Aktanten existieren. Sie sind daher nicht unveränderlich, sondern als lebendige Dinge zu verstehen.[19] In diesem Zusammenhang kann das Mobiltelefon Kulturen nicht komplett transformieren. Es ist schlicht einer von vielen wichtigen Faktoren in der gegenwärtigen medialen Umgestaltung. Um diese These zu formulieren, gibt Goggin nicht nur einen Abriss der Entstehungsgeschichte des Mobiltelfons, sondern geht auch auf Themen wie die »messaging-culture«, sowie das Wechselspiel von Handys und Behinderungen, neue visuelle Kulturen wie Moblogs etc. ein. Ingesamt ist diese Studie recht umfangreich und liefert einen sehr guten Überblick über den aktuellen Stand der soziologisch-medienwissenschaftlichen Forschung zu Mobilen Medien.

In dem von Kristóf Nyíri herausgegebenen Sammelband »Mobile Understanding«[20], der sich mit einer ›Epistemologie der allgegenwärtigen Kommunikation‹ befasst, finden sich zwei erwähnenswerte Aufsätze. Maurizio Ferraris vertritt in dem Text »Where are you? Mobile Ontology« die etwas überspitzte These, dass das Mobiltelefon ein Schreibinstrument gleich einer Schreibmaschine sei.[21] Begründet wird dies damit, dass es dem Nutzer schreibt, wenn er einen Anruf verpasst hat, und dieser in es Telefonnummern und Notizen und durch es Nachrichten an andere schreibt. Diese Eigenschaft kennzeichnet das Mobiltelefon Ferraris zufolge viel wesentlicher als der Umstand, dass es »Präsenz transformiert«, oder dass man mit ihm Sprechen kann. Ein anderer Aufsatz aus diesem Band ist aufschlussreicher. In »Genres of Communication, Genres of Information« versucht Ian Hacking die längerfristigen Konsequenzen der mit Mobiltechnologien einhergehenden neuen Modi von Kommunikation abzuschätzen. Er vertritt hier die These, dass das Netzwerk unsere Kommunikations- und damit letztlich auch unsere Erkenntnisformen bestimmt, indem es Regeln vorgibt. Das Mobiltelefon, welches das Auditive in das Netzwerk integriert verdeutliche dies. Hacking zufolge war die Briefpost das erste Kommunikationsnetzwerk, denn es hat Menschen mit Adressen und damit mit Identitäten versehen.

---

19 Goggin 2006, S. 161.
20 Kristóf Nyíri (Hg.): Mobile Understanding. The Epistomology of Ubiquitous Communication. Wien: Passagen-Verlag, 2006.
21 Maurizio Ferraris: Where are you? Mobile Ontology. In: Nyíri 2006. S. 41-52. S. 41, 44.

1938 begann dann mit dem Morse-Code das »information age«.[22] – Anders als der Titel suggeriert, wird in diesem Sammelband keine Erkenntnistheorie mobiler Kommunikationsmedien herausgearbeitet, jedoch tragen die Beiträge zum Verständnis dieser Technologien bei und deuten eventuelle Richtungen an, die das Nachdenken über sie einschlagen könnte.

Eines der wenigen Bücher, die sich »Cell Phone Cultures« außerhalb von Nordamerika, Europa oder Asien widmen, nennt sich »The Cell Phone. An Anthropology of Communication«[23] und befasst sich aus einer ethnografischen Perspektive mit den Gebrauchsweisen des Mobiltelefons in Jamaica. Zudem widmet sich der von Mizuko Ito und anderen herausgegebene Band »Personal, Portable, Pedestrian« dem »ketai« in der japanischen Kultur, die bekanntlich eine Vorreiterrolle in der Verbreitung und Adaption dieser Technologie spielt. Konkret wird der soziale, historische und kulturelle Kontext der Entwicklung und Verbreitung von Mobilen Medien in Japan beschrieben, die dort wesentlich anders verwendet und entwickelt wurde als in Europa und Nordamerika.[24]

Der 2006 erschienene Sammelband »The Cell Phone Reader«[25] befasst sich mit den mit Mobiltelefonen einhergehenden »sozialen Transformationen«. Hierbei geht es zum einen um die »Identitätspolitik« des Handys im Kontext von SMS, christlicher Religion und Horrorfilmen, zum anderen kommen internationalen Perspektiven zu Wort, der Gebrauch von Mobiltelefonen in Marokko und Indien, sowie der Ukraine, Latein- und Nordamerika wird verglichen. Darüber hinaus werden Versuche unternommen, ›Cell Phones zu theoretisieren‹, von denen jedoch nur einer tatsächlich eine Theorie beinhaltet. Dieser Aufsatz nennt sich »Interfaces of Hybrid Spaces«[26] von Adriana de Souza e Silva und thematisiert die durch Mobile Medien ermöglichte Vermischung von technologischem und nicht-technologischem Raum als »hybridem Raum«. Durch Handys werden die Anwender der Technologie selbst zu »moving network no-

---

22 Der Morse-Code ist Hacking zufolge kein binärer oder ternärer, sondern gleich der DNA ein quaternärer Code. Vgl. Ian Hacking: Genres of Communication, Genres of Information. In: Nyíri 2006. S. 20-30. S. 25.
23 Heather A. Horst und Daniel Miller: The Cell Phone. An Anthropology of Communication. Oxford und New York: Berg, 2006.
24 Mizuko Ito, Daisuke Okabe, Misa Matsuda: Personal, Portable, Pedestrian. Mobile Phones in Japanes Life. Cambridge und London: MIT Press, 2005.
25 Anandam Kavoori und Noah Arceneaux (Hg.): The Cell Phone Reader. New York, Peter Lang 2006.
26 Adriana de Souza e Silva: Interfaces of Hybrid Spaces. In: Kavoori und Arceneaux 2006. S. 19-43.

des«.[27] Dieser Ansatz, der die Neuartigkeit von Mobilen Medien anhand eines Konzeptes von Raum fassen soll, ähnelt meinem ebenfalls 2006 verfassten Aufsatz zu »Mobile Media and Space«, in dem ich unter Bezug auf Raumkonzepte von Michel DeCerteau, Henri Lefèbvre und Marc Augé bei der Betrachtung der Mobile-Anwendungen »Semapedia« und »Sociallight« zu diesem vorläufigen Ergebnis gekommen bin:

»Contrarily to wired media technologies such as the desktop computer, mobile media technologies such as the cell phone open the possibility of physical and informational spaces coinciding in the actuality of practice at any time and any place within a wireless network. With these technologies as ›spatial nodes‹ it becomes possible to simultaneously move within these spaces produced in processual mobility. Through the spatial practices enabled by applications for and with mobile digital media [...], digital forms of virtual space are being embedded in physical spaces and in the process of their actualization they intersect, augment and reconstruct one another while becoming omnipresent.«[28]

Zudem wurde 2006 die Nachfolgestudie zu Plants Studie »On the Mobile« von 2002 publiziert. Diese Studie untersuchte die globale Mobile-Nutzung und rief die »Generation Here« aus.[29] Ausgegangen wurde hierbei von den neuen Funknetze der 3. Generation, durch die Daten diverser Art über Mobile Medien ausgetauscht werden können, wodurch das »dort« zum »hier« gemacht werden kann und im Mittelpunkt nicht länger eine Individualisierung, sondern Gemeinschaft steht.[30]

2007 erforschte der Soziologe Manuel Castells kabellose digitale Kommunikationstechnologien und betrachtete sie als eine »capacity for ubiquituous, perpetual contact«.[31] Für Castells determiniert Technologie nicht Gesellschaft, sondern Technologie ist Gesellschaft und kann daher nur in sozialer Hinsicht und als soziale Praxis verstanden werden.[32] Das Handy wird von ihm als Komplementär- oder

---

27 De Souza e Silva 2006, S. 33.
28 Clara Völker: Mobile Media and Space. In: Gerard Goggin and Larissa Hjorth (Hg.): Mobile Media 2007, Conference Proceedings. Sydney: Sydney University Press: 2007. S. 135-142.
29 Richard Benson, Mark Radcliff, Stephen Armstrong, Rob Levine: Exploring the Impact of 3G Mobile Phone Technology on Global Communities. Motorola, 2006. (http://direct.motorola.com/hellomoto/whatisrazrspeed/downloads/ 3G_GenerationHere_Report.pdf)
30 In Deutschland ist die 3. Generation/UMTS gegenwärtig kaum in Gebrauch da es weder ein flächendeckendes Netz noch attraktive Tarifmodelle gibt.
31 Manuel Castells u.a.: Mobile Communication and Society. A Global Perspective. Cambridge und London: MIT Press, 2007. S. 3, 2.
32 Castells 2007, S. 246.

Nachfolgetechnologie zum Internet gesehen und die Formen seiner Nutzung von der in der jeweiligen Kultur dominanten Fortbewegungsweise abhängig gemacht. Beispielsweise sind SMS in den USA, wo Autos als individuelle Fortbewegungsmittel weit verbreitet sind, nicht populär, in Europa und Asien, wo öffentliche Verkehrsmittel gang und gäbe sind, jedoch schon. Dies liegt Castells zufolge daran, dass man durch jene Massentransporttechnologien eher Gelegenheit hat, Mobiltechnologien zu verwenden.[33] Bedeutender sind jedoch seine bereits an anderer Stelle[34] ausgeführten Konzepte des »space of flows«, und auch der »timeless time«:

»Simply put, the *space of flows* is the material organization of simultaneous social interaction at a distance by networking communication, with the technological support of telecommunications, interactive communication systems, and fast transportation technologies. The space of flows is not a placeless space; it does have a territorial configuration related to the nodes of the communication networks. The structure and meaning of the space of flows are not related to any place, but to the relationships constructed in and around the network processing the specific flows of communication. [...] *Timeless time* refers to the desequencing of social action, either by the compression of time or by the random ordering of the moments of the sequence [...].«[35]

Sowohl Raum als auch Zeit werden also durch Netzwerktechnologien modifiziert. Technologischer Wandel bewirkt zugleich einen spatio-temporalen Wandel. Wie bereits Rheingold anmerkte, können mit mobilen Medientechnologien aufgrund ihrer Ortsungebundenheit potentiell in jeder Wartezeit Netzwerke mit anderen als dem jeweils präsenten Raum betreten und initiiert werden.[36] Damit werden Aktivitäten zunehmend zeitbasiert und weniger raumbasiert. Ein weiteres Resultat von Castells Untersuchung ist zudem, dass mobile Kommunikation sich nicht in erster Linie durch Mobilität, sondern durch Konnektivität auszeichnet:

»The key feature in the practice of mobile communication is connectivity rather than mobility. [...] while in the early stages of wireless communication it was a substitute for the fixed-line phone when people were on the move, mobile communication now represents an individualized, distributed capacity to access the local/global communication network from any place at any time. [...] With the diffusion of wireless access to the Internet, and to computer networks and information systems everywhere, mobile communication is better defined

---

33 Castells 2007, S. 37.
34 Manuel Castells: The Information Age. Economy, Society and Culture. Voume 1: The Rise of the Network Society. Cambridge: Blackwell, 1996.
35 Castells 2007, S. 171.
36 Castells 2007, S. 175. Vgl. Rheingold 2002, S. 193.

by its capacity for ubiquitous and permanent connectivity rather than by its potential mobility.«[37]

Kennzeichnend für das Handy ist also nicht seine potentielle Mobilität, sondern seine permanente und allgegenwärtige Konnektivität, die Möglichkeit, mit dieser Technologie zugleich ein Kommunikationsnetzwerk zu bilden und sich einem bestehenden anzuschließen. Insgesamt entsteht durch die gegenwärtigen Medientechnologien ein hybrider Interaktionsraum von physikalischer, Online- und Wireless-Kommunikation. Für Castells ist die »mobile society« nicht so sehr durch Mobilität, als vielmehr durch Individualität gekennzeichnet.[38] Diese bekanntlich in sozialen Netzwerken diversester Formen konstruiert und gebündelt.

Sichtbar wird anhand dieser diversen, in den letzten acht Jahren publizierten Forschungen und Überlegungen, die ich hier »Cell Phone Studies« genannt habe, dass Mobile Medien ein recht neues und noch nicht besonders großes Forschungsfeld darstellen, das von nordamerikanischen Autoren und soziologischen Perspektiven dominiert wird. Aufgrund ihres Verbreitungsgrades werfen Mobile Medien jedoch viele, und teilweise sehr grundlegende Fragen auf.

Im Folgenden geht es medienhistorisch um die Entstehung von Mobilen Medien und hiermit verbunden medienphilosophisch um das Virtuelle. Die anhand von Texten verschiedenster Art rekonstruierte Mediengeschichte ist kein prädeterminierter historischer Verlauf, sondern eine durch Zufälle und das Ineinanderfügungen von Einzelteilen bedingte Kontingenz. Hierzu im Zusammenhang steht die Beobachtung der Verschiebung des Bergiffsverständnisses von »Virtualität«.

---

37 Castells 2007, S. 248.
38 Castells 2007, S. 251.

2. Anfänge der Telekommunikation

Lange Zeit vor Mobilen Medien und bevor Telegraphen, Telefone oder Computer »kabellos« via Elektrizität miteinander verbunden werden konnten, gab es diverse Methoden um ohne Drähte oder Leitungen über Distanzen hinweg Informationen auszutauschen.

Bereits in der späten Bronzezeit, der Eisenzeit sowie in der Antike wurden Informationen drahtlos und zunächst auch ohne Verwendung von Schrift systematisch über größere Entfernungen hinweg weitergegeben. Verwendet wurden hierzu vor allem visuelle Mittel wie Feuer und Rauch, aber auch akustische Signale.[1] Beispielsweise wurden Truppen in China im sechsten Jahrhundert v. Chr. durch Trommeln, Glocken, Banner und Flaggen aus der Distanz heraus vor Feinden gewarnt und ihre Handlungen koordiniert. Mit diesen Signalen konnten Befehle und Handlungsanweisungen übermittelt werden.[2] Im alten Ägypten waren Boten als Medien bereits im 18. Jahrhundert v. Chr. weit verbreitet.[3] – Telekommunikation war zunächst vor allem eine militärstrategische Anwendung.

Die meisten der frühen Telekommunikationsmethoden waren nicht imstande, komplexe Informationen auszutauschen oder gar Kommunikation »in Echtzeit« zu ermöglichen. Es konnten nur jeweils zwei mögliche Zustände übermittelt werden, beispielsweise das Vorhandensein oder die Abwesenheit eines Feuersignals oder einer Flagge. Nachrichten mussten also in diese binäre Kommunikationsstruktur übersetzt werden. Eine Rückmeldung über den Erfolg der Nachrichtenübermittlung gab es nicht. Die Kopplung von Bedeutung und Signal musste im Vorfeld unternommen werden. Im Verlauf der Entwicklung drahtloser Telekommunikationsformen wurde der verwendetet Code stets komplexe. Gleichzeitig verbarg er

---

1 Die Nordamerikanischen Ureinwohner perfektionierten das System der Rauchsignale, indem sie die Farbe des Rauchs änderten. Vgl. Huurdeman 2003, S. 15.
2 Vgl. SunTzun in »Ping Fa« (»The Art of Warfare«), vgl. Russell W. Burns: Communications: An International History of the Formative Years. London: The Institution of Electrical Engineers, 2004. S. 2.
3 Gerard J. Holzmann und Björn Pehrson: The Early History of Data Networks. Los Alamitos, California: IEEE Computer Society Press, 1995. S. 2

sich jedoch mehr und mehr in den Tiefen des Mediums, so dass der Anschein einer unmittelbaren Kommunikation erweckt werden konnte.[4] Mit dem Verschwinden des Vermittelnden im Unsichtbaren entsteht die Idee von medientechnischer Virtualität.

BOTEN UND BRIEFTAUBEN

Die Entwicklung des Fernkommunizierens ist vor allem in ihren Anfangszeiten kaum medial dokumentiert. Frühe Telekommunikationsmethoden lassen sich daher hauptsächlich anhand von Andeutungen aus Epen, Mythen oder Sagen rekonstruieren.

Boten spielen eine entscheidende Rolle in der Geschichte der Nachrichtenübertragung. Noch bevor optische oder akustische Telekommunikationssysteme erdacht wurden, realisierte man den Nachrichtenaustausch mittels dieser Übermittler. In der griechischen Mythologie ist Hermes die Personifikation des Botendienstes. Hermes, der Götterbote, entsteht durch eine Liaison des Göttervaters Zeus mit der Nymphe Maia und ist somit der Halbbruder von Apollon. Diesem stiehlt er in der Nacht seiner Geburt 50 Kühe und baut aus einer Schildkröte, die vor seiner Grotte herumlungerte, die erste Leier. Am nächsten Tag überzeugt er seinen Vater von seiner Unschuld. Später wird er zum Schutzgott der Händler und Diebe sowie der Redekunst und Magie. Hermes wird als ein in mehrfacher Hinsicht erfinderischer und zugleich gerissen-listiger Gauner charakterisiert.[5] Damit wird der Bote, die Personifizierung der Kommunikation, in ein zwiespältiges Licht gerückt. Nachrichtenübertragung ist eine Mischung aus Wahrheit und Trug, als niederträchtiger List und Geschick.

Per Boten weitergereichte Nachrichten trafen nicht nur zeitversetzt ein, sie unterlagen auch dem Risiko während des »Transports« modifiziert oder verfälscht zu werden, auch weil sie zunächst mündlich weitergegeben wurden. Wenngleich Boten keine verlässlichen Nachrichtenübermittler oder Medien darstellten, war man in der Antike auf ihre Dienste angewiesen. Denn aufgrund mangelnder alternativer Telekommunikationswege – weder Postsysteme noch Nachrichtendrähte waren zugegen – waren sie damals nicht nur das einzige »Mobilmedium«, sondern die überhaupt einzige Möglichkeit um komplexere Nachrichten zu übertragen.

Wie Herodot berichtet, gab es bereits 480 v. Chr. Botensysteme. Mehrere Boten und Pferde zogen gemeinsam los und gaben die Nachrichten im »Stafetten-Lauf« weiter um sie möglichst schnell zu

---

4 Vgl. Volker Aschoff: Geschichte der Nachrichtentechnik. Band 1: Beiträge zur Geschichte der Nachrichtentechnik von ihren Anfängen bis zum Ende des 18. Jahrhunderts. Berlin u.a.: Springer-Verlag, 1984. S. 9.
5 Aschoff 1984, S. 6.

übergeben.[6] Im Römischen Imperium unter Kaiser Augustus war das Prinzip der Nachrichtenbeförderung durch Kuriere per Pferd dann so weit ausgearbeitet, dass es einen »cursus publicus« mit Rasthäusern und Stationen für den Pferdewechsel gab.[7] Boten und durch sie weitergegebene Briefe waren bei den Römern die »Universalträger« bzw. das »Universalorgan« der Nachrichtenweitergabe, denn Brieftauben wurden kaum eingesetzt und auch andere Fernnachrichtenübertragungsweisen wie die Rufpost waren rar.[8] Der Cursus Publicus diente jedoch nicht der privaten Kommunikation, sondern war – wie sämtliche Telekommunikationsdienste bis in das 19. Jahrhundert hinein in ihren Anfangsphasen – ein militärisches Nachrichtensystem.[9] Wie der Name andeutet, war dasjenige, welches über das römische Postwesen verschickt wurde öffentlich. Da es hierzu gängigerweise niedergeschrieben wurde, war Schreiben in der Antike das Gleiche wie Veröffentlichen.[10]

Bezogen auf die Schnelligkeit der Übertragung war dem Relaissystem im Römischen Reich allerdings eine andere Kommunikationsform überlegen. Es war eine nicht durch einen Träger vermittelte Nachricht, die sich mit Rekordgeschwindigkeit verbreitete: das mündlich weitergegebene Gerücht. Als besondere Art der Relaisverbindung pflanzte es sich in mehrere Richtungen fort und war dadurch schneller als die Kuriere des Cursus Publicus, deren Durchschnittsgeschwindigkeit bei 40 Meilen pro Tag lag.[11]

Auch nach dem Zerfall des Römischen Reichs wurde der Kurierdienst noch lange Zeit als die einzige verlässliche Telekommunikationsmethode betrachtet. Das europäische Postwesen wurde zwar im 17. Jahrhundert professionalisiert, die optische Telegraphie im 18. Jahrhundert eingeführt und im 19. Jahrhundert von der elektri-

---

6 Aschoff 1984, S. 7. Zum Relaissystem auch Wolfgang Riepl: Das Nachrichtenwesen des Altertums. Mit besonderer Rücksicht auf die Römer. Hildesheim, New York: Georg Olms Verlag, (1913) 1972. S. 180 ff.

7 Aschoff 1984, S. 8.

8 Vgl. Riepl 1972, S. 13., S. 123. Siegert spricht dem Cursus Publicus eine das Imperium räumlich wie zeitliche institutionalisierende Funktion zu. Vgl. Bernhard Siegert: Translatio Imperii: Der cursus publicus im römischen Kaiserreich In: Lorenz Engell, Bernhard Siegert, Joseph Vogl (Hg.): Medien der Antike. Weimar: Universitätsverlag Weimar, 2003. S. 41-59. S. 43.

9 Riepl 1972. S. 184. Der Gebrauch dieses Mediums zu privaten Zwecken war nicht vorgesehen und wurde rigide bestraft, vgl. Siegert 2003, S. 48. Zur Staats- und Privatpost vgl. Riepl 1972, S. 241 ff.

10 Siegert 2003, S. 49. Zur (Abhör-)Sicherheit des Briefverkehrs im Römischen Reich vgl. Riepl 1972, S. 279 ff.

11 Riepl 1972, S. 236. Zur Geschwindigkeit der Boten im Römischen Reich vgl. ebd. S. 124 ff. Hier findet sich auch eine Zusammenfassung der unterschiedlichen verwendeten Schreibmaterialien.

schen Telegraphie abgelöst. Trotz dieser neuen Kommunikationsmethoden gibt es jedoch noch aus dem ersten Weltkrieg Berichte über Befehlshaber, die es vorzogen durch mit Schriftstücken ausgestatteten Boten anstatt per drahtloser Feldtelegraphie oder -telephonie zu kommunizieren. Derweil verirrten sich solche Boten, wodurch ihre Nachricht verspätet eintraf und Schlachten verloren wurden.[12] – Es herrscht also schon seit Anbeginn der dokumentierten Telekommunikation ein grundlegendes Misstrauen neuen Medientechnologien gegenüber, das teilweise aufgrund der Abhörgefahr berechtigt, jedoch meist, auch aufgrund der diversen Verschlüsselungsmöglichkeiten von Nachrichten, rational nicht plausibel war.

Bevor Menschen zwecks Nachrichtenübermittlung per Transporttier entsandt wurden, verwendete man hierzu Tauben. Diese wurden dressiert und dienten anschließend als Briefkuriere. Zuvor kamen sie in der Telekommunikation als optische Signale zum Einsatz. Beispielsweise wurde circa 2900 v. Chr. In Ägypten die Ankunft bedeutsamer Besucher dadurch signalisiert, dass man Tauben von den ankommenden Schiffen freiließ. Späher sichteten diese und leiteten die hieraus abgelesene Nachricht weiter. Eine andere Verwendungsweise von Tauben gab es Mitte des 24. Jahrhunderts v. Chr. bei König Sargon von Akkad. Dieser stattete seine Boten zusätzlich zur Nachricht mit einer Taube aus. Wenn die Taube zum Palast zurückkehrte war das ein Indiz dafür, dass der Bote überfallen worden und die Nachricht damit verloren gegangen war. Folglich musste ein anderer Bote, möglichst über eine andere Route, entsandt werden.[13] Hier dienten die Tauben als ergänzende Medien in einem instabilen System von menschlichen Mobilmedien. Wie frühe Fackelsignale sind auch Tauben binäre Mobilmedien: Entweder eine Taube und damit ein im Vorhinein an dieses Signal geknüpftes Ereignis trifft ein bzw. kommt an oder nicht. Das »Mobilmedium Taube« ist damit binär, es kann nur sein oder nicht-sein. Ungleich beispielsweise einer schriftlichen Nachricht lässt es nicht unterschiedliche Formen zu, wenngleich sein Vorhandensein an unterschiedliche Ereignisse gekoppelt werden kann und damit einen anderen Informationsgehalt erhält.

Brieftauben waren kurioserweise noch Jahrtausende später in Verwendung. Beispielsweise verschickte eine kalifornische Luftfahrzeug-Firma 1981 Negative von technischen Zeichnungen per Taube. Unter anderem weil sie diese für wesentlich günstiger und auch schneller als ein motorisierter Kurier befanden.[14] Die Schweizer Ar-

---

12 Vgl. W. Runge (Leiter des Telefunken-Forschungsinstituts, ehemaliger Soldat) in Aschoff 1984, S. 8-9.
13 Holzmann und Pehrson 1995, S. 7
14 Holzmann und Pehrson 1995, S. 8.

mee löste ihren militärischen Brieftaubendienst erst 1997 auf, Frankreich bereits vier Jahre zuvor.¹⁵ Heutzutage begegnet man weniger Tieren im Kurierwesen als motorisierten Gefährten und Fahrrädern.

VISUELLE TELEKOMMUNIKATION

Die wohl unvermittelteste und körpernahste Methode um Nachrichten über größere Entfernungen zu verbreiten ist bereits aus der Antike überliefert: Soldaten mit lauten Stimmen wurden auf Hügel positioniert und riefen Botschaften in einer Rufpostkette zum nächsten Hügel. Hierbei formten sie vermutlich ihre Hände zu Trichtern fum die Lautstärke ihrer Stimme zu verstärken und gegen die Witterung anzufechten, ein Effekt der später als Megafon perfektioniert und technologisiert wurde.¹⁶ Im antiken Griechenland wurden Mitteilungen per Feuer und anderer Leuchtsignalen wie Sonnenreflexion auf Metallschildern oder Rauch verbreitet. Der Kommunikationshistoriker Volker Aschoff rechnet die Reichweite der menschlichen Stimme und damit die Möglichkeit der Fernübertragungen in Griechenland und der Ägäis nach und gelangt zu dem Schluss, dass die menschliche Stimme als Kommunikationsinstrument vergleichsweise ungeeignet ist:

»Die mögliche Reichweite der menschlichen Stimme bei laut gerufenem fortlaufendem Text verhält sich zu derjenigen von Alarmrufen, zu der von Feuersignalen bei Tag [...] und bei Nacht in allererster Annäherung wie 1:10:100:1000. Es erscheint daher verständlich, dass die Menschen schon früh auf den Gedanken kamen, die Vorteile des Feuerzeichens in besonderen Fällen zur Nachrichtenübertragung zu nutzen.«¹⁷

Dabei hatte die jeweilige Geographie einen entscheidenden Einfluss auf die Wahl des Nachrichtenmittels. Beispielsweise mussten in

---

15 Eine der bekanntesten Brieftauben neben »Cher Ami« war »G.I. Joe«, vgl. http://www.fbipigeons.com. Burns zufolge gab es noch im ersten Weltkrieg Kuriere, die per Mofa Nachrichten durch das Gefahrengebiete transportierten, sowie mit Nachrichten versehene Brieftauben. Burns 2004, S. 409. Vgl. auch Barry James: Elite French Army Squad Aflutter as It Assumes Civilian Plumage. In: International Herald Tibune, 18.03.1993. (http://www.iht.com/articles/1993/03/18/bird_0.php)
16 Burns 2004, S. 5. Laut Aschoff 1984, S. 28, berichet Diodoros von einem akustischen aus Relais-Rufern gebildeten Alarmsystem im 4. Jahrhundert v. Chr. Zur »Legende von den Rufposten im persischen Großreich« vgl. Aschoff 1984, S. 62 ff.
17 Aschoff 1984, S. 18.

Urwaldregionen akustische Signale verwendet werden, da hier die Sichtweite die Verwendung optischer Signale nicht begünstigt.[18]

Auf den griechischen Inseln entstand das wohl erste drahtlose Kommunikationssystem. Auf den Hügeln der zerklüfteten Inseln wurden Türme errichtet. Von diesen wurden Mitteilungen durch optische Signale weitergereicht. Diese Weitergabe erfolge gleich dem Relaissystem von Leuchtturm zu Leuchtturm bzw. von Station zu Station und verbesserte damit die Fehleranfälligkeit und Reichweite der Nachricht. Wenngleich dieses System gerichtet war, ähnelt es methodisch dem Jahrhunderte später entstandenen Semaphor.

In Aeschylos Gedicht »Agamemnon« von 458 v. Chr. wird aus der Perspektive eines Wächters des Königspalastes zu Argos davon berichtet, wie Agamemnon seiner Frau Klyteimestra via Feuersignalen oder »Fackelpost«[19] Kunde über den Fall Trojas zukommen lässt:

»Auch jetzo wart' ich emsig hier des Fackelscheins,
Des Freudenstrahles, der von Troja Kunde bringt
Und Siegesmeldung [...]
Erschiene jetzt doch glücksverkündend aus der Nacht
Die Flamm' und brächte mir Erlösung aus der Not!
Triumph! Triumph!
Willkommen, o Nachtleuchte, die du sonnigen
Lichtschein verkündest und der Reigentänze Lust
Ringsum in Argos [...]
Agamemnons Gattin künd' ich lauten Rufes an,
Vom Bette schleunigst diesem Hause zu erstehn
Und fromme Jubelklänge jenem Fackellicht
Hell anzustimmen, falls die Burg von Ilion
Genommen ist, wie jene Flamme deutlich sagt;«[20]

Die Nachricht schien also angekommen zu sein. Das griechische System soll aufgrund der verwendeten erhobenen Stationen, sowie des relaisartigen Systems und der gewählten visuellen Zeichen in der Lage gewesen sein den Fall Trojas über circa 480 km hinweg zu übermitteln. Ob es tatsächlich funktioniert hat oder eine dichteri-

---

18 In Persien und Gallien wurden Rufpostketten verwendet, in tropischen Urwaldregionen hingegen Trommelsignale. Aschoff zufolge hätte sich die Verwendung von Trommelsignalen vor allem im Kongo auch zur Telephonie weiterentwickeln können, die Pfeifsprache auf der kanarischen Insel La Gomera ist hier ein Vorzeigebeispiel, vgl. Aschoff 1984, S. 18.
19 Frank Haase: Mythos Fackeltelegraph – Über die medientheoretischen Grundlagen antiker Nachrichtentechnnik. In: Engell u.a. 2003. S. 181-191. S. 185.
20 Aeschylos: Agamemnon. Leipzig: B. Teubner, 1863. S. 50-51.

sche Erfindung war, ist allerdings äußerst umstritten.[21] Gewiss ist, dass mit dem simplen Aufleuchten von Fackeln nur bedingt komplexe Nachrichten übermittelt werden konnten. Es handelte sich im Grunde um ein binäres Ja-Nein-System. Das Prinzip der Weitergabe von Nachrichten mittels Stationen wurde bis in das 18. Jahrhundert beibehalten, ebenso die Verwendung von akustischen oder optischen Signalen als Zeichenträgern.[22]

Die Sage von Theseus und seinem Kampf mit dem Minotaurus veranschaulicht, dass ein solches binäres Kommunikationssystem sehr anfällig für Fehler ist: Nachdem Athen gegen Kreta und damit gegen König Minos einen Kampf verloren hatte, mussten die Athener alljährlich sieben Jungen und Mädchen nach Kreta schicken. Dort wurden diese dem Ungeheuer Minotaurus in seinem Labyrinth zum Opfer gegeben. Eine recht missliche Situation. Daher sollte Theseus, der Sohn des Athener Herrschers Aigeus, getarnt als eines der Opfer nach Kreta fahren um dann den Minotaurus zu töten. Sollte ihm das gelingen, würde er auf dem Rückweg das üblicherweise schwarze Segel des Schiffs durch ein weißes ersetzen, damit sein Vater schon vor seiner Ankunft Botschaft von der guten Kunde erlangen konnte.[23] Es gelang Theseus zwar, den Minotaurus zu besiegen und dank Ariadnes Faden auch, aus dessen Labyrinth zu entfliehen. Er vergaß jedoch bei einer Zwischenstation seiner Reise Ariadne auf einer Insel. Diese rächte sich daraufhin, indem sie die Götter dazu bewegte, Theseus das Austauschen des Segels und damit das Setzen des Zeichens für seinen Vater vergessen zu lassen. Dieser beging beim Erblicken des schwarzen statt des erhofften weißen Segels aus Gram über den Sohn, den er als im Labyrinth umgekommen vermutet, Selbstmord. Diese Sage verweist auf die Anfälligkeit derartiger binärer Signalsetzungen für tückische Irrtümer oder auch absichtliche Täuschungen. Beispielsweise wurde im antiken Griechenland die Ankunft von Freunden mit ruhig gehaltenen Signalen, d.h. Fackeln oder Flaggen, angezeigt, während das Herannahen von Feinden durch wildes Schwenken signalisiert wurde. Diese Signale wurden bereits um 2000 v. Chr. teilweise böswillig manipuliert.[24]

In dem Bestreben, auch unvoraussehbare Ereignisse und unterschiedliche Nachrichten kommunizieren zu können, schlug der griechische Militärstratege Aineias Tacticus circa 341 v. Chr. ein

---

21 Aschoff 1984, S. 19 ff.
22 Wolfgang Ernst: Medien und Archive als Archäologen der Antike. In: Engell u.a. 2003. S. 155-165. S. 157.
23 Vgl. Gustav Schwab: Sagen des Klassischen Altertums. Berlin und Darmstadt: Wissenschaftliche Buchgesellschaft, 1957. S. 151.
24 Vgl. Aschoff 1984, S. 44-45.

System vor, das von modifizierten Wasseruhren, Klepsydras, Gebrauch machte und diese mit Fackelsignalen kombinierte. Eine Beschreibung dieses Systems findet sich bei dem hellenistischen Historiker Polybios:[25]

»Diejenigen, so sagt er [Aineias], die einander durch Feuerzeichen dringende Botschaften übermitteln wollen, sollen sich tönerne Gefäße von gleicher Weite und Höhe, etwa drei Ellen hoch, eine Elle im Durchmesser, besorgen, ferner Korkstücke, etwas weniger breit als die Öffnung der Gefäße; in der Mitte dieser Korkstücke sollte man Stäbe befestigen, in gleichen Abständen von je drei Finger Breite abgeteilt, mit deutlich erkennbarer Abgrenzung der Teile gegeneinander. Auf die einzelnen Felder schreibe man die wichtigsten und hauptsächlichsten Vorkommnisse im Kriege, so zum Beispiel gleich auf das erste: Reiter sind ins Land eingefallen, auf das zweite: schwere Infanterie, auf das dritte: Leichtbewaffnete, auf das nächste: Infanterie und Kawallerie, dann: Schiffe, dann: Korn, und so weiter, bis auf allen Feldern der Stäbe die kriegerischen Vorkommnisse verzeichnet sind, die nach aller Wahrscheinlichkeit unter den obwaltenden Umständen am ehesten zu erwarten sind oder eintreten könnten.«[26]

Das (Kleps[h]ydra)-System erforderte jedoch nicht nur das Voraussehen der Reihenfolge der vermutlich eintretenden Ereignisse, sondern auch eine genaue Synchronisierung der Tongefäße. Diese wurden hiernach auf zwei sich in Sichtweite befindenden, möglichst erhoben gelegenen Stationen platziert. Es war essentiell, dass beide Fässer mit derselben Planke, demselben Volumen an Wasser und derselben Öffnung ausgestattet waren.

»Tritt nun eins von den Ereignissen ein, die auf dem Stab verzeichnet sind, soll man das Feuer aufflammen lassen und warten, bis die Beobachter gegenüber Antwort geben. Wenn beide Feuerzeichen zugleich sichtbar geworden sind, soll man die Fackeln von der Warte herunternehmen und dann sofort das Wasser durch die Löcher abfließen lassen. Sobald nun durch das Sinken des Korkstücks und des Stabes die Schrift, die das aussagt, was man mitteilen möchte, den Rand des Gefäßes erreicht, soll man die Fackel wieder auf die Warte stellen. Die Empfängerstation muß dann sofort die Öffnung des Gefäßes schließen und nachsehen, welche Schrift auf dem Stab mit dem Rand des Gefäßes abschnei-

---

25 Aineias hat sein System anscheinend in einem Buch namen »Preparations« veröffentlicht, das aber nicht überliefert wurde, Polybios bezieht sich in seiner Beschreibung des Systems vermutlich auf diese Originalquelle. Vgl. Aneias the Tactician: How to Survive Under Siege. Oxford: Claredon Press, 1990. S. 51, 112.
26 Polybios: Geschichte. Gesamtausgabe in zwei Bänden. Erster Band. Zürich: Artemis-Verlag, (2. Jh. v. Chr.) 1961. S. 736.

det. Das ist dann die Nachricht, die übermittelt werden sollte, sofern sich auf beiden Seiten alles mit der gleichen Schnelligkeit vollzogen hat.«[27]

Das Klepsydra-System war ein Synchron-Telegraph, mit dem mehr als zwei Nachrichten in einer nur für den Empfänger verständlichen und damit geheimen Form übermittelt werden konnten. Das war ein eindeutiger Vorteil gegenüber gewöhnlichen Feuersignalen, die nur eine im Vorhinein vereinbarte Nachricht zuließen, sowie auch gegenüber dem Zurufen von Nachrichten, da dieses von nahezu jedem sich in der Nähe Befindenden mithörbar war. Der Nachteil am Klepsydra-System bestand darin, dass die eintreffenden Ereignisse in ihrer wahrscheinlichen Reihenfolge vorausgesehen werden mussten. Überraschende, nicht auf dem Stab im Vorhinein eingeschriebene Geschehnisse konnten ebenso wenig übermittelt werden wie Details. Denn war die Planke einmal im Wasser und das Wasser aus dem Fass abgelassen, konnte dies nicht mehr revidiert werden. Interessant ist auch, dass es sich bei diesem System vermutlich um das erste auf Schrift basierende drahtlose Telekommunikationsmittel handelt. Ob es tatsächlich brauchbar war, wird jedoch angezweifelt.[28]

NACHRICHTEN BUCHSTABIEREN

Bereits in der Antike gab es Methoden, um Nachrichten über Distanzen hinweg zu buchstabieren. Anstatt im Voraus die möglicherweise eintretenden Ereignisse als Nachrichten zu vereinbaren wurde das Alphabet durch diskrete visuelle Zeichen abgebildet und dadurch die Nachricht in ihren Einzelteilen weitergereicht. Hierdurch vergrößerte sich die Variabilität der Informationsübertragungsmöglichkeiten und damit wuchsen zugleich auch die möglichen Fehlerquellen. Im Folgenden werden die Systeme von Polybios und Julius Sextus Africanus vorgestellt.

Angelehnt an Aeineias' Klepsydra-System entwickelten Kleoxonos und Demokleitos ein auf dem Alphabet basierendes Fernübertragungs-System, das von Polybios circa 150 v. Chr. vervollständigt wurde. Da es die einzelnen Buchstaben abbildete, konnte mit ihm auch Unvorhergesehenes übertragen werden, wovon sich Polybios insbesondere im Krieg Vorteile erhoffte:

---

27 Polybios 1961, S. 737.
28 Vor allem von Aschoff 1984, S. 47-48, der bemängelt, dass die von Aineas beschriebenen Tongefäße nahezu 300 Liter Wasser fassten und es aufgrund der beschriebenen Größe der Auslauföffnungen nahezu eine Stunde gebraucht hätte um das Wasser bis zum 20. Nachrichtenfeld des Stabs ablaufen zu lassen.

»Das neueste Verfahren [...] hat den Vorzug, in jeder Weise bestimmt und imstande zu sein, jede dringende Nachricht mit größter Schnelligkeit zu übermitteln, in der Handhabung aber bedarf es größter Sorgfalt und genauerer Aufmerksamkeit. Das Verfahren ist dies. Man teilt das Alphabet nach seiner Reihenfolge in fünf Teile zu je fünf Buchstaben, abgesehen vom letzten Teil [...]. Dann besorgen sich beide Signalposten fünf Tafeln und schreiben auf jede der Reihe nach einen Teil der Buchstaben, also fünf, und machen darauf miteinander aus, daß der, welcher eine Nachricht übermitteln will, zuerst Feuerzeichen gibt, und zwar zwei, und abwartet, bis der andere durch Feuerzeichen Antwort gibt. Dies hat den Zweck, sich dessen zu vergewissern, daß die Nachricht empfangen wird. Wenn diese Fackeln von der Warte heruntergenommen sind, hebt der Übermittler der Nachricht zuerst die Fackeln auf der linken Seite hoch, um anzuzeigen, welche Tafel eingesehen werden soll [...], hierauf zweitens in derselben Weise die Fackeln auf der rechten Seite, um anzuzeigen, welchen Buchstaben auf dieser Tafel der Empfänger aufschreiben soll.«[29]

Die 24 Buchstaben des griechischen Alphabets wurden also schriftlich in zwei Koordinatenachsen übertragen, die durch zwei lineare Positionssysteme auf dem Feld (auch diese drahtlose Kommunikationstechnologie wurde zu Kriegszwecken entwickelt) abgebildet wurden. An zwei sich in Sichtweite befindenden Positionen wurden Stationen mit je zwei Brettern aufgebaut. Durch das sich auf der linken Seite befindende, in fünf Positionen unterteilte Brett konnte per Fackel die Reihe (y-Achse), durch das sich rechts befindende Brett konnte die Position in dieser Reihe (x-Achse) und damit der konkrete Buchstabe übermittelt werden.[30] Hierdurch war man erstmalig in der Lage Nachrichten zerlegt in ihre semiotischen Bestandteile weiterzureichen. Eine Voraussetzung hierfür war die Entwicklung des griechischen Alphabets, zudem waren Fernrohre notwendig:

»Wenn [...] jeder auf seinen Beobachtungsposten gegangen ist, müssen beide zuallererst ein aus zwei Röhren bestehendes Gerät zur Verfügung haben, das so eingerichtet ist, daß der Empfänger durch das eine Rohr die Feuerzeichen auf der rechten, durch das andere die auf der linken Seite sehen kann. Daneben müssen die Tafeln senkrecht aufgestellt werden, ferner muß vor der rechten wie vor der linken Seite ein massiver Zaun in Mannshöhe und zehn Fuß Breite errichtet sein, damit die Signalisierenden auf diese Weise die Zeichen durch Erheben der Fackeln über den Zaun beziehungsweise durch verbergen hinter ihm deutlich machen können. [...] Mit diesem Verfahren kann man alles, was sich ereignet in völliger Bestimmtheit mitteilen.«[31]

---

29 Polybios 1961, S. 738.
30 Zu Polybios' Fackel-Telegraph vgl. Holzmann und Pehrson 1995, S. 23-29; sowie Burns 2004, S.13 ff.
31 Polybios 1961, S. 738-739.

Anfänge der Telekommunikation

Polybios versprach sich offensichtlich viel von seinem System, auch wenn es aufgrund der dafür erforderlichen Fackelzahl und Versiertheit relativ komplex war. So schrieb er beispielsweise über die Notwendigkeit des rechten Trainierens der Übermittler zwecks Vermeidung von Übersetzungs- und Übertragungsfehlern. Sein System war zwar im Vergleich zu beispielsweise dem Klepsydra-System oder Tauben recht sperrig und zeitaufwendig, es war jedoch eines der ersten Systeme in der Geschichtsschreibung, das Buchstaben, nicht Nachrichten, übertrug und zudem Mitteilungen von zwei Seiten her erlaubte. Erstmals ist hier ebenfalls von einem Instrument zur Verstärkung der Sichtweite in der Telekommunikation die Rede: Fernrohre, »Diopterröhren«[32], waren – wie später beim Semaphor – notwendig, um die Fackelzeichen entschlüsseln zu können. Mit diesem Buchstabiersystem wurde es möglich, komplexere Nachrichten als zuvor auszutauschen.

Trotz seiner Ausgeklügeltheit wurde Polybios' System im Römischen Weltreich zu Gunsten von Boten kaum eingesetzt. Gründe hierfür könnten darin bestanden haben, dass zum Betrieb vergleichsweise viele, mindestens sieben, Menschen pro Station nötig waren, und nur eine Distanz von 100 Metern bis zu einem Kilometer mit einer Station überwunden werden konnte, weshalb sehr viele Relaisstationen für weite Distanzen erforderlich gewesen wären. Zud waren zur damaligen Zeit nicht viele Menschen alphabetisiert.[33] Daher kam Polybios' System nicht zur Anwendung und geriet darüber hinaus in Vergessenheit. Etwa zweitausend Jahre später etablierte sich ein Telegraphie-System, das mit der Übertragung einzelner Buchstaben durch einen Code arbeitete als Standard – der Morse-Code.

Ein weiteres auf Fackeln beruhendes Telekommunikationssystem entwickelte im 3. Jahrhundert der christliche Historiker Sextus Julius Africanus. Dieses System hatte ebenfalls eine Diagrammform: Das Alphabet wurde in drei Tafeln mit je acht Positionen bzw. Zeilen unterteilt. Um einen Buchstaben zu signalisieren wurde die Fackel auf einer dieser drei Positionen ein bis acht Mal hochgehoben. Da die drei Fackelpositionen bis zu zehn Meter voneinander entfernt waren, konnten mit diesem System große Sichtdistanzen überwunden werden. Aufgrund seiner Aufteilung kann es als frühester Vorläufer der Methode des Morsecodes gelten, selbst wenn auch sein tatsächlicher Einsatz äußerst ungewiss ist.[34] Erstmals

---

32 Aschoff 1984, S. 49.
33 Aschoff 1984, S. 51. Sowie Riepl 1972, S. 99.
34 Burns 2004, S.15. Aschoff 1984, S. 59 betrachtet dieses System konträr zu Riepl als Rückschritt gegenüber dem von Polybios. Er hält es für zugleich komplizierter und fehleranfälliger.

wird hier jedoch das Verfahren für buchstabenweise Nachrichtenübertragung »Schreiben« genannt und mit der Verwendung von Relaisstationen in Verbindung gebracht, was der späteren optischen Telegraphie bereits sehr nahe kommt. Riepl sieht den Fortschritt dieses Systems im Vergleich zu dem von Polybios »in dem grundsätzlichen Übergang von der Parallelität zur Sukzessivität der Zeichen«.[35] Die Zeitlichkeit der Zeichen wird jedoch erst später durch Morse konsequent angewendet.

Im neunten Jahrhundert soll Leon der Mathematiker in Kleinasien einen »Feuertelegraphen« entwickelt haben, welcher in der Lage war mit Hilfe synchronisierter Uhren komplexe Nachrichten zu übertragen. Dies ist jedoch wohl eher eine historische Legende als ein Fakt.[36] Bis zum 16. Jahrhundert gibt es wenige Zeugnisse von den Entwicklungen der Methoden der Telekommunikation.

Die meisten der antiken Telekommunikationsmethoden wurden nicht als flächendeckendes System realisiert, vermutlich sowohl aus ökonomischen als auch aus kulturellen Gründen. Ihnen eigen war, dass zwecks Informationsübermittlung keine materiellen Zeichenträger weitergereicht wurden. Zeichen wurden gezeigt oder kopiert und in Reihen weitergegeben. Das Übertragen an sich war nicht speicherbar und damit nicht nachvollziehbar. Systeme wie die des Polybios könnten daher dem antiken Denken widersprochen haben, da mit ihnen etwas über den unmittelbaren optisch-akustischen Raum hinaus verschickt wurde, ohne dass dafür ein materieller Träger bewegt wurde.[37]

Zusammenfassend lässt sich festhalten, dass bereits vor der Entdeckung der Elektrizität und der Erfindung von Wireless »drahtlos« telekommuniziert wurde. Hierzu wurde eine Kombination aus optischen und akustischen Signalen verwendet. Aufgrund der verwendeten Technologie konnten nur geringfügig komplexe Nachrichten übermittelt werden. Auch von einer Mobilität kann nicht die Rede sein, denn jene frühen Ideen der Telekommunikation erforderten das aufwendige Anbringen von Stationen an eigens dafür geeigneten Orten, vor allem auf Anhöhen. Auch wenn diese Methoden nicht zu großflächigen Systemen ausgebaut wurden, sind sie bemerkenswert in ihrem Bestreben der möglichst instantanen Fernübermittlung von Nachrichten.

---

35 Riepl 1972, S. 108.
36 Zur Diskussion vgl. Aschoff 1984, S. 71-84. Dass es ein auf Feuer basierendes Nachrichtensystem gegeben hat, ist jedoch gut möglich.
37 »Eine Nachrichtenübertragung, die also ohne Speicherung auskommt, gleichzeitig aber die natürlichen Grenzen der sicht- und hörbaren Welt überwindet und zudem auf Codes gründet, sprengt diese Epoche von Schickung [...].« Vgl. Haase 2003, S. 189.

3. Das zweifache Sein

3.1 Aristoteles: Dynamis und Energeia

Zur Zeit jener frühen Telekommunikationsmethoden wurden Medientechnologien noch nicht in Zusammenhang mit Virtualität oder Realität gedacht. Die damals gängigen Informationsübertragungsmöglichkeiten wie Boten und Feuersignalsystemen könnten das Denken der Philosophen zwar beeinflusst haben, aus den zurückgebliebenen Medien lässt sich dies jedoch nicht rekonstruieren. Daher werden im Folgenden antike Vorstellungen von der Beschaffenheit des Seins nicht unter Bezugnahme auf die im vorangegangenen Kapitel dargelegten frühen Methoden der Telekommunikation dargestellt, sondern hinsichtlich der Idee des Virtuellen betrachtet.

Die Zwiespältigkeit des Seins

Obgleich sich bereits in der frühen antiken Philosophie – beispielsweise in Anaximanders Vorstellung des Apeiron, Parmenides' Ausschluss des Nichtseins aus der Philosophie oder Platons Ideenlehre – Konzeptionen einer Zweiteilung des Seienden, eines das Anwesende als Abwesendes bestimmenden Prinzips finden lassen, ist Aristoteles Idee von »dynamis« und »energeia«, von Vermögen und Wirklichkeit, der differenzierteste, folgenreichste und für die Zwecke dieser Arbeit anschlussfähigste dieser frühen Versuche, das Virtuelle näher zu bestimmen. Dem aristotelischen Verständnis zufolge legt eine nicht-wirkliche Kraft des Seins, ein Vermögen, die Grundsteine der Wirklichkeit, mit der es in gegenseitiger Abhängigkeit ist. Hierbei ist das Vermögen die minderwertige Seinsweise und kann erst durch die wirkliche Tätigkeit in ein wahres Sein übergehen. Daher ist die wirkliche Tätigkeit ontologisch gesehen hochwertiger als das Vermögen. Diese Vorstellung von Wirklichkeit und gleichzeitig mit ihr seiendem Vermögen ist für eine Betrachtung von »Virtualität« im Hinblick auf Digitalmedien und insbesondere Mobile Medien aufschlussreich. Die meisten der im 20. Jahrhundert angesichts elektronischer Medien entstandenen Theorien gehen im Gegensatz zu Aristoteles von einer ausschließenden Dichotomie von Virtualität und Realität aus. Aristoteles' Vorstellung von zwei korrelativen

Seinsweisen erweist sich bei der philosophischen Betrachtung von Mobilen Medien jedoch als sehr sinnvoll.

Das dualistische Weltbild, dass die Philosophie seit der Antike geprägt hat, geht allerdings nicht bloß auf Aristoteles zurück. Es war Parmenides, der als erster prominent versuchte, die Welt nicht durch die Launen diverser Götter, sondern durch ein abgetrennt von den sinnlichen Erscheinungen existierendes wahrhaftes Sein zu erklären. In Aristoteles' Werk »Metaphysik« findet die abendländische Metaphysik ihren Höhepunkt. Auch wenn sich Aristoteles Vorstellung von der seiner Vorgänger unterscheidet und er stark darum bemüht ist, sich insbesondere von Platon abzugrenzen, muss auch in seiner Ontologie die sinnliche Wesenheit (die hier immerhin Wesenheit und nicht bloße Erscheinung ist) transzendiert werden. Denn nicht sie, sondern ihre vermögende Form ist das eigentlich wesenhafte Sein. – Es sind also vor allem Anaximander, Parmenides und Platon, von denen sich Aristoteles beispielsweise in der »Metaphysik« abgrenzt. Vergegenwärtigen wir uns kurz ihre Ansichten, bevor Aristoteles Weltbild im Hinblick auf Form und Stoff bzw. Vermögen und Wirklichkeit betrachtet wird.

Der milesische Philosoph Anaximander wollte den Ursprung der Welt erklären und fand ihn in einem Jenseits, das dennoch an die Welt gebunden war.[1] Das Unsichtbare, das »Apeiron«, ist für ihn völlig unanschaulich und damit außerhalb von Materialität und Immaterialität. Dennoch ist es der Ursprung der anschaulichen Welt, der es gegenübersteht. Beides sind Erstheiten, doch das Apeiron ist primär. Als Unbegrenztes wird es durch das Begrenzte, die Erde, komplettiert. Das Abstrakte und Umfassende geht dem Konkreten und Einzelnen jedoch voraus. Später, bei Parmenides und Platon kehrt sich diese Perspektive um. Bei ihnen wird das Sichtbare, sich Wandelnde zum Grenzenlosen und das Unsichtbare zum Begrenzenden. Für Anaximander ist der nicht messbare Ursprung das Unbegrenzte. Das Apeiron ist nicht deswegen nicht messbar, weil es nicht physisch ist, sondern weil es eine unendliche Masse ist. Es ist ein universaler Körper, der die Erde umhüllt, eine Sphäre und damit etwas der Vorstellung des Virtuellen bei Aristoteles, aber auch bei Platon Entgegengesetztes.[2]

Zwei Generationen später erscheint bei Parmenides zum ersten Mal der Begriff des Seins und zudem ein logisch-formaler Ausschluss des Seins des Nichtseins und des gleichzeitigen Seins von

---

1 Olof Gigon: Der Ursprung der griechischen Philosophen. Von Hesiod bis Parmenides. Basel: Schwabe & Co., 1968. S. 60 f.
2 Eine vertiefende Diskussion des Begriffs findet sich z.B. hier: Friedrich Lütze: Über das Apeiron Anaximanders. Ein Beitrag zur richtigen Auffassung desselben als materiellen Prinzips. Leipzig: Verlag Julius Klinkhardt, 1878.

Sein und Nichtsein.³ Durch Elimination der nicht-möglichen Möglichkeiten soll zum Wahren gelangt werden. Auch hier ist die Welt in ein richtiges und ein falsches Sein gespalten, in Sein und Nichtsein:

»So komm denn, ich will dir sagen [...] welche Wege des Suchens allein zu denken sind. Der eine: dass (etwas) ist, und dass nicht zu sein unmöglich ist, ist der Weg der Überzeugung, denn die geht mit der Wahrheit. Der andre: dass (etwas) nicht ist, und dass nicht zu sein richtig ist, der, zeige ich dir, ist ein Pfad, von dem keinerlei Kunde kommt. Denn was eben nicht ist, kannst du wohl weder wahrnehmen – denn das ist unvollziehbar – noch aufzeigen.«⁴

Der Schein entsteht durch eine Vermischung von Sein und Nichtsein. Das Nichtseiende ist jedoch undenkbar und wird daher von Parmenides aus der Welt genommen. Seiend ist nur das Denkbare.⁵ Durch den Geist wird das Abwesende anwesend. Dieses ist daher, während dasjenige, welches nicht ist, auch nicht gedacht werden kann.

Platon, von Parmenides stark beeinflusst, formuliert die Spaltung des Seienden unter anderem wie folgt:

»Sollen wir also, sprach er, zwei Arten des Seienden setzen, sichtbar die eine und die andere unsichtbar? – Das wollen wir, sprach er. – Und die unsichtbare als immer auf gleiche Weise sich verhaltend, die sichtbare aber niemals gleich? – Auch das, sagte er, wollen wir setzen.«⁶

Hier wird deutlich, dass das Seiende für Platon in zwei einander entgegen gesetzten Weisen existiert: Sinnliches und Intelligibles. Das Wesen der Dinge wird durch die Sinneserfahrung nicht erkannt, mittels des Verstandes muss die sinnliche Erscheinung

---

3   Gigon 1968, S. 250.
4   Parmenides: Vom Wesen des Seienden. Suhrkamp: Frankfurt am Main, (5. Jh. v. Chr.) 1986. Fragment 3, S. 16-17. In der Übersetzung nach Gigon 1968, S. 251: »Wohlan, so will ich Dir sagen [...], welche Wege der Forschung allein zu denken sind: Der eine Weg, dass ist und das Nichtsein nicht ist, das ist der Pfad der Überredung (denn sie folgt der Wahrheit). Der andere Weg aber, dass Nicht ist und dass Nichtsein notwendig ist, dieser Pfad ist [...] gänzlich unerkundbar; denn weder erkennen könntest Du das Nichtseiende (dies ist ja unausführbar) noch aussprechen. Denn dasselbe ist Denken und Sein.«
5   Diese Auffassung hat zu vielen Widerlegungen geführt, da sie aus einigen Perspektiven (nicht derjenigen von Parmenides) z.B. den Irrtum aus dem Seienden ausschließt. Vgl. Gigon 1968, S. 254.
6   Platon: Phaidon. 79a. In: Gunther Eigler (Hg.): Platon. Werke in acht Bänden, Dritter Band. Darmstadt: Wissenschaftliche Buchgesellschaft, 1974.

überwunden werden um zu wahrer Erkenntnis und wahrem Wissen über die Welt zu gelangen. Denn nur die »Ideen« besitzen wahres Sein, das sinnlich Wahrnehmbare ist das sekundär Seiende, Täuschung und Blendung, ein Schattenriss. Beim Menschen ist der Leib das Sichtbare, niemals Gleiche, und die Seele ist die »Idee«, die beständige Art des Seienden. Das Wesen der Dinge ist dasjenige, »was wirklich ist«.[7] Die sinnliche Wahrnehmung ist unwirklich und nicht fähig, das »eigentlich Wahre« zu erkennen.[8] Es liegt also eine deutliche Wertigkeit innerhalb der beiden Seinsweisen vor, bei der das »Nicht-Sinnliche« ontologisch gewinnt.

Und schließlich, mit einer gegensätzlichen Priorisierung, ist auch bei Aristoteles das Seiende in zweifacher Weise:

»Indem aber das Seiende zweierlei ist, so geht alles aus dem, was nur dem Vermögen nach ist, in das der Wirklichkeit nach Seiende über«[9]

Diese Vorstellung wird im Folgenden näher ausgeführt da sie ein Ineinandergreifen von virtuellem Vermögen und stofflicher Form beschreibt wie es in ähnlicher Weise durch Mobile Medien beobachtbar wird. Die metaphysischen Erkenntnisse Aristoteles' bieten einen ersten aufschlussreichen Ansatzpunkt für die Klärung dessen, was angesichts von Mobilen Medien unter Virtualität verstanden werden kann. Denn auch heute scheinen wir mit einem wahren und einem unwahr Seienden konfrontiert zu sein. Die durch Medientechnologien ermöglichte Anwesenheit eines eigentlich Abwesenden verursacht eine ontologische Spannung, die zu Missverständnissen und Verwirrungen führt. Aristoteles' Theorie ist jedoch nicht vor dem

---

7   Platon: Phaidon 65 c, d, e.
8   Vgl. z.B.: »Wird also nicht in dem Denken, wenn irgendwo, ihr etwas von dem Seienden offenbar? – Ja. – Und sie denkt offenbar am besten, wenn nichts von diesem sie trübt, weder Gehör noch Gesicht noch Schmerz und Lust, sondern sie am meisten ganz für sich ist, den Leib gehen läßt und soviel irgend möglich ohne Gemeinschaft und Verkehr mit ihm uns sucht für sich allein zu sein? – So scheint es. [...] Hast du nun wohl schon jemals hiervon das Mindeste mit Augen gesehen? – Keineswegs, sprach er. – Oder mit sonst einer Wahrnehmung, die vermittels des Leibes erfolgt, es getroffen? Ich meine aber alles dieses, Größe, Gesundheit, Stärke, und, mit einem Worte, von allem insgesamt das Wesen, was jegliches wirklich ist; wird etwa vermittels des Leibes hiervon das eigentlich Wahre geschaut, oder verhält es sich so, wer von uns am meisten und genauesten es darauf anlegt, jegliches selbst unmittelbar zu denken, was er untersucht, der kommt auch am nächsten daran, jegliches zu erkennen? – Allerdings.« Platon: Phaidon 65 c, d, e.
9   Aristoteles: Metaphysik. Hamburg: Reinbek, (4. Jh. v. Chr.) 2005. 1069 b 15 f.

Hintergrund technischer, oder gar digitaler und mobiler Medien entstanden, sie kann »Virtualität« also nicht mit jenen Medientechnologien in Verbindung bringen. – Im Folgenden werden Aristoteles' Begriffspaare »dynamis« und »energeia« sowie »hyle« und »eidos«, Stoff und Form, aufgeschlüsselt, Hauptbezugspunkt dabei ist seine Abhandlung »Metaphysik«.[10]

DYNAMIS: VERMÖGEN, NICHT MÖGLICHKEIT

Wie also ist Aristoles' Vorstellung der Mannigfaltigkeit des Seins beschaffen? Für ihn werden mit dem Begriff »dynamis« im Wesentlichen zwei Vorkommnisse bezeichnet, nämlich einerseits, in einer modallogischen Bedeutung, eine Möglichkeit, und andererseits, in der für seine Zwecke wesentlichen, ontologischen Bedeutung, ein Vermögen.

Dynamis verstanden als »Möglichkeit« ist für Aristoteles in Bezug auf seine ontologischen Untersuchungen irrelevant bis störend und wird daher in der »Metaphysik« recht früh verbannt. Im fünften Buch, also noch vor der Beschäftigung mit »Sein im Sinn von Vermögen und Wirklichkeit« im neunten Buch, befasst er sich mit philosophischen Begriffen, die in mehrfacher Bedeutung verwendet werden. Zu diesen gehört, neben unter anderem »Sein«, »Wesenheit« und »Früher«, auch »dynamis«. Behandelt werden die verschiedenen Gebrauchsweisen des Begriffs, von denen zwei wesentlich und eine eigentlich ist, nämlich die von Dynamis als Vermögen. Die zweite wesentliche Verwendungsweise von Dynamis, als Möglichkeit, wird aus der weiteren Abhandlung ausgeklammert, da sich der Begriff in dieser Hinsicht nicht auf das Sein des Seienden, welches Aristoteles in dieser Abhandlung ergründet, bezieht, sondern bloß auf Aussagen über das Sein.[11] Es interessiert also primär die Dynamis im Sinne des Vermögens.

Dynamis, Vermögen, ist, in der ersten und relevanten Bedeutung »das Prinzip der Veränderung oder Bewegung in einem anderen und insofern dies ein anderes ist«[12]. Diese Definition wird im Verlauf der Ausführungen mehrfach wiederholt. Vermögen verändert als ein Prinzip der Veränderung etwas, und zwar indem es dieses bewegt. Als Prinzip der Veränderung oder auch Bewegung bezieht sich das Vermögen auf etwas anderes. Dieses Andere ist, wie

---

10 Folgendes bezieht sich, soweit nicht anders angegeben, auf die Übersetzung der Metaphysik durch Hermann Bonitz: Aristoteles: Metaphysik. Hamburg: Reinbek, 2005.
11 Aristoteles: Metaphysik 1019 b 17 ff. Diese Stelle ist vor allem deswegen relevant, da »dynamis« in anderen Übersetzungen derweil dennoch als »Möglichkeit« übersetzt und damit sinnentfremdet wurde.
12 Aristoteles: Metaphysik 1019 a 15.

sich später herausstellen wird, etwas Wirkliches, von dem das Vermögende durch Referenz abhängt. Vermögen kann aber auch »das Prinzip der Veränderung von einem anderen oder insofern dies ein anderes ist«[13] genannt werden. Zwar ist das Vermögen in beiden Bedeutungen ein Prinzip der Veränderung, das sich auf ein anderes bezieht, allerdings ist es nur in der ersten Bedeutung darüber hinaus auch ein Prinzip der Bewegung und findet sich »in einem anderen« wieder. In der zweiten Bedeutung ist es außerhalb des anderen, es ist das Prinzip der Bewegung »von« ihm.

Die Heilkunst wäre für Aristoteles ein Beispiel für ein Vermögen der ersten Art, da sie sich kurzzeitig auch in dem Geheilten finden lassen kann, zumindest solange dieser noch nicht geheilt ist. Der Geheilte muss das Vermögen zum Geheilt-Werden haben, ansonsten könnte er das Geheilt-Werden nicht »erleiden« und damit dazu bewegt werden, einen anderen Zustand annehmen. Die Baukunst wäre ein Vermögen der zweiten Art, da sie sich nicht in dem Gebauten findet, sondern ihr extern ist. Sie findet sich nur im Bauenden, nicht aber im Bauwerk und ist zudem nicht auf Bewegung gerichtet. Trotz dieser Bedeutungsdifferenz fällt die zweite Bedeutung als Sonderfall in den Bezeichnungsrahmen der ersten.

Desweiteren kann Aristoteles' Überlegungen zufolge mit »dynamis« auch beispielsweise »die Fähigkeit, etwas schön oder nach Vorsatz auszuführen« bezeichnet werden. Denn der, dessen Sprache nicht schön oder nicht seinem Vorhaben entsprechend ist, vermag es nicht, zu sprechen. Derartige Gebrauchsweisen von »dynamis« sind für seine Überlegungen bezüglich des Seins des Seienden jedoch eher verwirrend als produktiv. Wichtig ist, dass auch das Vergehende und das Stillstand Bewirkende etwas Vermögendes sind und etwas entweder durch ein Haben oder eine Privation (»steresis«) vermögend sein kann: »Ferner heißt dies alles vermögend entweder nur, weil es überhaupt werden oder nicht werden, oder weil es gut werden kann.«[14] Vermögen besitzt also dasjenige, welches – in Zusammenhang mit einem anderen – werden oder nicht werden, oder in einer gewissen Weise, nämlich gut werden kann.

Über das »Unvermögen« wird an dieser Stelle die Gebrauchsweise von »dynamis« als Möglichkeit eingeführt: Unvermögen kann einerseits die Privation des Vermögens bezeichnen, und andererseits ist dasjenige »unvermögend«, das dem Gegenteil von »möglich«, also »unmöglich« entspricht.[15] »Unmöglich nämlich ist das, dessen Gegenteil notwendig wahr ist«. Zur Erläuterung dieser Aussage führt Aristoteles als Beispiel an, dass der Satz »die Diagonale ist kom-

---

13 Aristoteles: Metaphysik 1019 a 18 f.
14 Aristoteles: Metaphysik 1019 b 13 f.
15 Aristoteles: Metaphysik 1019 b 22 f.

mensurabel« unmöglich wahr sein kann, denn das Gegenteil dieses Satzes, nämlich dass die Diagonale inkommensurabel ist, ist notwendig wahr. Aristoteles' Logik zufolge muss die erste Aussage daher notwendig falsch und damit das Gesagte unmöglich sein.

»Möglich«, als vom Begriff des Vermögens unabhängige Kategorie, kann in drei Bedeutungen verwendet werden: für etwas, das »nicht notwendig falsch« ist, für etwas, das wahr ist, sowie für etwas, das wahr sein kann, d.h. dass sein Gegenteil nicht notwendig falsch ist. In dieser Hinsicht wird »dynamis« also im Sinne von »Möglichkeit« als modallogische Kategorie verwendet: Das Unmögliche ist falsch und das Mögliche ist wahr, unabhängig von einem Grund, einer Ursache oder einem Seinszustand.[16] Da sich diese Bedeutung von »möglich« nicht auf das Sein des Seienden bezieht, ist sie für Aristoteles folgende Untersuchung der Seinsweisen irrelevant und wird ausgeklammert:

»Diese Bedeutungen also von möglich hängen nicht von dem Begriff Vermögen ab. Was aber nach dem Vermögen als möglich oder vermögend bezeichnet wird, das heißt alles so durch seine Beziehung auf Vermögen in der ersten Bedeutung, d.h. Prinzip der Veränderung in einem anderen, oder insofern es ein anderes ist. [...]. Der eigentliche Begriff also von Vermögen in der ersten Bedeutung würde danach sein: Prinzip der Veränderung in einem anderen oder insofern es ein anderes ist.«[17]

Hier wird die Gebrauchsweise von »dynamis« als »Möglichkeit« im Rahmen der Grundlegung der ersten Wissenschaft und der Untersuchung der Ursachen, Prinzipien und Elemente der Wesenheiten ausgeschlossen.[18] Zugleich zerfällt das Sein, wie oben bereits kurz dargestellt, in zwei Weisen, wie Aristoteles im Rahmen seiner Begriffsklärung des »Seins« darstellt:

»Ferner bezeichnet Sein und Ist, dass etwas wahr ist, Nicht-sein aber, dass etwas nicht wahr ist, sondern falsch. [...] Ferner bezeichnet Sein und Seiendes [...] teils das Vermögen (dynamis), teils die Wirklichkeit (entelechia).«[19]

---

16 Der hier nur beiläufig skizzierte Möglichkeitsbegriff hatte weitreichende Auswirkungen auf die Possibilienproblematik im Mittelalter, insbesondere bei Johannes Duns Scotus und Thomas von Aquin. Vgl. Josef Stallmach: Dynamis und Energeia. Untersuchungen am Werk des Aristoteles zur Problemgeschichte von Möglichkeit und Wirklichkeit. Meisenheim am Glan: Anton Hain, 1959. S.13 ff.
17 Aristoteles: Metaphysik 1019 b 34 f.
18 Aristoteles: Metaphysik 1042 a 5.
19 Aristoteles: Metaphysik 1017 a 32 ff.

Da das Vermögende nicht unmöglich und damit falsch ist, ist es notwendigerweise möglich, denn es kann und wird sich verwirklichen. Würde es sich nicht verwirklichen, wäre es Aristoteles zufolge schlicht unmöglich und damit falsch. Das Vermögen, das nicht wird, vermag auch nicht und ist daher keins. Das Werden als Bewegt-Werden ist hierbei ein Schlüsselkonzept, daher kann auch das Leblose d.h. Gegenstände Vermögen besitzen.[20] Das Vermögen kann von sich heraus zu dem übergehen, was es vermag, während die Veränderung, die es hervorruft in einem anderen ist. Um dies zu spezifizieren und zu klären, wie sich Dynamis im Sinne von »Vermögen« und »Energeia« als »Wirklichkeit« aufeinander beziehen, bedarf es einer Betrachtung von »hyle« und »eidos«.

Stoff und Form

Das altgriechische Wort »hyle« wird üblicherweise als Stoff und »eidos« als Form übersetzt.[21] Stoff und Form bedingen einander und koexistieren: Der Stoff ist dasjenige, welches den Formen zugrunde liegt, diese bilden oder prägen sich ihm ein. Behandelt werden Stoff und Form in der Metaphysik im Rahmen der Untersuchung der »allgemein anerkannten Wesenheiten«:

»Dies sind die sinnlichen; die sinnlichen Wesenheiten aber haben alle einen Stoff. Wesenheit aber ist das zugrunde liegende Substrat, in einem Sinne der Stoff (unter Stoff verstehe ich dasjenige, was, ohne der Wirklichkeit nach ein bestimmtes Etwas zu sein, doch der Möglichkeit nach ein bestimmtes Etwas ist), in einem anderen Sinne der Begriff und die Form, welche als ein individuell bestimmtes Etwas dem Begriff nach abtrennbar ist.«[22]

Auch wenn das Anliegen von Aristoteles Metaphysik als Wissenschaft darin besteht »das Seiende als solches [...] und das demselben an sich Zukommende«[23] zu untersuchen und sie daher von »der Sinneswahrnehmung am weitesten entfernt«, jedoch von allen Wissenschaften »am genauesten« ist, sofern sie »am meisten auf das Erste sich bezieht«[24], nämlich »das Seiende allgemein und die erste Wesenheit«[25], muss sie sich auch mit dem sinnlich Wahrnehmbaren befassen. Denn für Aristoteles setzen sich die Dinge aus der primären Form und dem ontologisch minderwertigen Stoff zusammen.

---

20 Aristoteles: Metaphysik 1019 b 13 f.
21 »Hyle« wird auch als Materie übersetzt. Vgl. Otfried Höffe (Hg): Aristoteles-Lexikon. Stuttgart: Kröner, 2005. S. 271 ff.
22 Aristoteles: Metaphysik 1042 a 25 f.
23 Aristoteles: Metaphysik 1003 a 20 f.
24 Aristoteles: Metaphysik 982 a 25.
25 Aristoteles: Metaphysik 1005 a 35.

Damit etwas wird, bedarf es des Stoffs, da nur dieser sich verändern kann, denn die Formen selbst sind nicht dem Werden und der Veränderung unterworfen. Indem diese beiden Begriffe zusammengedacht werden und damit nicht das sinnlich Wahrnehmbare zugunsten des Intelligiblen verworfen wird, (auch wenn dies letztlich Ziel der höchsten Wissenschaft ist), sondern ein zwar minderwertiger, aber integrativer und notwendiger Bestandteil des Seienden ist, bricht Aristoteles mit seinen Vorgängen. Vor allem mit Platon, für den die immaterielle Form, die Idee, in jeder Hinsicht vorrangig ist und nur sie dem Seienden seine Wesensbestimmung gibt. Der Stoff, das Material, das sinnlich Wahrnehmbare ist nur störendes Blendwerk, das es zu überwinden gilt.[26]

Für Aristoteles ist das sinnlich Wahrnehmbare nicht bloßer Schein, kein Schattenbild, sondern eine Wesenheit, und sogar diejenige, die am wenigsten angezweifelt wird, daher allgemein anerkannt ist. Wesenheit ist jedoch nicht mit Wahrheit zu verwechseln, wahr kann das Erscheinende auch für Aristoteles nicht sein, denn es ist relativ und daher nicht wahrhaft seiend.[27] Durch die Anerkennung des Stoffes als Wesenheit wird dieser aufgewertet und als von der Form durchdrungen kenntlich gemacht. Die Form hingegen ist keine zeitlich vorangehende transzendente Idealgestalt, die mittels eines Scheins durch den Verstand rekonstruiert werden muss. Sie ist in einer konkreten, sichtbaren Form-Stoff-Zusammensetzung erkennbar und existiert damit vor und während der sinnlich wahrnehmbaren, durch den Stoff bedingten Erscheinung. Als sinnlich wahrnehmbare Wesenheiten besitzen alle Erscheinungen einen Stoff, bestehen allerdings aus beidem, aus Stoff und Begriff, oder Form.

Der Stoff ist nur »der Möglichkeit« bzw. »dem Vermögen nach«[28] ein bestimmtes Etwas, während die Form, die den Stoff notwendig beinhaltet, sogar nur durch diesen in ein neues Sein gerufen werden kann, der Wirklichkeit nach ein bestimmtes Etwas ist. Der Stoff ist die Voraussetzung dafür, dass es überhaupt etwas gibt und zu-

---

26 Zur Kritik an Platons Ideenlehre und den Vorplatonikern vgl. Aristoteles: Metaphysik 987 a 30 - 993 a 27.

27 »... so kann nicht alles Erscheinende wahr sein; denn das Erscheinende ist Erscheinung für jemanden. Wer also alles Erscheinende für wahr erklärt, der macht alles Seiende zum bloß Relativen.« Vgl. Aristoteles: Metaphysik 1011 a 18 f.

28 »Da die Wesenheit, welche als Substrat und Stoff besteht, allgemein anerkannt wird, und dies die dem Vermögen nach (dynamei) existierende Wesenheit ist, so bleibt uns noch übrig zu sagen, welches denn die der Wirklichkeit nach (hos energeia) bestehende Wesenheit der sinnlichen Dinge ist.« Aristoteles: Metaphysik 1042 b 9 ff.

dem die Bedingung für Veränderung und Bewegung. Damit überhaupt etwas werden kann, muss vorher ein »Teil« vorhanden sein.[29] Dieser vorher vorhandene Teil ist für Aristoteles der Stoff, der als Wesenheit einer »gegensätzlichen Veränderung«[30] zugrunde liegt.

»Dasjenige nun, was als bewegend Ursache ist, geht der Existenz nach voraus, dasjenige aber, was als Formbegriff Ursache ist, existiert zugleich.«[31]

Mit der Wesenheitsveränderung, die der Stoff durch Formeinprägung erfährt, geht seine Transformation einher. Beispielsweise ist die Bronze durch das »Erleiden« einer neuen Form keine Kugel mehr, sondern eine Statue und hat sich damit in ihrem Wesen verändert. Sie besitzt also eine andere Form, ohne die der Stoff nicht erkannt werden könnte. Stoff ist notwendige Bedingung für Veränderung und durch das passive Vermögen gekennzeichnet, Verschiedenes werden zu können, und zwar durch die Einbildung der Form. Dennoch, wie später näher ausgeführt wird, ist der Stoff nicht per se »früher« als die Form: »Denn Wesenheit des Dinges ist die innewohnende Formbestimmung, aus welcher in Verbindung mit der Materie die konkrete Wesenheit besteht.«[32]

Während der Stoff dem Werden unterliegt, ist die Form resistent gegen Veränderungen. Sie ist »dasjenige, was vom Stoff ausgesagt wird«[33]. Die Form ist die »Ursache des Seins und der Wesenheit«, sie ist entweder ewig oder »vergänglich ohne zu vergehen und geworden ohne zu werden«[34]. Im Gegensatz hierzu ist der Stoff nicht ewig, sondern vergänglich. Die Form wird von niemandem gemacht oder erzeugt, sondern in einen bestimmten Stoff eingebildet und damit zugleich aus diesem herausgebildet, das Entstandene ist aus beidem zusammen gesetzt. Das aus Stoff und Form Zusammengesetzte unterliegt im Gegensatz zur Form ebenfalls dem Werden, wobei sich das Werden auf der Seite des Stoffes findet.[35]

---

29 Aristoteles: Metaphysik 1032 b 31 f.
30 Es gibt vier Formen der gegensätzlichen Veränderungen: Orts-, Größen-, Beschaffenheits- und Wesenheitsveränderung. Die Wesenheitsveränderung bedingt die drei anderen Formen der Veränderung, die Ortsveränderung und die Größenveränderung setzten jedoch nicht zugleich eine Wesenheitsveränderung, die daher die primäre Veränderung ist. Vgl. Aristoteles: Metaphysik 1042 a 32 f.
31 Aristoteles: Metaphysik 1069 b 23 f.
32 Aristoteles: Metaphysik 1037 a 29.
33 Aristoteles: Metaphysik 1043 a 1.
34 Aristoteles: Metaphysik 1043 b 15 f.
35 Aristoteles: Metaphysik 1033 b 17 f.

Am Beispiel des Hauses verdeutlicht Aristoteles, dass Form den Stoff beinhaltet sowie den Unterschied zwischen der Wesenheit »dem Vermögen nach« und »der Wirklichkeit nach«: Wenn jemand ein Haus dadurch definiert, dass er sagt, es sei Steine, Ziegel und Holz, so redet er von dem »Haus dem Vermögen nach; denn jene Dinge sind Stoff desselben«.[36] Wenn jemand jedoch vom Haus als einem »bedeckenden Behältnis für Körper und Sachen« spricht, oder andere Bestimmungen dieser Art gebraucht, dann meint er »die Wirklichkeit; wer aber beides verbindet meint die dritte aus diesen beiden hervorgehende Wesenheit. Es scheint nämlich der durch die Artunterschiede hindurchgehende Begriff mehr die Form und die Wirklichkeit zu treffen, der aus den Bestandteilen gebildete mehr den Stoff.«[37] Stoff und Form sind also nur in ihrer Einheit eine vollkommene Wesenheit, die Formen sind substantiell, können aber nur im Stoff wirklich sein. Dieser ist Bedingung für Veränderung und Werden.

Obgleich alles aus dem selben ersten Grund oder den ersten Gründen hervorgeht – nämlich dem »unbewegten Bewegenden« – und derselbe Stoff als Prinzip allem Entstehenden zugrunde liegt, gibt »es dennoch einen eigentümlichen Stoff für jedes Einzelne«[38] Beispielsweise kann eine Säge nicht aus Holz oder Wolle gemacht werden. Stoff und Form sind dementsprechend in Bezug zueinander und die Form ist kein abgelöstes Ideal, das der realen Welt einfach eingeprägt wird. Aristoteles zufolge kann auch aus verschiedenem Stoff dasselbe hervorgehen wenn die verwendete Kunstfertigkeit und das bewegende Prinzip dasselbe sind. Beispielsweise kann sowohl aus Lehm, als auch aus Stein ein Haus gebaut werden.[39] Es gibt jedoch etwas, das keinen Stoff besitzt. Dies ist das erste Bewegende. Denn weil es nur von »dem, was auseinander entsteht und ineinander übergeht«[40] einen Stoff gibt, das erste Bewegende jedoch ohne Übergang ist, gibt es von ihm keinen Stoff. Es ist reine Form.[41]

---

36 Aristoteles: Metaphysik 1043 a 15 f.
37 Aristoteles: Metaphysik 1043 a 19 ff.
38 Aristoteles: Metaphysik 1044 a 15 ff.
39 »Wo aber dasselbe aus verschiedenem Stoff hervorgehen kann, da muß notwendig die Kunst (techne) und das bewegende Prinzip dasselbe sein; denn wäre sowohl der Stoff als auch das Bewegende verschieden, so würde es auch das daraus gewordene sein.« Vgl. Aristoteles: Metaphysik 1044 a 30 f.
40 Aristoteles: Metaphysik 1044 b 28.
41 »Was aber keinen Stoff hat, weder denkbaren, noch sinnlich wahrnehmbaren, das ist unmittelbar eine Eines, so wie auch ein Seiendes, das bestimmte Etwas nämlich, das Qualitative, das Quantitative. Darum findet sich auch in den Wesensbestimmungen weder das Seiende noch das Eins, und das

Während alles andere zur Vervollkommnung Stoff und Form benötigen, ist einzig das erste Bewegende als reine Form eine Eines:

»denn ein jedes ist ein Eines, und das dem Vermögen nach Seiende ist mit dem in Wirklichkeit Seienden in gewisser Weise einerlei. Es gibt also keine weitere Ursache als die von dem Vermögen zur Wirklichkeit bewegende. Was aber keinen Stoff hat, das ist schlechthin ein Eines.«[42]

Dieses schlechthin Eine ist das unbewegt Bewegende, der Ursprung der Welt, der sowohl notwendig, als auch ewig ist und von dem sinnlich Wahrnehmbaren »getrennt selbstständig existierende Wesenheit« ist.[43]

»Ferner muß, was sich verändert, ein Seiendes sein; denn die Veränderung geht aus etwas zu etwas. Aber es ist auch nicht möglich, dass alles nur zu Zeiten in Ruhe und Bewegung sei und nichts für immer; denn es gibt etwas, das immer das Bewegte bewegt, und das erste Bewegende ist selbst unbewegt.«[44]

Als Prinzip und Erstes von allem Seienden ist dieses erste Bewegende selbst unbeweglich, bringt jedoch »erste, ewige und einige Bewegung hervor«.[45] Dieses Erste ist für Aristoteles logisch nicht in der Lage, sich zu verändern und zudem nicht vergänglich. Denn wären alle Wesenheiten, die ja »von dem Seienden das Erste« sind, dem Vergänglichen unterworfen, so wäre alles vergänglich. Weil das nicht sein kann, muss es »notwendig eine ewige unbewegte Wesenheit geben«.[46] Diese ist unteilbar und unzertrennlich, hat keine Größe und hat ein »unbegrenztes Vermögen«.[47]

»Drei sind also der Ursachen und drei Prinzipien: zwei bildet der Gegensatz, dessen eines Glied der Begriff und die Form ist, das andere die Formberaubung ist, das dritte ist der Stoff.«[48]

Insgesamt gibt es drei Wesenheiten, »nämlich zwei natürliche und eine unbewegliche«.[49] Diese »ewige unbewegte Wesenheit« ist die Ursache jeglicher Bewegung und damit nicht vergänglich. Die beiden

---

Wesenswas ist unmittelbar ein Eines sowie auch eine Seiendes.« Vgl. Aristoteles: Metaphysik 1045 a 36 – 1045 b 2
42 Aristoteles: Metaphysik 1045 b 20 f.
43 Aristoteles: Metaphysik 1073 a 4 f.
44 Aristoteles: Metaphysik 1012 b 28 ff.
45 Aristoteles: Metaphysik 1073 a 23 f.
46 Aristoteles: Metaphysik 1071 b 25 f.
47 Aristoteles: Metaphysik 1073 a 7 f.
48 Aristoteles: Metaphysik 1069 b 33 f.
49 Aristoteles: Metaphysik 1071 b 2.

natürlichen Wesenheiten entstehen und vergehen hingegen, Stoff und Form fallen zusammen, sie sind dasselbe, nur in anderer Weise: dem Vermögen nach, und der Wirklichkeit nach.[50] Das Seiende wird also in zwei Bedeutungen gebraucht: Das dem Vermögen nach Seiende, der Stoff, kann der Wirklichkeit nach eine bestimmte Form sein. Ein Begriff besteht für Aristoteles immer aus Stoff und Wirklichkeit/Form.[51] Während das Vermögen gleichzeitig die Form und das ihr Entgegengesetzte werden kann, kann die Wirklichkeit nur eines sein, sie schließt ihr Gegenteil aus.[52] Zugleich kann ein Stoff auch einer Form beraubt werden, beispielsweise verwandelt sich Gesundes durch Beraubung der Form in Krankes:

»Der Wirklichkeit nach ist nämlich die Form, sofern sie abtrennbar ist, und das aus beiden Hervorgehende und die Formberaubung, z.B. Finsternis oder Krankes, dem Vermögen nach ist aber der Stoff; denn dieser ist dasjenige, das beides zu werden vermag. [...] Die ersten Prinzipien also von allen Dingen sind dasjenige, was der Wirklichkeit nach ein erstes, bestimmtes Etwas ist, und ein anderes, welches es dem Vermögen nach ist.«[53]

Zeitlich und »der Existenz nach« geht hierbei die bewegende Ursache dem Stoff voraus und das, was als Formbegriff Ursache ist, existiert zugleich.«[54] Beispielsweise ist die Form »Gesundheit« gleichzeitig vorhanden mit dem gesunden Menschen, dessen Ursache das erste Bewegende ist. Diese Unterscheidung zwischen Stoff und Form dient Aristoteles vor allem dazu, das Entstehen und Vergehen, das Werden zu erklären. Zusammengefasst ist seine Konzeption diese:

»Denn bei jeder Veränderung verändert sich etwas und durch etwas und in etwas. Dasjenige, wodurch es sich verändert, ist das erste Bewegende; das, was sich verändert, ist der Stoff; das, worin es sich verändert, ist die Form.«[55]

---

50 Aristoteles: Metaphysik 1045 b 17 f.
51 »Der Stoff aber ist teils denkbar, teils sinnlich wahrnehmbar, und immer ist im Begriff das eine Stoff, das andere Wirklichkeit.« Vgl. Aristoteles: Metaphysik 1045 a 30 ff.
52 »Denn das Seiende wird in zwei Bedeutungen gebraucht, so dass in dem einen Sinne etwa aus dem Nicht-Seienden werden kann, in dem andern nicht, und es möglich ist, dass dasselbe zugleich sei und nicht sei, nur nicht in derselben Bedeutung. Denn dem Vermögen nach kann dasselbe zugleich Entgegengesetztes sein, der Wirklichkeit nach aber nicht.« Vgl.: Aristoteles: Metaphysik 1009 a 32 f.
53 Aristoteles: Metaphysik 1071 a 8 f.
54 Aristoteles: Metaphysik 1070 a 23 f.
55 Aristoteles: Metaphysik 1070 a 1 f.

Die Form ist nicht mit der Gestalt von etwas zu verwechseln. Beispielsweise kann das Erz der Stoff sein und die Gestalt eine Figur, ein sichtbarer Umriss, beispielsweise ein Mensch. Dies ist aber keineswegs die Form, z.B. Mensch. Die Form ist nicht der sichtbare Umriss, die »Morphe«, die Gestalt, sondern »meint vielmehr die innere Struktur, bei Artefakten die Funktion oder bei Lebewesen die Fähigkeiten, die sie besitzen«[56]. Das heißt, dass die aus Erz gefertigte Statue zwar die gleiche Gestalt haben mag wie ein Mensch, von einem lebendigen Menschen ist sie jedoch der Form nach verschieden, was auch damit zusammenhängt, dass dieser aus einem anderen Stoff besteht und dementsprechend zu andern Dingen fähig ist als die Bronzestatue. Das für etwas wesentliche Sein liegt also ganz klar nicht in der Gestalt einer Sache, oder etwa bloß in seinem Stoff, sondern in der Form.[57] Diese bewirkt die Wirklichkeit des aus Stoff und Form zusammengesetzten, sie selbst ist dem Entstehen und Vergehen enthoben, das aus ihr und dem Stoff zusammengesetzte jedoch nicht. Beim Menschen ist die Seele die Substanz, die Form eines natürlichen Körpers, der dem Vermögen nach Leben besitzt.[58] Der Stoff kann nur an einem »bewegten Gegenstand«, an einer Form gedacht werden, vereinfacht ausgedrückt ist er Vermögen, die Form jedoch Wirklichkeit.[59]

Dynamis und Energeia

»Vermögen und Wirklichkeit erstreckt sich weiter als nur auf das in Bewegung Befindliche«[60] – nicht bloß Dinge wie die Bronzestatue sind von diesen beiden Seinskomponenten durchzogen, sondern das gesamte Sein setzt sich aus zweierlei zusammen, mit der Figur des unbewegten Bewegers als außen vorstehenden, initiierenden Dritten.[61] Das dem Vermögen nach Seiende »ist« also auch, bloß in

---

56 Höffe 2005, S. 151.
57 Aristoteles: Metaphysik 1043 b 15, 1069 b 35, 1070 a 15.
58 »Offenbar ist aber auch, daß die Seele die erste Wesenheit ist, der Körper aber der Stoff; der Mensch aber oder das Tier ist die Verbindung von beiden als Allgemeines.« Vgl. Aristoteles: Metaphysik 1037 a 5 f.
59 »Auch die Materie kann man nur an einem bewegten Gegenstand denken. Und nichts Unendliches kann sein; wo nicht, so ist doch das Unendlich-sein nicht etwas Unendliches.« Vgl. Aristoteles: Metaphysik 994 b 26 f.
60 Aristoteles: Metaphysik 1046 a 1 f.
61 Während bei Aristoteles der Dritte das unbewegt Bewegende, der Ursprung ist, ist diese Figur bei Niklas Luhmann, der sich mit seiner Unterscheidung zwischen Form und Medium, z.B. in »Die Gesellschaft der Gesellschaft« wohl an Aristoteles anlehnt, der beobachtende Beobachter, der durch den Prozess der Beobachtung die Welt entstehen lässt bzw. »konstruiert«.

einer anderen und minderwertigeren Weise als das der Wirklichkeit nach Seiende.

Das Vermögen in seiner primären Bedeutung zielt für Aristoteles auf Veränderung, »in einem anderen und insofern es ein anderes ist«[62], auch wenn, wie später ersichtlich werden wird, es nicht selbst in der Lage ist, dieses Ziel zu verwirklichen, sondern dafür eine Form benötigt. Wie der Stoff vermag das Vermögen zugleich eines und sein Entgegengesetztes zu werden. Gleich der verschiedenen Weisen der Zusammensetzung des Stoffes gibt es auch unterschiedliche Formen des Vermögens, beispielsweise das Vermögen gemäß einer Bewegung:

»Diejenigen Vermögen aber, welche derselben Art angehören, sind alle gewisse Prinzipien und heißen so nach ihrer Beziehung auf ein erstes Vermögen, welches ein Prinzip ist der Veränderung in einem anderen oder insofern es ein anderes ist. So gibt es nämlich ein Vermögen des Leidens als ein in dem Leidenden selbst wohnendes Prinzip des Leidens von einem anderen oder insofern es ein anderes ist. Ein anderes dagegen ist ein Zustand der Unfähigkeit, zum Schlechteren bestimmt und von einem anderen oder insofern es ein anderes ist als von einem Veränderungsprinzip vernichtet zu werden. Denn in alle diesen Begriffen findet sich der Begriff des ersten Vermögens.«[63]

Das Vermögen ist also in zwei Vorkommensweisen gespalten: in ein aktives Vermögen der Veränderung, sowie, diesem entsprechend, ein passives Vermögen des Erleidens der Veränderung. Diese beiden Formen des Vermögens sind notwendige Bedingung für das Vermögen gemäß einer Veränderung.

Zudem, weil es beseelte und unbeseelte Prinzipien gibt und Vermögen Prinzipien sind, gibt es vernünftige und vernunftlose Vermögen.[64] Künste und hervorbringende Wissenschaften sind mit Vernunft verbundene Vermögen, da sie zugleich auf ein Objekt und sein Entgegengesetztes gehen, beispielsweise vermag es der Arzt, jemanden gesund oder ihn krank zu machen. Wärme hingegen, als unvernünftiges Vermögen, kann nur wärmen, nicht aber kühlen, höchstens ausbleiben.[65] Hier geht es wohl hauptsächlich darum, Wissenschaft als auf Vernunft ruhendes Vermögen zu begründen.[66]

Es stellt sich Aristoteles nun die Frage, wie das Vermögen zeitlich verweilt und darüber hinaus, wie es sich von der Möglichkeit

---

62 Aristoteles: Metaphysik 1020 a 1.
63 Aristoteles: Metaphysik 1046 a 9 f.
64 Aristoteles: Metaphysik 1046 b 2 f.
65 Aristoteles: Metaphysik 1046 b 5 ff., sowie 1048 a 8 f.
66 Die Wissenschaften sind für Aristoteles nach Begriffen vermögend und erfassen daher ebenso wie die Seele »das Entgegengesetzte«. Vgl. Aristoteles: Metaphysik 1046 b 22 f.

abgrenzt. Während die Megariker laut Aristoteles behaupteten, dass ein Ding nur dann ein Vermögen habe, »wenn es wirklich tätig sei, wenn jenes aber nicht wirklich tätig sei, habe es auch das Vermögen nicht«[67], geht er von einem andauernden Vermögen aus. Aus der Sicht der Megariker hat beispielsweise der Bauende nur während des Bauens das Vermögen zu Bauen, wenn er gerade nicht baut, hat er auch nicht das Vermögen dazu. Das ist für Aristoteles nicht plausibel, da so beispielsweise der Baumeister sein Vermögen zu bauen nach Baustop verlieren würde und es unklar wäre, wie er es wieder neu erwerben könnte. Zudem, übertragen auf unbeseelte Dinge, könnte z.B. nichts kalt sein, wenn es nicht sinnlich wahrgenommen werden würde. Das heißt, dass wenn niemand das Eis berühren und seine Kälte spüren würde, es nicht kalt wäre. Und selbst die sinnliche Wahrnehmung würde es nur im Moment ihrer Anwendung geben. Die Megariker machen aus Aristoteles' Perspektive jegliche Form des Werdens unmöglich:

»[...] wenn das des Vermögens Beraubte unvermögend ist, so müsste das, was nicht geschehen ist, unvermögend sein zu geschehen; wer aber von dem, was unmöglich geschehen kann, sagte, dass es sei oder sein werde, der würde sich täuschen; denn das bedeutet ja eben der Begriff ›unmöglich‹. Diese Lehren also heben Bewegung und Werden auf. Denn das Stehende wird immer stehen, das Sitzende immer sitzen; denn unmöglich könnte ja das aufstehen, was nicht vermag aufzustehen.«[68]

Für ihn geht es jedoch gerade darum, mittels des Vermögens das Werden philosophisch auf einen sicheren Fuß zu stellen. Allerdings kann etwas, das ein Vermögen hat, etwas Bestimmtes zu werden, dieses werden, es muss es aber nicht: Es ist »denkbar, dass etwas zwar vermögend sei zu sein und doch nicht sei, oder vermögend nicht zu sein und doch sei, und ebenso auch in anderen Kategorien«[69]. Während die Wirklichkeit nur jeweils eines sein kann, kann das Vermögen Verschiedenes werden oder nicht werden. Folgt man der von Aristoteles rezipierten These der Megariker, nach der das Vermögen nur im jeweiligen Moment seiner Verwirklichung ist, würde, wenn der Baumeister anfangen würde zu bauen, etwas Unmögliches eintreten, denn er hat das Vermögen zu bauen ja gar nicht. Dass das Vermögen daher als eine schlummernde Fähigkeit dauerhaft vorhanden sein muss, und in eine wirkliche Tätigkeit umgewandelt werden kann, aber nicht muss, liegt für Aristoteles auf der Hand:

---

67 Aristoteles: Metaphysik 1046 b 29 f.
68 Aristoteles: Metaphysik 1047 a 11 ff.
69 Aristoteles: Metaphysik 1047 a 18 ff.

»Vermögend aber ist dasjenige, bei welchem, wenn die wirkliche Tätigkeit dessen eintritt, dessen Vermögen ihm zugeschrieben wird, nichts Unmögliches eintreten wird. Ich meine z.b., wenn etwas vermögend ist, zu sitzen, und es möglich ist, dass es sitze, so wird, wenn bei ihm das Sitzen wirklich stattfindet, nichts Unmögliches eintreten«.[70]

Das Vermögen ist daher durch einen anderen Seinszustand als die Wirklichkeit, bzw. die »wirkliche Tätigkeit«, die zu einer »vollendeten Wirklichkeit« (»energeia«) strebt, gekennzeichnet:

»Es ist aber der Name der wirklichen Tätigkeit (energeia), welcher eine Beziehung hat auf die vollendete Wirklichkeit (entelechia), namentlich von den Bewegungen auch auf das übrige übergegangen; denn für wirkliche Tätigkeit gilt am meisten die Bewegung. Darum schreibt man auch dem, was nicht ist, Bewegtwerden nicht zu, sondern gibt ihm andere Prädikate; man sagt z.B. vom Nicht-seienden, es sei denkbar oder erstrebbar, aber nicht, es sei bewegt. Und dies deshalb, weil es, zwar noch nicht in Wirklichkeit seiend, doch in Wirklichkeit sein wird. Denn von dem Nicht-seienden ist einiges dem Vermögen nach; aber es ist nicht, weil es nicht in Wirklichkeit ist.«[71]

Das Vermögen ist also ein Prinzip der Bewegung, die Bewegung selbst ist es jedoch nicht. Denn diese ist erst die Wirklichkeit, ein momentaner Zustand, der andauert. Das Vermögen »ist« also nicht im vollen Sinn sondern es ist wahrscheinlich, dass es in der einen oder anderen Weise werden wird, und dann in Wirklichkeit »ist«, und eben nicht bloß dem Vermögen nach. Dieses auf eine nicht-wirkliche Weise Seiende muss in die Wissenschaft miteinbezogen werden, da es zum Seienden gehört.

Während etwas, das möglich ist, für Aristoteles notwendigerweise eintreten muss, da es sonst unmöglich wäre, zieht etwas, das vermögend ist, nicht notwendigerweise einen bestimmten Seinszustand nach sich. Dies ist darin begründet, dass, wie oben erläutert, das Vermögende sowohl eine Sache (z.B. gerade) als auch ihr Gegenteil (z.B. rund) werden kann, sie ist also beides. Das Mögliche hingegen kann nur eines sein, denn es kann nicht möglich sein, dass etwas zugleich gerade und rund ist.[72] Möglich ist für Aristoteles, je nach Übersetzung, etwas insofern, »als ihm die Wirklichkeit folgt« oder aber das, »woraus Unmögliches nicht folgt«.[73] Und weil

---

70 Aristoteles: Metaphysik 1047 a 24 f.
71 Aristoteles: Metaphysik 1047 a 30 f.
72 Diese binäre Logik ist längst überholt und insbesondere in der Mathematik und Quantenphysik widerlegt. Ein Quantum kann beispielsweise zugleich einen und einen anderen Zustand annehmen, ist also gerade nicht so binär, wie das von Aristoteles hier aufgezählte.
73 Aristoteles: Metaphysik 1047 b 3 f.

das so ist, »kann es offenbar nicht wahr sein, wenn man sagt, das und das sei zwar möglich, aber es werde nicht eintreten, da auf diese Weise die Bedeutung von unmöglich uns ganz entginge.«[74] Beispielsweise kann man nur behaupten, dass es möglich sei, eine Diagonale zu messen, wenn sie auch wirklich gemessen werden kann, nicht aber wenn sie niemals gemessen werden können wird. Dass es unmöglich ist, eine Gerade zu messen, heißt jedoch noch lange nicht, dass dies falsch ist: »Unmöglich« und »falsch« meinen nicht das Selbe. Aber wenn aus A B folgt und A möglich ist, muss auch B möglich sein. Auch hier wird zwischen sprachlicher Möglichkeit und ontologischer Wahrheit unterschieden.

Welche Bedingungen müssen erfüllt sein, damit sich das vernünftige oder das vernunftlose Vermögen verwirklichen? Es gibt nach Aristoteles' Verständnis unterschiedliche Vermögen, einige von ihnen, wie die Sinne, sind angeboren, andere wiederum sind durch Übung, Unterricht oder Vernunft erworben. Diese zweite Art von Vermögen, beispielsweise das Spielen eines Musikinstruments, kann nur durch »vorausgehende wirkliche Tätigkeit« besessen werden, bei den ersteren und dem Vermögen zum Leiden ist dies nicht nötig.[75] Das oder der Vermögende vermag »etwas« und »zu bestimmter Zeit und auf bestimmte Weise«. Während das vernunftlose Vermögen sich sowohl in Beseeltem, als auch Unbeseeltem finden lässt, lässt sich das mit Vernunft verbundene Vermögen nur in Beseeltem, also in Menschen, finden.[76] Damit sich die vernunftlosen Vermögen verwirklichen, müssen sich das ein Erleiden Vermögende (das Haus, das vermögend ist, gesehen zu werden) und dementsprechende aktive Vermögen (dasjenige, welches vermögend ist zu sehen) einander nähern, denn »die vernunftlosen Vermögen sind jedes nur *einer* Tätigkeit fähig«.[77] Die vernünftigen Vermögen hingegen sind des Entgegengesetzten fähig, können dieses jedoch nicht zugleich tun, da dies unmöglich ist. Daher ist es »das Begehren oder der Vorsatz«, der über ihre Verwirklichung entscheidet: »Denn was das vernünftige Vermögen entscheidend begehrt, das wird es tun, falls dies dem Vermögen gemäß vorhanden ist und sich dem des Leidens fähigen nähert«[78] Das Vermögen der Vernunft nach kann nur dann tätig werden, »wenn das Leidensfähige anwesend ist und sich auf gewisse Weise verhält«, es kann sein Vermögen nur »unter bestimmten Umständen« verwirklichen.[79] Ein vernünftiges Vermö-

---

74 Aristoteles: Metaphysik 1047 b 4 f.
75 Aristoteles: Metaphysik 1047 b 30 f.
76 Aristoteles: Metaphysik 1048 a 1 f.
77 Aristoteles: Metaphysik 1048 a 5 f.
78 Aristoteles: Metaphysik 1048 a 12 f.
79 Aristoteles: Metaphysik 1048 a 15 f.

gen, das unabhängig ist von einem passiven Vermögen und das Entgegengesetztes zugleich tun kann, gibt es nicht. Das passive Vermögen ist also Bedingung dafür, dass sich das mit Vernunft verbundene Vermögen in der einen oder anderen Weise realisieren lässt.

WIRKLICHKEIT

Was genau versteht Aristoteles unter der wirklichen Tätigkeit, der »energeia«?

»Unter Wirklichkeit (energeia) versteht man, dass die Sache existiere, nicht in dem Sinne, wie man sagt, sie sei dem Vermögen nach [...], sondern der wirklichen Tätigkeit nach.«[80]

Wirklichkeit wird von Aristoteles, im Gegensatz zu Vermögen, nicht begrifflich bestimmt, sondern anhand von Beispielen verdeutlicht, indem »das Analoge in einem Blick« vereint wird. Dies entspricht seiner Auffassung nach dem Gegenstand.[81] Es sollen also dasjenige, welches dem Vermögen nach etwas ist, und dasjenige, welches der Wirklichkeit nach etwas ist, miteinander verglichen werden. Der Wirklichkeit nach ist beispielsweise das Wachende, das Bauende, das Bearbeitete, parallel hierzu ist dem Vermögen nach das Schlafende, der Baukünstler, das Unbearbeitete. Die Verbindung von Vermögen und wirkliche Tätigkeit entspricht der von Stoff und Form bzw. Wesenheit: »Einiges nämlich verhält sich wie Bewegung zum Vermögen, anderes wie Wesenheit zu einem Stoff«.[82] Was die Form für den Stoff ist, ist die wirkliche Tätigkeit für das Vermögen.

Die wirkliche Tätigkeit ist nicht als Handlung anzusehen, sondern als Bewegung. Bewegungen enthalten ihr Ziel und führen auf dieses zu, Handlungen hingegen enthalten kein Ziel, sondern betreffen nur das zum Ziel Führende. Gesund werden ist keine Bewegung, da das Ziel in der Tätigkeit beinhaltet ist, jemand kann »nicht gleichzeitig gesund werden und gesund worden sein«, Sehen jedoch ist eine Bewegung, denn hier kann man gleichzeitig sagen, dass jemand sieht und gesehen hat.[83] Das gleichzeitige Sein der Tätigkeit und des Ziels der Tätigkeit macht dieses zu einer Bewegung, einer wirklichen Tätigkeit. Als etwas, das zugleich es selber und etwas anderes ist, initiiert vom Prinzip der Veränderung »in einem anderen und sofern es ein Anderes ist«, dem Vermögen, bewegt sich die Wirklichkeit auf die vollendete Wirklichkeit, die vollzogene wirkliche

---

80 Aristoteles: Metaphysik 1048 a 31 f.
81 Aristoteles: Metaphysik 1048 a 36 f.
82 Aristoteles: Metaphysik 1048 b 8 f.
83 Aristoteles: Metaphysik 1048 b 23 f.

Tätigkeit, die »entelecheia« zu. Alles, was entsteht, geht für Aristoteles auf ein Ziel hin:

»Prinzip nämlich ist das Weswegen, und um des Zieles willen ist das Werden. Ziele aber ist die Wirklichkeit, und um ihrentwillen erhält man das Vermögen«[84].

Beispielsweise sehen die Tiere nicht, um einen Gesichtsinn zu haben, sondern sie haben einen Gesichtssinn, um zu sehen. Der Gesichtssinn ist das Vermögen für die wirkliche Tätigkeit.

Damit das dem Vermögen nach Seiende in das der Wirklichkeit nach Seiende übergeht, sich also das Prinzip der Bewegung in einem anderen und insofern es ein Anderes ist verwirklicht, müssen bestimmte Kriterien erfüllt sein. Wie bereits erwähnt, bedarf es für die Verwirklichung des vernünftigen Vermögens des Willens des Tätigen sowie, dies gilt auch für das vernunftlose Vermögen, des Nicht-Vorhandenseins von Hindernissen.[85] Es darf also nichts geben, das erst noch hinzukommen oder sich verändern muss. Wenn der Baum erst Bauholz werden müsste, könnte hieraus kein Haus entstehen, der Stoff würde in diesem Fall ein Hindernis bergen. Für dasjenige, welches in dem Vermögenden selbst das Prinzip des Entstehens hat, »ist alles dasjenige etwas dem Vermögen nach, was in Abwesenheit äußerer Hindernisse durch sich selbst jenes sein wird.«[86] Die Erde ist allerdings noch nicht dem Vermögen nach eine Bildsäule, denn sie müsste erst durch Veränderung Erz werden.

»Es scheint nun das Wirkliche, wovon wir reden, nicht jenes selbst, Stoff, zu sein, sondern aus jenem«.[87]

Dasjenige, zu dem etwas geworden ist und wird, ist also nicht dasselbe wie dasjenige, woraus es geworden ist, nämlich der Stoff. Beispielsweise ist der Kasten nicht aus Holz, sondern hölzern, das Holz hingegen ist nicht Erde, sondern irden. So wird, wenn Bildung in etwas kommt, dieses nicht zur Bildung, sondern gebildet. Und dasjenige, aus dem etwas ist, ist immer das dem Vermögen nach Spätere. Überhaupt hat die Verwirklichung Priorität vor dem Vermögen. Für Aristoteles ist »offenbar, dass die Wirklichkeit früher ist als das Vermögen.«[88] Doch nicht nur das, sie ist auch früher als jedes Prin-

---

84 Aristoteles: Metaphysik 1050 a 8 f.
85 Aristoteles: Metaphysik 1049 a 6 f.
86 Aristoteles: Metaphysik 1049 a 14 f.
87 Aristoteles: Metaphysik 1049 b 18 f.
88 Aristoteles: Metaphysik 1049 b 5 f. Zu den verschiedenen Bedeutungen von »früher« vgl. ebd. Buch 5.

zip der Bewegung oder Ruhe, also nicht nur als das Prinzip der Veränderung in einem anderen und insofern dies ein anderes ist. Insofern ist die wirkliche Tätigkeit auch früher als die Natur, die ebenfalls ein »bewegendes Prinzip ist, aber nicht in einem anderen, sondern in einem Ding selbst, insofern es es selbst ist.«

Aristoteles spaltet das »Früher« der Wirklichkeit in drei Unterpunkte: Die Wirklichkeit ist früher als das Vermögen dem Begriff und der Wesenheit nach. Der Zeit nach ist die Wirklichkeit allerdings nur gewissermaßen früher, gewissermaßen auch nicht. Hier wird nochmals deutlich, das »früher« bei Aristoteles keineswegs eine rein zeitliche Kategorie ist.

Der Begriff und die Erkenntnis der Wirklichkeit müssen notwendig denen des Vermögens vorausgehen. Wenn baukundig das ist, was zu bauen vermag, »das in vollem Sinne Vermögende« deswegen vermögend heißt, »weil es in wirkliche Tätigkeit treten kann«, dann ist hiermit für Aristoteles erwiesen, das die Erkenntnis und damit der Begriff der Wirklichkeit früher sind.[89]

Aristoteles meint zwar im einleitenden Abschnitt zu den Ausführungen über die Priorität der Wirklichkeit vor dem Vermögen, dass die Wirklichkeit nur in gewisser Weise früher ist als das Vermögen, in seinen weiteren Ausführungen kommt er jedoch zu dem Schluss, dass auch »dem Entstehen und der Zeit nach die Wirklichkeit früher ist als das Vermögen«.[90] Die Begründung hierfür leitet er damit ein, dass zwar im Vergleich mit einem bestimmten Getreide oder Sehenden, die bereits der Wirklichkeit nach sind, der Same und das Sehfähige, welche dem Vermögen nach Getreide oder Sehender sind, aber eben noch nicht in Wirklichkeit, früher sind als das aus ihnen noch entstehende Getreide oder Sehende. Aber aus einer richtigeren Perspektive sieht man, dass dies nicht wirklich der Fall sein kann:

»denn was in Wirklichkeit ist, wird jedes Mal aus dem dem Vermögen nach Seienden durch etwas, das in Wirklichkeit ist«[91].

Ein Mensch wird zum Beispiel erst durch einen Menschen. Denn dieses Werden vollzieht sich nur »indem jedes Mal etwas als erstes bewegt; das Bewegende aber ist schon in Wirklichkeit«. Und weil, wie bereits im fünften Buch dargelegt wurde, das Werdende immer aus etwas werden muss und durch etwas, und dieses Gewordene dann der gleichen Art ist wie das das Werden verursachende, muss das Wirkliche dem Vermögenden vorangehen. Es scheint also eine

---

89 Aristoteles: Metaphysik 1049 b 13 f.
90 Aristoteles: Metaphysik 1050 a 1 f.
91 Aristoteles: Metaphysik 1050 a 20 f.

bereits festgelegte Anzahl an Arten zu geben, denn wenn es sich so verhält, wie Aristoteles es schildert, wäre es ausgeschlossen, dass es jemals neue Arten des Wirklichen gäbe. Die Kurzsichtigkeit der Argumentation, die er zuvor den Megarikern unterstellt hat, lässt sich also auch in seinen Ausführungen finden.

Nachdem also geklärt ist, weswegen die Wirklichkeit dem Begriff und der Zeit nach früher als das Vermögen sind, führt Aristoteles Gründe an, weshalb sie der Wesenheit nach früher ist. Der erste Grund hierfür ist, dass »das, was der Entstehung nach später ist, der Form (eidos) und der Wesenheit nach früher ist, z.B. der Mann früher als das Kind«[92]. Dies begründet sich dadurch, dass das eine bereits eine Form hat, das andere aber nicht. Zweitens:

»darum, weil alles, was entsteht, auf ein Prinzip und ein Ziel hingeht; Prinzip nämlich ist das Weswegen, und um des Zieles Willen ist das Werden. Ziele aber ist der Wirklichkeit, und um ihretwillen erhält man das Vermögen«.[93]

Beispielsweise besitzt man das Vermögen zu sehen, damit man etwas sehen kann, das Sehen von etwas ist das Ziel und die wirkliche Tätigkeit des Vermögens und damit der Wesenheit nach primär.

»Ferner ist der Stoff dem Vermögen nach, weil er zur Form gelangen kann; sobald er aber in Wirklichkeit ist, dann ist er in der Form. Ebenso auch bei dem übrigen, auch bei dem, dessen Ziel Bewegung ist. [...] Denn das Werk ist Zweck, die Wirklichkeit aber ist Werk. Daher ist auch der Name Wirklichkeit von Werk abgeleitet und zielt hin auf Vollendung (entelecheia).«[94]

Die Entelecheia, die vollendete Wirklichkeit, entsteht durch das »Ins-Werk-setzen« eines Vermögens, durch die zielvollendende wirkliche Tätigkeit. In einigen Fällen ist dieses Ziel, das Letzte, der Gebrauch des Vermögens, wie beim Gesichtssinn das Sehen von etwas. Es entsteht kein vom Gebrauch verschiedenes Werk, der Vollzug selbst ist das Ziel. In anderen Fällen jedoch, wie bei der Baukunst, gibt es ein solches Werk, das gleichzeitig mit der Tätigkeit entsteht, beispielsweise das Haus.

»Das Bauen ist in dem, was gebaut wird, und wird und ist zugleich mit dem Gebäude. [...] Bei demjenigen also, bei welchem das Entstehende etwas anderes neben und außer dem Gebrauch ist, bei diesem ist die wirkliche Tätigkeit in dem, was hervorgebracht wird, z.B. das Bauen in dem, was gebaut wird, [...] überhaupt die Bewegung in dem, was bewegt wird; bei dem aber, bei welchem es nicht neben der wirklichen Tätigkeit ein Werk gibt, ist die wirkliche Tätigkeit

---

92 Aristoteles: Metaphysik 1050 a 5 f.
93 Aristoteles: Metaphysik 1050 a 7 f.
94 Aristoteles: Metaphysik 1050 a 15 f.

in ihm selbst, z.B. das Sehen im Sehenden [...]. Hieraus erhellt also, dass die Wesenheit und die Form wirkliche Tätigkeit sind.«[95]

Und daher sind sie auch der Wesenheit nach früher als das Vermögen. Zeitlich kann man die Priorität der Wirklichkeit zurückverfolgen bis zu dem »immerfort ursprünglich Bewegenden«.[96] Dieses Ewige, die reine Form, das erste Bewegende, ist der Wesenheit nach früher als alles Vergängliche. Es muss jedoch der Wirklichkeit nach sein, denn für Aristoteles kann nichts Ewiges nur dem Vermögen nach sein. Denn:

»Jedes Vermögen geht zugleich auf seinen Gegensatz; denn was nicht vermag zu sein, das kann sich auch nicht bei irgendeinem finden, aber jedes, das zu sein vermag, das kann sowohl sein als auch nicht sein, und hat also als eins und dasselbe das Vermögen sowohl zu sein als nicht zu sein. Was aber möglicherweise nicht sein kann, das ist vergänglich, entweder schlechthin oder eben in der Hinsicht, in welcher es von ihm heißt, es könne auch nicht sein, sei es dem Orte oder der Quantität oder Qualität nach; schlechthin aber vergänglich ist, was der Wesenheit nach auch nicht sein kann. Nichts also von dem schlechthin Unvergänglichen ist etwas schlechthin dem Vermögen nach Seiendes [...]; dies alles also ist in Wirklichkeit.«[97]

Dieses Ewige, notwendig Seiende ist zugleich »das Erste, da, wenn dies nicht wäre, überhaupt nichts sein würde«.[98]

»Hieraus erhellt denn, dass die wirkliche Tätigkeit früher ist als das Vermögen und als jedes bewegende Prinzip.«[99]

Zudem ist die wirkliche Tätigkeit sowohl wenn sie gut ist, als auch wenn sie schlecht ist, besser als das gute oder schlechte Vermögen. Denken ist für Aristoteles eine wirkliche Tätigkeit, aus der das Vermögen z.B. Geometrie zu betreiben, hervorgehen kann.[100]

RESÜMEE
Was sind die für die Betrachtung Mobiler Medien wichtigsten Erkenntnisse bezüglich Sein (und Virtualität) bei Aristoteles?

---

95 Aristoteles: Metaphysik 1050 a 28 f.
96 Aristoteles: Metaphysik 1050 b 3 f.
97 Aristoteles: Metaphysik 1050 b 7 f.
98 Aristoteles: Metaphysik 1050 b 18 f.
99 Aristoteles: Metaphysik 1051 a 3 f.
100 »Die Ursache liegt darin, dass die wirkliche Tätigkeit Denken ist. Also geht das Vermögen aus der Tätigkeit hervor, und tuend erkennen wir; denn später der Entstehung nach in nur die der Zahl nach identische wirkliche Tätigkeit.« Vgl. Aristoteles: Metaphysik 1051 a 31 f.

Stoff und Form: Der Stoff ist die materielle Grundlage, das Material von etwas, die Voraussetzung für eine Form, welche die innere Wesenheit (nicht die Gestalt) von etwas ist. Aufgrund dieser engen Verbindung und der Bestimmung durch den Stoff können zwar Statue und Mensch dieselbe Gestalt haben, jedoch nicht dieselbe Form. Es gibt verschiedene Stoffe für eine Form, beispielsweise kann ein Haus sowohl als Lehm, als auch aus Stein gebaut werden.

Somit ist der Stoff die Voraussetzung für die Form und existiert zugleich mit ihr. Er ist Bestandteil der Wirklichkeit und kann nur mit einer Form zusammen gedacht werden. Damit ist der Stoff nur dem Vermögen nach etwas, denn ohne die Form ist der Stoff in wahrem Sinne nichts. Im Vergleich zur Form ist der Stoff minderwertige Wesenheit. Der Stoff ist vergänglich, und damit die Voraussetzung dafür, dass etwas werden oder vergehen kann. Durch eine Formeinprägung wird er in seiner Wesenhaftigkeit transformiert, kann aber auch einer Form beraubt werden, wodurch sich beispielsweise Gesundes in Krankes verwandelt. Generell ist der Stoff – und damit dasjenige, das dem Vermögen nach etwas ist – der Form zeitlich vorgängig.

Die Form wird dem Stoff eingebildet und ist ewig. Sie ist damit in einem ontologischen Sinn vorgängig. Die Form verleiht dem Stoff Einheit und ist dasjenige, was vom ihn ausgesagt wird. Sie existiert also zugleich mit dem Stoff und ist die Ursache des Seins und der Wesenheit. Nur in einer sinnlich wahrnehmbaren Form-Stoff-Zusammensetzung wird die Form erkennbar. Somit wird sie aus der Präsenz mit einem vernunftgemäßen Rückschluss gedacht: die Form ist in einem Stoff anwesend, kann aber nicht nur während dessen sein. Denn wenn alles so wie der Stoff vergänglich wäre, könnte nichts Neues entstehen, daher muss die Form ewig und unvergänglich sein. Daher ist die Form früher, auch wenn der Stoff zeitlich voraus geht.

Verdeutlicht am Beispiel eines Hauses: Wenn jemand ein Haus dadurch definiert, dass er sagt, es sei Steine, Ziegel und Holz, so redet er von dem »Haus dem Vermögen nach; denn jene Dinge sind Stoff desselben«, seine Bestandteile. Wenn jemand jedoch vom Haus als einem »bedeckenden Behältnis für Körper und Sachen« spricht, meint er die »Form«. Und wer beides verbindet, meint die aus »beiden hervorgehende Wesenheit«, die Wirklichkeit. – Stoff und Form sind also nur in ihrer Einheit eine vollkommene Wesenheit. Die Formen sind substantiell, können aber nur im Stoff wirklich sein. Dieser ist Bedingung für Veränderung und Werden. Stoff ist dem Vermögen nach, Form ist der Wirklichkeit nach, beides zusammen ist der wirklichen Tätigkeit nach.

Dynamis, Energeia und Entelechia: Der Begriff »dynamis« bezeichnet zwei Vorkommnisse: Möglichkeit und Vermögen. Die Gebrauchsweise von Dynamis als Möglichkeit ist für Aristoteles im Rahmen seiner Untersuchung über »die erste Wissenschaft« irrelevant. Denn in dieser Verwendung bezieht sich der Begriff nicht auf das Sein des Seienden, sondern bloß auf Aussagen über das Sein. Zudem muss sich etwas, das möglich ist, unbedingt verwirklichen, etwas, das vermögend ist, kann sich jedoch verwirklichen, muss es aber nicht. Nur als Vermögen verstanden, bezieht sich Dynamis auf das Sein als solches. Das Vermögen verändert als Prinzip der Veränderung oder Bewegung etwas, das nicht es selbst ist oder aber es ist in einem anderen und verändert dieses als getrennter Bestandteil dessen.

Das Vermögen entspricht damit bezogen auf das Sein dem Stoff. Es ist selbst unbewegt und bedarf der wirklichen Tätigkeit um bewegen zu können, d.h. sein Vermögen in einer Form zu entfalten. Generell teilt sich das Vermögen in ein aktives und ein passives Vermögen, denn die Veränderung kann einerseits bewirkt, und andererseits erlitten werden. Beide Vermögen zugleich sind (neben dem ersten Bewegenden) für Veränderung notwendig. Zudem gibt es vernüftige und vernunftlose Vermögen. Zusammengefasst besitzt Vermögen dasjenige, welches – in Zusammenhang mit einem anderen, einer wirklichen Tätigkeit – werden oder nicht werden kann.

Dem Vermögen gegenüber steht die Wirklichkeit oder auch die »wirkliche Tätigkeit«, »energeia«, die zur »entelechia«, zur vollendeten Wirklichkeit strebt. Auf der Ebene des Seins entspricht sie der Form. Sie ist keine Handlung, sondern eine Bewegung, das heißt, das sie ihr Ziel (die vollendete Wirklichkeit) enthält und auf dieses zuführt. Die wirkliche Tätigkeit, die Wirklichkeit, entsteht aus dem dem Vermögen nach Seiendem im Zusammenhang mit etwas, das in Wirklichkeit ist. Die Wirklichkeit eliminiert die Optionen des Vermögens, Verschiedenes werden zu können, indem sie Eines geworden ist. Bedingt durch das Vermögen als Prinzip der Bewegung in einem anderen bewegt sie sich als wirkliche Tätigkeit auf eine vollendete Wirklichkeit hin. Der Bewegungsursprung, das, was als erstes bewegt, liegt immer schon in der Wirklichkeit. Die Wirklichkeit ist daher besser als das Vermögen da sie »früher« als es ist.

Was wirklich ist, befindet sich Aristoteles zufolge in Bewegung, wobei diese keine örtliche, sondern eine zeitliche Veränderung darstellt. Mit der Bewegung verändern sich nur die Eigenschaften, nicht die Substanz. Die Bewegung bzw. das erste, unbewegte, Bewegende ist die Ursache der Veränderung. Dasjenige, welches sich verändert, das Worin der Veränderung ist die Form.[101] Dieses unbewegte Bewegende ist eine reine Form und der Ursprung der Welt, es besitzt keinen Stoff, da es sonst entstehen und vergehen müsste, es ist notwendig und ewig und hat ein unbegrenztes Vermögen.

Es gibt für Aristoteles also ein wahres Sein – die wirkliche Tätigkeit (»energeia«), die sich zur vollendeten Wirklichkeit (»entelecheia«) bewegt – sowie ein minderwertiges Sein, das dem Vermögen nach ist (»dynamis«), und zwar verschiedenes zugleich, das Prinzip der Veränderung oder Bewegung. Es bedarf der wirklichen Tätigkeit, damit dieses dem Vermögen nach Seiende in eine Wirklichkeit übergehen kann, mit der sie dann in gegenseitiger Abgängigkeit ist bzw. wird. Diese Vorstellung ist für eine Betrachtung von »Virtualität« im Hinblick auf Mobile Medien vor allem deshalb aufschlussreich, da bis zu ihrer Wirklichkeits-Werdung sowohl Stoff als auch Form nahezu gleichermaßen virtuell scheinen. Im Gegensatz zu anderen antiken Ansichten wie denen von Platon oder Anaximander ist das wahre Sein, die Wirklichkeit, nicht mehr nur außerhalb des und zeitlich vor dem sinnlich Wahrnehmbaren zu finden, muss also durch die weltliche Erscheinung hindurch rekonstruiert werden, sondern ist zugleich mit ihm, in der »wirklichen Tätigkeit«, der Bewegung, die das Vermögen beinhaltet. Interessant ist zudem, dass die antike Trennung zwischen wirklichem Sein und sinnlich wahrnehmbarer Erscheinung, die im Mittelalter zu einem christlich-deterministischen Weltbild weitergeführt wurde und bis in die Moderne hinein durch ein wissenschaftlich-kausales Weltbild ihres Throns zu entheben versucht wurde, sich angesichts von Digitalmedien Ende des 20. Jahrhunderts in modifizierter, vielleicht umgekehrter, Form wiederholt.

Aristoteles' Vorstellung der »dynamis«, die sich später als »potentia« und schließlich als »virtualis«, Virtualität, in der Philosophie wieder finden lässt, weist darauf hin, dass Wirklichkeit und Vermögen/Virtualität sich nicht ausschließen, sondern erst als Einheit die wirkliche Tätigkeit bilden. Er geht also nicht von einem Gegenüberstehen, sondern von einem Ineinandergreifen von Virtualität und Wirklichkeit aus. Virtualität im Sinne des Vermögens ist eine Wesenheit, die die Wirklich-Werdung von etwas überhaupt erst ermöglicht, und nicht etwa die Wirklichkeit gefährdet. Virtualität ist ein notwendiger Teil des Seins (wenn auch ein minderwertiger), keine außenstehende Komplikation. Interessanterweise findet sich dieses

---

101 »Denn bei jeder Veränderung verändert sich etwas und durch etwas und in etwas. Dasjenige, wodurch es sich verändert, ist das erste Bewegende; das, was sich verändert, ist der Stoff; das, worin es sich verändert, ist die Form.« Vgl. Aristoteles: Metaphysik 1070 a 4 f.

Vermögen auf der Seite des Materiellen, des Stoffes, und nicht auf derjenigen der Gedanken und Ideen. Denn das Vermögen kann etwas werden, muss es aber nicht, wohingegen die Wirklichkeit immateriell und ewig ist, also nicht nur eventuell sein kann und insbesondere ewig ist. Ohne das Vermögen ist die Wirklichkeit nicht materiell und damit nicht weltlich.

Virtualität findet sich jedoch nicht nur als Vermögen, Verschiedenes werden zu können, im Stoff, sondern gleichzeitig auch in der Form. Denn weil die Form als erste Kraft das wirklich Tätige gemeinsam mit dem Vermögen initiiert, ist sie ebenso »virtuell« im Sinne einer wirkenden Kraft, die zuvor und gleichzeitig existiert: Die wirkliche Tätigkeit ist also doppelt von Virtualität durchdrungen: dem bis zu seiner Verwirklichung nur vermögendem, virtuellen Stoff, und der vor ihrer Verwirklichung nur virtuell-wirklich, während ihres Vollzugs jedoch im wahren Sinne wirklichen Form. Wirkliche Tätigkeit gibt es nicht ohne Virtualität. Das gesamte Sein ist damit von zwei Komponenten durchzogen. Und da Veränderung und Bewegung eines Stoffs bedürfen,[102] kann es Stoffloses nicht geben, und damit auch nichts Vermögen-loses. Das Virtuelle ist damit als Vermögen notwendiger Bestandteil einer Verwirklichung.

3.2 Thomas von Aquin: Potenz und Akt

In der christlichen Philosophie des Mittelalters, bei Thomas von Aquin, Benediktiner-, später Dominikaner-Mönch und Schüler von Albertus Magnus, findet sich im 13. Jahrhundert ein an das aristotelische Verständnis des Zusammenwirkens von Materie und Form, von Vermögen und Wirklichkeit, angelehntes Verständnis des Seienden. Auch für Thomas besteht das Sein aus zwei Teilen, aus Potenz und Akt, wobei der Seinsakt, das sich durch eine Zusammensetzung von Form und Materie vollziehende Seiende, die eigentliche Wirklichkeit darstellt.

»›Sein‹ bezeichnet einen Akt: etwas wird nicht deshalb, weil es in Potenz, sondern weil es im Akt ist, seiend genannt.«[103] – Hier stimmt Thomas mit Aristoteles überein, denn auch für ihn liegt das Sein weniger im Vermögen oder in der Potenz, sondern vielmehr im Akt, in einem Vollzug, analog zur »energeia«, der wirklichen Tätigkeit.[104]

---

102 Aristoteles: Metaphysik 1069 b 24 f.
103 Thomas von Aquin: Summa contra gentiles I, 22, S. 208, zitiert nach Ralf Schönberger: Thomas von Aquin zur Einführung. Hamburg: Junius, 1998. S. 63.
104 Aristoteles' Werk war im Mittelalter vom Griechischen ins Lateinische übersetzt worden und erfreute sich aufgrund der neuen Zugänglichkeit großer

Auch für Thomas liegt die Wirklichkeit in der Form, die aus einem Stoff etwas herausbildet, wohingegen das Vermögen dem Stoff entspricht, der etwas werden kann, es aber nicht muss.

»Durch die Form nämlich, welche die Verwirklichung des Stoffes ist, wird der Stoff zu einem wirklich Seienden und zu diesem bestimmten Etwas. Daher verleiht irgendetwas, was noch hinzukäme, dem Stoff nicht einfach das Wirklichsein, sondern ein Wirklich-so-oder-so-sein [...]«[105]

Die Materie empfängt die Form und in diesem Vollzug vollzieht sich das Seiende. Das Materielle ist also nicht an sich schon wirklich. Erst die im und mit dem Stoff aktualisierte Form ist die eigentliche und konkrete Wirklichkeit. Die Form ist hierbei von längerer Dauer und mehr Wirklichkeit als die Verbindung des Potentiellen mit ihr. Das muss sie auch deswegen sein, da ansonsten das christliche Weltbild, innerhalb dessen Thomas von Aquin philosophierte, nicht aufrecht zu halten gewesen wäre.

SEIN UND WESEN

In seiner Schrift »De esse et essentia«[106] (»Über das Sein/Seiende[107] und das Wesen«), befasst sich Thomas mit diesen beiden »ersten Begriffen« – Seiendem und Wesen – und stellt fest, dass das Wesen früher und einfacher ist, das Seiende später und zusammengesetzt. Dennoch kann nur rückblickend vom Seienden auf das Wesen geschlossen werden:

»Wir sind immer genötigt, die Erkenntnis des Einfacheren aus dem Zusammengesetzten zu entnehmen und vom Späteren auf das Frühere zurückzuschreiten [...]. Daher müssen wir auch von der Bedeutung des Seienden zu der des Wesens aufsteigen.«[108]

Seiend ist hierbei das Daseiende, Existierende. Es ist später und zweifach zusammengesetzt: aus Stoff und Form (aus Potenz und Akt bei stofflosen Geistern), beziehungsweise aus Sein und Wesen.

Beliebtheit. Thomas von Aquin setzte sich intensiv mit Aristoteles auseinander und verfasste Kommentare zu nahezu allen seinen Werken.
105 Thomas von Aquin: Sein und Wesen. Wien: Thomas-Verlag, (ca. 1255) 1936. S. 23.
106 Thomas von Aquin 1936, S. 15.
107 »Esse« wird wörtlich mit Sein übersetzt, da jedoch das Sein auf der Seite der Form bereits anzutreffen ist, die ist, auch wenn sie nicht existiert (z.B. die sich im Himmel befindende menschliche Seele), wird hier »esse« als Seiendes übersetzt, dasjenige, welches auf Form und Stoff in einer Aktualisierung zusammengesetzt ist.
108 Thomas von Aquin 1936, S. 15.

Das Wesen kann nur in seiner Aktualisierung in einem Seienden erkannt werden, es kommt nicht ohne eine solche Verdinglichung oder Verstofflichung vor.

Demzufolge gibt es für Thomas zwei unterschiedliche Weisen des Seins: Akzidentien und Substanzen. Während Akzidentien durch die Sinneswahrnehmung entdeckt werden können, sind Substanzen nur dem Verstand zugängig. Durch die Sinne erkennt man die Farbe eines Hauses, durch den Verstand, dass es ein Haus ist, die Farbe allein kann jedoch nicht erkannt werden, ohne dass z.B. ein Haus sie als Eigenschaft trägt.[109] Die Farbe ist also kein Seiendes, sondern wird von einem Seienden ausgesagt.

»Für ein Akzidenz bedeutet zu sein, an etwas zu sein. [...] Ein Akzidenz ist kein Seiendes, sondern ein zu etwas Seiendem Gehörendes.«[110]

Gott hat bei der Erschaffung der Welt Substanzen erschaffen, nicht Akzidentien. Das Dasein der Akzidentien ist jedoch untrennbar mit den Substanzen verbunden, sie sind nur mit und unter Bezug auf diese. Die Wirklichkeit des Seienden liegt damit in der Form, im Intelligiblen, diese wird jedoch erst in und durch den Stoff, durch die Materie aktualisiert und tritt damit in Erscheinung. Einzig Gott ist Sein, alles andere, das existiert, hat nur Teil am Sein und ist zusammengesetzt aus Stoff und Form. Wesen und Sein fallen auseinander. Ob etwas beispielsweise von grüner oder roter Farbe ist, ist im Hinblick auf sein Wesen, seine Form, für Thomas irrelevant da es sich hierbei nur um eine Akzidenz, eine zufällige, unwesentliche Eigenschaft von etwas wirklich, in einem Akt Seiendem handelt.

STOFF UND FORM

Wie bei Aristoteles stehen also auch bei Thomas Stoff und Form in engem gegenseitigem Bezug. Da Wirkliches nur aus Wirklichem hervorgehen kann, muss die Form an sich primär sein. Aus der höchsten Form, dem höchsten Im-Akt-Sein, aus Gott, entstehen letztlich alle anderen Formen.

»Die Wirklichkeit des Seienden aber ist die Form. Also behaupten: Der Stoff sei ohne Form vorausgegangen, heißt ein Wirklich-Seiendes ohne Wirklichkeit annehmen. Das aber ist ein Widerspruch.«[111]

---

109 »Der Sinn erkennt nicht die Farbe in der Potenz, sondern nur die Farbe im Akt.« Thomas von Aquin, zitiert nach Ernst Rüppel: Unbekanntes Erkennen. Das Erfassen der Wirklichkeit nach dem hl. Thomas von Aquin. Würzburg: Konrad Triltsch Verlag, 1971. S. 8.
110 Thomas v. Aquin zitiert nach: Anthony Kenny: Thomas von Aquin. S. 63. Freiburg i.Br.: Herder, 2004. S. 63.

Folglich gibt die Form dem Stoff seine Wirklichkeit, ohne die dieser formlos und damit unwirklich wäre. Die Form geht dem Seienden voraus, wird jedoch nicht als starr und unveränderlich gedacht, sondern als ein unendliches Reservoir an Potenzen, das von der einzigen Form, die nicht in Form und Stoff gespalten werden kann, nämlich von Gott erschaffen wurde.[112]

Durch diese Priorität der Form gegenüber dem potentiellen Stoff erklärt sich auch die katholische Eucharistie: Da die Form des Stoffes durch die Segnung verwandelt wird, ist das Zusammenspiel aus Akzidenz und Substanz anschließend ein anderes: Aus dem Brot ist nicht nur symbolisch, sondern wirklich der Leib Jesu geworden, ebenso ist der Wein nun tatsächlich zu seinem Blut geworden. Denn mit der Form verändert sich die Wirklichkeit, das Wesen des Dings, das aus Form und Stoff zusammengesetzt ist. Hierbei ist der vermögende Stoff an sich minderwertiger als die Form, die ein In-Akt-Setzen beider bewirkt.

»Durch die Form nämlich, welche die Verwirklichung des Stoffes ist, wird der Stoff zu einem wirklich Seienden und zu diesem bestimmten Etwas. Daher verleiht irgend etwas, was noch hinzukäme, dem Stoff nicht einfach das Wirklichsein, sondern ein Wirklich-so-oder-so-sein [...]«[113]

Im Falle des Abendmahls ist der gesegnete Stoff mit einer anderen Form versehen und wird dadurch wirklich zu Jesus' Leib und Blut, auch wenn seine Gestalt sich nicht verändert hat. Beim Menschen ist die Seele die Form des Leibes und wird mit dem Stoff zu einer Wesenseinheit, zum Menschen, verbunden, allerdings besteht sie auch unabhängig vom Stoff und kann daher nach dem Ableben der Materie in den Himmel auf- oder in die Hölle hinabsteigen.

Die Form ist also die »Washeit« oder das »Wesen«, dasjenige, welches »die Bestimmtheit eines jeden Dings bezeichnet.«[114] Die Materie an sich ist formlos, erst das Kompositum aus Materie und Form hat Form. Der Stoff ist daher reine Potenz, der je nach der Formbildung, die er erfährt, Verschiedenes werden kann. Und erst als ein solches Bündnis hat er ein Wesen, da etwas erst durch diese

---

111 Thomas von Aquin zitiert nach Kenny 2004, S. 73.
112 »Manche Substanzen sind indes einfach und andere wiederum zusammengesetzt; beide haben zwar Wesen, aber die einfacheren auf eine wahrere und vorzüglichere Weise, wie sei auch ein vorzüglicheres Sein haben, sie sind nämlich die Ursache der zusammengesetzten Substanzen, zumindest jene erste einfache Substanz, welche Gott ist.« Vgl. Thomas von Aquin 1936, S. 18.
113 Thomas von Aquin 1936, S. 23.
114 Thomas von Aquin 1936, S. 17.

Zusammenfügung aus Stoff und Form definiert wird. Die Form ist also der Akt der Dinge, die ihnen das Sein gibt.[115] Damit ist die Form nicht an sich Wirklichkeit, sondern dasjenige, welches einer Sache, einem Stoff Wirklichkeit verleiht.

Für Thomas bezieht sich die Stoff-Form-Unterscheidung (der »Hylemorphismus«) nur auf Dinge, nicht auf »Gedankendinge« wie mathematische Gegenstände. Der Stoff ist reine Möglichkeit, er ist noch zu keinem bestimmten Seienden gestaltet. Erst durch das Hinzutreten der Form wird er ein Wirkliches. Stoff ist die Möglichkeit eines Wirklichen, und die Form, die dieses Mögliche in das Sein treten lässt ist »Verwirklichung« des Stoffes. Werden ist ein Formen, Vergehen eine Entformung. Die Substanz jedoch muss bestehen bleiben. Materie ist die »Manifestationsbasis« der Form, ihre Voraussetzung, zumindest was »natürliche« oder nicht-geistige Substanzen angeht, denn geistige Substanzen konstituieren sich ausschließlich durch die Form.

Thomas' »Im-Akt-Sein« ist wie Aristoteles' Idee der Energeia nicht als Festzustand, sondern Bewegung anzusehen, unterscheidet sich jedoch insofern von dieser, als dass es nicht ein anderer Zustand von etwas, das auch in anderer Weise, nämlich als Potentialität, sein könnte, ist. Denn das würde Thomas zufolge voraussetzten, dass dasjenige, welches nun im Akt ist, bereits vorher war, nämlich in Potenz, und das Wirklichsein wäre nur ein anderer Zustand des Seins jenes Dinges. Das Wirkliche als nicht notwendigerweise Stoffliches, der Akt, geht auch hier dem Potentiellen, dem Stoff, voraus. Erst durch diese Setzung des Seins in einem Akt wird die Form »als in Wirklichkeit« erkannt.[116] Sein ist also Wirklich-Sein im Sinne eines im-Akt-Seins.

Fazit

Wie in Aristoteles' Philosophie ist auch in Thomas von Aquins Theologie das Seiende zweifach zusammengesetzt, nämlich aus Potenz und Akt, aus Stoff und Form. Die höchste Wirklichkeit, die im Gegensatz zur Potenz stofflos ist und dieser vorausgeht, ist Gott, der das größtenteils aus Stoff und Form zusammengesetzte Sein schafft. Das Wesen der Welt ist stofflos, materielos. Die Wirklichkeit beinhaltet zwar Stoff, ist darüber hinaus jedoch zusammengesetzt aus Stoff und Form. Zwar geht mit dem hier vorliegenden Dualis-

---

115 Vgl. Nachwort in Thomas von Aquin 1936, S 134.
116 »Jegliche bestimmte Form wird nur dadurch als in Wirklichkeit erkannt, daß Sein gesetzt wird. [...] Dasjenige aber, das Sein hat, wird erst erwirkt, um in Wirklichkeit zu existieren.« Vgl.: Thomas Von Aquin: De Potentia 7, 2a ad 9, zitiert nach Rolf Schönberger: Thomas von Aquin zur Einführung. Hamburg: Junius, 1998. S. 76.

mus eine Wertung einher, jedoch wird keiner der beiden Pole theoretisch auszuklammern versucht, wie dies angesichts digitaler Medien im 20. Jahrhundert geschehen ist, die Teile der Form sind korrelativ. Der Akt hat einen Vorrang vor der stofflichen Potenz und der Einprägung durch die Form, beide Bestandteile von Welt sind jedoch, zumindest für die natürlichen Dinge, existenziell notwendig. »Virtualität«, als Wirkkraft, ist ein eindeutiger Teil des Wirklichen, denn nur sie verleiht dem Stoff Form und damit Wirklichkeit. Dabei ist sie nicht vorgängig oder realer als der Stoff, sondern nur in Gleichzeitigkeit mit diesem als Bewegung existent.

4. Magisch-magnetische Telegraphie

Aus der Zeit von Thomas von Aquins Schaffen, aus dem Mittelalter, sind keine neuen Ideen für Medientechnologien überliefert. Während der Renaissance und des Barock war der mittlerweile ausgebaute Postweg die neben den zu Kriegszwecken weiterentwickelten Methoden der Feuer-, Wasser- oder Klangsignalfernkommunikation gängigste Methode um Informationen an einem anderen Ort anwesend werden zu lassen. Um eine komplexe Information zu versenden, mussten also Körper bewegt werden. Eine simplere Information konnte auch mittels eines zuvor vereinbarten akustischen oder visuellen Codes gesendet und empfangen werden. Diese Art der Telekommunikation war jedoch nicht gerichtet und funktionierte nur über geringe Distanzen hinweg. Die Postkommunikation lockerte durch die Schrift die Kopplung zwischen Information und Kanal bzw. Träger, war jedoch weder besonders schnell noch sicher. Bedingt vor allem durch Erkenntnisse in den sich ausdifferenzierenden exakten Naturwissenschaften deuteten sich im 16. und 17. Jahrhundert auf technischen Errungenschaften wie dem Teleskop basierende Telekommunikationsmethoden an. Denn durch Erkenntnisfortschritte wie das heliozentrische Weltbild, die Möglichkeit, in die Ferne zu sehen und das Miniaturhafte zu vergrößern, sowie durch den Buchdruck wandelte sich die Welt und das Bild von ihr. Dieser epistemologische Wandel bedingte einerseits eine Flucht in das Mittelalterlich-Abergläubische und begünstigte andererseits die Entwicklung von Telekommunikationssystemen, die mittels optischer und mechanischer Hilfsmittel und schließlich Elektrizität in der Lage waren, über den verlängerten optisch-akustischen Nahraum hinweg komplexere Informationen auszutauschen.

Fernschreiben

Mitte der 1550er Jahre veröffentlichte der Italienische Philosoph, Mathematiker und Arzt Hieronymus Cardanus ein umfangreiches Werk namens »De Subtitate«, in dessen 17. Buch er ein Fackelträger-System beschreibt, welches das Alphabet auf fünf Fackelträger mit je vier Buchstaben reduziert und stark an die Systeme von Polybios und Julius Africanus erinnert.[1] Hier wird die buchstabenweise Nachrichtenübermittlung mithilfe von optischen (Feuer-)Signalen unabhängig von den vorangegangenen Versuchen als eine bemerkenswerte und praktische Methode der Telekommunikation behandelt.

Ende des 16. Jahrhunderts soll der Brite William Bourne erstmalig einen Telekommunikationscode für Seeleute beschrieben haben, der für Wörter oder ganze Sätze bestimmte Signalcodes vereinbarte.[2] Dieser Code bildete also nicht mehr bloß Buchstaben durch beispielsweise optische Signale ab um diese damit übertragbar zu machen. Durch seine Übersetzung von Ausdrücken in Codes ging er über zweiwertige Informationssysteme wie Segel- oder Feuerzeichen hinaus. Wie bereits beim Klepsydra-System – nur und ausschlaggebend in komplexerer Weise – waren es Zusammenhänge, nicht Buchstaben oder binäre Ereigniszustände, die hiermit kommuniziert werden konnten. Die für die Entschlüsselung der Codes benötigten »Signalbücher« wurden Ende des 18. Jahrhunderts bei Claude Chappes »Semaphor« zum notwendigen Bestandteil der Telekommunikationstechnologie. Langfristig setzte sich jedoch das simplifizierte System der Korrespondenz von Alphabet und Code durch.

Der Neapolitaner Giambattista della Porta war zur gleichen Zeit, im späten 16. Jahrhundert, einer der ersten, die Telekommunikation ohne jegliche Form der Codierung, als reines »Fernschreiben« vorschlugen.[3] Zwar vermutete della Porta gleichzeitig auch, dass es möglich sein müsse, auf den Mond fernzuschreiben, was sich bislang als noch nicht realisierbar herausgestellt hat, die Idee der nicht sichtbar codierten, vergleichsweise direkten – im Sinne einer unvermittelt wirkenden, nur in ihrem Effekt wahrnehmbaren – Fernkommunikation (bzw. Telegraphie, In-die-Ferne-Schreiben) erweist sich im Nachhinein jedoch als wegweisend, denn in ähnlicher Weise, wenngleich bedeutend komplexer, funktionieren Medientechnologien des 20. und 21. Jahrhunderts. Für Portas Annahmen könnte der zur damaligen Zeit bereits erfundene Buchdruck und die damit einhergehende Möglichkeit der Vervielfältigung von Zeichen auf nahezu beliebigem Material durch technische Hilfsmittel prägend gewesen sein.

Fast ein halbes Jahrhundert später entwickelte Francis Bacon, der insbesondere als Naturphilosoph bekannt wurde, einen Code, der das damals aus 24 Zeichen bestehende Alphabet mittels zwei Buch-

---

1 Aschoff 1984, S. 91-92.
2 Vgl. Aschoff 1984, S. 92.
3 Aschoff 1984, S. 94.

staben – a und b – und fünf Stellen pro Buchstabenrepräsentation zu übersetzen in der Lage war. Hierbei konnten »a« und »b« in der Praxis durch zwei arbiträre Signale dargestellt werden. Dieser »Binärcode«[4] war, wie Bacon anklingen ließ, jedoch nicht nur als Geheimschrift verwendbar, sondern barg auch telekommunikatives Potential. 1623 schrieb er:

> »Es ist nicht leicht irgend ein anderes (Alphabet) gleich vollkommen, denn in ihm steht auch ein Mittel zu Gebot, das es erlaubt, an jedem entfernten Ort mit Signalen, die gesehen oder gehört werden können, dem Freunde eine Nachricht zu übermitteln, wenn zweierlei unterschiedliche Signalformen zur Verfügung stehen, sei es durch Glocken, Hörner, Feuerzeichen oder den Knall von Kanonen.«[5]

Eine praktische Anwendung zu Telekommunikationszwecken fand Bacons fünfstelliger Binärcode, der demjenigen Leibniz' um 80 Jahre vorausgeht, erst bei den optischen Telegraphen Gambles und Murrays in England Ende des 18. Jahrhunderts. Der Brite John Wilkins arbeitete Bacons Code rund zwanzig Jahre später zu einem Ternär- und Quinärcode aus, was die Signalübermittlung folglich etwas komplexer werden ließ.[6] Zudem dachte er sich eine »Musiksprache« aus, in der die Buchstaben des Alphabets durch hinsichtlich ihrer Länge und Höhe verschieden geartete Töne abgebildet wurden und damit, so seine Vision, in die Ferne weitergegeben werden könnten. Wie Bacons Binärsystem gerieten auch Wilkins Ideen in Vergessenheit – bis sie im 19. Jahrhundert im Morsecode eine handhabbare Perfektion fanden.

FRÜHE OPTISCHE TELEGRAPHIE

Zwar war bereits im 13. Jahrhundert von Augengläsern als Sichthilfen die Rede und es wurde über die Verwendbarkeit von geschliffenen Gläsern zum Fern-Lesen sinniert, das Teleskop wurde jedoch erst 1608 von Johannes Lippershey, beziehungsweise 1609 von Galileo Galilei entwickelt.[7] Die Möglichkeit, mittels Linsenkombinatio-

---

4 Aschoff 1984, S. 95.
5 Francis Bacon: De dignitate et augments scientarium. London, 1623. Zitiert nach Aschoff 1984, S. 96.
6 Vgl. Aschoff 1984, S. 103; sowie Aschoff 1981, S. 15 ff.
7 Schon in der Antike spekulierte Archimedes laut Chrisippos über die Verwendung von geschliffenem Kristall. Und bereits in Polybios' System wurden Sichtröhren verwendet. Roger Bacon zur Verwendung von geschliffenen Gläsern: »thus from an incredible distance we may read he smallest letters – the sun, moon, and stars may be made to descend hither in appearance – which persons unaquainted with those things refuse to believe.« Vgl. Burns 2004, S. 29.

nen die Fernsicht erheblich zu vergrößern beeinträchtigte die Entwicklung der Telekommunikation in enormer Weise, da hiermit das Fern-Sehen und Fern-Lesen über große Entfernungen hinweg möglich wurde, also Dinge aus der Distanz erfasst werden konnten. Wie in der Mikroskopie führte auch in der Teleskopie Bebachtung zu Erkenntnis.[8] Sichtbarkeit wurde zum Maßstab, Visualität wurde technologisch produziert und vergrößert.[9]

Im 17. Jahrhundert gab es diverse Versuche mit Hilfe des Teleskops Informationen ohne Ortswechsel eines materiellen Trägers an einem anderen Ort anwesend werden zu lassen. Beispielsweise schlug der Kapuzinermönch Anton Maria Schyrleus de Rheita in den 1650er Jahren vor, fingerlange Buchstaben in schwarz auf ein weißes Tuch zu schreiben, so dass sie per Teleskop aus der Ferne gelesen werden konnten. Dieser Vorschlag setzte sich in der Praxis nicht durch.[10] Zu Beginn des 17. Jahrhunderts war ein Deutscher namens Franz Kessler einer der ersten, die nach einer Methode der Nachrichtenübermittlung, von ihm »Ortforschung« genannt, durch ein Fernrohr und eine eigene ›Codierung‹ (mittels eines »Täfeleins«) suchte.[11] Auch hier handelt es sich um ein Fern-Sehen oder -Lesen, und nicht um ein Fern-Hören oder -Sprechen, wie es später durch die Verwendung von Elektrizität ermöglicht wurde.

In den 1670/80er Jahren suchte der britische Astronom Robert Hooke ebenfalls nach einem Weg um »Intelligenz« von einem Ort zu einem anderen zu übermitteln. Hierbei verwendete er ausfaltbare Teleskope.[12] In seiner Darlegung dieses Systems in seinem Aufsatz

---

8 Vgl. Joseph Vogl: Medien-Werden: Galileis Fernrohr. In: Lorenz Engell und Joseph Vogl (Hg.): Archiv für Mediengeschichte – Mediale Historiographien. Weimar: Universitätsverlag, 2001. S. 115-123. Vogl geht davon aus, dass Galileis Fernrohr die Sinne nicht bloß verlängert, sondern sie neu erschafft und zudem das Sichtbare als etwas Vorläufiges, vom Unsichtbaren umgebenen konstituiert.

9 Hans-Jörg Rheinberger zeigt beispielsweise anhand des in der zweiten Hälfte des 17. Jahrhunderts verwendeten Mikroskops, »wie an neue Instrumente gebundene Beobachtungsformen den Zustand festlegen, in den die Dinge zu versetzen sind, auf die sich das Interesse richtet.« Vgl. Hans-Jörg Rheinberger: Epistemologie des Konkreten. Studien zur Geschichte der modernen Biologie. Suhrkamp: Frankfurt am Main, 2006. S. 316.

10 Huurdeman 2003, S.159.

11 Vgl. Volker Aschoff: Aus der Geschichte des Telegraphen-Codes. Rheinisch-Westfälische Akademie der Wissenschaften, Vorträge, N 297. Opladen: Westdeutscher Verlag, 1981 (I). S. 12-13; sowie Aschoff 1984, S. 97-100.

12 Hooke, Robert: A Description of Helioscopes and Some Other Instruments Made by Robert Hooke, Fellow of the Royal Society. London: Royal Society, 1676.

»Discourse to the Royal Society, Shewing a Way How to Communicate One's Mind at Great Distances« beschreibt er ein mechanisches System, bei dem auf Holzplanken aufziehbare optische Signale mittels eines Fernrohrs aus einer »großen Entfernung« abgelesen werden sollten, wobei diese Signale aus dem in einfache geometrische Formen übersetzten Alphabet bestanden.[13] Nachts sollte Licht statt Tafeln verwendet werden. Begeistert von seinem nur in der Theorie erprobten Verfahren schätzte Hooke dessen Leistungsfähigkeit als immens ein und spekulierte, dass damit eine Echtzeit- bzw. dem Schreibtempo entsprechende Übertragung möglich werde. Zwischen London und Paris sollten innerhalb einer Minute Nachrichten übermittelt werden.[14] Zu jener Zeit ist es also insbesondere die Teleskopie, welche die Entwicklung der Telekommunikation ankurbelt. Kennzeichnend ist darüber hinaus, dass Schrift in ein aus der Ferne lesbares (oder hörbares) Zeichensystem übersetzt werden muss um transportiert und in der Ferne anwesend gemacht werden zu können.

Das 17. Jahrhundert war bezüglich der Fernkommunikation jedoch insgesamt von zum Teil sehr spekulativen Experimenten bestimmt. In dem Bestreben Telekommunikation in Form eines »Fern-Schreibens« zu ermöglichen, wurden neben Teleskopen auch Magnete bzw. Kompasse herangezogen. Die Weiterentwicklung der Fernkommunikation wurde, abgesehen von Kanonen- oder Pistolenschüssen, primär visuell gedacht.[15] Auch Spiegel wurden zur Nachrichtenübertragung verwendet: Mittels des sich in ihnen reflektierenden Sonnenlichts konnte gleich eines Feuersystems signalisiert werden.[16] Bis in das 18. Jahrhundert hinein blieben diese diversen Versuche, eine praktikable Methode der Telekommunikation zu finden, die sich zu einem System ausarbeiten ließ, aufgrund

---

13 Er schlug vor Tafeln verschiedener Formen zu verwenden, welche die Buchstaben des Alphabets abbilden und in einem vierteiligen großen Rechteck aufgehängt werden sollten. Vgl. Huurdeman 2003, S. 15.
14 Aschoff 1984, S. 112.
15 Ein weiteres Beispiel: 1661 verkündete der zweite Marquis von Worcester, dass er eine Methode zu Fernkommunikation entdeckt habe, mit der mittels Tafeln »a man may hold discourse with his correspondent, without noise made or notice taken«. Vgl. Burns 2004, S. 32.
16 Z.B. hat der Jesuit Athanasius Kirchner in seinem Schriftstück »Ars magna lucis umbrae« 1550 eine Methode beschrieben um Nachrichten über Entfernungen hinweg zu übertragen, die auf beschriebene Spiegel und deren Reflexion durch Sonnenlicht beruhten. Gedacht war, in seinen Worten: »not merely to communicate the most secret thoughts of the heart to a distance but also to transport to the eyes of a friend at an enormous distance your profile or silhouette«. Vgl. Burns 2004, S. 33, der dies als Antizipation des Fernsehens liest.

mangelnder Erkenntnisse sowie der nicht vorhandenen, Forschungsfreiraum gebenden Finanzierung rudimentär. Erst als es in Frankreich während der Revolution zu einer nationalen Notlage kam, wurden diese Forschungen vom Staat finanziell gefördert und dadurch die Entwicklung und tatsächliche Anwendung eines einheitlichen Systems ermöglicht.

DER SYMPATHISCHE TELEGRAPH

Bereits lange Zeit vor dem Bau eines breitflächigen Telegraphie-Kommunikationsnetzes im 18. Jahrhundert waren also diverse, teilweise auch funktionierende, Methoden geläufig, um über Entfernungen hinweg und mit höchstens geringfügiger zeitlicher Verzögerung, möglichst ›unsichtbar‹ kommunizieren zu können. Bevor ein funktionierendes optisches System ausgearbeitet und in Betrieb genommen wurde und bevor Elektrizität als Mittel um Informationen zu transportieren, entdeckt wurde, lag eine der großen Hoffnungen, um schnell und weit kommunizieren zu können im Magnetismus.

Als 900 Jahre vor Christi Geburt ein griechischer Hirte namens Magnes über ein Feld mit schwarzen Steinen lief, wurden ihm, wie der italienische Naturphilosoph Giambattista della Porta zu berichten weiß, die Nägel aus den Sandalen und dem Hirtenstab gezogen und damit das Erdmagnetfeld entdeckt.[17] Jene Region in Kleinasien wurde in Folge Magnesia genannt, wovon sich vermutlich das Wort Magnet ableitet. 600 v. Chr. sinniert Thales, einer der Sieben Weisen, über die magnetischen Eigenschaften von bestimmten Steinen. Er vermutete den Grund hierfür in einem lebenden Prinzip, einer Seele, die durch Reibung erweckt wurde, weshalb Bernstein und Eisenerz in jener Zeit für heilig befunden wurden.[18] Der Magnet war im Okzident seit der Antike ein heiliges, nahezu göttliches und damit nicht näher erklärungsbedürftiges Naturphänomen, welches jedoch kaum nutzbar gemacht wurde. In China hingegen wurde der Magnet bereits im elften Jahrhundert v. Chr. als Kompass (»Südweiser«) verwendet.[19] Die ersten Kompasse bestanden aus einem an etwas Kork befestigtem Stück metallischen Erzes, das im Wasser schwamm.

In westlicher Kulturgeschichte hingegen haftete dem Magneten etwas Magisches bis Okkultes an. Der Legende nach wurde 370 n. Chr. das Orakel befragt, wer der nächste Herrscher sein werde, wofür die Buchstaben des Alphabets kreisförmig um eine Kompassnadel angelegt wurden und bei deren Bewegung dann auf einen Tisch

---

17 Tapan K. Sarkar u.a.: History of Wireless. Hoboken: John Wiley & Sons, 2006. S. 2.
18 Ellison Hawks: Pioneers of Wireless. London: Methuen & Co, 1927. S. 10.
19 Vgl. Hawks 1927, S. 4.

fielen, woraus die Prophezeiung abgeleitet werden konnte.[20] Dem christlichen Gelehrten Augustinus von Hippo zufolge wurde Magnetismus im frühen fünften Jahrhundert dazu verwendet, Objekte indirekt, von einem anderen Ort aus, zu bewegen und dadurch im wörtlichen Sinn drahtlos eine Information an einem anderen Ort erkennbar werden zu lassen.[21] Nachdem der Magnetkompass im späten Mittelalter auch in Europa breitflächig verwendet wurde, entstanden verschiedene Bemühungen, ihn zu Telekommunikationszwecken, als einen auf einer Kompassnadel beruhenden Nadeltelegraphen, zu verwenden.[22]

Beispielsweise behauptete Leonardus Camillus 1502 in ›Speculum Lapidum‹, dass er bei seinen Experimenten herausgefunden habe, dass durch diese Form der Telegraphie ein Brief durch eine drei Fuß dicke Steinmauer hindurch gelesen werden könne, und zwar indem die Kompassnadel durch einen Magneten über die Buchstaben des Alphabets, die im Kreisumfang geschrieben waren, gelenkt werde.[23] Bereits 1499 prahlte Trithemius in einem Brief, dass er »auch ohne Boten meinen Willen aus weiter Ferne dem Eingeweihten mitteilen« könne, »selbst wenn er im Kerker säße, gut bewacht, drei Meilen tief unter der Erde.«[24] 1589 schrieb der neapolitanische Philosoph Porta:

»I do not fear that with a long absent friend, even though he be confined by prison walls, we can communicate what we wish by means of two compass needles circumscribed with an alphabet.«[25]

---

20 Hawks 1927, S. 5.
21 »In his *De Civitate Dei*, which was written about 413, he [St. Augustinus] tells us that, being one day on a visit to a bishop named Severus, he saw him take a magnetic stone and hold it under a silver plate, on which he had thrown a piece of iron, which followed exactly all the movements of the hand in which the loadstone was held. He adds that, at the time of his writing, he had under his eyes a vessel filled with water, placed on a table six inches thick, and containing a needle floating on cork, which he could move from side to side according to the movements of magnetic stone held under the table. [Quellenangabe: Basileae, 1522, Pp 718-719]« Vgl.: John Joseph Fahie: A History of Electric Telegraphy to the Year 1837. New York: Arno Press, (1884) 1974. S. 4.
22 Richard Henning: Die älteste Entwickelung der Telegraphie und Telephonie. Leipzig: Verlag von Johann Ambrosius Barth, 1908. S. 56, 57. Henning listet hier zwölf Autoren, die sich im 17. Jahrhundert mit der »Scheinerfindung« der »Steganographie« auseinandergesetzt haben.
23 Fahie 1974, S. 5.
24 Henning 1908, S. 53.
25 Magnis Naturalis, S. 88, Naples, 1558. Zitiert nach Fahie 1974, S. 6. Vgl. auch Hawks 1927, S. 8.

Hierzu sollte das Alphabet in vier den Himmelsrichtungen entsprechende Gruppen unterteilt werden und der Beginn dieser Telekommunikation durch ein akustisches Signal wie eine Glocke signalisiert werden. Seine geheimnisvolle Methode führte Porta wie folgt aus:

»Eine gewisse Salbe, die sympathische genannt, die allem Anschein nach nur mit Sympathiemitteln bereitet werden kann, ermöglicht es zwei durch weite Entfernung getrennten Freunden, dass sie sich zu verabredeten Stunden miteinander unterhalten können.«[26]

Diese »sympathische Salbe« sollte aus Menschenblut, Bärenfett und anderen Substanzen hergestellt werden. Ein Messer sollte dann mit ihr bestrichen werden und mit diesem sollten sich zwei Freunde eine immer blutig zu haltende Wunde an dieselbe Körperstelle schneiden. Um diese Wunde herum sollte das Alphabet kreisförmig aufgeschrieben sein und dann mit der eingesalbten Messerspitze der intendierte Buchstabe berührt werden, woraufhin der Freund eben jenen Buchstaben spüren könne. Das Zusammenwirken aus dem virtuellen Medium der Sympathie und den materiellen Zwischengliedern Salbe, Messer und Körper sollte somit einen Informationsaustausch ermöglichen.

Eine weitere Idee der magnetbasierten Telekommunikation per Kompasstelegraphen aus dem 16. Jahrhundert findet sich in einer Schrift des Italienischen Jesuiten Famianus Strada, die erstmalig 1617 in Rom veröffentlicht wurde und dem Telekommunikationshistoriker John J. Fahie zufolge am sehr verbreitet war. Die Idee stammt wohl nicht von Strada selbst, sondern von einem Kardinal namens Bembo, der im frühen 16. Jahrhundert lebte. Das magische magnetbasierte Fernschreiben basiert Strada zufolge auf einem ›geheimen Naturgesetz‹, das eine Anziehung und Abstoßung von Körpern von bzw. zu dem Pol bewirkt. Zudem bewirkt es ihm zufolge aber auch, dass alle Zeiger, die diesen Stein, den Magneten, berührt haben, in ihrer Position und Bewegung übereinstimmen, sich also unabhängig von ihrem späteren Ort gleich verhalten. Daher kann mit diesen Nadeln mittels jener gemeinen Naturkraft über die Ferne hinweg kommuniziert werden, so Strada:

»[...] if you desire a friend who is at a distance to know anything to whom no letter could get, take a flat smooth disc, describe round the outside edges of the disc stops, and the first letters of the alphabet, in the order in which boys learn them, and place in the centre, lying horizontally, a dial-pin that has

---

26 Henning: 1908. S. 54-55.

touched the magnet, so that, turned easily from thence, it can touch each separate letter that you desire.«[27]

Nach demselben Schema sollte eine identisch beschriebene zweite Scheibe mit einem Zeiger aus Eisen, das vom gleichen Magnet bewegt wurde, hergestellt werden. Diese zweite Scheibe sollte der Freund bei sich tragen, der auf Reise ging und man sollte im Vorhinein die Zeiten vereinbaren, zu denen er die Scheibe bzw. die Bewegung des Eisenzeigers beobachten sollte. Strada beschrieb diesen Prozess des Fern-Buchstabierens akribisch wie folgt:

»These things being thus arranged, if you desire to address your friend secretly, whom a part of the earth separates far from you, bring your hand to the disc, take hold of the movable iron, here you observe the letters arranged round the whole margin, with stops of which there is need for words, hither direct the iron, and touch with the point the separate letters, now this one, and now the other, whilst, by turning the iron round again and again throughout these, you may distinctly express all the sentiments of your mind. – Strange, but true! the friend who is far distant sees the movable iron tremble without the touch of any one, and to traverse, now in one, now in another direction; he stands attentive, and observes the leading of the iron, and follows by collecting the letters from each direction, with which, being formed into words, he perceives what may be intended, and learns from the iron as his interpreter.«[28]

Der abwesende Freund konnte dann in derselben Weise »all seine gedanklichen Empfindungen« ausdrücken und diese sodann per Kompasstelegraph fernschreiben. Telekommunikation war also zunächst vor allem ortsgetrenntes Buchstabieren und Lesen. Folglich bedurfte es eines Spezialisten-Wissens, denn diese frühen drahtlosen Technologien entstanden während einer Zeit, in der die Alphabetisierung nicht weit verbreitet war. Strada betrachtete den Magnet-Telegraphen als eine Automatisierung der Tinten-Kaste der Schreiber, eine Technologie, die eine befreiende Wirkung haben würde, nicht nur bezüglich der Sicherheit der Weitervermittlung von Nachrichten:

»Oh, I wish this mode of writing may become in use, a letter would travel safer and quicker, fearing no plots of robbers and retarding rivers. The prince, with his own hands, might dispatch business for himself. We, the race of scribes, escaped from an inky sea, would dedicate the pen to the Shores of the Magnet.«[29]

---

27 Fahie zitiert aus der englischen Übersetzung dieses Textes, erschienen am 15.11.1875 im Telegraphic Journal, vgl: Fahie 1974, S. 9-10.
28 Fahie 1974, S.10.
29 Fahie 1974, S. 11.

Ob ein solcher sympathischer Telegraph jemals tatsächlich funktioniert hat oder überhaupt praktisch erprobt wurde, ist sehr ungewiss. Es zeigt sich, dass mit dieser noch nicht erforschten geheimen Naturkraft, dem Magnetismus, Imaginationen einhergingen, die sich in ähnlicher Weise zu Zeiten der Entdeckung der Elektrizität, einer ebenfalls sich zwar auswirkenden, aber unsichtbaren Kraft, wiederholten.

1622 schilderte Pierre l'Ancre die Durchführung und das Potential von dem auf Sympathie beruhenden Magnet-Telegraphen. Hier ist bereits ein Fernsprechen und Fernhören imaginiert:

»[...] das große und schöne Geheimnis [...], welches die Geschicklichkeit und Handfertigkeit ist, die abwesenden Menschen sprechen und hören zu lassen, so entfernt sie auch sein mögen, und das nämlich mittels eines Magneten. Er rieb zuerst zwei Magnetnadeln und brachte sie dann getrennt an zwei verschiedenen Uhren (Zifferblättern) an, an deren Rand die 24 Buchstaben des Alphabets geschrieben und eingraviert waren. Sobald man nun sagen oder hören lassen wollte, was man wünschte, bewegte und dreht man die Spitze der Magnetnadel auf die Buchstaben [...], und in dem Maße, als man die eine Magnetnadel wendete und drehte, folgte die des anderen Uhrzifferblatts vollständig der gleichen Bewegung, so entfernt sie auch von jener Nadel sein mochte. Als der König ein so schönes Geheimnis gesehen hatte, verbot er ihm, es zu verbreiten, da es den Armeen und belagerten Städten gefährliche Botschaften bringen könnte.«[30]

Die Telekommunikation birgt also als ein wirkungsmächtiges Geheimnis eine Gefahr.

Zwei Jahre später schrieb auch Jean Leurechon bzw. van Etten von einer Telekommunikationsmethode zwischen zwei sich in entfernten Städten (Rom und Paris) befindenden Freunden mittels zwei magnetisierten Nadeln, die miteinander »sympathisieren«.[31] Und auch Galileo Galilei erwähnte in einem Schriftstück jenen Magnet-Telegraphen, wenn auch mit Skepsis.[32]

1665 schwärmte der Philosoph Joseph Glanvill in seiner Schrift »Scepsis Scientificae« mit ähnlichem Optimismus über die Möglichkeit per Magnet fernzuschreiben:

»That men should confer at very distant removes by an extemporary intercourse is a reputed impossibility, yet there are some hints in natural operations that give us probability that 'tis feasible, and may be compast without unwar-

---

30 Pierre l'Ancre: L'incrédulité et mescreance du sortilège plainement convaincue. Paris, 1622. Zitiert nach Henning 1908, S. 57-58.
31 Henning 1908, S. 58.
32 Galileo Galilei: Dialogus de systemate mundi. Florenz, 1632. Zitiert nach Henning 1908, S. 59.

rantable assistance from daemoniack correspondence. That a couple of needles equally toucht by the same magnet being set in two dyals exactly propotion'd to each other, and circumscribed by the letters of the alphabet, may affect this magnale hath considerable authorities to avouch it.«[33]

Auch Glanvill hatte bei dieser drahtlosen Fernkommunikationsmethode zwei Freunde im Blick, die sich in großer Distanz voneinander befanden und beide eine Magnetscheibe in der Hand hielten, mit der sie das Schreiben, das Buchstabieren des anderen beobachteten. Er setzte große Hoffnungen auf den sympathischen Magnet-Telegraphen und spekulierte, dass irgendwann »to confer at the distance of the Indies by sympathetic convenyances may be as usual as to us in a literary correspondence«[34]. Ferner glaubte er allerdings auch, dass eine Reise zum Mond später mal nichts Ungewöhnliches sein werde und man sich in Zukunft für eine Reise eben ein Paar Flügel anstatt eines Paar Schuhe zulegen werde.

Für das Funktionieren des Kompass-Magnet-Telegraphen war also theoretisch nicht bloß die rein physikalische Kraft des Magneten ausschlaggebend, wichtig war auch, dass er von zwei Freunden verwendet wurde, zwei Menschen, die das virtuelle Phänomen Sympathie füreinander empfanden. Diese ermöglichte vermittelt durch einen Kompasstelegraphen die Übertragung von Botschaften über Distanzen hinweg. »Drahtlos« war diese Fernkommunikation mittels des »sympathetic telegraph« aufgrund des physikalischen Phänomens des Magnetismus gekoppelt an das Medium der Sympathie, beide wurden zu dieser Zeit als äußerst virtuell wahrgenommen.

Schon damals gab es jedoch auch Zweifel an dieser in der Tat sehr fragwürdigen Methode, vor allem daran, dass die Bewegung der Nadel mit Sympathie, die in mysteriöser Weise übertragen werden sollte, zu tun haben könne. So wies Father Cabeus 1697 darauf hin, dass nicht Sympathie, sondern das physikalische Phänomen des Magnetismus die Kompassnadeln bewege. Dieser werde durch die Instrumentalität einer gewissen Qualität des sich dazwischen befindlichen Raumes tätig, die sich in Richtung des beeinflussten Körpers intensiviere. Daher könne der Sympathische Telegraph nicht funktionieren, denn das benötigte, nur in seinem Effekt sichtbare Medium des Magnetismus sei dünn und fragil und verschwinde daher leicht. Dies sei der Grund dafür, dass sich aneinander angrenzende Körper seiner bedienen und sich anziehen (Sympathie) oder abstoßen (Antipathie) können:

---

33 Originalschrift: Scepsis Scientifica; or, Confest Ingnorance the Way to Science, &c, 4to 1665. Durch sie wurde der Autor in die Royal Society aufgenommen. Zitiert nach Fahie 1974, S. 14-15.
34 Fahie 1974, S. 14.

»That which is diffused as a medium (or, that quality, or condition, of the intervening space) is thin and subtle, and can only be seen in its effects; not does it affect *all* bodies, only such as are either conformable with the influencing body, in which case the result is a perfecting change (or sympathy=attraction), or non-conformable, in which case the result is a corrupting change (or antipathy=repulsion). This quality is, I repeat, thin and subtle, and dies not sensibly affect *all* intermediate (i.e. neighbouring) bodies, although it may be disseminated through them. [...] Bodies, therefore, are not moved by sympathy or antipathy, unless it be, as I have said, through the medium of certain essences (forces) which are uniformly diffused. When these reach a body that is suitable, they produce certain changes in it, but do not affect, sensibly, the intervening space, or neighbouring non-kindred bodies. Thus, the sense of smell is not perceived in the hand, not the sense of hearing in the elbow, because, although these parts are equally immersed in the essence (or forces), they are not suitable, or kindred, in their odoriferous, or acoustic, vibrations.«[35]

Das Medium ist hier also ein Unsichtbares: es kommt nur in seinem Effekt zum Vorschein. Es ist ein sich im Dazwischen befindender und durch dieses Dazwischen eingreifender Raum, etwas Fragiles und fast unmerklich Dünnes. Es ist ein Körper, der nur bestimmte andere Körper beeinflusst, entweder solche, die mit dem Medium übereinstimmen, was zu Sympathie oder Anziehung führt, oder solche, die ihm entgegenstehen, was zu Antipathie oder Abstoßung führt. Dieses Bild des Magneten als nicht visuellem, virtuellem, sich auswirkendem Medium kritisiert also, dass es den Sympathischen Telegraphen physikalisch betrachtet nicht geben kann, da nicht Telepathien, sondern dieses unsichtbare Medium die Ursache für Anziehung und Abstoßung ist, und sich nur in bestimmten Stoffen finden lässt.

Ihren Höhepunkt fanden die unbeeinflusst fortbestehenden Spekulationen über den auf Sympathie und Magnetismus beruhenden Nadeltelegraphen in der fantastischen Idee, diese Methode der Fernkommunikation auch ohne eine vermittelnde Scheibe zu ermöglichen. Hierzu sollte das (technische) Medium über ein Stück transplantierter Haut – hierin spätere Cyborg-Phantasien antizipierend – direkt in den menschlichen Körper integriert werden, womit dieser selbst zu einem Medium wurde. Im 17. und 18. Jahrhundert glaubten hauptsächlich der Orden der Rosenkreuzer und der »Magnetisers« an diese recht makabere Methode. Jener »Fernzeiger«, mit dem basierend auf Magnetismus, Sympathie und menschlichem Fleisch über unendlich große Distanzen hinweg kommuniziert werden können sollte, funktionierte angeblich wie folgt:

---

35 Philosophia Magnetica, &c, chap x. A brief letter from a young Oxonian to one of his late fellow pupils upon the subject of Magnetism, London 1697. Zitiert nach Fahie 1974, S. 17-18.

»From their arms, or hands, of two persons intending to employ this method of correspondence a piece of flesh was cut, and mutually transplanted while still warm and bleeding. The piece grew to the new arm, but still retained so close a sympathy with its native limb, that the latter was always sensible of any injury done to it. Upon these transplanted pieces of flesh were tattooed the letters of the alphabet, and whenever a communication was to be made it was only necessary to prick with a magnetic needle in the letters upon the arm composing the message; for whatever letter the one pricked, the same was instantly pained on the arm of the other.«[36]

Auch diese Form des mitfühlenden Fernzeigers, des Menschen als Mobilmedium, sollte sich bekanntlich nicht als praktikabel erweisen. Deutlich wird an den Spekulationen über den auf Sympathie und Magnetismus basierenden »Telegraphen«[37], dass das Phänomen des Magnetismus in jener Zeit noch recht unerforscht war. Interessant ist, dass geglaubt wurde, dass ein Zwischenraum, eine nicht sichtbare virtuelle Substanz, eine Gefühlslage wie »Sympathie« als vermittelndes Bindeglied und direktionaler Zwischenraum oder »Leitung« nötig sei, um eine über den verlängerten optischen und akustischen Nahraum hinausgehende Telekommunikation zu ermöglichen.

Einzig Anselm Boetius de Boodt von Brügge und Sir Thomas Browne führten (1609 und 1646) den sympathischen Telegraphen von der Theorie in die Praxis über – und stellten dabei fest, das jene angeblich auf Sympathie beruhenden Kräfte maximal auf drei bis vier Fuß Entfernungen hin wirksam waren, es sich bei jenen Telegraphie-Versuchen folglich um »Irrlehren«, bei denen die magnetisierten Nadel unbeweglich blieben, handle.[38] Trotz solcher vereinzelten, publizierten Zweifel und Gegenbeweise gab es noch im bekanntlich von Experimenten und naturwissenschaftlichen Methoden dominierten 18. Jahrhundert Ideen für Spezifizierungen des Sympathischen Telegraphen, beispielsweise sollten Verliebte nicht das Alphabet im Uhrzeigerring aufschrieben, sondern »die ge-

---

36 Fahie 1974, S. 19-20. Fahie bezieht sich hierbei auf eine Novelle von Edmund About namens »Le Nez d'un Notaire«, in der es eine mitfühlende Verbindung zwischen der Nase des Notars und dem Arm, von dessen Haut ein Stück auf die Nase transplantiert wurde, gibt. Desweiteren verweist er auf einen Zeitungsartikel über »The sympathetic snail telegraph« im Chamber's Edingburgh Journal vom 15.2.1851.
37 Das Wort »Telegraph«, Fernscheiber, ist für diese Technologie eigentlich noch nicht zutreffend, sondern wird erst mit dem elektrischen Telegraphen akkurat. Bereits Chappes Semograph von 1793 wurde jedoch als »Fernschreibmaschine«, als Telegraph, bezeichnet. Vgl. z.B. Aschoff 1984, S. 9.
38 Henning 1908, S. 60-61.

bräuchlichsten und bedeutendsten Worte«[39] und sich hierdurch vereinfacht mittels des Mediums Sympathie austauschen können.

Auffällig ist, dass die Uhr auch zu diesem Telegraphen in enger Verbindung stand. Während jedoch erst Claude Chappes Semaphor die Mechanik des Uhrwerks in einen funktionierenden Telegraphen integrieren konnte, schien das Prinzip der Uhr, des Zifferblatts im Falle des »sympathischen Telegraphen« den Bezug zur Realität herstellen zu sollen. In einem Brief von (Abbé) Louis Barthélémy an die Marquis du Duffand ist noch 1772 in euphorischer Weise von einem Sympathie-Telegraphen die Rede, in der die durch die Uhr symbolisierte Synchronizität der Kommunikation deutlich wird:

»Wenn ich zwei Ziffernbätter habe, deren Nadeln gleich magnetisiert sind, so genügt es, wie man sagt, eine dieser Nadeln zu bewegen, um auch die andere dieselbe Bewegung ausführen zu lassen, derart, dass, wenn die eine auf 12 Uhr steht, die andre dieselbe Stunde anzeigt. Nehmen wir nun an, man könne die künstlichen Magneten derart verbessern, dass ihre Wirkung sich von hier bis Paris mitteilen lässt, so könnten Sie das eine Zifferblatt und ich das andere besitzen, an die Stelle der Stundenbezeichnungen finden wir auf dem Zifferblatt die Buchstaben des Alphabets usw.«[40]

Und noch 1762 zeigt sich Denis Diderot, ebenfalls in einem Brief, an Mademoiselle Voland, begeistert über das Entwicklungspotential des Apparats von Comus, den Diderot etwas anders versteht als dieser selbst:

»Wenn dieser Mann eines Tages den Gedankenaustausch von einer Stadt bis auf die andre ausdehnte, [...] – welch' schöne Sache! Dann brauchte nur jeder sein Kästchen zu haben, und diese Kästchen würden wie zwei Druckereien sein, worin alles, was in dem einen gedruckt würde, sofort auch in der andern gedruckt erscheinen würde.«[41]

Ein solches telegraphisches Kästchen hätte auf Elektromagnetismus beruhen müssen, ein zu jener Zeit noch unerklärtes Phänomen. Comus' Apparat scheint somit ein »amusement magnétique« gewesen zu sein, ein Taschenspielertrick, der zwei auf Uhrblättern angeordnete Magnetnadeln in einer Entfernung von ein paar Zenti-

---

39 Henning 1908, S. 62.
40 Vgl. Saint-Aulaire: Correspondance complète de Madam du Deffand avec la duchesse de Choiseul, l'abbé Barthélémy et M. Craufurt. Paris, 1866, Brief 371, Band 2. S. 224. Zitiert nach der Übersetzung von Henning 1908, S. 62.
41 Diderot zitiert nach Henning 1908, S. 63, dieser zitiert aus: Mémoires, correspondance et ouvrages inédits de Diderot. Paris, 1830, Band II. S. 102.

metern zu synchronisieren und damit ein Publikum zu erstaunen wusste.

1802 führte der Erfinder Jean Alexandre Napoleon Bonaparte einen so genannten »intimen Telegraphen« vor, den dieser jedoch verschmähte und der folglich unentwickelt blieb. Von Alexanders Telegraphen findet sich diese Beschreibung:

»Alles, was man weiß ist, dass der ›intime Telegraph‹ aus zwei gleichen Kästen mit je einem Uhrblatt besteht, auf dessen Rand die Buchstaben des Alphabets angebracht sind. Mit Hilfe einer Kurbel dreht man die Nadel des ersten Zifferblattes auf alle Buchstaben, deren man gerade bedarf, und im selben Augenblick wiederholt die Nadel des zweiten Kastens in derselben Reihenfolge alle Bewegungen und Zeichengebungen der ersten. Wenn diese beiden Kästen in zwei getrennten Räumen aufgestellt werden, können zwei Personen sich miteinander verständigen und einander antworten, ohne einander zu sehen oder selbst gesehen zu werden und ohne dass irgendjemand von ihrer Korrespondenz etwas ahnt.«[42]

Auch dieser Apparat war mehr Gerücht als Realität, zeigt jedoch von dem Spuk der drahtlosen, auf Sympathie als Medium beruhenden Telegraphie. Die Idee der Kurbel zum Zeigen auf den intendierten Buchstaben wird später in der Wählscheibe realisiert.

Der aus heutiger Sicht absurdeste Vorschlag für einen derartigen Phantasietelegraphen wurde 1840 von zwei Franzosen erdacht. Bei ihrem »Gedankentelegraphen« sollten zwei Weinbergschnecken zueinander in Sympathie gebracht werden und anschließend an zwei in einem Buchstabenkreis angebrachten Zeigern befestigt werden. Erstaunlich ist, dass dieser Vorschlag zu einer Zeit gemacht wurde, in der die »thierische Elektrizität« bereits gefunden und die Briten Wheatstone und Crooke einen Telegraphen entwickelt hatten, der auf einer neuen, nämlich elektrischen Form, des Magnetismus beruhte und tatsächlich funktionierte.

REAL EXISTIERENDER MAGNETISMUS

Ende des 16. Jahrhunderts erkannte der Londoner Naturforscher und Arzt William Gilbert bei seinen Untersuchungen des Magnetismus, dass magnetische und elektrische Phänomene zwar zwei Klassen sind, aber als distinkte Ausstrahlungen einer einzigen Fundamentalkraft, die die gesamte Natur durchdringt, dem Magnetfeld der Erde, angesehen werden können. Erst 1819 wurde diese Erkenntnis durch Oersteds Entdeckung des Elektro-Magnetismus von einer Spekulation zu einem wissenschaftlich bewiesenen Fakt und

---

42 Delambre, zitiert nach Henning 1908, S. 65.

die »Elektrische Kraft« für Fernkommunikation genutzt.[43] 1600 erschien Gilberts Abhandlung »Of the Magnet and Magnetic Bodies, and that Great Magnet the Earth«, in der er von seinen Experimenten und seiner Erkenntnis, dass die Erde selbst ein großer Magnet ist, berichtete und zugleich das von Thales vor 2000 Jahren entdeckte Phänomen erstmals als »elektrisch« bezeichnete.[44] Während magnetische Kraft, »elektron«, im Mittelalter als ein okkultes Phänomen galt, mit Magie und Hexerei verbunden wurde, änderte Gilbert diese Wahrnehmung und legte damit das Fundament für ›wahre Wissenschaft‹ bezüglich des Elektromagnetismus. Er war der Ansicht, dass neben Bernstein auch Glas und andere Kristalle elektrisches Potential enthielten, jedoch Metall, Kiesel u.a. nicht elektrisierbar waren. Später, als entdeckt wurde, dass Elektrizität weitergeleitet werden kann und dabei isoliert werden muss, erwies sich dies als Trugschluss. Durch Gilberts Schrift wurde der Weg für einen nicht auf spirituellen, sondern auf elektrischen Magnetismus beruhenden Telegraphen bereitet. Neben Daniel Schwenter und van Etten war Gilbert einer der wenigen, die die Funktionsfähigkeit des »sympathischen Telegraphen« anzweifelten.[45]

Fazit

Der hypothetische »sympathische Telegraph« unterscheidet sich von den ihm vorangehenden (und den ihn begleitenden) Formen der Telekommunikation, denn er beruhte weder auf einem das Alphabet übersetzenden Code, noch ermöglichte er eine zeitversetzten Kommunikation, beispielsweise durch das Hochhalten von beschriebenen Tüchern und ihrem Ablesen via Teleskop. Es wurde zwar auch in die Ferne geschrieben, jedoch mittels des Mediums »Sympathie« und eines materiellen Trägers, des Menschen, auf dem die Nachrichten buchstabiert und »abgelesen« wurden. Der Mensch war hier die mobile Trägerform des Mediums. Der Informationsaustausch war synchron und höchst individuell, denn er konnte nur von den beiden Personen, die miteinander durch das ihnen einverleibte Uhr-Alphabet synchronisiert waren, wahrgenommen werden. Heutige Mobile Medien können als Realisierungen des Phantasmas des Sympathischen Telegraphen gelten, denn auch sie funktionieren mittels eines nur in seiner Auswirkung und durch technische Hilfsmittel sichtbar werdenden Mediums (dem elektromagnetischen Spektrum) und ermöglichen durch mobile materielle Zeichenträger

---

43 Hawks 1927, S. 7.
44 Orrin E. Dunlap, Jr.: Radio's 100 Men of Science. Biographical Narratives of Pathfinders in Electronics and Television. New York and London: Harper & Brothers, 1944. S. 13.
45 Henning 1908, S. 60 f.

eine Simultankommunikation, die oftmals an nur zwei Personen gebunden ist.

Nicht näher spezifizierbare Kräfte standen also vom 16. bis zum frühen 18. Jahrhundert als Medien zwischen zwei Endpunkten. Telekommunikation wurde als eine zwischen zwei Menschen durch Sympathie oder ähnliche Virtualitäten stattfindende Übermittlung betrachtet. Die Imagination des auf Sympathie beruhenden Telegraphen wurde durch eine Kraft – den Magnetismus – initiiert, die sich auswirkte, deren Ursachen und Gründe jedoch nicht geklärt waren. Analog zum Gefühl der Sympathie stellte man sich vor, dass Distanz jene Kraft nicht mindere und dass sie in der Lage sei, Informationen ohne Speicherung weiterzuleiten. Durch dieses virtuelle Medium sollte Abwesendes ohne materiellen Träger andernorts anwesend werden. Diese fiktive Form des drahtlosen Fernschreibens wurde durch die Verwendung von Elektrizität statt Sympathie von einem Phantasma in modifizierter Form zu einer tatsächlichen Anwendung.

Bereits lange Zeit bevor Elektrizität erforscht und Radiowellen generierbar geworden waren, finden sich also mannigfaltige Ideen um ohne Draht und ohne weitergereichten materiellen Träger zu kommunizieren und dabei von einem festen, immobilen Ort, als Koordinate, unabhängig zu sein. Dabei wurde im Falle des Sympathischen Telegraphen für das Funktionieren einer solchen Fernübertragung ein unsichtbares, ungreifbares und nicht-physikalisches Dazwischen vorausgesetzt, welches nur im Effekt sichtbar oder spürbar wird. Es ist also etwas Mystisches, Telepathisches oder Virtuelles. Virtuell ist es insofern, als dass es eine Wirkkraft ist, die sich nur in ihrer Anwendung zeigt, als solche jedoch nicht gespeichert, generiert oder bestimmt werden kann. Andererseits existierten zu jener Zeit auch durchaus reale Vorschläge für Telegraphen, die optische Hilfsmittel wie das Fernglas nutzten und durch Zeichensysteme und Relaisketten Telekommunikation ermöglichen sollten. Ein funktionierendes, optisches Telekommunikationssystem wurde allerdings erst Ende des 18. Jahrhunderts realisiert.

5. Wirklichkeit und Möglichkeit

Im Zeitalter des »sympathischen Telegraphen« war das Denken des philosophischen Dualismus von Sein und Nicht-Sein – oder Vermögen und Wirklichkeit oder Potenz und Akt – nur praktisch an Kommunikationstechnologien gebunden. Bewusst reflektiert wurden sie ebenso wenig wie die Entdeckungen im Bereich des Magnetismus. Die Annahme einer geistigen, unsichtbaren Substanz war jedoch noch immer weit verbreitet.

Es gibt zwar kaum einen Philosophen, der sich nicht mit dem Sein oder dem Seienden befasst und dabei eine duale Seinsstruktur angenommen hat, in der ein geistiges einem materiellen Sein entgegensteht. René Descartes hat diese Trennung im 17. Jahrhundert jedoch neuartig nuanciert. Er ging davon aus, dass – wie in seinen »Meditationen« durch die mittlerweile programmatisch gewordene Erkenntnis »je pense, donc je suis« formuliert wird – das Sein im Denken und damit im Geist ist.[1] Hierin unterscheidet er sich von vorangegangenen Konzeptionen einer dualen Seinsstruktur. Mit seiner in philosophischer Hinsicht an die Reformation anknüpfenden Perspektive hebt er die menschliche Vernunft auf den Thron des Seins. Diese manifestiert sich im Denken und nur dieses bietet Gewissheit. Das materielle Sein bleibt von minderwertiger Nicht-Existenz. Erst als Immanuel Kant im frühen 18. Jahrhundert nach den Bedingungen der Möglichkeit der Erkenntnis fragte, das Augenmerk der Philosophie also verstärkt vom Objekt auf das Subjekt und seine Vorgänge richtete, wurde der Seins-Dualismus von einer Epistemologie überschattet. An die Stelle der bisherigen Begründungsweisen von Gott trat allmählich der Versuch der Überwindung einer Metaphysik, die in Friedrich Nietzsches Schaffen einen Höhe-

---

1 »Indem wir so alles nur irgend Zweifelhafte zurückweisen und es selbst als falsch gelten lassen, können wir leicht annehmen, dass es keinen Gott, keinen Himmel, keinen Körper gibt; dass wir selbst weder Hände noch Füße, überhaupt keinen Körper haben; aber wir können nicht annehmen, dass wir, die wir solches denken, nichts sind; denn es ist ein Widerspruch, dass das, das denkt zu dem Zeitpunkt, wo es denkt, nicht existiert. Demnach ist der Satz: Ich denke, also bin ich (ego cogito, ergo sum) die allererste und gewisseste aller Erkenntnisse, die sich jedem ordnungsgemäß Philosophierenden darbietet.« Vgl. René Descartes: Die Prinzipien der Philosophie. Hamburg: Felix Meiner Verlag, (1644) 1955. S. 2 bzw. I, § 7.

punkt fand. Mit Descartes wurde jedenfalls das Innere zum Daseinspunkt Gottes, Georg W. F. Hegel zufolge beginnt mit ihm die moderne Philosophie, da er das Denken, den sich selbst gegenwärtigen Geist zum Prinzip erhob.[2] Das Denken wird also vor das Sein gesetzt, es enthält das Sein, ist selbst jedoch »von allen äußeren materiellen Dingen verschieden und unabhängig«[3] und das Erste.

Die beiden im Folgenden aufgegriffenen Philosophen, Baruch de Spinoza und Gottfried Wilhelm Leibniz, knüpfen hinsichtlich ihres Verständnisses von Gott und Virtualität an Descartes an. Bei ihnen ist ein anders als bei Aristoteles und dem aristotelischen Scholastiker Thomas von Aquin konturiertes Verständnis von »Vermögen« oder »Potenz« anzufinden. Gott ist hier als ein nicht-materielles und explizit virtuelles Wesen konzipiert, dem ohne die Zusammenfügung von zwei Seinsweisen bereits volle Wirklichkeit zukommt. Während sich Gott als Virtualität für Spinoza nicht realisieren kann, sondern sich notwendigerweise realisieren muss, wählt Gott bei Leibniz bekanntlich die »beste aller möglichen Welten« aus, ist aber dennoch eine rein virtuelle Substanz. – Wie wird hier das Virtuelle gedacht?

5.1 Spinoza – Gott und die Welt

Nach seiner Verbannung aus Amsterdam aufgrund religiöser Streitigkeiten verdiente sich Baruch de Spinoza (1622-1677) seinen Lebensunterhalt mit dem Schleifen optischer Gläser, also dem Herstellen von Instrumenten, mit denen die Welt in richtiger Weise oder im klaren Licht gesehen werden kann, nebenbei zeichnete er.[4] Sein eigentliches Interesse galt jedoch der Philosophie, insbesondere den Schriften von Descartes. Im 17. Jahrhundert war Philosophie trotz der Reformation und der Spaltung von Theologie und Philosophie noch immer gleichbedeutend mit dem Nachdenken über das Prinzip »Gott« und seine Rolle und Funktion in der Welt. Für Spinoza gestaltete es sich anders als für die meisten seiner Vorgänger: Gott ist für ihn nicht außerhalb der Welt, sondern er ist diese. Gott ist Natur, ein vollkommenes Wesen, aus dem notwendigerweise alles hervorgeht.[5] So handelt auch insbesondere seine posthum erschienene

---

2   Georg Wilhelm Friedrich Hegel: Vorlesungen über die Geschichte der Philosophie III. Frankfurt am Main: Suhrkamp, (1832-1845) 1971. S. 120.
3   Hegel 1971, S. 135.
4   Vgl. Gilles Deleuze: Spinoza. Praktische Philosophie. Berlin: Merve Verlag, (1981) 1988. S. 14. Sowie Hegel 1971, S. 159.
5   »[...] So muß notwendig folgen, dass die Natur, die aus keiner Ursache hervorgeht und von der wir dennoch wohl wissen, dass sie existiert, notwendig ein vollkommenes Wesen sein muß, dem die Existenz eigen ist.« Baruch de Spinoza: Kurze Abhandlung von Gott, dem Menschen und dessen

Frühschrift »Kurze Abhandlung von Gott, dem Menschen und dessen Glück« vor allem davon, zu belegen, dass und wie Gott existiert, denn daraus ergibt sich für ihn alles übrige ›Seiende‹, welches sich als Attribut oder als Modus Gottes auffassen lässt. Spinozas Monismus lehnt sich an den Erkenntnissen von Descartes an und führt diese weiter. Hegel zufolge ist Spinozas Philosophie die »Objektivierung« von Descartes' Philosophie, insofern, als dass für Spinozas nur die Einheit aus Denken und Ausdehnung wahr ist, nämlich Gott als erste Substanz, der diese beiden Attribute umschließt und erzeugt und seine Existenz selbst enthält, nur er ist Wirklichkeit.[6]

Gott ist für Spinoza »ein Wesen, von dem alles oder unendlich viele Attribute ausgesagt werden«[7], von denen ein jedes vollkommen ist. Trotz dieser potentiellen Vielheit Gottes existieren für Spinoza jedoch bloß zwei Attribute Gottes oder auch Substanzen: »Denken und Ausdehnung«[8]. Es können keine zwei gleichen Substanzen/Atttribute existieren und eine Substanz kann auch keine andere hervorbringen.[9] Nur Gott ist in der Lage, etwas zu erschaffen, er ist ein Wesen,

»dem alle Attribute zugesprochen werden; woraus klar folgt, dass alle andren Dinge ohne ihn oder außer ihm in keiner Weise weder existieren noch erkannt werden können. Deshalb dürfen wir also mit allem Grund sagen, dass Gott Ursache von allem ist. – [...] Wir sagen also, er sei eine ausfließende oder hervorbringende Ursache seiner Werke; und im Hinblick darauf, dass das Wirken geschieht, eine tätige oder wirkende Ursache, was wir, da es Korrelate sind, in eins setzen.«[10]

Gott ist also Virtualität, im Sinne von virtus, Kraft: er bringt hervor. Allerdings hat er für Spinoza keineswegs die Kraft, etwas verwirklichen zu können, oder es nicht zu können. Gottes Wirken ist nicht das Verwirklichen einer existierenden Möglichkeit, sein Wirken ist notwendig: »Daß Gott das, was er tut, unterlassen könnte zu tun, verneinen wir«.[11] Denn Gott bewirkt und erkennt grundsätzlich alles in vollkommenster Weise und sein vollkommenes Wesen ist es auch, das ihn daran hindert, etwas, das er tun könnte nicht zu tun. Es ist die aus der Ewigkeit resultierende »göttliche Vorherbestim-

---

Glück. In: ders.: Werke in drei Bänden. Hamburg: Felix Meiner Verlag, (1661) 2006, Bd. 1 (I). S. 28.
6 Hegel 1971, S. 161.
7 Spinoza 2006 (I), S. 21.
8 Spinoza 2006 (I), S. 31.
9 Spinoza 2006 (I), S. 23.
10 Spinoza 2006 (I), S. 38, 39.
11 Spinoza 2006 (I), S. 40.

mung«[12], die Gottes Wirken zu einem notwendigen werden lässt. Gott schafft also alles in vollkommener Weise und kein Ding kann ohne ihn »weder existieren noch begriffen werden«[13]. Er ist also nicht nur die Grundlage von allem, er ist das Sein selbst. Auch wenn Gott die höchste Substanz ist, existiert er nur deswegen, weil Menschen ihn denken können. Aus seinem Vermögen folgt notwendigerweise seine Existenz, er braucht keine Ursache, sondern ist selber zugleich Ursache und Vermögen seiner selbst.[14]

Gottes Attribute

Dasjenige, welches Andere Substanzen nennen, sind für Spinoza Attribute. Attribute sind »Dinge« und »eines substantiellen Wesens«, sie sind »Attribute eines durch sich selbst existierenden Wesens«, nämlich von Gott, und werden daher durch sich selbst erkannt. Hingegen sind Modi nicht durch sich selbst zu erkennen, sondern nur durch die Attribute, denen sie angehören und »ohne die sie weder existieren noch begriffen werden können.«[15] In den Definitionen, die seiner Abhandlung »Descartes' Prinzipien der Philosophie in geometrischer Weise dargestellt mit einem Anhang, enthaltend Gedanken zur Metaphysik« vorangestellt sind, formuliert Spinoza seine an Descartes angelehnte Perspektive wie folgt:

»Jedes Ding, in dem etwas unmittelbar wie in einem Subjekt ist oder durch das etwas existiert, das wir wahrnehmen (also irgendeine Eigenschaft, eine Qualität oder ein Attribut, deren reale Idee in uns ist), heißt *Substanz*. – [...] Eine Substanz, in der unmittelbar Denken ist, heißt *Geist*. [...] – Eine Substanz, die das unmittelbare Subjekt von Ausdehnung ist und von Akzidenzien, die Ausdehnung voraussetzen (wie Gestalt, Lage, Ortsbewegung usw.), heißt *Körper*. [...] – Die Substanz, von der wir einsehen, dass sie durch sich selbst höchstvollkommen ist, und in der wir nichts begreifen, das irgendeinen Mangel enthielte, d.h. eine Begrenzung von Vollkommenheit, heißt *Gott*.«[16]

Diese Ansicht von Gott als vollkommenster und unbegrenzter Macht schließt an Descartes an, der unter Gott Folgendes begreift:

---

12 Spinoza 2006 (I), S. 41, 44.
13 Spinoza 2006 (I), S. 44.
14 Gilles Deleuze: Spinoza und das Problem des Ausdrucks in der Philosophie. München: Wilhelm Fink Verlag, (1968) 1993. S. 80.
15 Spinoza 2006 (I), S. 50.
16 Baruch de Spinoza: Descartes' Prinzipien der Philosophie in geometrischer Weise dargestellt mit einem Anhang, enthaltend Gedanken zur Metaphysik. In: ders. (1663) 2006, Bd. 3 (III). S. 40.

»Unter dem Namen Gottes verstehe ich eine Substanz, die unendlich, unabhängig, von höchster Einsicht und Macht ist, und von der ich selbst geschaffen worden bin, ebenso wie alles andere Existierende, falls es nämlich existiert.«[17]

Wie bereits aus dem Titel der Abhandlung ersichtlich wird, bezieht sich Spinozas Auffassung deutlich auf Descartes.[18] Die ausgedehnten und die gedachten Attribute verhalten sich jedoch in seiner Konzeption parallel zu einander, eine Überschneidung oder ein Wirken kann es folglich nicht geben, denn das Prinzip des Wirkens oder Erschaffens findet sich allein in Gott. Die beiden Substanzen sind unabhängig voneinander:

»*Geist und Körper sind real unterschieden.* – Was auch immer wir klar wahrnehmen, kann von Gott zustande gebracht werden, so wie wir es wahrnehmen [...]. Wir nehmen aber klar den Geist wahr, d.h. [...] eine Substanz, die ohne den Körper, d.h. [...] ohne irgendeine ausgedehnte Substanz, denkt [...]; und umgekehrt klar den Körper (als etwas, das) ohne den Geist [ist] [...]. Deshalb kann, wenigstens durch göttliche Macht, der Geist ohne den Körper sein und der Körper ohne den Geist.«[19]

Mit dieser Unterscheidung zwischen Geist und Körper geht also einerseits die Negation einer Kausalitätsbeziehung zwischen beiden einher, und andererseits eine Gleichwertigkeit beider Substanzen. Es gibt immer zugleich mit den Dingen und Denken auch solche Dinge und nicht-materielle Daseinsformen, die das Bewusstsein übersteigen. Obgleich sie existieren – wenn auch in einem Jenseits, welches nur für Gott zugänglich ist – können sie von Menschen nicht erkannt werden.

Existenz und Notwendigkeit

Da Gott so vollkommen ist, dass er nur Vollkommenes erschaffen kann, ist nicht nur er notwendig sondern auch seine Attribute und Modi. Demzufolge kann es in Spinozas Welt weder »Möglichkeit« noch »Kontingenz« geben. Um dies zu begründen, muss Spinoza noch mal unterstreichen, dass einzig die vollkommenste Substanz, Gott, tatsächlich existiert. Dies geschieht prägnant in seiner Schrift zu Descartes, in deren »Anhang, enthaltend Gedanken zur Metaphysik, in denen die schwierigen Probleme, die sich im allgemeinen

---

17 René Descartes: Meditationen über die Grundlagen der Philosophie mit sämtlichen Einwänden und Erwiderungen. Hamburg: Felix Meiner Verlag, (1641) 1994. S. 36-37.
18 Eine genauere Analyse von Spinozas Beschäftigung mit Descartes findet sich z.B, hier: Deleuze 1993. (original: Spinoza et le problème de l'expression. Paris, 1968)
19 Spinoza 2006 (II), S. 59.

wie im besonderen Teil der Metaphysik finden, kurz erläutert werden«[20]. Zunächst stellt Spinoza mit Descartes fest, dass das Erkennen der Existenz eines Dings mit Gewissheit daran gebunden ist, dass wir existieren, da wir es ansonsten nicht mit dem Geist erfassen könnten.[21] »Sein« wird hierbei mit »Realität« und »Existenz« gleichgesetzt. Dies wird aus dem folgenden Zitat ebenso ersichtlich wie die Hierarchie des Seins. Denn während Gott vollkommene Realität besitzt, besitzen die von ihm bewirkten Substanzen und Modi einen vergleichsweise geringeren Realitätsgrad:

»Es gibt verschiedene Grade an Realität, d.h. an Sein. Denn eine Substanz hat mehr an Realität als ein Akzidenz oder Modus, und die unendliche Substanz mehr als die endliche; mithin ist in der Idee einer Substanz mehr an objektiver Realität als in der eines Akzidenz, und ebenso in der Idee der unendlichen Substanz mehr als in der einer endlichen.«[22]

Gott kommt also mehr Realität zu als dem Denken, und dem Denken an sich kommt mehr Realität zu als dem Denken des Schönen. Ebenso kommt Gott mehr Realität zu als den Dingen, der zweiten Substanz, die es bei Spinoza gibt, und die Dinge sind realer als das konkrete Haus.

Diese Hierarchisierung weist darauf hin, dass hier das Immaterielle, Nicht-Fassbare, Sich-Auswirkende dasjenige ist, welches virtuell ist – und damit zugleich von höchster Wirklichkeit. Gott ist als Virtualität, dem alleine die Kraft zukommt, alles zu erzeugen und zu unterhalten, höchst wirklich. Vollkommenheit korreliert nämlich mit Realität/Wirklichkeit, wie aus Spinozas erstem Hilfssatz der Prinzipien der Philosophie hervorgeht:

»Je vollkommener ein Ding seiner eigenen Natur nach ist, eine desto größere Existenz schließt es ein; d.h. eine Existenz mit einem höheren Grad an Notwendigkeit. Und umgekehrt, je mehr ein Ding der eigenen Natur nach notwendige Existenz einschließt, desto vollkommener ist es.«[23]

Gott schließt notwendigerweise Existenz ein, daher ist er höchstvollkommen und in eminenter Weise. Jedes Ding hat seine Ursache in ihm als etwas Existierendem, nur er ist Ursache und Schöpfer von allem und Ursache seiner selbst. Denn keinem Ding kann etwas Nicht-Existierendes als Ursache zukommen, was an einem Ding real ist, muss immer bereits in dessen Ursache wirklich gewe-

---

20 Spinoza 2006 (II), S. 129 ff.
21 Spinoza 2006 (II), S. 42.
22 Spinoza 2006 (II), S. 45.
23 Spinoza 2006 (II), S. 56.

sen sein, und da allein Gott von verursachender und erhaltender Wirklichkeit ist, kann dies nur Gott sein, aus ihm muss alles hervorgehen.[24]

NOTWENDIGES UND UNMÖGLICHES

Wie steht es nun um das Nicht-Notwendige in Spinozas Welt, also um dasjenige, welches nicht Gott ist oder von ihm ausgesagt werden kann? Um sich über »das, was notwendig, unmöglich, möglich und zufällig ist«[25] äußern zu können, muss Spinoza zufolge zuvor geklärt werden, was »Sein« überhaupt ist. Wie oben beschrieben, ist »Sein« gleichbedeutend mit »Realität« und höchstes Sein entspricht höchster Vollkommenheit, also Gott, und Notwendigkeit. Dennoch gibt es neben dem eigentlichen Sein auch Paradoxa wie die Chimäre, zudem das fiktiv Seiende und das Seiende der Vernunft. Diese sind jedoch nicht wirklich:

> »Ein Seiendes ist ›all das, von dem wir, wenn es klar und deutlich erfasst wird, finden, dass es notwendigerweise existiert oder zumindest existieren kann.‹ [...] Aus dieser Definition [...] folgt, dass Chimäre, fiktiv Seiendes und Seiendes der Vernunft überhaupt nicht zum Bereich des Seienden gezählt werden können. Denn: (1.) Eine Chimäre kann ihrer eigenen Natur nach nicht existieren. (2.) Ein fiktiv Seiendes schließt klares und deutliches Erfassen aus, weil hier der Mensch aus reiner Willkür allein und nicht in Unwissenheit wie beim Irrtum, sondern mit Vorbedacht und bewusst zusammenfügt, was er zusammenfügen will, und voneinander trennt, was er getrennt haben will. (3.) Ein Seiendes der Vernunft ist nichts als eine Weise zu denken, die dazu dient, erkannte Dinge leichter zu behalten, zu erklären und vorzustellen.«[26]

Diese drei zu differenzierenden Seinsweisen sind also eigentlich gar nicht, und es macht für Spinoza auch keinen Sinn, Seiendes in »reales Seiendes und Seiendes der Vernunft« einzuteilen, denn damit spricht man Nicht-Seiendem, nämlich einer »Weise zu denken« Sein zu, was logischerweise eindeutig falsch ist.[27]

Während eine Chimäre als das, »dessen Natur einen offenen Widerspruch einschließt«[28] logisch nicht sein oder existieren kann, können zwar das fiktiv Seiende und das Vernunft nach Seiende auch nicht sein, jedoch aus einem anderem Grund:

---

24 Spinoza 2006 (II), S. 46.
25 Spinoza 2006 (II), S. 139 ff.
26 Spinoza 2006 (II), S. 131-132
27 Spinoza 2006 (II), S. 133.
28 Spinoza 2006 (II), S. 131-132

»Eine Chimäre kann, weil sie weder im Verstand noch in der Vorstellungskraft ist, von uns treffend ein verbales Seiendes genannt werden, lässt sie sich doch nur mit Worten zum Ausdruck bringen.«[29]

Beispielsweise kann man zwar von einem quadratischen Kreis sprechen, ihn jedoch weder vorstellen, noch erkennen. Daher ist eine Chimäre für Spinoza »nichts anderes als ein Wort« – sie ist eine bloße Verneinung – und als Unmöglichkeit kann sie nicht zum Seienden gezählt werden.

Die anderen beiden nicht-existierenden Seinsweisen beinhalten zwar keinen logischen Widerspruch, jedoch können auch sie nicht sein, allerdings aus jeweils anderen Gründen. Spinoza zufolge denken viele, »daß auch ein fiktiv Seiendes ein Seiendes der Vernunft sei, weil es keine Existenz hat außerhalb des Geistes«[30], für ihn ist dies jedoch falsch. Das der Vernunft nach und das fiktiv Seiende unterscheiden sich grundsätzlich:

»Ein fiktiv Seiendes ist nämlich, so haben wir gesagt, nichts anderes als die Verknüpfung zweier Ausdrücke allein aus bloßer Willkür ohne Leitung der Vernunft, und so gesehen kann ein fiktiv Seiendes durch Zufall wahr sein. Ein Seiendes der Vernunft beruht weder auf bloßer Willkür noch besteht es aus irgendwelchen beliebig miteinander verknüpften Ausdrücken [...].«[31]

Das fiktiv Seiende ist eine willkürliche Konstruktion, die zusammenfügt und trennt wie es ihr beliebt. Das der Vernunft nach Seiende beruht dahingegen nicht auf Willkür. Es ist jedoch auch nicht weil:

»die Einteilung von Seiendem in reales Seiendes und Seiendes der Vernunft schlecht ist, so dass die Frage, ob ein fiktiv Seiendes ein reales Seiendes oder ein Seiendes der Vernunft ist, auf einem schlechten Fundament beruht, weil hier vorausgesetzt wird, dass alles Seiende sich in reales Seiendes und Seiendes der Vernunft einteilen lasse.«[32]

Und Spinoza findet, dass sich eben jene Einteilung nicht machen lässt. Denn das Seiende ist unteilbar, es ist Gott und damit nicht nur singulär[33] sondern: »unkörperlich«[34]. Denn wenn er körperlich wäre, könnte er geteilt werden, wodurch die Teile entweder von Gott geschaffen werden würden, also selbst nicht mehr Gott wären, es

---

29 Spinoza 2006 (II), S. 141.
30 Spinoza 2006 (II), S. 135
31 Spinoza 2006 (II), S. 135.
32 Spinoza 2006 (II), S. 135.
33 »Es gibt nicht mehr als einen Gott.« Vgl. Spinoza 2006 (II), S. 61.
34 Spinoza 2006 (II), S. 68.

gäbe dann viele Götter, oder aber nicht von sich aus existieren könnten, wodurch sie nicht Gott wären. Zudem ist Gott »ein gänzlich einfach Seiendes«, »unveränderlich« und »ewig«[35], er »ist die ursprüngliche Ursache von Bewegung«[36]. Spinozas Begründung, weshalb das fiktiv Seiende auf eine andere Weise nicht ist als das der Vernunft nach (Nicht-)Seiende, ist zwar folgerichtig, aber recht unbefriedigend, auch weil er hier etwas Seiendem eine Nicht-Existenz, ein minderwertiges Sein zuspricht, das Sein sich also, auch wenn er dies nicht intendiert, in zwei Weisen teilt, von denen eine minderwertig bzw. nicht ist, da ihm keine Existenz zukommt.

Für Spinozas Auffassung von Notwendigkeit und Möglichkeit ist die Unterscheidung zwischen Essenz und Existenz grundlegend. Essenz und Existenz werden durch die Attribute, die sich »Affektionen von Seienden« nennen, erfasst, diese sind von jenen »nur unter dem Gesichtspunkt der vorliegenden Betrachtung« unterschieden.[37] Zunächst gerät Notwendiges und Unmögliches in den Blick:

»In zweierlei Bedeutung heißt ein Ding notwendig und unmöglich, entweder im Hinblick auf seine Essenz oder im Hinblick auf seine Ursache. Im Hinblick auf seine Essenz wissen wir, dass Gott notwendigerweise existiert, denn seine Essenz kann nicht ohne Existenz begriffen werden. Eine Chimäre kann hingegen wegen der in ihrer Essenz gelegenen Widersprüchlichkeit unmöglich existieren. Im Hinblick auf die Ursache sagt man ebenfalls, dass Dinge, materielle beispielsweise, unmöglich oder notwendig sind; denn wenn wir nur ihre Essenz betrachten, können wir diese klar und deutlich ohne Existenz begreifen, weshalb sie niemals kraft ihrer Essenz und deren Notwendigkeit existieren können, sondern allein kraft ihrer Ursache, die Gott ist, der alle Dinge erschafft. Liegt es deshalb im göttlichen Beschluß, dass ein Ding existieren möge, wird es auch notwendigerweise existieren, wenn nicht, dann wird es ihm unmöglich sein zu existieren.«[38]

Denn ohne eine innere oder äußere Ursache kann ein Ding unmöglich existieren. Ist die Existenz-Ursache äußerlich, ist es von Gott geschaffen und damit notwendig; ist es kraft »seiner Essenz«, einer inneren Ursache, geschaffen, ist es Gott. Erschaffene Dinge erhalten ihre Essenz also durch Gott, sie können sie nicht von sich heraus haben. Sowohl die Essenz als auch die Existenz geschaffener Dinge hängen von Gott ab.[39]

Dasjenige, welches existiert und zugleich geschaffen ist, also nicht Gott selber ist, muss aus etwas Existierendem hervorgegan-

---

35 Spinoza 2006 (II), S. 69.
36 Spinoza 2006 (II), S. 94.
37 Spinoza 2006 (II), S. 140.
38 Spinoza 2006 (II), S. 140.
39 Spinoza 2006 (II), S. 141.

gen sein. Schließlich kann nicht etwas aus nichts, Seiendes aus Nicht-Seiendem hervorgehen:

»Ferner: was geschaffen ist, ist keinesfalls aus dem Nichts hervorgegangen, sondern muß notwendig von dem geschaffen sein, der wirklich existiert. Aber dass von ihm etwas sollte hervorgegangen sein, dessen er dann nicht beraubt wäre, nachdem es aus ihm hervorgegangen ist, das können wir mit unserem Verstand nicht begreifen.«[40]

Theoretische Probleme sind bei Spinoza also keine solchen sondern lassen sich auf den Mangel des menschlichen Verstandes sie zu begreifen, zurückführen.[41]

MÖGLICHKEIT UND KONTINGENZ

Ebenso sind auch die Ausdrücke »das Mögliche« und »das Zufällige« »nichts als ein Mangel des Verstands«[42], und keineswegs Affektionen von Dingen, wie es Spinozas Auffassung nach viele vermuten. Was versteht Spinoza unter »möglich«?

»Möglich heißt ein Ding, ›wenn wir seine bewirkende Ursache zwar kennen, aber doch nicht wissen, ob diese Ursache hinreichend bestimmt ist.‹ [...] Wenn wir anderseits allein auf die Essenz eines Dinges achten und seine Ursache ausblenden, werden wir es zufällig nennen, d.h. wir werden es sozusagen als ein Mittelding zwischen Gott und Chimäre ansehen, weil wir dann in ihm von seiner Essenz her weder eine Notwendigkeit zu existieren antreffen wie im Fall der göttlichen Essenz noch eine Widersprüchlichkeit, also Unmöglichkeit, wie im Fall der Chimäre.«[43]

Die Bezeichnungen »möglich« oder »zufällig« sind dabei für Spinoza austauschbar. Ihm kommt es allein darauf an, dass »beide Bestimmungen nur ein Mangel unserer Wahrnehmung sind und nicht etwas, das real wäre.«[44] Sie sind »Illusionen, die in der Organisation

---

40 Spinoza 2006 (I), S. 24-25.
41 Im Grunde weist Spinoza alles, was aus seiner Theorie nicht direkt ersichtlich wird bzw. darin weder einen logischen noch einen möglichen Platz findet – beispielsweise die Frage danach, ob oder wie es in einer notwendigen, vorherbestimmten Welt menschliche Freiheit geben kann – in den Bereich des für den menschlichen Verstand nicht Zugänglichen. »Wie die Freiheit unseres Willens mit der Vorherbestimmung Gottes zusammenpasst, übersteigt die menschliche Fassungskraft« – letztlich wäre also nur Gott in der Lage vollkommener Erkenntnis. Vgl. Spinoza 2006 (II), S. 144.
42 Spinoza 2006 (II), S. 142.
43 Spinoza 2006 (II), S. 142.
44 Spinoza 2006 (II), S. 142.

des endlichen existierenden Modus gründen«⁴⁵. Denn in den Dingen gibt es nichts Zufälliges, also »nichts, das der Sache nach existieren oder nicht existieren könnte oder das [...] ein reales Zufälliges wäre.«⁴⁶ Dieser Umstand ist daran gebunden, dass einzig Gott in der Lage ist, überhaupt etwas zu schaffen. Dasjenige, welches er schafft, ist notwendig und perfekt. Ohne ihn kann kein Ding weder entstehen, noch existieren, denn allein Gott besitzt die benötigte Kraft, etwas fortwährend zu erzeugen. Spinoza zufolge ereignet sich alles kraft des göttlichen Willens und Beschlusses.

»Da nun in Gott weder Unbeständigkeit noch Wandel ist [...], müsste er von Ewigkeit her beschlossen haben, all das hervorzubringen, was er augenblicklich hervorbringt. Und weil nichts einen höheren Grad an Notwendigkeit in seiner Existenz hat als das, von dem Gott beschlossen hat, es werde existieren, folgt, dass die Notwendigkeit zu existieren in allen erschaffenen Dingen von Ewigkeit her gewesen ist. Auch können wir nicht sagen, jene Dinge seien zufällig, weil Gott etwas anderes hätte schaffen können;«⁴⁷

Denn Gott existiert nicht vor den Dingen, sondern zugleich mit dem von ihm Erschaffenen. Die hat seinen Grund darin, dass Zeit und Dauer erst mit den Dingen und den Menschen beginnen, schließlich ist Gott ewig und damit nicht der Zeitlichkeit unterworfen. Zeit setzt etwas Erschaffenes und denkende Menschen voraus, Dauer beginnt und endet mit der Existenz erschaffener Dinge. Gott kommt daher keine Dauer zu, denn das würde implizieren, dass er einen Anfang und ein Ende hätte, er ist jedoch ewig.⁴⁸ Gott erschafft alle Dinge, wobei unter »Erschaffen« ein Wirken zu verstehen ist, »in dem neben der Wirkursache keine andere Ursachen eintreten, d.h.: ein erschaffenes Ding ist ein Ding, das, um zu existieren, nichts außer Gott voraussetzt.«⁴⁹ Gott besitzt keine Macht, wie etwa ein Tyrann oder ein Fürst, sondern »nur ein Vermögen (potentia), das seiner Wesenheit identisch ist.«⁵⁰ In der Idee Gottes ist der Grund der Realität gegeben, in seinem Vermögen, seiner Kraft oder Virtualität liegt sein Wesen und seine Existenz. Das Vermögen, das ein endlich Seiendes hat, wird nur unter Einwirkung einer äußeren Ursache (Gott) ausgeübt, d.h. dass das Vermögen des endlichen Seins, zu existieren, sich zu erhalten und tätig zu sein, aus dem Vermögen Gottes kommt. Das Vermögen ist bei Spinoza immer ein Wirkliches. Ein

---

45 Deleuze 1993, S. 122.
46 Spinoza 2006 (II), S. 143.
47 Spinoza 2006 (II), S. 143.
48 Vgl.: Spinoza 2006 (II), S. 153, S. 144.
49 Spinoza 2006 (II), S. 175.
50 In Bezug auf Spinozas »Ethik«: Deleuze 1988, S. 128.

unwirkliches Vermögen gibt es für Spinoza nicht, das Können des Modus ist immer schon erfüllt. Das Wesen des Modus ist sein Vermögen, und hierin liegt seine Wirklichkeit, das Vermögen etwas zu erleiden und das Vermögen tätig zu sein, verschmelzen.

Es findet sich bei Spinoza also eine Zweiteilung, die der von Aristoteles und Thomas von Aquin entgegensteht, da sie innerhalb des vermögenden Schöpfers stattfindet. Denn die Welt ist Gott, und Gott ist das Vermögen und die Kraft etwas werden zu lassen, nämlich die beiden Substanzen Geist und Materie. Es ist also kein noch unverwirklichtes Vermögen, das einem Stoff zukommt, aber der Wirklichkeit einer Form bedarf, um in die wirkliche Tätigkeit überzugehen. Das Vermögen, das Virtuelle, beinhaltet bereits in sich alles um Geist oder Materie zu sein und diese entstehen und vergehen zu lassen. Die Welt ist schlicht Sein und Existenz und Gott. Allerdings ist die Welt, die der Mensch durch seinen Geist erfassen kann nur ein kleiner Teil der Welt, das heißt Gottes, denn der Mensch ist in seiner Erkenntnis wesentlich beschränkter als Gott. Dieses alles schöpfende Prinzip ist virtuell und das heißt, dass es die Kraft und die Macht ausübt, Dinge und Geist zu erhalten und zu produzieren. Virtualität ist damit nicht bloß einer der Bausteine von Welt, sondern als göttliches Prinzip ist es die höchste und vollkommenste Wirklichkeit. Diese virtuelle Erstsubstanz ist aber nur anhand der Daseinsweisen ihrer beiden Attribute erkennbar. Gott ist nämlich in allem und jedem, jedoch nur partiell, insgesamt ist die Welt Gott. Virtualität ist hier dadurch gekennzeichnet, dass sie nicht etwa die Wahl hat, sich zu verwirklichen, sondern alles, was ist, ist notwendig, und musste sich verwirklichen. Spinozas Gott und Welt bestehen aus absoluter Notwendigkeit, Kontingenz ist ausgeschlossen.

Im Hinblick auf die Spekulationen zum Sympathischen Telegraphen lässt sich eine Parallele zu Spinozas Philosophie ziehen, denn auch bei der Konstruktion dieser Medientechnologie wurde davon ausgegangen, dass es eine Parallelwelt des Geistigen gibt, deren Trägermedium »Sympathie« nutzbar gemacht werden konnte um materielle Zeichen zu erhalten. Diese nicht-sichtbare, geistige Ebene schien durchaus höchst real, der virtuelle Geist, so dachte man, muss sich in der Materie über eben jenes Mittlere manifestieren können.

5.2 Leibniz – eine Vielfalt an Möglichkeiten

Gottfried Wilhelm Leibniz (1646-1716) sinnierte – ausgestattet mit Füllfederhalter und Papier – nicht nur über die Verfasstheit der Welt als durch Gott gegebene, sondern erforschte auch in anderen Wissenschaftsdisziplinen[51] an den Grenzen des bislang Denkbaren das zukünftig wahrscheinlich Mögliche. Beispielsweise entwickelte er parallel zu Isaac Newton die Differentialrechnung, versuchte sich an der Entwicklung einer Universalsprache, baute eine mechanische Rechenmaschine für alle vier Grundrechenarten uvm. Leibniz' mathematisch-arithmetisches Denken, die Annahme, dass sich alle Probleme der Welt durch Einführung einer »Characteristica universalis«, mit der nicht mehr diskutiert werden müsse, sondern durch Rechnen alle Probleme gelöst werden könnten, findet sich auch in seinen philosophischen Schriften wieder. In diesen gedenkt er, mittels logischer Kalküle die Wirrungen der bisherigen Metaphysik zu entflechten und strebt mittels eines akkuraten Begriffs von Substanz die Erklärung und Erfassung der Welt an. Im Folgenden soll es um das in diesem Kontext entstandene Weltbild, dem die Verwirklichung von in einer Vielfalt an Substanzen gegebenen Möglichkeiten zugrunde liegt, gehen. Leibniz' Gedanken sind in einem riesigen Gesamtwerk, das neben zahlreichen Abhandlungen auch unzählige Briefe beinhaltet, verstreut und gleichzeitig gebündelt, aus dieser Fülle an Material wird im Folgenden versucht, seine Vorstellung des Virtuellen herauszuarbeiten.[52] Das Virtuelle ist ein zentraler Begriff in Leibniz' Philosophie, jedoch in anderer Weise als in der Spinozas und divergent zu den meisten Ideen von Virtualität im 20. Jahrhundert.

VIRTUALITÄT ALS AUTODYNAMIK

Wie Spinozas Philosophie, so verweist auch diejenige von Leibniz auf René Descartes, der bekanntlich das Sein in das Denken legte und mit dem Verstand Gott und Realität zu beweisen suchte. Leibniz zufolge haben jedoch nicht nur Aristoteles, der ein erstes Bewegendes annahm, und die ihm folgenden Scholastiker in ihrer Metaphysik große Fehler begangen, sondern auch Descartes. Sie alle charakterisiere der Mangel, dass ihre Begriffe weder deutlich noch

---

51 Die sich durch den Buchdruck erst allmählich ausdifferenzieren, vgl. Michael Giesecke: Der Buchdruck in der frühen Neuzeit. Eine historische Fallstudie über die Durchsetzung neuer Informations- und Kommunikationstechnologien. Frankfurt am Main: Suhrkamp, 1991. S. 665 f.
52 Wie bereits Hegel feststellte, ist Leibniz' Philosophie »ganz in kleinen Broschüren, Briefen, Antworten zu Einwürfen zerstreut; wir finden schlechthin kein ausgearbeitetes Ganzes.« Vgl. Hegel 1971, S. 236.

akkurat waren. In seinem Essay »Über die Verbesserung der ersten Philosophie und den Begriff der Substanz« behandelt Leibniz das Problem der Metaphysik, das ihm zufolge vor allem darin besteht, dass es dort ungleich in der Mathematik keine notwendige Klarheit, sondern ›Finsterheit statt Licht‹ gibt.[53] Statt klarer Definitionen werden in der Metaphysik, wie in anderen Wissenschaften auch, »nur kleinliche Unterscheidungen« getroffen, was darin resultiert, dass »die wahren und fruchtbaren Begriffe durchweg verborgen« bleiben. Daher bleibt die erste Philosophie, die »vornehmste Wissenschaft«, unter den »gesuchten«, also unter den noch nicht gefundenen Wissenschaften. Während Aristoteles und seine scholastischen Anhänger Leibniz zufolge mehr Fragen stellten als beantworteten, hat Descartes zumindest eines richtig gemacht, nämlich durch die »Abkehrung des Geistes von den Sinnesdingen« Platon in angemessener Weise wiedererweckt und den akademischen Zweifel produktiv genutzt. Allerdings war auch Descartes teilweise auf Irrwegen: Er legte »das Wesen der Körpersubstanzen fälschlicherweise in die Ausdehnung«, unterschied das Gewisse nicht vom Ungewissen und hatte falsche Ansichten über die »Vereinigung von Seele und Körper [...] der Grund lag darin, dass er das Wesen der Substanz überhaupt nicht erkannt hat.«[54] Denn er hat, fatalerweise, Begriffserklärungen versäumt, daher sind auch seine Meditationen nicht mathematisch belegbar. Genau hierin sieht Leibniz ein Problem, dessen Lösung er in Folge vorschlägt. Denn weil die Metaphysik ungleich der Mathematik keine »überprüfbaren Beweise« mit sich bringt, ist hier »ein besonderes Verfahren im Aufstellen der Sätze nötig, gleich einem Faden im Labyrinth, mit dessen Hilfe weniger als bei der euklidischen Methode die Fragen – einem Rechenverfahren gleich – gelöst werden können.«[55] Mittels der richtigen Begriffsdefinition von »Substanz« soll Metaphysik in eine Art Rechenwissenschaft überführt werden, die notwendigerweise Wahres hervorbringt. Durch seinen Begriff der Substanz, so meint Leibniz, lösen sich viele der vormaligen Probleme der Metaphysik, da sich aus ihm »die obersten Wahrheiten – sowohl hinsichtlich Gottes und der Geister sowie des Wesens der Körper – ergeben«[56]. Diese sind zwar teilweise bekannt, jedoch bislang wenig bewiesen und werden neben der Philosophie Leibniz zufolge auch für die anderen Wissenschaften relevant und

---

53 Gottfried W. Leibniz: Über die Verbesserung der ersten Philosophie und den Begriff der Substanz. In: ders.: Fünf Schriften zur Logik und Metaphysik. Übersetzt und herausgegeben von Herbert Herring. Stuttgart: Philipp Reclam jun., (1694) 1995 (I). S. 17-20. S. 17.
54 Leibniz 1995 (I), S. 18.
55 Leibniz 1995 (I), S. 18.
56 Leibniz 1995 (I), S. 19.

nützlich sein. Die mathematische Methode der Ableitung aus Axiomen soll also auf die Metaphysik angewendet werden. Er fährt fort:

»Um davon einen Vorgeschmack zu geben, sage ich vorerst nur, dass der Begriff der Kraft oder des Virtuellen (was die Deutschen Kraft, die Franzosen la force nennen), für dessen Erklärung ich eine besondere Wissenschaft, die Dynamik, bestimmt habe, sehr viel Licht zur Erkenntnis des wahren Begriffes der Substanz mitbringt. Es ist nämlich die aktive Kraft von dem bloßen Vermögen, das gewöhnlich in der Schulphilosophie behandelt wird, denn die aktive Potenz der Scholastiker oder das Vermögen ist nichts anderes als die unmittelbar bevorstehende Möglichkeit des Wirkens, die aber dennoch einer äußeren Anregung, gleichsam eines Stachels, bedarf, um ins Werk gesetzt zu werden. Die aktive Kraft jedoch enthält eine gewisse Wirksamkeit oder Entelechie und ist ein Mittleres zwischen der Fähigkeit des Wirkens und dem Wirken selbst; sie enthält den Drang dazu und wird so durch sich selbst zur Wirksamkeit geführt, ohne Hilfen nötig zu haben, vielmehr nur durch eine Beseitigung des Hinderlichen.«[57]

Das Virtuelle wird hier also nicht nur als derart wichtig erachtet, dass ihm eine eigene Wissenschaft zugewiesen wird, sondern es wird zudem in einer verglichen mit Aristoteles und den Scholastikern unkonventionellen Weise begriffen, nämlich als etwas selbstständig Aktives, eine aus sich heraus wirkende Kraft, die ohne ein externes erstes Bewegendes auskommt.[58] Diese »Kraft des Wirkens«, die zwischen der Fähigkeit des Wirkens, dem Potential, und dem Wirken selbst vermittelt, ist Leibniz zufolge jeder Substanz inhärent. Und eine Substanz ist für Leibniz eine Monade, »ein Seiendes, das der Handlung fähig ist«.[59]

»Ich behaupte, dass diese Kraft des Wirkens jeder Substanz innewohnt und dass aus ihr immer irgendeine Wirksamkeit hervorgeht. Deshalb kann selbst die Körpersubstanz ebenso wenig wie die des Geistigen jemals in ihrer Wirk-

---

57 Leibniz 1995 (I), S. 19-20.
58 Die Wissenschaft der Dynamik führt Leibniz hier näher aus: Gottfried W. Leibniz: Specimen der Dynamik. Zur Aufdeckung der bewundernswerten Gesetze der Natur bezüglich der Kräfte und der wechselseitigen Aktionen der Körper und zu deren Rückführung auf ihre Körper. In: Peter Sloterdijk (Hg.): Leibniz. Ausgewählt und vorgestellt von Thomas Leinkauf. München: Deutscher Taschenbuch Verlag, (1695) 1996 (I). S. 241-270. Die hier dargelegte Dynamik ist zugleich eine sich von Descartes abgrenzende Lehre der Krafterhaltung.
59 Gottfried W. Leibniz: In der Vernunft begründete Prinzipien der Natur und Gnade. In: ders.: Kleine Schriften zur Metaphysik. Philosophische Schriften Band 1, Französisch und Deutsch. Herausgegeben und übersetzt von Hans Heinz Holz. Frankfurt am Main: Suhrkamp, (1714) 1996 (II). S. 415-439. S. 425.

samkeit aufhören; [...]. Aus unseren Überlegungen wird auch deutlich, dass eine erschaffene Substanz ihre Wirkkraft nicht von einer anderen erschaffenen Substanz hat, sondern dass ihre Trieb- oder Wirkkraft schon vorher bestanden hat und dass sie von anderen nur ihre Grenzen und Bestimmungen erhält.«[60]

Substanzen sind also erschaffen, allerdings nicht durch eine andere ihresgleichen, sondern durch die göttliche Substanz. Sie streben von sich aus nach Wirklichkeit, denn sie beinhalten eine »aktive Kraft« oder »Wirksamkeit«[61], eine Virtualität, die von Dauer ist. Ihre tatsächliche Verwirklichung wird jedoch von den gleichzeitig mit ihnen existierenden anderen Substanzen in Grenzen gewiesen, beispielsweise wird ein Seil, an dem eine Last hängt durch die anderen in der Natur vorkommenden Kräfte in seiner Bewegung beeinflusst.[62] Der Grund dafür, dass es Veränderungen oder »Bewegung in der Materie« gibt, besteht für Leibniz in der den Substanzen bei ihrer Schöpfung eingeprägten Kraft, die sich folglich in jedem Körper befindet und durch die zugleich verwirklichten Körper »auf mannigfaltige Weise beschränkt und gehemmt wird«. Monaden können also nicht von sich aus nicht wirksam sein, der Grund für eine Hinderung ihrer Verwirklichung kommt immer von außen, und damit von der göttlichen Substanz, die sie in jener Konstellation mit anderen Substanzen realisiert hat, welche sie eventuell gemeinsam mit den Naturkräften in ihrer Verwirklichung einschränken.

MONADEN

Monaden sind individuelle Substanzen, »mögliche Dinge« bei denen »in der Möglichkeit bzw. im Wesen selbst ein Verlangen nach Dasein besteht«, »eine Forderung, zu existieren«, oder auch dasjenige, dessen »Wesen von sich aus nach Dasein strebt«.[63] Basierend auf dieser Erkenntnis soll das Vergängliche auf der Welt erklärt werden, nämlich, wie aus den »ewigen oder wesentlichen bzw. metaphysischen Wahrheiten die zeitlichen, zufälligen oder physischen entstehen«. Monaden sind möglich, sie drücken »eine Wesenheit oder eine mögliche Realität« aus und streben alle »mit gleichem Recht nach Dasein«.[64] Dieses Streben ist abhängig von der Größe der Wesenheit,

---

60 Leibniz 1995 (I), S. 20.
61 Leibniz 1996 (I), S. 243
62 Hier meint Leibniz wohl vor allem die Schwerkraft, die von Isaac Newton theoretisch formuliert wurde.
63 Gottfried W. Leibniz: Über den ersten Ursprung der Dinge. In: ders.: Fünf Schriften zur Logik und Metaphysik. Übersetzt und herausgegeben von Herbert Herring. Stuttgart: Philipp Reclam jun., (1697) 1995 (II). S. 35-45. S. 37.
64 Leibniz 1995 (II), S. 37.

diese ist ein qualitatives Kriterium, nämlich der Grad der Vollkommenheit. Monaden sind unteilbar, denn sie sind die ersten, einfach Substanzen, aus denen das wirkliche Sein entsteht, die aber unabhängig von ihrer Verwirklichung schon höchst real sind.

»Da nun aber die Vielheit ihre Realität nur von *wahren Einheiten* haben kann, [...] so war ich gezwungen um diese *wirklichen Einheiten* zu finden, auf einen *wirklichen* und sozusagen *beseelten Punkt* zurückzugehen, das heißt auf ein substantielles Atom, das irgendetwas Formales oder Aktives einschließen muß, um ein vollständiges Seiendes zu bilden.«[65]

Denn Substanzen oder Atome, die nicht in sich »etwas Aktives«, also ein Potential zur Verwirklichung beinhalten, würden nicht nur zu ihrer Verwirklichung eine äußere Kraft benötigen sondern auch zu ihrer Erhaltung und Entwicklung. Leibniz möchte zwar die »substantiellen Formen« rehabilitieren, sieht deren Natur jedoch »in der Kraft« und versteht sie gleich des Begehrens oder Seelen als etwas Individuelles und Aktives. Aus diesen einfachsten Substanzen virtueller Natur ist die Welt zusammengesetzt. Ihnen kommt eine autodynamische Wirkkraft zu:

»Man könnte allen einfachen Substanzen oder Monaden den Namen *Entelechien* geben, denn sie haben in sich eine gewisse Vollkommenheit, es gibt in ihnen eine Selbstgenügsamkeit, die sie zu Quellen ihrer inneren Handlungen und sozusagen zu körperlichen Automaten machen.«[66]

»Entelechie« wird hier also in einer anderen Weise verwendet als bei Aristoteles, bei dem eine externe erste Kraft Vermögen und Wirklichkeit zusammenfügt, so dass beide hinstrebend auf die Entelechie als wirkliche Tätigkeit existieren. Bei Leibniz ist kein ›erstes Bewegendes‹ erforderlich, damit die Monaden oder Entelechien existieren, auch wenn nur Gott die Macht besitzt, ihr Wirkungs-Potential, ihre Möglichkeit, wirklich werden zu lassen. Monaden funktionieren allerdings nur in den ihnen eingeschriebenen Weisen, die ihre Wirkkraft und damit zugleich sie selbst sind. An anderer Stelle heißt es:

---

65 Gottfried W. Leibniz: Neues System der Natur und des Verkehrs der Substanzen sowie der Verbindung, die es zwischen Seele und Körper gibt. In: ders.: Kleine Schriften zur Metaphysik. Philosophische Schriften Band 1, Französisch und Deutsch. Herausgegeben und übersetzt von Hans Heinz Holz. Frankfurt am Main: Suhrkamp, (1694) 1996 (III). S. 201-227. S. 205.
66 Gottfried W. Leibniz: Monadologie. In: ders.: Kleine Schriften zur Metaphysik. Philosophische Schriften Band 1, Französisch und Deutsch. Herausgegeben und übersetzt von Hans Heinz Holz. Frankfurt am Main: Suhrkamp, (1714) 1996 (IV). S. 439-483. § 18, S. 447.

»Aristoteles nennt sie die ersten Entelechien und ich nenne sie vielleicht verständlicher ursprüngliche Kräfte, die nicht nur die Wirklichkeit (den Akt) oder die Ergänzung der Möglichkeit, sondern auch eine ursprüngliche Wirksamkeit (Aktivität) enthalten.«[67]

Damit ist noch einmal verdeutlicht, dass die Substanzen durch ihre Virtualität zugleich ihre Wirklichkeit und ihre Aktualität beinhalten. Den Begriff der »Monade« für diese einfachsten Substanzen wählt Leibniz unter Rückgriff auf das Griechische:

»Die *Substanz* ist ein Seiendes, das der Handlung fähig ist. Sie ist einfach oder zusammengesetzt. Die *einfache Substanz* ist diejenige, die keine Teile hat. Die *zusammengesetzte* ist die Ansammlung einfacher Substanzen oder *Monaden*. *Monas* ist ein griechisches Wort, das die Einheit oder das, was Eines ist, bedeutet. Die zusammengesetzten Substanzen oder die Körper sind Vielheiten. Die einfachen Substanzen aber, die lebendigen Dinge, die Seelen, die Geister sind Einheiten.«[68]

Deswegen muss es einfache Substanzen geben, denn ohne diese gäbe es keine zusammengesetzten.[69] Monaden haben keine Teile, sie sind die einfachsten, ursprünglichsten und wirkungsvollsten Substanzen, die es gibt. Daher können sie auch keine Gestalt haben, denn hätten sie diese, so wären sie zerlegbar und damit nicht mehr die einfachsten Substanzen und individuell. Es gibt unzählbar viele Monaden, es können jedoch nicht alle gleichzeitig in die Wirklichkeit übergeführt werden. Monaden existieren nicht notwendigerweise in Wirklichkeit, es sind zunächst virtuelle Möglichkeiten, die (von Gott) verwirklicht werden können, aber nicht müssen. Näheres zur Monade:

»Da die Monaden keine Teile haben, können sie weder gebildet noch vernichtet werden. Sie können auf natürliche Weise weder beginnen noch enden und dauern folglich solange wie das Weltall, das sich verändert, aber nicht zerstört wird. Sie können keine Gestalt haben, sonst hätten sie Teile: und folglich kann eine Monade an sich und in jedem Augenblick von einer anderen nur durch innere Eigenschaften und Handlungen unterschieden werden, die nichts anderes sein können als ihre *Perzeptionen* (das heißt die Darstellungen des Zusammengesetzten oder dessen, was außen ist, im Einfachen) und ihre *Strebungen* (das heißt ihr Tendieren von einer Perzeption zur anderen), die die Prinzipien der Veränderung sind.«[70]

---

67 Leibniz 1996 (III), S. 205-207. (Im Original kursiv)
68 Leibniz 1996 (II), S. 415.
69 Leibniz 1996 (IV), § 2, S. 439.
70 Leibniz 1996 (II), S. 415.

Wirklichkeit und Möglichkeit

Die Perzeption ist »der innere Zustand der die äußeren Dinge darstellenden Monade«, wohingegen die Apperzeption die Wahrnehmung ist, »die das Bewusstsein oder die reflexive Erkenntnis dieses inneren Zustands ausmacht und die nicht allen Seelen und derselben Seele nicht immer gegeben ist«.[71] Monaden streben nach Verwirklichung, sie sind reine Tätigkeiten, Formen ihrer selbst.

»Und da wegen der Erfülltheit der Welt alles verknüpft ist und jeder Körper auf jeden anderen Körper je nach Entfernung mehr oder weniger stark einwirkt und von ihm aus durch Gegenwirkung betroffen wird, so folgt daraus, dass jede Monade ein lebendiger Spiegel oder mit innerer Haltung ausgestattet ist, dass sie das Weltall gemäß ihrem Gesichtspunkt darstellt und ebenso geregelt ist wie das All selbst.«[72]

Indem alle zu einem Zeitpunkt verwirklichten Monaden in ihren Perzeptionen die Welt und ihre Relation zu dieser spiegeln, stellen sie sich und die Welt als Teil eines Ganzen dar. Durch die gegenseitige Verknüpfung aller geschaffenen Dinge wird die einzelne Monade »ein dauernder lebendiger Spiegel des Universum«[73], also ein sich durch die Perzeptionen und das sich im Wandel befindende Universum änderndes Einzelnes. Dadurch, dass Monaden die Welt in ihren Perzeptionen spiegeln, befinden sie sich in einem konstanten Wandel, in einem Werden, bei dem ihre Identität jedoch nicht verloren geht, einzig ihre Tatkraft wird durch das bereits Verwirklichte und Aktualisierte verschoben, revidiert und erneuert.[74] Es ist also die Kraft der Vorstellung, der Perzeption, die eine Veränderung in der Wirkkraft, in der virtuellen Möglichkeit bewirkt. – »Die Tätigkeit des inneren Prinzips, die die Veränderung oder den Übergang von einer Perzeption zur anderen bewirkt kann *Strebung (appetitus)* genannt werden.«[75]

Essentiell für jede Monade ist dieses ihr innewohnende und sie komplett determinierende Prinzip des Werdens: das Virtuelle, die Wirkkraft, die sich eventuell verwirklichende Möglichkeit, die aber auch im Virtuellen verweilen kann. Monaden beginnen und enden »mit einem Schlage«[76], werden also von Gott geschöpft und von ihm auch vernichtet. Da Monaden »fensterlos« sind, muss sich das Prinzip der Veränderung in ihnen selbst finden, die Veränderung geht in jeder Monaden »fortdauernd vor sich«, aus »einem Inneren Prinzip,

---

71 Leibniz 1996 (II), S. 421.
72 Leibniz 1996 (II), S. 417.
73 Leibniz 1996 (IV), S. 465.
74 Hegel 1971, S. 243.
75 Leibniz 1996 (IV), § 15, S. 445.
76 Leibniz 1996 (IV), § 6, S. 439-441.

das man tätige Kraft nennen kann«.[77] Dieses Prinzip, den Übergang von einer Perzeption der Monade zu einer anderen, bezeichnet Leibniz als »Strebung«, die durchaus nicht als eine mechanische Abfolge zu verstehen ist. Dennoch ist »jeder gegenwärtige Zustand einer einfachen Substanz auf natürliche Weise eine Folge ihres vorhergegangenen Zustandes [...], derart, dass die Gegenwart ihrerseits mit der Zukunft schwanger geht.«[78] Die Monade beinhaltet virtuell also immer ihre sich auswirkende Vergangenheit, sowie ihre Zukunft, die sich aus ihrer jeweiligen Gegenwart ergibt.

GOTT

Obgleich diese virtuellen Substanzen autodynamisch sind, haben sie einen »letzten Grund« oder »ersten Ursprung der Dinge« und dieser liegt in Gott, der ersten und besten Substanz.[79]

»Denn wenn es eine Realität in den Wesenheiten oder Möglichkeiten oder auch in den ewigen Wahrheiten gibt, so muß diese Realität in irgendetwas Existierendem oder Wirklichen (Aktuellem) und folglich in der Existenz des notwendig Seienden gegründet sein, bei welchem das Wesen die Existenz einschließt oder bei dem es genügt, möglich zu sein, um wirklich (aktuell) zu sein.«[80]

Als »höchste Substanz«[81] beherrscht Gott das Universum, er regiert und erbaut die Welt. Als etwas Außerweltliches ist er jedoch höher als diese. Gott existiert notwendigerweise, denn der Grund eines Existierenden kann »nur von einem Existierenden herrühren«, daher muss »ein einziges Seiendes von metaphysischer Notwendigkeit existieren, dessen Welt mit seinem Dasein identisch ist«.[82] Damit ist Gott verschieden von der Vielheit der Dinge, die nicht metaphysisch notwendig sind, sondern das größte kompossible Sein ergeben.

»So haben wir also den letzten Grund für die Realität sowohl der Wesenheiten als auch der existierenden Dinge in Einem, das allerdings größer, höher und früher als die Welt selbst sein muss, da durch dasselbe nicht nur die existierenden Dinge, welche die Welt umfasst, sondern auch die möglichen ihre Realität haben.«[83]

---

77 Leibniz 1996 (IV), §10-11, S. 443.
78 Leibniz 1996 (IV), § 22, S. 449.
79 Leibniz 1995 (II), S. 35.
80 Leibniz 1996 (IV), § 44, S. 459.
81 Leibniz 1996 (IV), § 40, S. 457.
82 Leibniz 1995 (II), S. 36.
83 Leibniz 1995 (II), S. 40.

Wirklichkeit und Möglichkeit

Gott ist »einzig, universell und notwendig« und enthält so viel Realität, »wie irgend möglich ist«.[84] In der »Theodizee«, einer für die Königin von Preußen verfassten Schrift, fasst Leibniz seine Konzeption von Gott und seinem Bezug zur Welt wie folgt zusammen:

> »*Gott ist der erste Grund der Dinge,* denn Dinge, die begrenzt sind, wie alles, was wir sehen und durch Erfahrung kennen, sind zufällig und haben nichts an sich, was ihr Dasein notwendig macht, da es offensichtlich ist, dass Zeit, Raum und Materie, die in sich selbst eins und gleichförmig und gegen alles gleichgültig sind, auch ganz andere Bewegungen und Gestalten in einer ganz anderen Ordnung annehmen konnten. Man muß also den *Grund für das Dasein der Welt,* die aus dem gesamten Gefüge der *zufälligen* Dinge besteht, suchen, und zwar muß man ihn suchen in der Substanz, *die den Grund ihres Daseins in sich selbst trägt* und daher *notwendig* und ewig ist.«[85]

Die bestehende Welt ist also zufällig, »eine Unzahl anderer Welten« wäre ebenso möglich und strebt ebenso nach Dasein wie die bestehende, wirkliche Welt. Mit seinem Verstand und seinem Willen wählt Gott aus den Vorstellungen, die er von ihnen hat, die beste der möglichen Welten aus. Hierzu braucht er Macht, denn:

> »Die Macht geht auf das *Sein,* die Weisheit oder der Verstand auf das *Wahre* und der Wille auf das *Gute.* Ferner muss diese verständige Ursache in jeder Weise unendlich sein und unbedingt vollkommen an *Macht, Weisheit* und *Güte,* da sie auf alles geht, was möglich ist. Und da alles miteinander verknüpft ist, kann auch nicht mehr als eine angenommen werden. Ihr Verstand ist die Quelle der *Wesensbeschaffenheiten,* ihr Wille der Ursprung der *Existenzen.* Das ist in wenigen Worten der Beweis für einen einzigen Gott mit seinen Vollkommenheiten und des Ursprungs der Dinge durch ihn.«[86]

Gott besitzt also die Macht, die Möglichkeiten in die Wirklichkeit hinüberzuführen. Alle Wesenheiten haben »die Tendenz« oder den Drang zu existieren, im Wesen der Monaden gibt es »ein Verlangen nach Dasein«, »eine Forderung, zu existieren« – das Wesen strebt »von sich aus nach Dasein«.[87] Da jedoch in der Wirklichkeit, die

---

84 Leibniz 1996 (IV), § 40, S. 457.
85 Gottfried W. Leibniz: Die Theodizee. Von der Güte Gottes, der Freiheit des Menschen und dem Ursprung des Übels. Vorwort, Abhandlung, erster und zweiter Teil. In: ders.: Philosophische Schriften. Band II, erste Hälfte. Darmstadt: Wissenschaftliche Buchgesellschaft, (1719) 1985 (I). §7, S. 217-219.
86 Leibniz 1985 (I), § 7, S. 217-219.
87 Leibniz 1995 (II), S. 37.

»sich wie die Zahl aus Einheiten«[88] aufbaut, nämlich aus Monaden, nicht nur keine Widersprüche existieren können – das wäre nicht mit dem Prinzip »Gott« vereinbar – sondern vor allem immer das größtmögliche Sein verwirklicht werden muss, können nicht alle Monaden in Wirklichkeit existieren. Tatsächlich verwirklicht werden von Gott nur diejenigen, die in Zusammenhang mit den anderen das jeweils größtmögliche Sein ergeben.[89]

»Hieraus wird aufs deutlichste einsichtig, dass aus den unendlich vielen Verbindungen des Möglichen und den unendlich vielen möglichen Reihen diejenige existiert, durch die das meiste an Wesenheit oder Möglichkeit zum Dasein gebracht wird.«[90]

Leibniz vergleicht diese Zusammenkunft des größtmöglichen Seins mit Mosaiksteinen, die auf einer Fläche so angeordnet werden, dass möglichst viele gleichzeitig zusammen darauf passen:

»[...] so folgt, wenn wir einmal annehmen, das Seiende gelte mehr als das Nichtseiende, oder es gäbe einen Grund, weshalb etwas eher existiert als nicht existiert, oder dass von der Möglichkeit zur Wirklichkeit überzugehen ist, daraus, dass – wenn auch nichts weiteres bestimmt ist – soviel zum Dasein gelangen wird, wie nach der Fassungskraft der Zeit oder des Ortes (oder der möglichen Ordnung des Seins) möglich ist, ganz so, wie Mosaiksteinchen derart zusammengesetzt werden, dass auf die vorgesehene Fläche möglichst viele gehen.«[91]

Es können also nicht alle Möglichkeiten realisiert werden. Was aber ist für Leibniz eine »Möglichkeit«?

MÖGLICHKEIT

Während Spinoza das Mögliche und das Zufällige vehement aus der Welt ausschließt, sind sie bei Leibniz elementare Bestandteile derselben. Dem Begriff der Möglichkeit und dem der Kontingenz widmet er 1686-1698 drei kleinere Manuskripte, die versuchen, das Verhältnis von Wirklichkeit und Möglichkeit auszuloten und Kon-

---

88 Gottfried W. Leibniz: Briefe von besonderem philosophischen Interesse. Zweite Hälfte: Die Briefe der zweiten Schaffensperiode. Darmstadt: Wissenschaftliche Buchgesellschaft, 1989. S. 121-217. S. 183.
89 Gottfried W. Leibniz: Über die ersten Wahrheiten. In: Gottfried W. Leibniz: Kleine Schriften zur Metaphysik. Philosophische Schriften Band 1, Französisch und Deutsch. Herausgegeben und übersetzt von Hans Heinz Holz. Frankfurt am Main: Suhrkamp, (1686/1689) 1996 (V). S. 177-179. S. 176-177.
90 Leibniz 1995 (II), S. 37.
91 Leibniz 1995 (II), S. 38.

tingenz in einer eigentlich notwendigen Welt zu erläutern.[92] Beeinflusst war er bei deren Niederschrift wohl vor allem von der Wahrscheinlichkeitsrechnung und der damit eventuell möglichen Analyse des Unendlichen und Zukünftigen. Für ihn entsteht die Kontingenz aus der Dialektik der Gegenwart und bildet keinen reinen Gegenbegriff mehr zur Notwendigkeit.

»*Omne possibile exigit existere*« – »alles Mögliche strebt nach Existenz und existiert daher, wenn nicht etwas anderes, das auch zur Existenz strebt, es daran hindert und mit dem ersteren unverträglich ist, woraus folgt, dass immer diejenige Verbindung der Dinge existiert, in der am meisten existiert [...]«[93]

Als Beispiel führt Leibniz vier mögliche Dinge – A, B, C und D – an, die »in Bezug auf ihr Wesen gleichrangig oder gleichermaßen vollkommen« sind. D ist jedoch mit A und B unverträglich, A, B und C sind mit D unverträglich – also existiert in jedem Fall A, B und C unter Ausschluss von D, da dies das größtmögliche Sein wäre. Daraus folgt die Spezifizierung:

»das Mögliche strebe seiner Natur nach und im besonderen im Verhältnis zu seiner Möglichkeit und entsprechend dem Grade seines Wesens zur Existenz«[94]

Alle Wesenheiten haben also »die Tendenz« oder den Drang zu existieren, tatsächlich existieren aber nur diejenigen, die in Verbindung mit den anderen die größtmögliche kompossible Existenz ergeben. Einzig Gott ist es wesentlich zu existieren, er ist »das notwendige Wesen« während die Geschöpfe kontingent sind, ihr Wesen also nicht notwendigerweise ihr Sein, ihre Existenz impliziert.[95] Nur dasjenige, welches wirklich existiert, hat jedoch ein wirkliches Wesen (etwas, das von der Möglichkeit in die Wirklichkeit übergegangen ist und damit existiert). Dass sich gerade diese Möglichkeit verwirklicht, liegt jedoch nicht nur am Satz des ausgeschlossenen Wi-

---

92 »Über die ersten Wahrheiten«, »Über die Kontingenz«, »Über die Inneren Anlagen« – zusammengestellt hier: Gottfried W. Leibniz: Zum Begriff der Möglichkeit. In: Gottfried W. Leibniz: Kleine Schriften zur Metaphysik. Philosophische Schriften Band 1, Französisch und Deutsch. Herausgegeben und übersetzt von Hans Heinz Holz. Frankfurt am Main: Suhrkamp, (1686/1689) 1996. S. 173-189.
93 Leibniz 1996 (V), S. 176-177.
94 Leibniz 1996 (V), S. 177.
95 Gottfried W. Leibniz: Über die Kontingenz. In: Gottfried W. Leibniz: Kleine Schriften zur Metaphysik. Philosophische Schriften Band 1, Französisch und Deutsch. Herausgegeben und übersetzt von Hans Heinz Holz. Frankfurt am Main: Suhrkamp, (1686/1689) 1996 (VI). S. 179-187. S. 179.

derspruchs – wie bei Gott – sondern daran, dass sich immer dasjenige mit der insgesamt größtmöglichen Existenz verwirklicht.

»Die kontingenten Wahrheiten können nicht auf den Satz des Widerspruchs zurückgeführt werden, sonst würden sie alle zu notwendigen werden und es gäbe keine anderen Möglichkeiten als jene, die tatsächlich existent wurden.«[96]

Dem notwendigen und dem kontingenten Seienden ist Leibniz zufolge gemeinsam, dass »sie mehr Seinsgrund haben als andere, die an ihre Stelle gesetzt werden könnten.«[97] Denn es geschieht »nichts ohne Grund und unter entgegengesetzten Dingen« geschieht immer das, »was mehr Grund hat«.[98] Es existiert also dasjenige wirklich, welches einerseits in keinen Widerspruch mit dem anderen Seienden tritt, und andererseits das größte kompossible Sein ergibt. Das meint Leibniz, wenn er sagt, dass Gott »die beste aller möglichen Welten« realisiert hat. Sein ist hier quantitativ messbar geworden. Dass er sich mit der Aussage, Gott sei notwendig und erschafft daher notwendigerweise das Beste, leicht angreifbar macht, ist Leibniz bewusst, daher argumentiert er folgendermaßen:

»Und wenn auch Gott daher mit Notwendigkeit das beste wählt, so wird dennoch daher das beste nicht notwendig sein. Wenn dies wahr wäre: Notwendig ist, dass Gott das Beste wählt, so folgt dennoch nicht, dass das Beste notwendig ist. Wenn auch daher dies zugestanden sei: es ist notwendig, dass Gott das Beste wählt, das heißt, dass das Beste notwendig ist, so folgt dennoch nicht, dass das, was gewählt wird, notwendig ist, weil kein Beweis gegeben ist, dass es das Beste ist.«[99]

Aus Mangeln an Beweisen dafür, dass die Welt die beste ist, kann nicht mit Sicherheit gesagt werden, dass sie notwendig ist. Klar ist aus dem Wesen Gottes aber, dass die beste Welt in die Existenz übergeführt werden muss. Insofern muss darauf vertraut werden, dass sie dies auch ist, und damit ist sie notwendig.

»[...] obgleich Gott [...] mit Sicherheit immer das Beste wählt, so hindert das nicht, dass das, was weniger vollkommen ist, an sich möglich ist und bleibt, obwohl es nicht eintreffen kann, denn nicht seine Unmöglichkeit, sondern seine Unvollkommenheit macht, dass es zurückgewiesen wird.«[100]

---

96 Leibniz 1996 (VI), S. 179.
97 Leibniz 1996 (VI), 181.
98 Leibniz 1996 (VI), S. 185.
99 Leibniz 1996 (VI), S. 187.
100 Gottfried W. Leibniz: Metaphysische Abhandlung. In: ders.: Kleine Schriften zur Metaphysik. Philosophische Schriften Band 1, Französisch und

Nicht alles Mögliche kann daher existent werden, denn sonst würde Leibniz zufolge jede Romanfigur irgendwo und irgendwann existieren.[101] Das Unvollkommene wird also nicht existent, es ist durch seine Unvollkommenheit an einem gleichzeitigen Wirklichsein gehindert. Möglich ist es dennoch.

Die Modalbegriffe definiert Leibniz in seinen »Schriften zum Naturrecht« in folgender Weise:

»Möglich ist alles, was getan werden kann, d.h. richtig ist in irgendeinem Falle (was sich klar und deutlich einsehen lässt). – Unmöglich ist alles, was nicht getan werden kann, d.h. richtig ist in keinem, d.h. nicht in irgendeinem Falle (was sich nicht klar und deutlich einsehen lässt). – Notwendig ist alles, was nicht nicht getan werden kann, d.h. in jedem Falle richtig, d.h. in keinem Falle unrichtig ist (dessen Gegenteil sich nicht klar und deutlich einsehen lässt). – Zufällig ist alles, was ungetan bleiben kann, d.h. in irgendeinem Falle nicht richtig ist (dessen Gegenteil sich klar und deutlich einsehen lässt.)«[102]

Durch diese Definitionen wird deutlich, dass Leibniz versucht, die Metaphysik gleich der Mathematik mit Hilfe von Axiomen zur Vervollkommnung zu bringen. Möglich ist also dasjenige, welches erkannt werden kann, »was keinen Widerspruch enthält«[103], unmöglich ist das, was der Verstand als nicht möglich erkennt; notwendig ist dasjenige, welches immer zutreffend und richtig ist, also keinesfalls negiert werden kann – vor allem ist das Gott – und kontingent ist dasjenige, das auch anders oder nicht sein könnte, dessen Negation also möglich ist. Alle diese Seinsformen existieren in Leibniz' Ideengebäude und haben dort eine gleichwertige Berechtigung.

Deutsch. Herausgegeben und übersetzt von Hans Heinz Holz. Frankfurt am Main: Suhrkamp, (1684) 1996 (VII). S. 57-172. S. 91.

101 Leibniz 1996 (VI), S. 185.

102 »Possible est qvicqvid potest fieri seu qvod verum est qvodam casu.; impossible est qvicqvid non potest fieri seu qvod verum est nullo, seu non qvodam casu; necessarium est qvicqvid non potest fieri seu qvod verum est omni, non qvodam non casu; contingens est qvicqvid potest non fieri seu qvod verum est qvodam non casu.« Vgl. Gottfried W. Leibniz: Elementa Juris Naturalis. In: ders.: Philosophische Schriften. Darmstadt: Otto Reichl Verlag, 1930. S. 465. Übersetzung nach: Gottfried W. Leibniz: Frühe Schriften zum Naturrecht. Hamburg: Felix Meiner Verlag, 2003. S. 245.

103 Gottfried W. Leibniz: Die Sache Gottes, sichergestellt durch die Versöhnung seiner Gerechtigkeit mit seinen übrigen Vollkommenheiten und allen seinen Handlungen. In: ders.: Die Theodizee. Von der Güte Gottes, der Freiheit des Menschen und dem Ursprung des Übels. Vorwort, Abhandlung, erster und zweiter Teil. In: ders.: Philosophische Schriften. Band II, zweite Hälfte. Darmstadt, Wissenschaftliche Buchgesellschaft (1710) 1985 (II). S. 316-383. § 7-9, S. 317.

Nicht alle Möglichkeiten können verwirklicht werden, wobei »möglich« dasjenige ist, dessen Gegenteil nicht notwendig ist,[104] oder das, »was keinen Widerspruch enthält«[105]. Einzig in Gott fallen Möglichkeit und Existenz zusammen, nur er muss, da er möglich ist, notwendigerweise auch wirklich werden. Gleichzeitig quellen aus ihm die existierenden Dinge, die Monaden, ständig hervor. Den Monaden kommt ihre Existenz, ihr Sein, ihre Realität also unabhängig davon zu, ob sie von der Möglichkeit in die Wirklichkeit übergeführt worden sind oder nicht. Sie existieren gleichsam in einem der Welt vorhergehenden virtuellen Raum, aus dem Gott dann das zur selben Zeit zu Verwirklichende selektiert, und bleiben auch ohne Verwirklichung in ihrer Virtualität existent. Sie sind also immer, auch wenn sie nicht verwirklicht sind. Unklar ist allerdings, ob Gott mehrere mögliche Welten geschaffen hat, oder ob er dem Mosaik gleich einer Sportmannschaft immer neue Monaden hinzufügt, die er neu erschafft, nachdem er andere in ihr Ende überführt hat, wenn er sieht, dass auch ein größeres Sein möglich ist.

Für Leibniz liegt bereits in den Monaden, als unkörperlichen Substanzen, Wirklichkeit, für ihn gibt es in der Möglichkeit Wirkliches.[106] Die Existenz von Möglichkeiten ist an Gott gebunden, ebenso wie das Wirkliche, das von Gottes Verstand und Willen abhängt. Leibniz' Weltbild wird durch eine der Vielheit an Substanzen innewohnende virtuelle, dynamische, sich aus sich heraus verwirklichende aktive Kraft determiniert, einer nach Wirklichkeit strebenden Möglichkeit, die von Gottes Macht Dinge zu erschaffen und erhalten, die »eine fortdauernde Schöpfung«[107] ist, daran gehindert werden kann, sich zu verwirklichen.

Wie kommentiert Gilles Deleuze, der sich nicht nur mit Spinoza sondern auch mit Leibniz intensiv befasst hat, dessen Idee von Welt und Virtualität?

Deleuze und Leibniz' Falten

In seinem 1988 erschienenen Buch »Die Falte. Leibniz und der Barock« befasst sich Gilles Deleuze, der fast zwanzig Jahre zuvor in

---

104 Leibniz 1996 (VII), S. 91-93.
105 Gottfried W. Leibniz: Die Sache Gottes, sichergestellt durch die Versöhnung seiner Gerechtigkeit mit seinen übrigen Vollkommenheiten und allen seinen Handlungen. In: ders.: Die Theodizee. Von der Güte Gottes, der Freiheit des Menschen und dem Ursprung des Übels. Vorwort, Abhandlung, erster und zweiter Teil. In: ders.: Philosophische Schriften. Band II, zweite Hälfte. Darmstadt, Wissenschaftliche Buchgesellschaft 1985 (II). S. 316-383. §7, S. 317.
106 Leibniz 1996 (IV), § 43, S. 457.
107 Leibniz 1985 (II), § 7-9, S. 317.

»Differenz und Wiederholung« unter anderem eine für seine Philosophie zentrale Idee von Virtualität entwickelte, mit Leibniz' Gedankenwelt und denkt diese anhand der Falte, die für ihn das Denken des Barock und das von Leibniz im Besonderen widerspiegelt. Denn das Vielfältige, das durch die Vielheit an Monaden ausgedrückt wird, ist für ihn nicht dasjenige, was viele Teile hat, sondern dasjenige, »was auf viele Weisen gefaltet«[108] und damit von Virtualitäten durchzogen ist: »So ist die Inflexion das reine Ereignis der Linie oder des Punktes, das Virtuelle, die Idealität par excellence.«[109]

Das Gefaltete ist also nicht materiell, es ist »allein virtuell« und existiert aktual nur in der Monade, der Seele, die es umhüllt:

> »*Die Inflexion ist eine Idealität oder Virtualität, die aktual nur in der Seele existiert, welche sie umhüllt. So ist es auch die Seele, welche voller Falten ist. Die Falten sind in der Seele und existieren aktual nur in der Seele. Das trifft bereits für die ›eingeborenen Ideen‹ zu: diese sind reine Virtualitäten, reine Vermögen, deren Tat in Verhaltensweisen oder Anlagen (Falten) in der Seele besteht und deren vollendete Tat in einer inneren Tätigkeit der Seele besteht (innerliche Entfaltung). Das trifft aber für die Welt nicht weniger zu: die ganze Welt ist nur eine Virtualität, die aktual nur in den Falten der Seele existiert, die sie ausdrückt, wobei die Seele von inneren Entfaltungen aus operiert, wodurch sie sich eine Repräsentation der eingeschlossenen Welt gibt. Wir gehen in einem Subjekt von der Inflexion zum Einschluß wie vom Virtuellen zum Aktualen [...]*«[110]

Deleuze formuliert hier die Korrelation von Virtuellem und Aktuellem, die in einer solchen Weise expliziert zwar nicht bei Leibniz zu lesen ist, jedoch quasi virtuell dort anklingt. Es ist die aktuale, in einer der möglichen Welten verwirklichte Monade, die als Spiegel den Rest der Welt reflektiert und damit die Faltungen, das Virtuelle darlegt. Ohne diese wären die anderen Monaden, ohne Aktualität wäre Virtualität nicht zu erkennen. Das Virtuelle geht also in das Aktuelle über, die Vielzahl an Monaden wird in eine Menge gleichzeitig verwirklichter Monaden übergeführt, die nicht nur ihre koexistierenden, da kompossiblen, gleichzeitig aktualisierten Virtualitäten spiegelt, sondern auch via Gott auf diejenigen Virtualitäten verweist, die in dieser Welt nicht verwirklicht werden konnten. Das Virtuelle wird also durch und im Aktuellen präsent, anders kann es nicht erkannt werden. Jedoch fragt sich Deleuze, ob alleine die Aktualisierung des Virtuellen seine Inkarnation, sein Vollzug ausmacht, und die Frage weist darauf hin, dass er dies anders, nämlich als Dreifaltung liest.

---

108 Gilles Deleuze: Die Falte. Leibniz und der Barock. Frankfurt am Main: Suhrkamp, (1988) 2000. S. 11.
109 Deleuze 2000, S. 30.
110 Deleuze 2000, S. 41,42. (Kursiv im Original)

»[...] die Seele ist Ausdruck der Welt (Aktualität), jedoch weil die Welt das Ausgedrückte der Seele ist (Virtualität). So erschafft Gott die ausdrückenden Seelen nur, weil er die Welt erschafft, die sie ausdrücken, indem sie sie einschließen: von der Inflexion zum Einschluß. Damit das Virtuelle sich inkarniert oder sich vollzieht, benötigt man schließlich noch anderes als diese Aktualisierung in der Seele. Benötigt man nicht auch eine Realisierung in der Materie, so dass das Entfalten dieser Materie die Falten in der Seele verdoppeln könnte?«[111]

Diese Frage wird Deleuze später mit »ja« beantworten. Es ist ein zweifacher Schritt, der sich vollzieht: Im Aktuellen wird das Virtuelle präsent, zugleich aber verlangt es nach einer Materialisierung, um die Aktualisierung zu einer vollständigen werden zu lassen, zu einer Wirklichkeit. Denn die Monaden sind nicht nur Aktualisierungen von Virtualität, sondern sie sind auch Möglichkeiten, die in die Wirklichkeit hinübergeführt werden können.

»Denn wenn die Monaden oder einfachen Substanzen immer aktual sind, verweisen sie nicht allein auf Virtualitäten, die sie in sich selbst aktualisieren, wie es die eingeborenen Ideen bezeugen, sondern auch auf Möglichkeiten, die sich in den zusammengesetzten Substanzen (so die perzipierten Qualitäten), in den materialen Aggregaten (Dinge) oder in den ausgedehnten Erscheinungen (Figuren) realisieren.«[112]

Es findet also eine doppelte Bewegung in der Zeit statt, die Deleuze am Beispiel eines Konzertes erläutert. Die Noten der Tonleiter sind in diesem Fall reine Virtualitäten, die sich einerseits »in den Quellen aktualisieren«, andererseits sind sie für ihn aber auch »reine Möglichkeiten, die sich in den Schwingungen oder den Flüssen realisieren«.[113]

Deleuze zufolge teilt sich Leibniz' Welt doppelt zweifach: einerseits in Virtualität und Aktualität, andererseits in Möglichkeit und Wirklichkeit. Beide Zweiteilungen sind miteinander verknüpft, denn sie gehen ineinander über. Die Welt ist eine Virtualität, die sich in den Monaden aktualisiert. Einige der aktualisierten Monaden werden als Möglichkeit in die Wirklichkeit übergeführt, und damit werden sie in einer materiellen Hülle erkennbar. Andere Monaden jedoch bleiben als aktuelle Möglichkeiten bestehen, auch wenn sie nicht realisiert werden. Es gibt also eine aktualisierte Virtualität in Möglichkeit oder in Wirklichkeit oder Realität, wobei die letztere in Körpern stattfindet und den vollständigen Vollzug des Virtuellen darstellt.

---

111 Deleuze 2000, S. 48.
112 Deleuze 2000, S. 132.
113 Deleuze 2000, S. 133.

»Im Verhältnis zur Welt kann das materiale Universum ebenso wie die Seelen ausdrückend genannt werden: diese drücken sie in der Aktualisierung, jenes in der Realisierung aus.«[114]

Es sind zwei verschiedene Ordnungsweisen, die im Ausdruck Deleuze zufolge real unterschieden sind. Die Aktualisierung ist eine Ordnung der Verteilung, während die der Realisierung eine der Kollektion ist.

»In jedem Fall sind die wahren oder absoluten Formen ursprüngliche Kräfte, wesentlich individuelle und tätige erste Einheiten, die ein Virtuelles oder Potentielles aktualisieren und die eine mit der anderen zusammenstimmen, ohne sich nacheinander zu bestimmen.«[115]

Deleuze zufolge ist die Welt für Leibniz als Gesamtes eine Virtualität, die in den Monaden aktualisiert wird. Zugleich ist sie aber auch eine Möglichkeit, die sich im Materiellen, in den Körpern realisiert.[116] Nur in den Monaden hat die Welt Aktualität, denn nur dort wird sie, nach den der jeweiligen Monade eigenen Gesichtspunkten, ausgedrückt. Parallel zu diesem Dualismus zwischen Virtuellem und Aktuellem besteht jedoch eine weitere Dichotomie, nämlich zwischen Möglichem und Realem. Gott wählt aus unendlich vielen möglichen Welten eine, die real wird, die anderen Welten bleiben als aktuale möglich. Aktuelles muss also nicht real sein, es handelt sich um zwei unterschiedliche von Gott geschaffene Modi. Die virtuelle Welt aktualisiert sich in den Seelen und die mögliche Welt realisiert sich in den Körpern. Für Deleuze kommt dies einer doppelten Faltung der Welt gleich, wobei der Prozess der Aktualisierung mittels Verteilung und der Prozess der Realisierung mittels Ähnlichkeit operiert. Die Seele aktualisiert etwas Virtuelles und im Körper wird dasjenige, welches aktual in der Seele perzipiert ist, etwas Mögliches, realisiert.[117] Deleuzes Leseweise von Leibniz verdeutlicht, dass dieser Virtuelles und Mögliches weniger scharf trennt als Deleuze dies in Folge vornimmt.[118] Mit dem Sinnbild von Virtualität als Einfaltung und Aktualität als Entfaltung wird die enge Verwobenheit dieser beiden Termini deutlich.

---

114 Deleuze 2000, S. 172.
115 Deleuze 2000, S. 167.
116 Deleuze 2000, S. 170.
117 Deleuze 2000, S. 196.
118 Gilles Deleuze: Differenz und Wiederholung. München: Wilhelm Fink Verlag 1997. S. 269.

Fazit

Bei der Lektüre Spinozas wurde deutlich, dass das Virtuelle hier zugleich das höchst Reale, nämlich Gott ist. »Realität« muss nicht mittels wissenschaftlicher Methoden beweisbar sein, sondern kann mit dem Verstand erfasst werden. Dieser erfasst, dass die Welt aus einer Substanz besteht, aus Gott, der alles ist und in dem alles andere gründet. Ihm kommt die höchste schöpferische Wirkkraft zu, wobei er sich nicht nach Laune auswirken kann, sondern sich notwendigerweise auswirken muss. Damit ist Virtualität nicht nur wirklicher als alles andere (Geist, Materie), sondern notwendig.

Leibniz' Gott ist zwar anderer Art als derjenige Spinozas, gleichzeitig höchst real und virtuell ist er trotzdem. Auch er ist der Urheber der Dinge, jedoch sind diese etwas anderes als er selbst, nämlich »Entelechien« oder Monaden. Diese ursprünglichen oder aktiven Kräfte enthalten zugleich sowohl Wirklichkeit (Akt) als auch Wirksamkeit (Aktivität) und einen Drang zu existieren, sie streben von sich aus nach Dasein. Gott wählt aus, welche Monaden sich tatsächlich in Zusammenhang mit anderen realisieren, also welche Monaden er nicht länger in ihrer Tendenz zu sein hindert. Das Prinzip der Verwirklichung, ihre Virtualität, findet sich jedoch in den ersten Substanzen selbst. Gott wählt nach dem Prinzip des größten kompossiblen Seins aus, welche Monaden gleichzeitig in die Wirklichkeit übergeführt werden. Jede einzelne der realisierten Monaden spiegelt das gesamte Universum aus seiner eigenen Perspektive.

Während Spinozas Welt aufgrund der Vollkommenheit Gottes zutiefst notwendig ist, sind die Dinge in Leibniz' Welt kontingent, denn sie wurden von Gott schlicht so zusammengestellt, dass sich das größtmögliche Sein verwirklicht, weshalb es sich um die bestmögliche aller Welten handelt. Bei beiden ist jedoch dasjenige, welches die Macht und die Kraft hat, etwas zu bewirken, also dasjenige, welchem »dynamis« bzw. »virtualis« zukommt, das Virtuelle, von höchster Wirklichkeit. Es stehen sich also nicht Wirklichkeit oder Realität und Virtualität gegenüber, sondern das Virtuelle ist im Gegenteil notwendiger Bestandteil von Welt. Dieses Virtuelle ist bei Spinoza schlicht das Eine, aus dem die Welt besteht: Gott als Wirkkraft, aus dem notwendiger Weise alles weitere entsteht, das jedoch weniger wirklich ist als er. Bei Leibniz hingegen sind die einzelnen Substanzen, aus denen sich die Welt unter der Einwirkung Gottes zusammenfügt, virtuell, und damit ist es auch die Welt selbst, die, wie mit Deleuze unterstrichen wurde, die Verwirklichung ihrer Möglichkeit in den Körpern und die Aktualisierung ihrer virtuellen Potentiale in den Gedanken sind. Das Virtuelle schwindet hierbei als Möglichkeit nicht, wenn es nicht verwirklicht wurde, es bleibt im Gegenteil als Möglichkeit bestehen. Das Virtuelle ist also der generative Bestandteil des Wirklichen.

6. TELEGRAPHIE

6.1 Optische Telegraphie

Obgleich das Virtuelle einen dominanten Platz in der Philosophie einnahm, verlief die Entwicklung des Telekommunikationssystems ohne Bezugnahme auf den Begriff »Virtualität«. Das erste funktionierende Telegraphiesystem wurde Ende des 18. Jahrhunderts in Frankreich konstruiert. Der »Semaphor« war ein Zeichenträger für optische Telegraphie, der mittels mehrerer sich in Sichtweite befindender Stationen operierte. Zuvor hatte es bereits erste Vorschläge für eine auf dem neu entdeckten Phänomen der Elektrizität basierende Informationsübermittlung gegeben, systematisch realisiert wurden sie jedoch erst rund ein halbes Jahrhundert später. Am Beginn des »kabellosen« und später »mobilen« Informationsnetzwerkes steht also kein virtuelles Übertragungs-Medium wie Sympathie, Magnetismus oder Elektrizität, sondern Visualität. Die so schlichte wie zeitintensive Methode des optischen Signalisierens hätte in dieser Form theoretisch bereits Jahrhunderte zuvor realisiert werden können. In Bezug auf die Codierung und damit auf die Effizienz-Maximierung von Informationsvermittlung waren antike Methoden wie die von Polybios oder Julius Africanus sogar bereits wesentlich avancierter.

FLÜGEL-TELEGRAPHIE

Zur Zeit der Revolution entstand in Frankreich die erste als System realisierte Telekommunikationstechnologie, die Wörter in Zeichen übersetzte, die über große Entfernungen hinweg lesbar waren. Entwickelt wurde sie ab 1791 von Claude Chappe.[1] Der von ihm realisierte Flügeltelegraph, zunächst Tachygraph (Schnellschreiber),

---

[1] Vgl. Frithjof Skupin (Hg.): Abhandlungen von der Telegraphie oder der Signal- und Zielschreiberei in die Ferne nebst einer Beschreibung und Abbildung der neuerfundenen Fernschreibemaschinen in Paris. Berlin, Carlsruhe u.a.: 1794 u. 1795; Reprint: Berlin, Transpress, 1986. S. 5. Sowie Henning 1908, S. 27.

später (Luft-)Telegraph (Fernschreiber) genannt[2], ist allerdings in besonderem Maße nicht ein Produkt seines Erfindergenies sondern des damaligen Zeitgeistes.[3] Chappe war eigentlich Priester, verlor seinen Posten jedoch durch die Französische Revolution und betätigte sich fortan als Ingenieur. Er strebte unter anderem danach, ein elektronisches Nachrichtensystem zu entwickeln, war aber nicht in der Lage es auszuarbeiten. Stattdessen entwarf er eine manuelle Methode. Sein erster Vorschlag, aus dem Jahr 1790, bestand aus zwei an Glocken und Gongs gekoppelten, synchronisierten Uhren und erwies sich als wenig praktikabel. Auch sein nächster Versuch, den er gemeinsam mit seinen Brüdern begann, beruhte auf zwei synchronisierten Uhrwerken. Äußerlich ähnelte dieser Apparat einer Guillotine. Die auf die Zifferblätter geschriebenen Codes wurden per Uhrzeiger angezeigt, per Teleskop von der nächsten Station aus abgelesen und gegebenenfalls wiederholt. Diese Methode war jedoch weder in außergewöhnlichem Maße störungsarm, noch über große Distanzen hinweg lesbar, somit wenig produktiv.

Zusammen mit dem Uhrmacher Abraham-Louis Breguet baute Chappe daraufhin einen neuen Telegraphen: Auf einem Turm wurde ein mit Hilfe eines Uhrwerkes schwenkbarer Signalarm installiert. Dieser bestand aus einem »Regulator«, an dem rechts und links zwei »Indikatoren« angebracht waren, die durch drei Kurbeln und Drahtkabel reguliert werden konnten. Der Regulator konnte vier verschiedene Positionen einnehmen (horizontal, vertikal, rechts oder links geneigt), und die beiden Indikatoren je sieben Positionen (0°, 45°, 90°, 135°, 225°, 279°, 315°). Insgesamt gab es 196 distinkte Zustände, die mit einem in einem Wörterbuch niedergeschriebenen Code korrespondierten. In jenem Buch waren 9999 Wörter, Phrasen und Ausdrücke und die ihnen zugeordneten Nummern verzeichnet. Auf Dauer erwies sich diese Codierung in der Übertragung jedoch als recht lästig, daher führte Chappe 1795 einen neuen Code ein, der zwar nur noch 96 Positionen hatte, dabei jedoch mehr

---

2   1793 überzeugte ein Freund Chappe, den Namen seiner Erfindung von Tachygraph zu »télégraphe aérien« – Lufttelegraph – zu ändern. Vgl.: Huurdeman 2003, S. 20.

3   Zur Diskussion um die eigentliche Urheberschaft des Flügeltelegraphen vgl. Skupin 1794/1795; zur Entstehungsgeschichte vgl. Henning 1908, S. 28. Bereits 1767 hatte der Erfinder Richard L. Edgeworth die Erkenntnis, dass Windmühlen mittels eines Teleskop auch aus der Distanz gut zu erkennen sind, in den Vorschlag umgewandelt, anstatt Händen oder Zeigern Windmühlenflügel zu verwenden und mit diesen zu telekommunizieren. Sein Konzept wurde jedoch erst vier Jahre nachdem Chappe der französischen Regierung seinen Semaphore-Telegraphen vorgestellt hatte, realisiert. Vgl.: Burns 2004, S. 35.

Übertragungen zuließ.⁴ Die Zeichen des Codes wurden von den sich in einer Reihenfolge mit jeweils ungefähr gleichem Abstand befindenden Stationen bis an ihr Ziel nacheinander wiederholt und damit weitergereicht, wobei einige Stationen mehrere Richtungen zuließen. Diese Weitergabe barg natürlich die Gefahr von Fehlern, daher musste die je erste Station in der Reihe per Fernglas beobachten, ob das Signal korrekt weitergegeben wurde.⁵

Auch für dieses Telekommunikationssystem war das Teleskop also essentiell, daher hätte der Semaphor theoretisch bereits vor 1791 entwickelt werden können. Erst Ende des 18. Jahrhunderts erschien ein solches System jedoch rentabel. Frankreich war intern durch die Revolution zerteilt und wurde von außen bedroht, daher war eine effiziente und vor allem im Vergleich zum Postweg sichere und schnelle Informationsübertragungsmethode zwischen der Verwaltung in Paris und den Truppen auf dem Feld essentiell.⁶ Folglich lohnte sich die Investition in die Entwicklung eines solchen Informationssystems, das im Krieg eindeutige Vorteile zu bringen versprach. In den 1790er Jahren wurde Frankreich allmählich von jenem Telekommunikationssystem durchzogen, wodurch sich die Zeit, in der eine Nachricht übermittelt wurde, drastisch reduzierte. Dennoch hatte der Semaphor eindeutige Nachteile: Er funktionierte nur bei guter Sicht, bei Dunkelheit und Nebel konnte er nicht verwendet werden. Zudem war sein Betrieb recht aufwendig und damit teuer, einerseits aufgrund der benötigten Vielzahl an Stationen, andererseits mussten an jeder Station mehrere ausgebildete Telegraphisten zugegen sein um die Signale zu lesen und weiterzugeben.⁷ Die Installation des Semaphors rentierte sich nur auf strategisch relevanten Strecken und zu staatlichen Zwecken.

Daher blieb dieses erste Telegraphie-System komplett in staatlicher Hand und war nicht für den Privatdienst zugänglich. Chappe selbst hatte sein System allerdings nicht primär als militärisch-staatliches vorgesehen. Im Gegenteil wünschte er, dass es auch für gesellschaftliche Belange eingesetzt würde und schlug ein europäisches Netzwerk vor, innerhalb dessen die Warenpreise zwischen Paris, Amsterdam, Cádiz und London telegraphiert werden sollten, zudem auch die Übertragung eines (staatlich kontrollierten) nationalen Nachrichtenbulletins.⁸ Diese Nutzungsweise sollte auch dem

---

4 Huurdeman 2003, S. 20.
5 Holzmann und Pehrson 1995, S. 87.
6 Burns 2004, S. 43.
7 Tom Standage: Das Viktorianische Internet. Die erstaunliche Geschichte des Telegraphen und der Online-Pioniere des 19. Jahrhunderts. St. Gallen, Zürich: Midas, 1999. S. 23.
8 Standage 1999, S. 17-18. Sowie Burns 2004, S. 43.

durch die Errichtung des Semaphor-Netzwerkes entstandenen finanziellen Defizit entgegenwirken. Napoleon gab seine Übereinstimmung jedoch nur dafür, einmal in der Woche die Gewinnzahlen der staatlichen Lotterie zu übermitteln um damit Betrugsmöglichkeiten zu minimieren. Der Semaphor blieb also ein staatliches Instrument, das weder für den Privatgebrauch, noch für gesellschaftliche Belange zur Verfügung stand. Die Präsenz des Semaphors im Alltagsleben beschränkte sich daher darauf, dass das Volk die neuartigen Türme mit den Flügelarmen sah, und vermutlich auch wusste, wozu sie verwendet wurden. Eine unmittelbare Auswirkung auf das Individualleben hatten sie allerdings nicht, die Medientechnologie blieb virtuell.

Der Telekommunikationshistoriker Wolfgang Riepl hielt 1913 Chappes Flügeltelgraphen, ebenso wie die anderen Methoden der optischen Telegraphie der ersten Hälfte des 19. Jahrhunderts, für ein gegenüber dem des Polybios »gänzlich primitives und entwicklungsunfähiges«[9] System, unter anderem weil es weithin sichtbar und damit »abhörbar« war, insbesondere aber aufgrund des verwendeten telegraphischen Codes. Denn es bedurfte eines umfangreichen Begriffsverzeichnisses, um die Übertragung von Information zu koordinieren, zudem hatte der Semaphor 96 distinkte Zustände. Im Vergleich schien das System des Polybios, das schlicht das Alphabet weitergab, praktischer. Allerdings war beim Buchstabieren aufgrund der Menge der zu übertragenden Zeichen von einer höheren Fehlerquote und einer längeren Dauer auszugehen, zumindest wenn es in einem System wie dem vom Chappe erdachten, das ja auf mehreren verketteten Einzelstationen basierte, realisiert würde. Insgesamt war keines der von Chappe verwendeten Prinzipien neu: Relaisstationen wurden bereits bei Aischylos und Fernrohre oder andere Sichthilfen bereits seit Polybios zur Fernnachrichtenübertragung verwendet; Hooke setzte bereits geometrische Figuren als Signale zur Nachrichtenübertragung ein, Johann Bergsträßer hatte zehn Jahre zuvor die Verwendung von Codebüchern vorgeschlagen und Abraham Bréguet hatte einen Tachygraphen realisiert – das Neue an Chappes Vorschlag bestand vor allem darin, dass er diese Technologien zu einem günstigen Zeitpunkt in effektiver Weise miteinander verband.[10]

KLAPPEN-TELEGRAPHIE

Ende des 18. Jahrhunderts wurde der Hauptvorteil des Telegraphen in der Geschwindigkeit gesehen, mit der Informationen übermittelt

---

9 Riepl 1972, S. 113.
10 Vgl. Aschoff 1984, S. 164. Zu zeitgenössischen Reaktionen auf Chappes Telegraphensystem vgl. ebd. S. 172 ff.

werden konnten, da dies in Konfliktsituationen hilfreich war.[11] Neben Chappes gab es mehrere andere Versuche eine Telegraphenlinie zu errichten, beispielsweise den »Vigigraphen« zwischen Paris und Le Havre.[12]

Während in Deutschland trotz regen Interesses am französischen Flügeltelegraphen und einer ersten Arbeit zur Telegraphie von Johann Bergsträßer von 1785[13] die optische Telegraphie erst vier Jahrzehnte später eingeführt wurde,[14] entwickelte Abraham N. Edelcrantz in Schweden in den 1790er Jahren parallel zu Chappe einen optischen Telegraphen. Dieser besaß anstelle von schwenkbaren Flügeln zehn weitgehend in einem Rechteck angeordnete Spiegel-Klappen.[15] Auch von ihm versprach man sich eine schnellere, weitere und fehlerfreie Nachrichtenübermittlung. In dem 1796 erschienenen »Treatise on Telegraphs«[16] schreibt Edelcrantz von den Vorzügen dieses neuen Telekommunikations-Instruments und teilt sie in zwei Kategorien ein:

> »There are two ways to send messages rapidly over long distances. The first uses individual signals, each with a separate predefined meaning; the second uses sequences of signals, which are sent in arbitrary combinations to build sentences from words and letters. The use of individual signals dates from the oldest times. They were used in two different ways, based on either visible or audible effects. [...] All such signals, however, can convey only predefined messages, orders, questions, events etc. They do not have the same perfection in expressing ideas, in all their possible variations, that is made possible by ordinary speech or writing, and which has also been achieved in recent times with the machines that are known as ›telegraphs‹«[17]

---

11 Vgl. Burns 2004, S. 51.
12 Holzmann und Pehrson 1995, S. 90.
13 Johann A. B.: Über Signal-, Order und Zielschieberei in die Ferne mit neuen Angaben und dreizehn Kupfertafeln, oder über Synthematographe und Telegraphe in der Vergleichung, etc. Frankfurt 1796. Zitiert nach Holzmann und Pehrson 1995, S. 182.
14 Dies könnte seinen Grund darin haben, dass das Deutschland um jene Jahrhundertwende »keine staatliche Einheit bildete«, vgl. Aschoff 1984, S. 211. Zur Entwicklung der optischen Telegraphie in Deutschland und Schweden, wo es ab 1795 ein ausgearbeitetes System gab, vgl. Henning 1908, S. 33 ff.
15 Holzmann und Pehrson 1995, S. 97 f.
16 Im Original erschienen: Abraham N. Edelcrantz: Avhandling om Telegrapher, och Försök Til en ny Inrättning däraf. Stockholm: Johan Pehr Lindh, 1796. Übersetzt als »A treatise on telegraphs, and experiments with a new construction thereof« in Holzmann und Pehrson 1995, S. 132-178.
17 Edelcrantz in Holzmann und Pehrson 1995, § 1, S. 132.

Die Maschine namens Telegraph wird also als eine enorme Verbesserung im Vergleich zu vorherigen Methoden, Informationen ohne einen den Ort wechselnden Zwischenträger zu versenden, aufgefasst. Dies insbesondere weil mit ihnen durch die Darstellung von Wörtern anstatt des Alphabets ein höheres Volumen an Information zugleich transportiert werden konnte. Eine weitere Schlussfolgerung, die Edelcrantz in dieser Abhandlung zieht, besteht darin, dass Elektrizität im Vergleich zu Licht eine minderwertigere Methode der Telekommunikation ist.[18] Generell sieht er in »jenen Maschinen« ein nahezu enormes positives Potential, sie sollten nicht nur bezüglich Nachbar- und Kriegskommunikation sinnvoll sein, sondern jeder Telegraph sollte zudem als »real astronomical observatory« die Wissenschaft mit neuen Entdeckungen bereichern.[19] Nach einer detaillierten Beschreibung des »richtigen« Designs eines Telegraphen inklusive Spezifikationen hinsichtlich seiner Positionierungen, Mechanik etc. schließt Edelcrantz' Abhandlung mit Überlegungen zu den generellen Vorzügen der Telegraphie:

»Opinions are divided about the usefulness of these machines. Some people reject them because the lack of clarity of the air prevents their use, but the capability to look through fog and darkness will probably never be invented and also shipping is a useful science even though contrary winds and storms often occur. Others feel that the cost is so significant that it outweighs its usefulness. [...] take into consideration the fact that in times of war or otherwise [...] many thousands of people depend on the speedy transmission of information in order to take the appropriate measures. Keep in mind also how much the reduction in couriers will save both in time and money. The use of such machines during the current war in France has given incontrovertible truth of that.«[20]

Relevant ist jedoch nicht nur, dass die (optische) Telegraphie zeitsparend ist, also eine bereits existente Kommunikationsart beschleunigt, sondern sie ermöglicht eine Kommunikation, die anders nicht möglich gewesen wäre. Wie Edelcrantz anmerkt:

---

18 »The author has considered the general use of electricity, but he admits that light is the best method of all, although its application at times may need to be combined with those of the others.« Vgl. Edelcrantz in Holzmann und Pehrson 1995, § 2, S. 135.
19 »Each telegraph is a real astronomical observatory which, with the addition of some instruments and some training of those who run it, might enrich science with new discoveries.« Vgl. Edelcrantz in Holzmann und Pehrson 1995, § 40, S. 173.
20 Edelcrantz in Holzmann und Pehrson 1995, § 38, S. 172.

»This machine is actually useful in two ways: first of all, when it is only a question of the speed of communication between two places; second, when such communication cannot be accomplished in any other way.«[21]

Sogar die Hoffnung einer Universalsprache geht für Edelcrantz, hierin ganz dem Zeitgeist folgend, mit dem Telegraphen einher:

»One might even be able to create a kind of universal language, whereby people of all nations could communicate without knowing each other's language.«[22]

Bekanntlich hat sich weder der optische Telegraph, noch eine der folgenden Medientechnologien bislang als omnipotente Kommunikationsmaschine entpuppt. Die optische Telegraphie wurde zugunsten der elektrischen Telegraphie bereits weniger als ein Jahrhundert später eingestellt. Dennoch markiert sie eine entscheidende Entwicklung hinsichtlich mobiler Medientechnologien, da sie die erste drahtlose Telekommunikationsmethode darstellt, die tatsächlich als System realisiert wurde.

In den 1830er Jahren war der größte Teil Westeuropas von solchen optischen Telegraphentürmen durchzogen. Dem Medienhistoriker Tom Standage zufolge stellen sie »eine Art mechanisches Internet mit rotierenden Flügeln und blinkenden Klappen«[23] dar. In den 1850er Jahren wurde der Semaphor im Krimkrieg verwendet, da er – als eine frühe mobile Medientechnologie – auf dem Feld schnell aufgebaut werden konnte und damit in entscheidenden Situationen einen Informationsvorsprung versprach.[24] Zusammenfassend gab es in der zweiten Hälfte des 18. Jahrhunderts zwei wesentliche Typen des optischen Telegraphen: solche, die mittels Spiegeln oder Brettern Signale übermittelten (z.B. derjenige Edelcrantz'), und solche, die mittels beweglicher Arme Signale darstellten, die Buchstaben, Ziffern, Wörter oder Phrasen entsprachen und mithilfe eines Codebuchs entschlüsselt wurden (z.B. Chappes Semaphore). Daneben existierten auch Telegraphen, die bewegliche und unbewegliche Elemente wie Flaggen oder Bretter in Relation zueinander kombinierten.[25] Alle diese optischen Telegraphen basierten auf einer Zwischenübersetzung in Form von Codebüchern, es wurde also eine ei-

---

21 Edelcrantz in Holzmann und Pehrson 1995, § 39, S. 172.
22 Edelcrantz in Holzmann und Pehrson 1995, § 41, S. 174.
23 Standage 1999, S. 19. (Eine etwas überspitzte Formulierung.)
24 Holzmann und Pehrson 1995, S. 73.
25 Huurdeman 2003, S. 17.

gene Sprache für diese Medientechnologie geschrieben.[26] Ohne jenes Dazwischen aus Codierung, Repräsentation und Decodierung konnten Informationen nicht weitergegeben werden.

6.2 Elektrische Telegraphie

Einschneidend bis revolutionär für die Weiterentwicklung der Telegraphie war die Entdeckung und Erklärung der Elektrizität im 19. Jahrhundert. Die Möglichkeit, Elektrizität zu generieren, zu speichern und weiterzuleiten war zudem unabdingbar für die Entwicklung mobiler Medientechnologien. Denn nun konnte Elektrizität als Informationsträger verwendet werden, durch sie konnten Zeichen übertragen werden. Hierfür wurden bis zum Ende des 19. Jahrhunderts hauptsächlich Drahtverbindungen verwendet, es gab jedoch auch erste Versuche und Ideen, drahtlos, oder zumindest teilweise drahtlos, über Distanzen hinweg zu telegraphieren. Folgend werden die Entdeckung der Elektrizität, verschiedene Forschungen zu drahtlosen Medien, Morses Optimierung des Telekommunikationscodes, der sich kontingenterweise als Standard durchsetzte, sowie die Wahrnehmung des neuen, virtuellen Mediums der auf Elektrizität beruhenden Telegraphie behandelt.

ELEKTROMAGNETISMUS
Die elektronische Telegraphie entstand nach 1820, nachdem der Kopenhagener Philosoph Hans Christian Oersted experimentell bewiesen hatte, dass Strom, der durch einen Kupferdraht fließt aufgrund des erzeugten Magnetfeldes eine Kompassnadel anzieht. Damit war ein systematischer Beweis der Abhängigkeit von Elektrizität und Magnetismus gegeben. Erstmals gab es eine Methode um die Präsenz von Elektrizität nachzuweisen. Grundlegend für die elektrische Telegraphie waren zudem das Galvanometer, ein Gerät, das den Stromfluss durch den Anschlag einer rotierenden Nadel anzeigt, und der Elektromagnet, eine Drahtspule, die sich bei Stromdurchfluss wie ein permanenter Magnet verhält, sowie die Batterie.[27]

Im Anschluss an Oersted bewies der englische Physiker und Chemiker Michael Faraday um 1830 die magnetische Induktion und wenige Jahre später stellte der schottische Physiker James C. Maxwell eine Theorie auf, die besagte, dass sich rechtwinklig aufeinander einwirkende magnetische und elektrische Feldkräfte mit

---

26 Während Chappes Semaphor Wörter und Buchstaben in Piktogramme übersetzte, operierte Edelcrantz' Telegraph mittels drei Reihen von Klappen, die von drei Nummern repräsentiert wurden. Vgl. Holzmann und Pehrson 1995, S. 180.
27 Standage 1999, S. 27.

Lichtgeschwindigkeit im Raum ausbreiten. Diese These belegte Heinrich Hertz 1887.

Ebenfalls in den 1830er Jahren entstand mit der Fotografie das erste foto-chemische Medium der Neuzeit. Erstmals konnte visuelle Realität »so wie sie ist«, oder vielmehr wie sie sich zu einem Zeitpunkt zeigt, abgebildet werden. Diese Erfindung beeinflusste die Wahrnehmung der Welt und damit von Wirklichkeit und Virtualität ebenso wie der Telegraph und die sich ab Ende des 18. Jahrhunderts anbahnende Industrielle Revolution. Es war also nicht nur die Entdeckung der Elektrizität und des Elektromagnetismus, sondern auch Erkenntnisse in der Chemie und Mechanik, die zu einem veränderten Weltbild führten. »Welt« oder Realität konnte nun nicht nur durchmessen, sondern auch durch Maschinen geformt, durchschritten, bildlich gespeichert und hierdurch dem Menschen partiell untertan gemacht werden. Das technisch generierte Virtuelle wurde unter anderem durch Medientechnologien wie dem elektrischen Telegraphen und später dem Telefon allgegenwärtig.

Wie der Elektromagnetismus funktioniert, war im frühen 19. Jahrhundert noch nicht geklärt. Klar war nur, dass es eine Kraft gab, die zu gewissen Zwecken eingesetzt und gerichtet werden konnte. Wichtiger als die Gründe ihres Funktionierens schien die Tatsache zu sein, dass sie für etwas verwendet werden konnte. Wolfgang Hagen zufolge gehört der hieraus entstehende »imaginäre Überschuss« seither zu elektrischen Medien dazu. Denn zwischen den »reellen Apparaturen des Medialen, die ›einfach nur funktionieren‹« und ihren Beschreibungen eröffnet sich eine Kluft. Technologien wie Telegraphen und Kameras enthalten ihm zufolge ein Wissen, das noch niemand tatsächlich weiß. Die durch diese Differenz entstehenden ›überschüssigen Imaginationen, waghalsigen Deutungen und großen Verwirrungen‹ kennzeichnen auch spätere Medienformen. Aus dem nicht hinreichenden Verständnis der Medientechnologien ergeben sich solche »Ersatzdiskurse« des Imaginären.[28]

Die zweite Hälfte des 19. Jahrhunderts war unter anderem durch naturwissenschaftliche Erkenntnisse geprägt, die jene mit den ersten Telegraphen einhergehenden Mutmaßungen auf ein stabiles Fundament stellten, erläuterten und teilweise verbesserten. Elektrizität wurde bereits im 18. Jahrhundert – zur Zeit des Phantasmas des Sympathischen Telegraphen sowie der real funktionierenden optischen Telegraphen – erforscht, auch im Hinblick auf Telekommunikationszwecke. Noch war jedoch nicht geklärt, was das Wesen des Phänomens der »vis electrica«, der elektrischen Kraft, sei: »›Ausfluß‹, ›Agens‹, ›Materie‹, ›Fluidum‹ waren hypothetische Be-

---

28 Wolfgang Hagen: Das Radio. Zur Geschichte und Theorie des Hörfunks – Deutschland/USA. München: Wilhelm Fink Verlag, 2005, S. 3.

schreibungen dessen, was die Elektrizität sein könnte.«[29] Es gab diverse Ideen, jene virtuelle Kraft zu nutzen, wenngleich sich erst im 19. Jahrhundert elektrische Telegraphie-Netzwerke durchsetzten. Entscheidend hierfür war die Möglichkeit, Elektrizität erzeugen, speichern und auch weiterleiten zu können.

Elektrische Energie

Durch die »Leidener Flasche« gelang es dem Niederländer Peter van Musschenbroek am 11. Oktober 1745, die Energie eines elektrischen Feldes zu speichern. Der erste Kondensator und der »Ausgangspunkt der Geschichte der elektrischen Telegraphie«[30] war er- bzw. gefunden worden: eine mit Metall umwickelte geerdete Flasche, die mit einer Flüssigkeit, beispielsweise Wasser, gefüllt und in die ein Metallstück, beispielsweise ein Nagel, gehangen wurde. Hiermit konnte elektrische Ladung erstmalig zugleich aufbewahrt und transportiert, also gespeichert und übertragen, und darüber hinaus verdoppelt, addiert und multipliziert werden. Gewaltige Entladungen, Funken und Elektroschocks wurden möglich. Erklärt wurde das Phänomen der Leidener oder Kleist-Flasche[31] erst fast ein Jahrzehnt später von Benjamin Franklin, der bekanntlich unter anderem auch der Erfinder des Blitzableiters war und damit einer der ersten, die elektro-magnetische Kräfte effektiv weiterzuleiten wussten.[32] Er begründete in seiner Elektrizitätstheorie die Identität von Blitz und Funken theoretisch und praktisch. Die Erfindung der Leidener Flasche, die Möglichkeit Elektrizität zu speichern, ist für die weitere Entwicklung der Elektrizitäts-Forschung und die Nutzung derselben zu Informationsübertragungszwecken und damit für Mobile Medien bedeutsam.

Dass die neu entdeckte Elektrizität nun nicht nur erzeugt und gespeichert, sondern auch übertragen werden kann, wird zu einer wichtigen Bedingung für funktionierende elektrische Telegraphie. Die Generierung und Übertragung von Funken, vermeintlich via des

---

29 Vgl. Aschoff 1984, S. 120.
30 Henning 1908, S. 67.
31 Zeitgleich mit Musschenbroek hatte Ewald Jürgen von Kleist eine solche Flasche erfunden, jedoch konnte seine Vorführung des Kondensators aufgrund inakkurater Beschreibung des Versuchsaufbaus nicht wiederholt werden. Vgl. Wolfgang Hagen: Zur medialen Genealogie der Elektrizität. In: Rudolf Maresch und Niels Werber: Kommunikation – Medien – Macht. Frankfurt am Main: Suhrkamp, 1999. S. 133-173. S. 165.
32 Daneben war Franklin auch der Entdecker der positiven und negativen Elektrizität. Vgl.: Dunlap 1944, S. 17. Er führte um 1760 neben dem Blitzableiter auch die Begriffe ›Batterie‹, ›Plus‹, ›Minus‹ und ›Ladung‹ ein. Vgl. Hagen 2005, S. 18.

»Äthers«, wird zur Voraussetzung für die drahtlose Telegraphie und schließlich für die drahtlose Telephonie. Die Konstruktion der Leidener Flasche und die Entdeckung der Elektrizität geht auf den Engländer Stephan Gray zurück, der ab 1729 Elektrizität durch Drähte oder Seidenschnüre bis zu 765 Fuß weit leitete. Die erste Fotografie eines Blitzes, also eines Funkens, machte der Kanadier Reginald Feddersen, der später eine entscheidende Rolle in der Entwicklung der drahtlosen Telephonie spielte.[33] Hagen zufolge erhält der Diskurs der Elektrizität hierdurch sein erstes reproduzierbares, »Sichtbarkeitszeichen«[34], das insofern phantasmatisch schien, als dass das aufgezeichnete Phänomen noch nicht erklärt worden war.

1744, also noch vor der Konstruktion der Leidener Flasche, schrieb Johann Heinrich Winckler, ein späterer Lehrer Goethes, in seiner Schrift »Gedanken von den Eigenschaften, Wirkungen und Ursachen der Elektrizität«, dass Elektrizität über eine Drahtverbindung auf nahezu unbegrenzte Entfernungen übermittelt werden kann. Man könne, so Winckler: »den Schluß machen, dass sich die Elektrizität bis an die Grenzen der Welt fortpflanzen lasse und merklich sein würde [...]«[35] Winckler fand zwei Jahre später zudem heraus, dass Wasser leitend ist und Elektrizität immer dem besten Leiter folgt. Entdeckt war also, dass Elektrizität über eine materielle, meist metallene Verbindung hinweg der Fernwirkung fähig ist. Dies eröffnete Potentiale für eine auf Elektrizität statt auf optischen oder akustischen Signalen, oder auf Sympathie, beruhende Telegraphie.

Nach der Entwicklung der Leidener Flasche bekamen Experimente zur Weiterleitung von Elektrizität eine andere Gestalt. Zunehmend wurde die Weiterleitung von Elektrizität als Massen-Spektakel inszeniert:

»Bereits im April 1746 demonstrierten Charles Duffay [...] und der Abbé Nollet im Hofe des Karthäuserklosters zu Paris vor König Ludwig XV. die Entladung einer Leidener Flasche durch eine aus 180 Gliedern bestehende Kette sowie auch durch eine Menschenkette aus 180 Gardisten hindurch. Gleichzeitig, am 20. April 1746, führte der Bürgermeister von Danzig, Gralath, die Entladung der Leidener Flasche durch eine Kette von 20 Menschen öffentlich vor, und im selben Monat begann auch Le Monnier in Paris seine Versuche, welche die Entladung einer Leidener Flasche durch einen 12789 Fuß langen Eisendraht und die Messung der Geschwindigkeit der Elektrizität bezweckten.«[36]

---

33 Hagen 2005, S. 22 ff.
34 Hagen 2005, S. 16.
35 Zitiert nach Henning 1908, S. 69.
36 Henning 1908, S. 68

Der Pariser Kleriker und Hoflehrer »Abbé« Jean-Antoine Nollet versuchte mit diesem offensichtlich sehr eindrucksvollen Experiment, bei dem die Mönche je ein Stück Eisendraht in der Hand hielten, zu zeigen, dass Elektrizität kontinuierlich fließt. In dem Experiment zeigte sich jedoch, dass die Mönche nicht nacheinander, sondern gleichzeitig vom Schlag getroffen wurden. Benjamin Franklin widerlegte die Hypothese des kontinuierlichen Fließens von Elektrizität zu einem späteren Zeitpunkt.[37]

Elektrizität war also zunächst ein an das Phantastisch-Magische grenzendes Spektakel, eine gleichsam virtuelle Kraft. Sie erzeugte einen realen Effekt, blieb jedoch selber weitgehend im Verborgenen. Zudem war ihre Geschwindigkeit deutlich höher als dienige von Boten. Plötzlich war ein Medium zugegen, das nahezu unsichtbar, nur in seinem Effekt wahrnehmbar, virtuell, räumliche Distanzen überwinden konnte, deren Überquerung mittels aller bisher bekannten Methoden wesentlich länger gebraucht hätten. Es verwundert daher kaum, dass Elektrizität im 18. Jahrhundert zunächst als unglaubliches, sensationelles Phänomen wahrgenommen wurde, wie sich beispielsweise an den öffentlichen Vorführungen der elektrifizierten Mönchsketten ablesen lässt. Erst im 19. Jahrhundert wurde Elektrizität theoretisch begründet und formuliert, sie erlangte einen Normalitäts-Status und wurde nahezu unsichtbar.

GALVANISCHE TELEGRAPHIE

Um die Entdeckung der chemischen Elektrizität, des so genannten »Galvanismus« ranken sich diverse Legenden. Die bekannteste lautet: Als der Italienische Arzt und Physiker Aloisio Galvani 1783 auf einem Tisch, auf dem er zuvor elektrostatische Experimente gemacht hatte und in dessen Nähe sich ein elektromagnetisch geladenes Instrument befunden haben muss, einen Frosch sezierte, berührte er mit dem Skalpell dessen Beinnerven berührte und schloß damit einen Stromkreis, so dass die Schenkel des toten Froschs zu zucken begannen.[38] Als Vitalist erkannte er hierin jedoch nicht das später nach ihm benannte elektrochemische Phänomen, sondern glaubte animalische, »thierische«, Elektrizität entdeckt zu haben[39],

---

37 Hartmann 2006, S. 45.
38 Dunlap 1944, S. 25 zufolge wollte Galvani die Haut der Froschschenkel in seinem Labor abziehen um damit Suppe für seine leicht gebrechliche Frau zuzubereiten. Zufälligerweise berührte einer seiner Assistenten einen der Froschschenkel mit einem Skalpell, woraufhin dieser zuckte. Gleichzeitig wurden Funken von einer sich nahebei befindenden Friktionsmaschine angezogen und bei jedem Blitz wand sich der Schenkel.
39 Vgl. Augusto Righi und Bernhard Dessau: Die Telegraphie ohne Draht. Braunschweig: Vieweg und Sohn, 1907. S. 32-33.

die ergänzend zur künstlichen Reibungselektrizität und der natürlichen atmosphärischen Elektrizität stehe.[40] Über sein Experiment schreibt Galvani 1789:

»Als ich aber das Tier (einen Frosch) in das geschlossene Zimmer übergeführt, auf eine Eisenplatte gelegt und angefangen hatte, gegen letztere den in das Rückenmark gehefteten Haken zu drücken, siehe da, dieselben Kontraktionen, dieselben Bewegungen! Dasselbe habe ich wiederholt unter Verwendung von anderen Metallen ... erprobt und dasselbe Ergebnis erhalten, nur dass die Kontraktionen bei der Verschiedenheit der Metalle verschieden waren, bei dem einen nämlich heftiger, bei dem andern langsamer.«[41]

Hieraus lässt sich schließen, dass entweder Galvanis Entdeckung intentionaler war als üblicherweise dargestellt wird, oder er seinem Experiment im Nachhinein eine Gerichtetheit angedichtet hat, die so nicht existierte.[42] Das Zucken des Frosches beruhte auf Funkenübertragung über das Skalpell und wurde in modifizierter Weise in den 1890er Jahren in Paris wiederholt.[43]

Siebzehn Jahre später beschäftigte sich Alessandro Volta mit Galvanis Entdeckung und entdeckte seinerseits eine Methode, um elektrische Kraft durch chemische Reaktionen zu erzeugen und zu speichern. Volta, der im Gegensatz zu Galvani an Elektrizität und nicht an tierische Vitalkräfte glaubte, schichtete Zink- und Kupferplatten übereinander und isolierte sie durch ein in Säure getränktes Tuch voneinander. Hierdurch entdeckte er die »galvanische« oder »metallische Elektrizität« (im Gegensatz zu der in der Leidener Flasche speicherbaren Reibungselektrizität, die er 1792 erklärte – auch hier kam also die Theorie nach der Praxis) und erfand die Batterie, auch Voltasche Säule oder elektrolytische Zelle genannt. Im Gegensatz

---

40 Volker Aschoff: Geschichte der Nachrichtentechnik. Band 2. Nachrichtentechnische Entwicklung in der ersten Hälfte des 19. Jahrhunderts. London u.a.: Springer-Verlag, 1987. S. 2.
41 Aloisio Galvani: De Bononiensi Scientarium et Artium Institute atque Academia Commentarii, Teil VII. S. 377. Zitiert nach Henning 1908, S. 81.
42 Zudem war Galvani keineswegs der erste, der diese Entdeckung machte. Beispielsweise steckte 1752 der Franzose Johann Georg Sulzer seine Zunge zwischen zwei unterschiedliche Metalle, deren Kanten sich berührten, und bemerkte ein Prickeln auf der Zunge, vgl. Sarkar 2006, S. 54. Zu weiteren Vorläufern Galvanis vgl. Henning 1908, S. 82 ff.
43 Nach Marconis Kommerzialisierung von Wireless wurde Galvanis Experiment in einem größeren Umfang in Frankreich wiederholt, am Eiffelturm war ein Sender angebracht und der Froschschenkel an einen Empfänger in Rennes angeschlossen. Vgl. I. V. Lindell: Wireless before Marconi. In: Sarkar 2006. S. 247-266. S. 258.

zur Leidener Flasche entlud sie sich nicht mit einem einzelnen Stromschlag, sondern war in der Lage, den Strom dosiert durch einen Stromkreis abzugeben.[44]

Mit der Voltaschen Säule und der Leidener Flasche war eine der grundlegenden Voraussetzungen für Mobile Medien in ihren Ansätzen gefunden: Elektrische Energie konnte gespeichert werden.

Der Frosch wurde nach den Weinbergschnecken des Sympathischen Telegraphen ein weiteres Weichtier, das als Medium der Fernkommunikation dienen sollte. 1800 schrieb der Spanische Arzt Francisco Salvá y Campillo in seiner Abhandlung »Über die Anwendung des Galvanismus für Telegraphen« über einen mittels Fröschen funktionierenden galvanischen Telegraphen. Ihm zufolge konnte ein galvanischer Telegraph in derselben Weise konstruiert werden wie der bislang hypothetisch gebliebene elektrische Telegraph und bot eindeutige Vorteile, unter anderem da seine Zeichen leichter erkennbar seien.

»[...] für den elektrischen Telegraphen bedarf es gut gearbeiteter Maschinen, großer Leidener Flaschen und vieler Zeit, um sie zu laden, und überdies wird unter ungünstigen atmosphärischen Bedingungen, wie sie oft vorkommen, der elektrische Telegraph ebenso oft nutzlos sein wie der optische zur Zeit des Nebels. Demgegenüber kann der galvanische Telegraph zu allen Zeiten und zu jeder Stunde angewendet werden, da gut präparierte Frösche jederzeit galvanisiert werden können.«[45]

Anstelle von Fröschen waren originär doppelt so viele Männer wie Buchstaben des Alphabets vorgesehen, die durch Drähte miteinander verbunden und von Strom durchflossen werden sollten. Interessanterweise und parallel zum sympathischen Telegraphen wurde angenommen, dass nicht der Telegraph dem Menschen etwas anzeigen würde, sondern er ähnlich wie bei Galvanis Froschschenkel-Versuchen durch elektrische Impulse direkt auf ihn einwirke. Die Männer, denen Buchstaben entsprachen, sollten ansagen, wenn sie einen elektrischen Impuls verspürten und hierdurch sollten Nachrichten telegraphiert werden. Um diesen galvanischen Telegraphen zu einem Massenmedium werden zu lassen, hielt man es für sinnvoll, die Männer durch Frösche zu ersetzen, da diese »billige Tiere«[46] und in einem Topf zwei Monate haltbar seien, wenngleich sie alle zwei Stunden ersetzt werden mussten.

---

44 Standage 1999, S. 26; sowie Henning 1908, S. 84.
45 Don Francisco Salvay Campillo: Über die Anwendung des Galvanismus für Telegraphen. 19. Februar 1800. Zitiert nach Henning 1908, S. 85.
46 Salva y Campillo zitiert nach Hartmann 2006, S. 46.

Trotz des vermutlich großen Unterhaltungswerts eines solchen Telegraphen wurde dieser nicht verwirklicht. Salva schlug in Folge vor, Wasser als elektrischen Leiter zu Telegraphiezwecken zu nutzen. Die galvanische Telegraphie wurde vermutlich deshalb nicht breitflächig realisiert, da mit der optischen Telegraphie bereits ein funktionierendes Telekommunikationssystem existierte, und zudem weil der 1819 entdeckte Elektromagnetismus sich als zuverlässiger als die Berührungs- und Reibungselektrizität erwies.[47]

Erste elektrische Telegraphie

Die ersten Vorschläge für auf Elektrizität beruhende Telegraphen finden sich bereits im späten 18. Jahrhundert. 1753 schlug ein anonymer Erfinder namens C.M.[48] in einem Leserbrief an das Scot's Magazin in Edinburgh vor, Elektrizität für telegraphische Zwecke zu nutzen.

> »Sir, – It is well known to all who are conversant in electrical experiments, that the electric power may be propagated along a small wire, from one place t another, without being sensibly abated by the length of its progress. Let, then, a set of wires, equal in number to the letters of the alphabet, be extended horizontally between to given places, parallel to another, and each of them an inch distant from that next to it. [...]«[49]

Es musste an den mit dem Alphabet korrespondierenden Drähten gezogen werden, um die Nachrichten in die Ferne zu buchstabieren. Dort wurden sie dann anhand der sich hebenden und senkenden mit dem Draht verbundenen Bälle lesbar. Das Buchstabierte sollte dann mit einem Stift aufgeschrieben und nach einem zu vereinbarenden Zeichen in gleicher Weise geantwortet werden. Diese Art der Telekommunikation ist hypothetisch geblieben, erinnert jedoch an das »Instant Messaging«. Anstelle der visuellen Signale für die Buchstaben sollten C.M. zufolge auch akustische, beispielsweise kleine Glocken, verwendet werden können, so dass ein geschultes Ohr die buchstabierte Nachricht als Tonfolge hören und sich damit die Niederschrift der Nachrichten erübrigen würde. C.M.s Vorschlag wurde auch aufgrund technischer Hindernisse zunächst nicht realisiert. 1782 griff Georges Louis Lesage aus Genf die Idee jenes Draht-Telegraphen auf und realisierte einen aus 24 isolierten Drähten bestehenden Telegraphen, mit dem von einem Zimmer in ein

---

47 Henning 1908, S. 93.
48 Henning 1908, S. 70 geht davon aus, dass es sich hierbei um einen Mann namens Charles Marshall handelt.
49 Fahie 1974, S. 69.

benachbartes Zimmer telegraphiert werden konnte.⁵⁰ Optisch war er am Modell eines Klaviers orientiert und sollte durch eine unterirdische Holzleitung auch große Entfernungen überwinden. Auch dieser frühe Vorschlag für auf Elektrizität beruhende Telegraphie wurde nicht breitflächig verwirklicht.⁵¹

Ein weiterer früher Vorschlag eines auf Elektrizität beruhenden Telegraphen stammt von dem römischen Jesuiten Joseph Bozolus. 1767 wollte er einem sich in der Ferne befindenden Freund mit Hilfe elektrischer Funken eine Nachricht buchstabieren.⁵² Bozulus imaginierte unter Verwendung einer Leidener Flasche funkenbasiertes Fernsprechen, ihm schwebte ein (einseitiges) Kommunikationsszenario zwischen zwei sich in verschiedenen Häusern befindenden Freunden vor. In einem der Gebäude sollte sich ein »Sender«, eine Reibungselektrisiermaschine mit einer Verstärkungsflasche, befinden, die mittels zweier Drähte an einen »Empfänger«, der »Funkenstrecke im Hause des Freundes« angeschlossen sein sollte.

»[...] Der Draht aber möge so unter der Erde verlegt werden, dass er mit jenem Teil, in dem die mäßige Unterbrechung angelegt ist, im Hause des Freundes auftaucht. Nachdem dies durchgeführt ist, wird der Dunst, wenn die Tafel entladen wird, nicht auf dem kürzesten Weg durch den Fußboden, auf dem die Maschine steht, sondern durch den längeren des Drahtes getragen werden, und es wird im Hause des Freundes ein Funken zwischen den zwei Teilen des sich bis dorthin erstreckenden metallischen Drahtes erscheinen. Jetzt kann durch eine geringe Mühe gewissermaßen ein Alphabet aus den Funken mit dem Freund zusammengesetzt werden und nach Art des Redens irgendetwas verabredet werden.«⁵³

Bei seinem Vorschlag berücksichtigte Bozolus nicht, wie die Verbindungsdrähte isoliert werden sollten, was die rein theoretische Konstitution seines Vorschlags unterstreicht. Im Gegensatz zu C.M. sah Bozolus nur eine und nicht mehrere mit der Anzahl der Buchstaben des Alphabets korrespondierende, Leitungen vor, und musste demzufolge das Alphabet in einen Funkencode übersetzen. Diese Übersetzung in einen Code ist an sich nichts Neues, ihre Realisierung mittels elektrischer Spannung jedoch schon. Das Kommunizieren »nach Art des Redens« mittels Elektrizität setzte sich erst im 20. Jahrhundert durch.

---

50 Henning 1908, S. 71-72.
51 Aschoff 1984, S. 131 ff.
52 Vgl. Aschoff 1984 S. 125 ff; sowie Fahie 1974, S. 77.
53 Josephus Bozulus (Giuseppe Bozzoli) zitiert nach Josephus Marianus Parthenius zitiert nach Aschoff 1984, S. 127-128.

Im ausgehenden 18. Jahrhundert häuften sich die Vorschläge bezüglich eines elektrischen Telekommunikationsapparats.[54] Auch Claude Chappe spielte mit dem Gedanken, einen elektrischen Telegraphen zu bauen, verwarf ihn jedoch zugunsten seines Semaphors. 1790 hatte er einen aus zwei an Glocken und Gongs auf einer Kasserole gekoppelten, synchronisierten Uhren bestehenden Telegraphen entwickelt. Die Ziffernblätter waren mit den Zahlen 0-9 versehen und nach einem Gongschlag wurde abgelesen, in welchem Feld sich der Sekundenzeiger befand. Die Ziffern entsprachen dem Alphabet und die Schallgeschwindigkeit wurde mitberücksichtigt. Da diese Methode leicht zu Verwechslungen von nahe beieinander liegenden Buchstaben führte, versuchte Chappe das Problem durch Elektrizität, über die er bereits einige Aufsätze im »Journal de Physique« veröffentlicht hatte, zu lösen. Hierzu verwendete er isolierte Drähte und eine Leidener Flasche, wodurch zwar das Problem der Genauigkeit gelöst werden konnte, aufgrund der mangelhaften Isolierung konnten jedoch nur geringe Distanzen überbrückt werden.[55] Da Chappe dieses Hindernis unüberwindbar erschien, wandte er sich stattdessen einem optisch-mechanischen System zu.

Der Engländer Francis Rolands entwickelte 1816 einen elektrischen Telegraphen, der demjenigen Chappes ähnelte, jedoch anstatt Zeigern eine drehbare Scheibe mit einer Kerbe, durch die jeweils ein Buchstabe sichtbar war, besaß. Zudem schepperte er im Gegensatz zu Chappe nicht mit Pfannen oder gab visuelle Signale um einen Buchstaben zu signalisieren sondern verwendete hierfür elektrischen Strom. Ein Friktionsgenerator erzeugte in der Sendestation einen Stromstoß, der durch einen Draht geleitet wurde und zwei Kügelchen in einem Ablesegerät elektrisch auflud, die sich kurz abstießen und dabei einen Buchstaben signalisierten.[56] Diese auf Elektrizität basierende Methode der Telekommunikation funktionierte zwar, wurde aber ebenfalls nicht flächendeckend realisiert.

Ende des 18. Jahrhunderts experimentierten mehrere Forscher vor allem in den USA und Europa mit Elektrizität um einen auf

---

54 1773 von einem Genfer Arzt namens Louis Odier, 1777 von dem italienischen Naturphilosophen Alessandro Volta (der hierzu ergänzend Pistolen verwenden wollte), 1792 von einem anonymen Autor, der fünf Kabel und Holzrohre beinhaltet, 1787 den tatsächlich realisierten Telegraphen des Pariser Mechanikers Lomond uvm. Vgl. Fahie 1974, S. 80 ff; sowie Aschoff 1984, S. 129 ff.
55 Fahie 1974, S. 94.
56 Standage 1999, S. 21-22.

Draht basierenden Telekommunikationsapparat herzustellen.[57] Keiner dieser Apparate erwies sich als derart perfektioniert, dass er zu einem System ausgebaut wurde. Erst im 19. Jahrhundert war Elektrizität soweit erforscht, dass sie tatsächlich breitflächig für Telekommunikationszwecke eingesetzt werden konnte. Die frühen Versuche mittels elektrischer Leitungen einen Telegraphen zu bauen, sind hier lediglich insofern interessant, als dass sie grundlegend für die frühen Versuche, ohne Draht Informationen in die Ferne zu senden und aus ihr zu empfangen, sind. Auffällig ist, dass viele der ersten Telegraphen an Uhren und damit an Messgeräte von Zeit gebunden waren, und sich zudem an Transportmittel wie den Zug angliederten. Die ersten »mobilen« Medientechnologien waren eng an das Automobil geknüpft.

Im Folgenden werde zwei weitere auf Elektrizität und Drähten beruhende Mediensysteme aufgegriffen. Zum einen Samuel Morses Telegraph und der damit einhergehende Telegraphie-Code. Dieser bildete die Grundlage für die Simplifizierung von Telekommunikation im Zusammenhang mit Elektrizität. Zudem entstand im Zusammenhang mit dem Morse-Telegraphen das so genannte »sound reading«. Durch dieses wurde der mit dem Telegraphieren als Nebenprodukt einhergehenden akustischen Information durch ihre Anwender eine Schlüsselrolle zugewiesen. Zum anderen wird im Folgenden der Nadeltelegraph von Cooke und Wheatstone aufgegriffen. Auch an diesem zeigt sich, dass der Gebrauch eines Mediums und seine zukünftige Bedeutung nicht im Vorhinein determiniert sind.

Morse

Der Berufsmaler Samuel F.B. Morse führte Experimente zur drahtlosen Telegraphie durch, populär wurde er jedoch durch eine andere Erfindung. Im Oktober 1832 kam ihm auf einer Schiffsrückfahrt von Le Havre nach New York – nach einem dreijährigen Aufenthalt in Europa, den er unter anderem dazu genutzt hatte, 38 im Louvre exponierte Gemälde in Miniaturform auf eine Leinwand zu kopieren um sie so dem amerikanischen Publikum zugängig zu machen – angeregt durch Gespräche mit dem sich ebenfalls an Bord befindenden Charles Jackson, der einen Elektromagneten mit sich führte, ein Geistesblitz:

---

[57] Für eine ausführliche Beschreibung der auf unterschiedlichen Elektrizitätsformen beruhenden Telegraphie-Apparate sowie der mit ihnen verbundenen Visionen ihrer Konstrukteure vgl. Fahie 1884, insb. Kapitel 3 ff.

»If the presence of electricity can be made visible in any part of the circuit, I see no reason why intelligence may not be transmitted instantaneously by electricity.«[58]

Aus der Möglichkeit, Elektrizität sichtbar machen zu können, leitete Morse also ab, dass »Intelligenz«, Information, durch diese transportiert werden könne. Der Gedanke, Elektrizität zur ›Übertragung von Intelligenz‹ zu nutzen, ist nicht neu. Die Idee, aus der Möglichkeit der Visualisierung von Elektrizität explizit auf deren Tauglichkeit für ein Zeichenübertragungssystem, für Fernkommunikation, zu schließen, und die Visualität dabei als bestimmenden Parameter zu setzen, jedoch schon. Morse war der erste, der den Umstand, dass Strom nur ein- und ausgeschaltet werden konnte, es also nur zwei distinkte Zustände gab, die verwendet werden konnten, in eine simplifizierende und zeitbasierte Lösung überführte. In diesem Zusammenhang bereicherte er die Telegraphie um einen Code, der sie zugleich vereinfachte und beschleunigte.

Nach mehreren anderweitigen Überlegungen entschied er sich dafür, ein »zwei-Signal-Schema« zu entwerfen, das auf kurzen und langen Stromstößen beruhte.[59] Es war also eine Differenz in der Zeit, die einen Unterschied machte und damit als Informationsträger für Telekommunikation verwendet werden konnte. Während jener Atlantiküberquerung entwarf Morse den nach ihm benannten Kommunikationscode. Zunächst ersann er sich den »American Morse Code«, der im Gegensatz zum kontinentalen Code komplexer ist.[60] Anfänglich arbeitete er mit einem Zahlensystem, für das nummerierte Code-Bücher benötigt wurden. Diese Idee verwarf er jedoch, und ersetzte sie durch jenen alphabetischen Code, der durch eine Kombination von Punkten und Strichen dargestellt wird. Der Morse-Code besteht aus drei Zuständen (»Punkt«, »Strich« und »Pause« bzw. kurz, lang und nichts) und setzte sich als telegraphischer Standard durch. Morse und sein Assistent Alfred Vail wiesen dem

---

58 Samuel Morse zitiert nach Hawks 1927, S. 70. Jonathan Sterne zitiert diese Stelle wie folgt: »It immediately occurred to me, that if the presence of electricity could be made visible in any desired part of this circuit, it would not be difficult to construct a system of signs by which intelligence could be instantaneously transmitted.« Vgl. Jonathan Sterne: The Audible Past. Cultural Origins of Sound Reproduction. Durham & London: Duke University Press, 2003. S. 144.
59 Vgl. Standage 1999, S. 32.
60 Dunlap 1944, S. 40. Der Continental oder International Code beinhaltet mehr »dashes« (Striche) und keine »spaced-letters« (Sperrdruck), daher lassen sich mit ihm leichter Missverständnisse vermeiden. Das Morse Telegraph Alphabet beinhaltet weniger Striche und ist daher schneller.

am häufigsten verwendeten Buchstaben die kürzeste Signalfolge zu, so entspricht der Buchstabe »e« einem Punkt.[61]

Zu diesem Code entwarf Morse bereits während jener Schifffahrt auch einen elektrischen (drahtgebundenen) Telegraphen, der die Nachrichten durch einen Stift in Zick-Zack-Linien aufschrieb. Zur Einweihung dieses Systems wurde diese Methode 1844 durch eine sich hebende und senkende Tintenfeder, die eine Linie von Punkten und Strichen zeichnete, ausgetauscht. Im Gegensatz zu den vorhergehenden Telegraphen ist das Telegraphierte bei Morse also bereits aufgeschrieben, es muss nicht mehr manuell gespeichert, sondern nur übersetzt werden.

Während frühe visuelle Telekommunikationssysteme wie die von Polybios und Julius Africanus die Zeichen räumlich darstellten, ist beim Morse-Code allein die zeitliche Ebene von Relevanz. In den älteren Systemen war die Länge des Signals, beispielsweise des Aufscheinens einer Fackel, nicht bedeutsam. Diese wird nun zum Informationsträger. Es ist nicht länger nur entscheidend, dass oder ob das Signal erscheint, sondern vor allem wie lange es dauert. Durch den Morse-Code wird zudem die Beschaffenheit des Signals informationsfrei:

»Auf die beiden einfachsten Formen des Zeichens, kurz und lang, oder, in zwei Dimensionen des Raumes projiziert, senkrecht und schräg (oder waagrecht) lassen sich alle Mittel der Zeichengebung, optische und akustische, abstimmen und man kann deshalb mit allem telegraphieren, was sichtbar und hörbar und willkürlich bewegbar ist.«[62]

1937 führte Morse die ersten Versuche mit seinem Schreibtelegraphen durch, für den er im September desselben Jahres ein Patent beantragte.[63] Der Telegraph bestand aus Draht, Blech und einem Uhrwerk und war, wie die meisten frühen Telegraphen, schriftbasiert. Er wandelte elektrische Impulse in Schriftzeichen um, das somit Ferngeschriebene musste also abgelesen und aus der Maschinen- bzw. Technologiesprache übersetzt werden. In der Anfangsphase der elektrischen Medien wurde Telekommunikation zwar primär visuell gedacht[64], mit der Morses Telegraphen eigenen Aufzeichnungsmethode gingen als Begleiterscheinungen jedoch auch akustische Informationen, Nebengeräusche, einher. Diese

---

61 Standage 1999, S. 43.
62 Riepl 1972, S. 103.
63 Sarkar 2006, S. 72
64 Lewis Coe: The Telegraph. A History of Morse's Invention and its Predecessors in the United States. Jefferson, N.C., und London: McFarland & Co., 1993. S. 20.

wurden von den Anwendern der Medientechnologie, den Telegraphisten, als Mittel verwendet, um die Technologie zu optimieren.

Eigentlich sollten die Operateure die Zick-Zack-Linien bzw. später die Punkte und Striche, die der Telegraph ausgab, ablesen und ins Englische übersetzen. Es dauerte jedoch immer eine Weile, bis das beschriebene Band aus dem Telegraphen kam, so dass die Nachricht zunächst gehört und erst dann auf dem Papier gesehen wurde. Einige Operateure waren von dieser Verlangsamung gelangweilt und begannen die Nachrichten ins Englische zu transkribieren, indem sie auf den Klang der Maschine hörten. Sie ignorierten also das beschriebene Band und tippten bzw. übersetzten die Nachrichten nach Gehör. Diese also »sound reading«[65] bekannt gewordene Methode erwies sich als effizienter als die in der Technologie von ihrem Konstrukteur eigentlich vorgesehene. In Folge wurden die Telegraphen-Operateure mit Kopfhörern ausgestattet und lasen die Nachrichten nun offiziell nicht mehr ab, sondern hörten schlicht auf die Geräusche der Telegraphie-Maschine.

Bei seiner Erfindung des Telegraphen und des damit einhergehenden Kommunikationscodes träumte Morse davon, dass die Welt mit jenen »Kanälen für diese Nerven« durchzogen wird, »die mit der Geschwindigkeit des Gedankens ein Wissen über alles, was in diesem Land geschieht, verbreiten und so in der Tat alle Menschen zu Nachbarn machen.«[66] – Die Vorstellung, dass eine Medientechnologie die Welt zu einem kleinen Platz werden lasse, wiederholte sich rund 40 Jahre später angesichts des Telefons, etwa 70 Jahre später angesichts der ersten drahtlosen transatlantischen Telegraphie-Übertragung, und rund 150 Jahre später angesichts der Erfindung des Internets.

ELEKTRISCHE NADELTELEGRAPHIE

Der Konstruktion von Morses elektromagnetischem Telegraphen und seinem Kommunikationscode ging 1831 die nahezu zeitgleiche Entdeckung der elektro-magnetischen Induktion durch Michel Faraday in England und Joseph Henry in den USA voraus. In England konstruierten William Cooke und Sir Charles Wheatstone einen elektromagnetischen Telegraphen, für den sie am 12. Juni 1832 ein Patent anmeldeten.[67] Cookes und Wheatstones Telegraph basierte auf Elektromagnetizismus und bestand aus fünf mit magnetischen Nadeln versehenen Drähten, die zu verschiedenen Punkten auf ei-

---

65 Vgl. Coe 1993. S. 16; sowie Sterne 2003, S. 147.
66 Vgl. Hartmann 2006, S. 51.
67 Es nannte sich »A Method of Giving Signals and Sounding Alarms at Distant Places by Means of Electric Currents Transmitted through Metallic Circuits«, vgl. Holzmann und Pehrson 1995, S. 205.

ner kreisförmigen Drehscheibe zeigten. Die dabei möglichen Kombinationen bildeten die Buchstaben des Alphabets ab.[68] Cooke sah in den Eisenbahngesellschaften einen Nischenmarkt für diesen Telegraphen, so wurde er zunächst auf der dreizehn Meilen langen Strecke zwischen Paddington und West Drayton der Great Western Railway eingesetzt. Auch wenn dieser Nadeltelegraph nicht nur in der Eisenbahn eingesetzt wurde, zeigt sich auch hier die Kopplung von Telekommunikation und räumlicher Mobilität.

Wie derjenige von Morse wurde auch dieser Telegraph aus einem Anwendungskontext heraus zum Besseren modifiziert. 1837 fielen auf einer Telegraphenlinie des Nadeltelegraphen in London drei der fünf Drähte aus. Um den Betrieb aufrecht zu erhalten, dachten sich die Telegraphisten einen neuen Code aus, der nur mit den beiden verbliebenen Drähten funktionierte, und zwar genauso gut oder besser als mit den vorgesehenen fünf Drähten. Später stellte sich heraus, dass zum Übermitteln der Signale sogar nur ein Draht ausreichend war. In Folge basierte der Nadeltelegraph standardgemäß auf nur einer Drahtverbindung.[69]

Während Morses Schreibtelegraph eine Polung verwendete, die an- und ausgeschaltet wurde, basierte Cookes und Wheatstones Nadeltelegraph auf Spannungswechseln. Zeichen und Lücken wurden durch die Übermittlung von positiver und negativer Spannung signalisiert, diese Methode wird noch heute in digitalen Systemen verwendet.[70] Über eine Distanz, die Drähte von mehr als zehn Metern Länge erforderte, funktionierte dieser Telegraph jedoch ebenso wenig wie der von Morse. Dies lag an der verwendeten Batterie. Wheatstone und Cooke waren wie auch Morse mit naturwissenschaftlichen Erkenntnissen kaum vertraut, sie waren Forscher, keine Wissenschaftler.

1858 ließ Wheatstone den sogenannten »Communicator« patentieren, einen automatisierten Telegraphen, der ohne einen Telegraphisten auskam.[71] Er bestand aus zwei übereinander angeordneten kreisförmigen Scheiben, auf welche das Alphabet geschrieben war und die mit je einem Zeiger versehen waren. Die obere Scheibe zeigte eingehende Botschaften an, die untere Scheibe wurde zum Senden von Botschaften verwendet. Der gewünschte Buchstabe

---

68 Zur Funktionsweise des elektromagnetischen Nadeltelegraphen vgl. James Hugh Perry (Hg.): An Explanation of the Construction and Method of Working the Magnetic Needle Telegraph. London: Brentwood, 1846; sowie Standage 1999, S. 40.
69 Wheatstone war auch der Erfinder des Stereoskops und führte 1827 das Wort »Mikrofon« ein, vgl. Dunlap 1944, S. 63.
70 Coe 1993, S. 16.
71 Standage 1999, S. 208.

wurde mittels einer Kurbel angewählt und zum Senden eines Buchstabens musste der sich neben ihm befindende Knopf gedrückt werden. Beim Eingang einer Botschaft klingelte eine Glocke. Derartiges »automatisiertes Telegraphieren« setzte sich ab 1870 durch, da hierdurch der Aufwand für die Ausbildung der Telegraphisten entfiel. Bereits 1855 hatte David Hughes einen automatisierten Telegraphen entwickelt, der durch seine Klaviertastatur auch von Laien bedient werden konnte. Diese Ideen, welche die Bedienung des Telegraphen vereinfachen sollten, waren mit dem Morse-Telegraphen jedoch inkompatibel.

Als Wheatstone 1858 einen automatischen Sender, der mittels eines gestanzten Papierstreifens operierte, entwickelte, wurde der »menschliche Telegraphist das erste Mal voll ersetzt«.[72] Die automatisierten Telegraphen waren deutlich schneller, gleichzeitig jedoch auch teurer in der Anschaffung als die herkömmlichen, durch geschulte Telegraphisten zu bedienenden Apparate.

WASSER-TELEGRAPHIE

Nach der Entwicklung seines Kommunikationscodes machte Morse von 1842-1844 die ersten bekannt gewordenen Experimente mit kabelloser Telegraphie durch Wasser, also partiell drahtloser Telegraphie. Die Idee kam ihm als ein Anker ein in einem Fluss liegendes Telegraphenkabel durchtrennt hatte. Er platzierte zwei Elektroden auf jeder Seite des Ufers und versuchte die Elektrizität durch den Fluss fließen zu lassen.[73] Für eine optimale Kommunikation, so Morses Schlussfolgerung, müsse der Abstand zwischen den Elektroden auf jeder Seite des Kanals drei Mal die Weite des Kanals betragen. Er führte Experimente über einen Fluss von einer Meile Breite durch und im Dezember 1842 gelang es ihm durch einen New Yorker Kanal zu telegraphieren.[74] Das Experimentierstadium verließ Morses drahtloser Telegraph trotzdem nicht.

Bereits im frühen 19. Jahrhundert – nach der Entdeckung und partiellen Erläuterung elektromagnetischer und elektrochemischer Phänomene sowie der Erkenntnis, dass elektrische Kraft auf diverse Weise erzeugt und gespeichert, und mittels einer Verbindung durch Metalldraht weitergeleitet werden kann – hatte es erste Versuche gegeben zumindest teilweise ohne Kabel zu telegraphieren. Die Überwindung von großen Distanzen war aufgrund des Energieverlusts durch mangelnde Isolation noch immer schwierig. Zudem war es kompliziert überhaupt die hierzu benötigten großen Spannungen herzustellen. Hinzu kam, dass die Verlegung von Drähten sehr kos-

---

72 Standage 1999, S. 209.
73 Lindell 2005, S. 249.
74 Righi und Dessau 1907, S. 307.

tenaufwendig und bei zu überwindenden Gewässern zudem problematisch war. Zwecks Lösung dieser Schwierigkeiten wurde versucht, statt isoliertem Draht Wasser oder den Erdboden als Rückleiter zu verwenden, wodurch zumindest eine Drahtstrecke eingespart werden würde. Diese Versuche waren zwar nur von minimalem Erfolg gekrönt, führen jedoch zufälligerweise zur Entwicklung drahtloser und später mobiler Medientechnologien.

1811 entwickelte der Münchner Arzt Samuel von Sömmering einen funktionierenden galvanischen Telegraphen. Dieser besaß für jeden Buchstaben des Alphabets ein Kabel und es konnten mit ihm über eine Distanz von zwölf Kilometern Nachrichten buchstabiert werden. Bei seinem Versuch zwei der Kabel durch mit Wasser gefüllte Tröge zu unterbrechen, fand Sömmering heraus, dass die Verbindung weiterhin funktionierte wenn er zwei Tröge verwendete, wenn er jedoch beide Elektroden durch denselben Trog unterbrach, brach die Übertragung ab.[75] Er weitete daraufhin seine Experimente aus und verwendete die Isar und einen ihrer Nebenarme erfolgreich als Leiter. Da Gewässer mit 24 unterschiedlich zusammengesetzten Wasserarten entsprechend den Buchstaben des (verkürzten) Alphabets in der Natur jedoch nicht vorkommen, war sein Telegraph nicht vollständig funktionsfähig. Daher stellte Sömmering seine Telegraphie-Experimente bald wieder ein.[76]

Die Idee, Wasser als Leiter in der Telegraphie zu verwenden, war verbreitet. Bereits 1795 schlug Salvá i Campillo in einem Vortrag vor der Wissenschaftsakademie namens »Über die Anwendung von Elektrizität auf Telegraphie«[77] Seetelegraphie mittels isoliertem Draht und Wasser vor. Später ergänzte er, dass das Kabel auch komplett weggelassen werden könne. Sowohl Sömmering als auch Salvá y Campillo waren Ärzte bzw. Physiologen, also eigentlich fachfremd. Sie versuchten die Reizweiterleitung in den Nerven von Lebewesen auf die Telekommunikation mittels Elektrizität und Drähten anzuwenden, also lebenswissenschaftliche Entdeckungen mit naturwissenschaftlichen zu verbinden.[78]

Den ersten tatsächlich ›intelligenten‹[79] Vorschlag für einen drahtlosen Telegraphen machte der Münchner Physiker Carl August

---

75 Lindell 2005, S. 248
76 Hawks 1927, S. 63
77 Lindell 2005, S. 247
78 Im 19. Jahrhundert war die gängige Metapher für die beiden wesentlichen technologischen Errungenschaften, Dampfmaschine und Elektrizität, dass sie die »Muskeln und Nerven einer neuen Zeit« bildeten, vgl. Hartmann 2006, S. 54.
79 John J. Fahie: A History of Wireless Telegraphy 1838-1899. London, William Blackwood and Sons 1899. S. 5.

von Steinheil 1838. Auf eine Anregung von Carl Friedrich Gauß hin, der seit 1833 zusammen mit Wilhelm Weber eine aus zwei Kabeln und Kompassnadeln bestehende elektromagnetische Nadeltelegraphenlinie zwischen dem Magnetischen Observatorium und dem Physikalischen Institut in Göttingen unterhielt, einer Strecke von etwa drei Kilometern, versuchte Steinheil im Juli 1838 die beiden Schienen einer Eisenbahnstrecke als telegraphische Leiter zu verwenden. Aufgrund der mangelhaften Isolierung der Schienen gelang ihm das zwar nicht, es brachte ihn jedoch auf die Idee, den Erdboden statt eines Metalls als Rückleiter zu verwenden, wodurch die Hälfte der Kabelkosten eingespart werden konnten.[80] In seinem Aufsatz »Telegraphie, insbesondere durch galvanische Kräfte« führt Steinheil drei Methoden aus (Licht, Strahlungswärme und Klangausbreitung) um drahtlose Telephonie zu verwirklichen. Als natürliche Konduktoren sollten Luft, Wasser oder der Erdboden verwendet werden. Er schlussfolgerte:

»Wir müssen es der Zukunft überlassen, ob es je gelingen wird, auf große Distanzen hinweg ganz ohne metallische Verbindungen zu telegrafieren. Für kleinere Entfernungen bis zu 50 Fuß habe ich die Möglichkeit durch Versuche nachgewiesen.«[81]

Mit einem empfindlicheren Stromdetektor und stärkeren Elektroden könne mit einem solchen Telegraphen eine größere Strecke bewältigt werden, mutmaßte Steinheil.[82] Zudem schlug er eine drahtlose Signalübertragungsmethode vor, die auf Spiegeln, Wärme, Strom und einer Magnetnadel beruhte und dem Semaphor bei schlechtem Wetter überlegen sein sollte.[83] Steinheils Versuche und Überlegungen erwiesen sich zwar nicht alle als korrekt, sie waren jedoch recht kreativ und führten zu produktiven Mutmaßungen darüber, dass eines Tages auch das Sendekabel unnötig werde und man einzig durch die Erde telegraphieren könne. Insgesamt erwies sich die Telegraphie per Erdboden und per Wasser als nicht großflächig in der Praxis einsetzbar, da mit ihr nur eine geringe Distanz überwunden werden konnte. Diese frühe drahtlose Telekommunikationsmethode blieb also im Versuchsstadium stecken. – James B. Lindsay (1843), J.W. Wilkins (1845), die Gebrüder Highton (ab 1852) sowie Georg Dering (1853) versuchten sich ebenfalls an wasservermittelter Tele-

---

80 Righi und Dessau 1907, S. 306.
81 Righi und Dessau 1907, S. 306.
82 Lindell 2005, S. 249.
83 Vgl. Fahie 1899, S. 5; sowie Hawks 1927, S. 107.

graphie, und Walther Rathenau experimentierte 1894 mit Erd- und Wasserleitungen über den Wannsee.[84]

Als Paris im Winter 1870/1871 von Preußischen Truppen belagert wurde, gab es diverse Vorschläge um die unterbrochene telegraphische Verbindung zwischen Paris und den Provinzen wiederherzustellen. Neben auf Erde und Wasser basierenden akustischen Versuchen wurde auch eine aus in über tausend Metern Höhe schwebenden Ballons bestehende Luftlinie vorgeschlagen.[85] Ferner erdachte der Elektriker M. Bourbouze eine Methode der Informationsübertragung, die auf der Seine beruhte. Eine außerhalb der deutsch besetzten Zone stehende Batterie sollte Starkstrom durch die Seine fließen lassen, dieser sollte in Paris durch in den Fluss gelassene Metallplatten und ein Galvanometer empfangen werden. Erste Versuche hierzu in Paris glückten. Der Legende zufolge verließ d'Almeida daraufhin am 17. Dezember 1870 Paris um jene Batterie in England zu besorgen und bei Poissy aufzustellen, wo er am 14. Januar 1871 ankam. Dort musste er feststellen, dass die Seine komplett zugefroren war, weshalb er das Experiment bis zum 24. Januar aufschob. Zu diesem Zeitpunkt hatten die französischen Truppen jedoch die Kampfhandlungen bereits eingestellt, das Projekt wurde fallengelassen.[86] Bourbouze führte seine Experimente weiter fort, ob seine Methode jemals über relevante Distanzen hinweg funktioniert hat, ist jedoch ungewiss.[87]

DRAHTLOSE TELEGRAPHIE

Parallel zu diesen ersten Versuchen elektrischer Wasser-Telegraphie ohne Draht versuchte man mittels Luft bzw. des elektrischen Spektrums der Erdatmosphäre zu telegraphieren.

Als der Physiker Joseph Henry 1842 in seinem Arbeitszimmer eine Leidener Flasche entlud, magnetisierten sich die sich in seinem Keller, zwei Stockwerke und über neun Meter unterhalb des Labors, befindenden Nadeln.[88] Es sollte jedoch noch über zwanzig Jahre

---

84 Vgl. Righi und Dessau 1907, S. 308 ff; sowie Fahie 1899, S. 13ff; sowie Karl Riemenschneider: Drahtlose Telegraphie und Telephonie. Ihre geschichtliche Entwicklung vom Feuertelegraphen bis zur Hochfrequenzmaschine. Berlin: Richard Carl Schmidt & Co, 1925. S. 27.
85 Vgl. Fahie 1899. S. 71; sowie Lindell 2005, S. 250.
86 Fahie 1899, S. 72.
87 Righi und Dessau 1907, S. 109.
88 Burns 2004, S. 275. 1842. Nach seiner Entdeckung schreibt Henry in einem Paper für die American Philosophical Society: »[...] a single ark [...] thrown on the end of a circuit wire in an upper room, produced an induction sufficiently powerful to magnetize needles in a parallel circuit of wire

Telegraphie

dauern bis James Clerk Maxwell angelehnt an Faraday und Ampères Entdeckungen seine Differentialgleichungen zum Elektromagnetismus formulierte und Heinrich Hertz 1887 Maxwells Wellentheorie in der Praxis bestätigte. Ohne diese Erkenntnisse wäre drahtlose Telekommunikation nicht möglich geworden.[89]

Im August 1831 erzeugte Michael Faraday elektrische Spannung durch die wechselnde Änderung eines um einen Draht herum fließenden magnetischen Feldes und entdeckte damit die elektromagnetische Induktion. Im selben Jahr gelang es auch Henry aus einem Magnetfeld Strom zu erzeugen. Aufbauend auf dem zehn Jahre zuvor von Oersted entdeckten Prinzip des Elektromagnetismus sowie der noch nicht theoretisch abgesicherten Tatsache, dass und wie sich elektrische Schwingungen im Raum ausbreiten, baute Henry den vermutlich ersten drahtlosen Telegraphen, der auf elektromagnetischer Induktion beruhte. Mittels eines hufeisenförmigen Magneten, einer elektrischen Schelle und einer pendelnden Spindel gelang es ihm unter Anwendung des Elektromagnetismus über eine Entfernung von einer Meile drahtlos zu kommunizieren.[90] Als Hauptanwendungsgebiet für seinen Telegraphen schlug Henry die Schiffskommunikation über kurze Distanzen bei schlechtem Wetter vor. Denn insbesondere bei Nebel kann nicht immer gehört werden, aus welcher Richtung eine Schiffshupe erklingt, wodurch es leicht zu Kollisionen kommt, die Henry durch seinen magnetischen Induktionstelegraphen vermeiden wollte.[91] 1832, im selben Jahr, in dem er zum Erstaunen seiner Kollegen und Studenten eine drahtlose Telegraphenlinie zwischen seinem Labor und seinem Haus eingerichtet hatte,[92] schrieb Henry:

»Although the discoveries of Oersted, Arago, Faraday, and others, have placed the intimate connection of electricity and magnetism in a most striking point of view, and although the theory of Ampere has referred all the phenomena of both these departments of science to the same general laws, yet until lately one thing remained to be proved by experiment, in order more fully to estab-

---

    placed in the cellar beneath, at a perpendicular distance of 30 feet with two floors and ceilings [...] intervening«. Vgl. Dunlap 1944, S. 50.
89 Vgl. John S. Belrose: The Development of Wireless Telegraphy and Telephony, and Pioneering Attempts to Achieve Transatlantic Wireless Communications. In: Sarkar 2006, S. 349-420. S. 351
90 Sarkar 2006, S. 58.
91 Lindell 2006, S. 254.
92 Dunlap 1944, S. 48.

lish their identity; namely, the possibility of producing electrical effects from magnetism.«[93]

Henry schlug vor, anstatt eines herkömmlichen einen galvanischen Magneten für die Telegraphie zu verwenden, da dieser mehr Kraft besitze und seine Polarität schnell umgedreht werden könne. – Der Elektromagnetismus bildet die Basis für jene Telekommunikationstechnologien. Aus dem Phantasma des Sympathischen Magnet-Telegraphen entwickelte sich eine funktionierende Medientechnologie.

Das erste Patent für drahtlose Telegraphie wurde 1872 einem Zahnarzt aus Washington namens Mahlon Loomis zugesprochen. Auch seine Konstruktion ist jedoch in der Theorie bedeutsamer als in der Praxis.[94] Mit zwei 183 Meter langen an Drähten befestigten Drachen führte Loomis 1866 ein erfolgreiches Experiment zwischen zwei Berggipfeln in den Blue Ridge Mountains in Virginia durch. Drei Jahre später bewarb er sich beim amerikanischen Kongress um 50.000 Dollar für die Entwicklung eines Lufttelegraphen. Er erhielt diese Summe jedoch nicht, denn man befand seine Idee trotz jenes erfolgreichen und bezeugten Experiments als »absurd«.[95]

Noch bevor Hertz, Marconi und Tesla sich in drahtloser Telegraphie versuchten, erdachte sich Loomis also eine Methode des drahtlosen Telegraphierens, welche die elektrische Ladung der oberen Schichten der Erdatmosphäre nutzen sollte. Sein 1872 bewilligtes Patent »Improvement in Telegraphing« beantragte er bereits 1866. In ihm beschreibt Loomis seine Motivation wie folgt:

»The nature of my invention or discovery consists, in general terms, of utilizing natural electricity and establishing an electrical current or circuit for telegraphic and other purposes without the aid of wires, artificial batteries, or cables to form such electrical circuit, and yet communicate from one continent of the globe to another.«[96]

Der Telegraph sollte ohne Kabel oder Batterien allein durch die elektrische Ladung der Erdatmosphäre funktionieren. Als Rückleiter des Drachen-Telegraphen sollte die Erde verwendet werden, so dass nicht mehr nur ein, sondern kein Kabel mehr nötig war.

---

93 Joseph Henry: On the Production of Currents and Sparks of Electricity from Magnetism. In: The Amercian Journal of Science and Arts. Vol. XXII, Juli 1832. S. 403-408. S. 403.
94 Fahie 1899, S. 93 ff.
95 Dunlap 1944, S. 59.
96 Mahlon Loomis: Improvement in Telegraphing. United States Patent Nr. 129,971. Bewilligt am 30.07.1872. (http://www.pat2pdf.org/patents/pat129971.pdf)

»As in dispensing with the double wire, (which was first used in telegraphing,) and making use of but one, substituting the earth instead of a wire to form one-half the circuit, so I now dispense with both wires, using the earth as one-half the circuit and the continuous electrical element far above the earth's surface for the other part of the circuit. I also dispense with all artificial batteries, but use the free electricity of the atmosphere, co-operating with that of the earth, to supply the electrical dynamic force or current for telegraphing and for other useful purposes, such as light, heat and motive power.«[97]

Um jene atmosphärische Kraft nutzen zu können, sollte man sich an einen möglichst hoch gelegenen Ort wie einen Hügel begeben, damit Störungen durch Luftströme anderer Art, Wolken, und Feuchtigkeit vermieden werden. Weiter heißt es:

»Upon these mountaintops I erect suitable towers and apparatus to attract the electricity, or, in other words, to disturb the electrical equilibrium, and thus obtain a current of electricity, or shocks or pulsations, which traverse or disrupt the positive electrical body of the atmosphere between the two given points by connecting it to the negative electrical body of the earth below, to form the electrical circuit.«[98]

Zum Herunterleiten der in der Luft gewonnenen Elektrizität sollte ein isoliertes Kabel verwendet werden, das diese zum Fuße des Berges oder weiter leitete.

»I do not claim any new key-board nor any new alphabet or signals; I do not claim any new register or recording instrument; but what I claim as my invention or discovery [...] is - The utilization of natural electricity from elevated points by connecting the opposite polarity of the celestial and terrestrial bodies of electricity at different points by suitable conductors, and, for telegraphic purposes, relying upon the disturbance produced in the two electro-opposite bodies (of the earth and atmosphere) by an interruption of the continuity of one of the conductors from the electrical body being indicated upon its opposite or corresponding terminus, and thus producing a circuit or communication between the two without an artificial battery or the further use of wires or cables to connect the co-operating stations.«[99]

Obwohl der Drachen-Telegraph Funken erzeugte wenn die Drachenschnur den Boden berührte und dabei elektrische Wellen aussendete, besaß Loomis keine Mittel um diese ausfindig zu ma-

---

97 Loomis 1872.
98 Loomis 1872.
99 Loomis 1872.

chen.[100] Daher wurde diese Methode der drahtlosen Telegraphie zwar patentiert, aber nicht systematisch realisiert. 1911 lebte die Idee, Drachen zur Telekommunikation zu verwenden, wieder auf, wie an einem Artikel in der Zeitschrift »Modern Electrics« ersichtlich wird, in dem es heißt:

»An Englishman, Matthews, is preparing for extensive experiments with his system of wireless telephony. He proposes to use men lifting kites to talk a distance of 25 miles between Chepstow and Cardiff, England. His outfit is said to be contained within a small box and consists principally of a battery, a motor, and a transformer, the whole weighing but twelve pounds. The cost is stated to be about $50 by the inventor. While the electricians are quite skeptic as to the value of the invention, the inventor displays the characteristic assurance of success.«[101]

Bekanntlich setzte sich diese Art und Weise der Nutzung der Erdatmosphäre oder des »Äthers« nicht durch. Das elektromagnetische Spektrum ist jedoch grundlegend für die Möglichkeit mobiler Medientechnologien.

Elektrisches Übertragen

Unabhängig von ihrer konkreten Realisierung verursachte die elektrische Telegraphie zahlreiche Verwirrungen und Missverständnisse. Vermutlich bestand ein Grund hierfür darin, dass sie für Laien unverständlich war und nur von ausgebildeten Spezialisten bedient werden konnte. Es entstanden diverse Erzählungen und Mythen um den Telegraphen, die sich in ähnlicher Weise auch bei den auf ihn folgenden Medientechnologien anfinden lassen. Beispielsweise gingen einige davon aus, dass die Telegraphendrähte hohl seien und die Nachrichten physisch, auf Papier, durch sie hindurch bewegt werden würden (wie es bei der Rohrpost ja tatsächlich der Fall ist), andere meinten, die Drähte seien sprechende Röhren, wiederum andere waren überzeugt davon, dass Postenboten über die Drähte laufen würden.[102]

Während des Anfangstadiums der Telekommunikation schien es unbegreiflich, dass Information an einem anderen Ort anwesend werden konnte, ohne dass hierfür ein physikalischer Träger wie beispielsweise ein Brief bewegt wurde. Die Übersetzung einer Nach-

---

100 Der französische Physiker Edouard Branly erfand 1885 den Kohärer, den ersten Detektor von elektromagnetischen Wellen im Zusammenhang mit Forschungen zu Reizweitergabe durch Nerven, vgl. Dunlap 1944, S. 76.

101 O.V.: Another Wireless Telephone. In: Modern Electrics, Oktober 1911. S. 408. (http://earlyradiohistory.us/1911matt.htm)

102 Vgl. Standage 1999, S. 72 ff.

richt in einen Code, der elektrisch übermittelt und anschließend rückübersetzt wurde, war nicht transparent, sondern virtuell und damit nicht nachvollziehbar. Der Prozess des Telegraphierens entzog sich dem Paradigma des Visuellen als Garant der Glaubwürdigkeit und Wahrhaftigkeit.

Dieses Unsichtbare der Medientechnologie führte zu aus heutiger Sicht absurden Vorstellungen wie derjenigen, dass man die Nachrichten in »einem flüssigen Zustand« durch die Telegraphenleitungen sende. Denn nur so sei erklärbar, dass ein Brief durch jene Kabel von einem Ort an einen anderen gelangen könne.[103]

Der Telegraph war als Medientechnologie virtuell: Es geschah etwas, das sich an einem abwesenden Anderen auswirkte, es selbst war jedoch nicht direkt sichtbar. Das Schriftstück, dessen Inhalt übertragen werden sollte, befand sich noch im Telegraphenbüro, während die Nachricht unbeobachtbar bereits an einen anderen Ort gesendet worden war. Aus dieser Perspektive war der optische Telegraph, der zuvor virtuell und suspekt schien, eine im Vergleich mit der neuartigen Medientechnologie sichtbare und damit wirkliche Kommunikationsmethode. Denn bei jenem war das Weiterreichen der Nachricht zwar nicht verständlich, doch visuell nachverfolgbar. Der elektrische Telegraph hingegen produzierte nur Mäste und Kabelverbindungen sowie Zucken und Rattern.

Auch die frühen elektrischen Telegraphensysteme funktionierten ähnlich wie das Semaphor-System Chappes mittels aneinander gereihter Stationen. Diese Verkettung führte dazu, dass Nachrichten oft nicht direkt das intendierte Telegraphen-Amt erreichten da sie aufgrund von Kapazitäts-Engpässen auf einem Umweg über andere Stationen geleitet wurden. In einigen Ämtern häuften sich die Zettel an und es kam zu Staus auf dem »Gedankenhighway«.[104] Um diese Staus zu vermeiden, wurden in den Städten Boten ergänzend zum Telegraphen-System eingesetzt. Dies wirkte sich nicht förderlich auf die Glaubwürdigkeit des neuen Mediums aus. In den 1850er Jahren war das Telegraphen-Netzwerk in London derart überlastet, dass auch zeitkritische Telegramme nicht weitergereicht werden konnten. Um diesem Engpass auszuweichen, schlug ein Ingenieur bei der Electric Telegraphy Company ein System vor, das mittels Röhren und Luftdruck Nachrichten von der Börse zum Haupttelegraphenamt übermitteln konnte, die Rohrpost. Hierdurch wurde eine Strecke eingespart, und die eingehenden Nachrichten konnten ungehindert übertragen werden.[105] Da es wesentlich mehr

---

103 Standage 1999, S. 74.
104 So der Scientific American 1858, vgl. Standage 1999, S. 82.
105 Standage 1999, S. 105.

Kapazität hatte als eine Telegraphenlinie breitete sich das Rohrpostsystem im städtischen Bereich aus.

Erst durch die Erfindung des Duplex, durch den ein Kabel gleichzeitig für zwei Richtungen genutzt werden konnte, wurde die telegraphische Übertragung beschleunigt. Ebenso durch Thomas Alva Edisons Erfindung des Quadruplex 1874. Im selben Jahr erweiterte der Franzose Jean M. E. Baudot die Kapazität eines Kabels nochmals. Er wies die Leitung an den Enden des Kabels nacheinander durch im Dezisekundentakt synchronisierte Verteilerarme vier oder sechs Apparaturen zu. Damit konnte eine einzige Leitung bis zu zwölf Leitungsfunktionen nach- und nebeneinander erfüllen. Verwendet wurde hierbei nicht das Morsealphabet, sondern ein zehnstelliger binärer Code, bei dem die Buchstaben ebenfalls durch Stromimpulse dargestellt wurden. Bedient wurde dieser Telegraph mittels einer fünftastigen Tastatur, mit der circa 250 Wörter pro Minute gesendet werden konnten, die beim Empfangen auf einem Papierstreifen ausgedruckt wurden.[106]

FAZIT

Der erste als Netzwerk realisierte Telegraph war der in Frankreich von Chappe und anderen während der französischen Revolution entwickelte Semaphor. Gleichzeitig wurde in Schweden ein nicht auf Flügelarmen, sondern auf in Reihen angeordneten Klappen beruhendes Telegraphie-System entwickelt. Die Erforschung der Elektrizität und ihrer verschiedenen Erscheinungsformen führte zu Beginn des 19. Jahrhunderts zu diversen Versuchen, sie für Telekommunikation zu verwenden, nicht alle waren erfolgreich.

Das Phänomen der Elektrizität erschien zunächst sehr virtuell, denn – wie beispielsweise an den vom Schlag getroffenen Mönchsketten oder dem zuckenden Froschschenkel ersichtlich – sie funktionierte, ohne dass erklärt war, weshalb dem so war bzw. was sie war. Die Möglichkeit Elektrizität zu generieren und vor allem auch mittels der Leidener Flasche oder Voltas Batterie zu speichern, führte zu Versuchen diese unsichtbare Kraft weiterzuleiten und als Telekommunikationsmedium zu verwenden.

Die ersten auf Elektrizität basierenden Medientechnologien waren an Drahtverbindungen gebunden. Bereits im frühen 19. Jahrhundert gab es jedoch Versuche zumindest einen der Drähte, die für die Schließung des Stromkreises erforderlich waren, durch einen anderen Leiter wie den Erdboden oder Wasser zu ersetzen. Das erste Patent für drahtlose Telegraphie geht dem für das Telefon voraus, wenngleich sich jener Drachen-Telegraph nicht als tatsächlich realisierbares System herausstellte. Die während des 19. Jahrhun-

---

106 Standage 1999, S. 212.

Telegraphie

derts in Netzwerken realisierten Telegraphen waren elektromagnetischer Art, beispielsweise diejenigen von Morse oder von Cooke und Wheatstone. Buchstaben wurden von Telegraphisten in Zeichen übersetzt, durch Elektrizität übertragen und anschließend rückübersetzt. Code-Bücher waren hierfür nicht notwendig, wohl aber das Erlernen des Telegraphen-Alphabets. Das Beispiel des »sound reading« verdeutlicht, dass die Nutzung von Medientechnologien entgegen der in ihr angelegten Verwendungsweise möglich und hinsichtlich ihrer Evolution auch sinnvoll war.

Die elektrische Telegraphie wurde gleich der optischen Telegraphie auch die elektrische Telegraphie zunächst implizit als ein virtuelles Phänomen begriffen und erschütterte das Realitätsverständnis. Denn sie wirkte sich zwar aus, blieb jedoch an sich im Verborgenen, Unsichtbaren und war zunächst nicht erklärbar. Medientechnologien hingen schon zur damaligen Zeit eng mit Transporttechnologien zusammen: Schiffe sollten drahtlos mit der Küste kommunizieren können und Zuggleise dienten als Rückleiter. Wie in Kapitel 10 ausgeführt wird, funktionierten auch die ersten Mobiltelefone nur aufgrund einer Transporttechnologie, des Automobils.

7. Drahtlose Telephonie und Radio

7.1 Fernsprecher

Wie wurde es möglich, nicht nur in Zeichen codierte Schrift sondern auch Töne mittels Elektrizität in der Ferne anwesend werden zu lassen? Auch in der Entwicklung des Fernsprechers ging eine nichtelektrische der später entstandenen elektrischen Methode voraus. Zunächst wurde versucht, die menschliche Stimme und das Gehör mittels mechanischer Vorrichtungen zu verstärken, analog zur Vergrößerung und Neukonstituierung der menschlichen Sichtweite beispielsweise durch das Teleskop.

Der Sage nach gab es im klassischen Altertum so genannte »Sprechende Köpfe«, Orakelstatuen, die ihre Weissagungen akustisch verkündeten. Ihre Mundöffnungen waren vermutlich durch ein Rohr mit einem Nebenraum verbunden. Aus diesem konnte jemand unbemerkt in das Rohr hinein sprechen, wodurch die Täuschung entstand, dass es die Statue sei, die spreche.[1] Noch im Mittelalter sollen Albertus Magnus und Roger Bacon »Sprechende Köpfe« angefertigt haben. Der Legende nach soll Thomas von Aquin, ein Schüler von Albertus Magnus, einmal eine Bildsäule, die ihm »salve, salve« zurief, zerschlagen haben, da er in ihr das Werk des Teufels sah.[2]

Giambattista della Porta, der bekanntlich davon ausging, dass man auf den Mond schreiben können müsse und so telegraphieren könne, ersann sich 1589 in seiner Schrift »Magiae nautralis libri viginiti« eine Methode um »in der Weite« mit jemandem reden zu können. Möglich sei dies durch »mit freyer in die Luft geredeter Stimme durch Schallreflexionen in Flüstergalerien oder entlang einer ruhigen Wasseroberfläche. Aber sicherer und deutlicher kann man

---

[1] Von einer Sprachweiterleitung per Rohrleitung ist bereits bei Aristoteles zu lesen, vgl. Volker Aschoff: Drei Vorschläge für nichtelektrisches Fernsprechen aus der Wende vom 18. zum 19. Jahrhundert. München: R. Oldenbourg Verlag GmbH, 1981 (II). S. 9.
[2] Aschoff 1984, S. 218-219.

durch eine Sprachröhre guten Freunden alles zu wissen tun«[3]. Diese Sprachröhren sollten aus Ton oder Blei bestehen und Stimmen über mehrere Meilen hinweg transportieren. Dem lag die Annahme zugrunde, dass Stimme oder Sprache in entsprechend verschlossenen Leerräumen aufgefangen, aufbewahrt und auch weitergereicht werden könne. Hierzu müsste sie noch bevor sie akustisch vernommen werde mit einer bleiernen Röhre aus der Luft eingefangen werden. Fern-Sprechen ist bei Porta vor allem Fern-Schicken, wie dieses Zitat verdeutlicht:

»Darüber habe ich mir vorgenommen die Worte in der Luft (ehe sie gehöret werden) mit bleyernen Röhren aufzufangen / und solange verschlossen fortzuschicken / dass endlich / wenn man das Loch aufmacht / die Worte herausfahren müssen. Denn wir sehen / dass der Schall eine Zeit braucht biß er fortkommt; und wenn er durch eine Röhre gehet / dass er mitten könne verhalten werden.«[4]

Zusätzlich zu diesem System des Fernsprechens, des Verschickens von gesprochener Sprache gleich eines Briefs, das leider nicht funktionierte, erfand Porta auch ein tatsächlich sinnvolles Instrument, das Hörrohr. Allerdings schlug er vor, dass es einem Schneckenhausgewinde gleichen solle, da sich dies schallverstärkend auswirke, hierin der falschen aristotelischen Vorstellung folgend, dass Schall gleich einem Ball an Hindernissen abpralle.

Auch Athanasius Kirchner glaubte, dass Schall reflektiert werde und dass jede Reflexion den Schall verstärke. Er folgerte hieraus, dass ein gekrümmtes Hörrohr besser sei als ein gerades, da es den Schall an mehreren Punkten reflektiere und damit verstärke. Kirchner war fasziniert von architektonischen Abhörvorrichtungen wie dem »Ohr des Dionysos« und entwarf eine ähnliche Lauschüberwachung für einen Palast. Sie bestand aus gewundenen Hörrohren, mit denen, teilweise unter Zwischenschaltung eines elliptischen und damit der damaligen Vorstellung zufolge schallverstärkenden Flüstergewölbes, die Besucher durch einen »sprechenden Kopf« als Abhörstation belauscht werden konnten.[5] Auch dieses System blieb fiktiv, die Methode Klang mittels Rohren weiterzuleiten, war jedoch weiterhin populär.

---

3   Giambattista della Porta: Des vortrefflichen Herrn Johann Baptista Portae von Neapolis Magia Naturalis, oder Hauß- Kunst- und Wunderbuch. Hg.: Christian Peganium. Nürnberg: Johann Ziegers seel. Wittwe, 1713. 16. Buch, 12. Kapitel. Zitiert nach Aschoff 1984, S. 219.
4   Porta in Aschoff 1984, S. 220.
5   Aschoff 1984, S. 226.

Als Frankreich Ende des 18. Jahrhunderts von einem Netzwerk aus Zeichenschreibern durchzogen war, schien dessen Nachteil, nicht bei Nacht und Nebel zu funktionieren, ein Hindernis, das überwunden werden sollte. Der Mathematiker Gottfried Huth publizierte eine »Abhandlung über die Anwendung der Sprachröhre zur Telegraphie«, die einerseits eine Übersetzung einer Arbeit über akustische Instrumente des Franzosen J.H. Lambert aus dem Jahr 1763 war, und andererseits eine Kritik an der Wetter- und Sichtabhängigkeit von Chappes Semaphor. Hiermit war der Vorschlag verbunden ein alternatives System, das auf elliptischen Sprach- oder Hörröhren basierte, zu entwickeln.[6] Dieses sollte ebenfalls aus Türmen als Stationen stehen, jeder circa fünf Kilometer vom nächsten entfernt. Allerdings sollten die Signale anstatt per Flügelposition durch die menschliche Stimme weitergegeben werden: Auf dem Turm sollten Männer stehen, die die Nachrichten mittels Megaphon zur nächsten Station riefen.[7] Dieses auf gesprochener anstatt in visuelle Codes übersetzter Sprache basierende Telekommunikationsmedium sollte »der Telephon«[8], Fernsprecher, genannt werden. In Bezug auf die Unterschiede zwischen der »Telegraphie« mit optischen und mit akustischen Zeichen sowie zu seiner Worterfindung schreibt Huth:

»[...] Diese wesentlichen Unterschiede könnten also wohl einen verschiedenen Namen für die telegraphische Anstalt mittels der Sprach-Röhre verdienen und gewissermaßen nothwendig machen. Welcher aber würde nun hier sich schicklicher empfehlen, als der gleichfalls aus dem Griechischen entlehnte: Telephon, oder Fernsprecher.«[9]

Eine Schwierigkeit bestand Huth zufolge darin, dass sein Telephon – ähnlich wie Chappes Semaphor, der weithin sichtbar war – nicht nur von den Posten auf den Türmen gehört werde, sondern aufgrund der mangelnden Abschirmung und des sich in alle Richtungen ausbreitenden Schalls auch in der Nachbarschaft des Sprachrohrs vernehmbar sei:

---

6 Volker Aschoff: Drei Vorschläge für nichtelektrisches Fernsprechen aus der Wende vom 18. Zum 19. Jahrhundert. München: R. Oldenbourg Verlag GmbH, 1981. S. 12-21.

7 Diese Idee basierte auf der Legende, dass Alexander der Große ein extrem großes Megaphon verwendet hat um seinen Truppen während des Krieges Befehle zuzurufen, vgl. Holzmann und Pehrson 1995, S. 90; sowie Aschoff 1981 (II), S. 18.

8 Die maskuline Form aufgrund der Ableitung von dem Telegraphen.

9 Zitiert nach Aschoff 1981 (II), S. 21.

Mobile Medien

»Die in der Nachbarschaft einer Station lebenden Menschen würden dadurch (den lauten Schall, welchen das Sprachrohr hervorbringt) erschreckt und des Nachts in ihrer Ruhe und dem Schlaf gestört werden. Eine Schwierigkeit, welche freilich gänzlich nicht gehoben werden kann, sich aber vermindern ließe, dass man die Stationen des Telephons nicht zu nahe an von Menschen bewohnten Orten ... anlegt. Gleichwohl ließe sich wohl hoffen, dass die Menschen sich mit der Zeit an das neue Getöse, welches die Sprach-Röhre verursacht, gewöhnen würden, und dass diese ihrer Ruhe und ihrem Schlaf ebenso wenig hinderlich seyn möchte, als gegenwärtig das Abrufen der Nachtwächter dicht unterm Fenster der Schlafgemächer, das Bellen der Hunde auf den Straßen und Höfen, das Blasen vorbeifahrender oder reitender Postillione, und das Läuten der Glocken in den Frühstunden.«[10]

Wahrscheinlich war die damit verbundene Lautstärke einer der Gründe dafür, dass sich Huths Relais-Ruf-System nicht durchsetzte. Er hatte jedoch bereits dessen Anwendung als »mobile Medientechnologie« im Blick, denn er meinte, dass bewegliche Stationen sowohl in Kriegs- wie in Friedenszeiten sinnvoll seien.

Bereits 1783 hatte der französische Mönch Dom Gauthey eine Sprachübertragung durch Rohre vorgeschlagen. Da sein System aus Rohrleitungen mit Zwischenstationen bestand, konnte es allerdings kaum mobil werden.[11] Konkret ging es bei seinem Vorschlag darum, »die Stimme auf eine bestimmte Entfernung fortpflanzen ... und eine Nachricht durch geheime und verborgene Sprachrohrleitungen von Station zu Station artikulieren«[12] zu können und zwar indem sich der Ton der Stimme, so Gautheys Annahme, aufgrund der wiederholten Reflexion an den Wänden der zylindrischen Röhre verstärke. Dieser Effekt sollte durch einen kontinuierlichen Luftstrom in der Röhre sogar nochmals verstärkt werden können. Gauthey hielt es für möglich »mit diesem Mittel eine sehr schnelle und immer sichere Kommunikation zwischen zwei weit entfernten Orten zu erreichen«.[13] In der Theorie bestand Gautheys Telephon aus in die Erde eingelegten eisernen Rohren von etwa 800 Metern Länge und riesigen Jagdhörnern mit bis zu zehn Windungen. Hiermit hoffte er in einem fort bis zu vier Kilometer überwinden zu können. An den sich in diesen Abständen befindenden Stationshäusern

---

10 Zitiert nach Aschoff 1981 (II), S. 21.
11 Dom Gauthey: Expérience sur la propagation du son et de la voix dans des tuyaux prolongés a une grande distnace, nouveau moyen. Détablir & d'obtenir une correspondance très rapide entre des lieux fort éloigns´. Paris: Chez Prault, imprimeur du roi, 1783. Zitiert nach Aschoff 1981, S. 4 f. (»Über die Fortpflanzung des Schalles und der Stimme in Röhren, die sich über eine große Entfernung erstrecken.«)
12 Gauthey in Aschoff 1981 (II), S. 6.
13 Gauthey in Aschoff 1981 (II), S. 7.

sollten Militär-Invaliden oder Pensionäre die Rohrleitungen kostengünstig abhören, und das Gehörte sogleich in den nächsten Rohrabschnitt sprechen. Der Beginn der Sprachübertragung sollte beispielsweise mittels eines Pistolenschusses signalisiert werden. Für geheime Nachrichten sollte es eine Geheimsprache geben. Weil Gauthey die Geschwindigkeit des Schalls in der Röhre mit 350 m/s falsch einschätzte, ging er davon aus, dass sein Relaissprecher zugleich ein »Simultansprecher« sei.[14] Doch nicht nur aufgrund dieser Irrtümer sondern vermutlich auch aufgrund der politischen Situation im damaligen Frankreich sowie der Befürchtung, dass eine mündliche Nachricht durch die Wiederholung durch die Relaisstationen verfälscht werden könne – immerhin musste eine Nachricht zwischen Bordeaux und Paris um die 100 Mal wiederholt werden bevor sie ihr Ziel erreichen würde – gerieten seine Pläne in Vergessenheit.[15]

Ende des 18. Jahrhunderts konstruierte Wolfgang Ritter von Kempelen eine »sprechende Maschine«, einen mechanischen Apparat, der die menschliche Stimme simulierte. Angelehnt an Blasinstrumente wie Oboe, Klarinett und Fagott baute er zunächst ein einem Harmonium ähnelndes Gerät, das für jeden Vokal einen eigenen Schwingungsgenerator mit Resonator besaß, änderte seinen Bauplan später jedoch dahingehend, dass die sprechende Maschine nur einen Vokalresonator hatte, der wie ein halbkugelförmiger Schalltrichter geformt war.[16] Auch dieser Fernsprecher, oder vielmehr diese automatische Sprechmaschine, die zum Fernsprechen nutzbar gewesen wäre, blieb eine Kuriosität.

Um 1810 schlug der deutsche Privatgelehrte Johann Wilhelm Ritter eine Körperschallübertragung vor. Begründet in der vermuteten Identität der Fortpflanzungsgeschwindigkeit von Schall und Elektrizität in festen Leitern dachte Ritter, dass unisolierte »Drahtcontinuen« von einer Länge von vielen Meilen dazu verwendet werden könnten, die menschliche Stimme weiterzuleiten:

»Die außerordentlich vollkommene Fortleitung von Schall, Wort und Rede, durch metallische Leitungen, die zur gleichen Zeit auch so schnell geschieht, scheint allerdings einer praktischen Verwendung fähig zu seyn. Es ist Aussicht da, dass noch ganz leise gesprochene Worte durch viele Meilen lange ganz einfache Drahtcontinuen fortgepflanzt, am anderen Ende der Leitung noch vollkommen vernehmbar anlangen. Die Drähte hierzu können vielleicht äußerst dünn seyn; haben nirgends nöthig isolirt zu seyn; für jede Station wird nur ei-

---

14 Aschoff 1981 (II), S. 8.
15 Vgl. Aschoff 1981 (II), S. 11.
16 Aschoff 1984, S. 236 f.

ner erfordert; und niemand wird zuhören können, der sich nicht Gelegenheit verschafft, unterwegs zum Drahte selbst kommen zu können.«[17]

Mit dieser leider nicht verwirklichbaren Methode sollten Häuser, die in einem regen Austausch standen, miteinander verbunden werden, so dass Bedienstete oder Boten eingespart werden könnten. Von Nutzen sei seine Erfindung auch deshalb, »da es keineswegs nöthig ist, dass der, der durch sie hören will, sein Ohr etwa beständig unmittelbar am Ende der Drahtleitung habe, sondern es genügt, sich eben nur in der Nähe ihrer Erdigung an einem sonst ruhigen und stillen Ort zu befinden.«[18] Somit sei das Fernsprechen nicht umständlicher als ein Gespräch unter Personen, die sich im selben Zimmer befänden. Die Idee, feste Körper als Schallleiter zu verwenden, geht allerdings nicht auf Ritter zurück. Bereits Schwenter hatte bemerkt, dass ein Baumstamm Schall in Form eines Klopfens weiterleitet und Robert Hooke beschrieb die Weiterleitung von Schall durch Glas.

Diese frühen Versuche einen Fernsprecher – ein Tele-phon – zu konstruieren, verdeutlichen, dass nicht erst die Möglichkeit elektrische Energie als Informationsträger zu verwenden und sie weiterzuleiten zu Überlegungen Sprache an anderen Orten anwesend werden zu lassen, geführt hat. Stimme bzw. gesprochene Sprache sollte durch Blei- oder Holzrohre weitergereicht oder gar in Behältnissen eingefangen werden. Diese Methoden erwiesen sich als zwar kurzfristig brauchbar, längerfristig jedoch nicht ausbaubar. Ende des 19. Jahrhunderts wurde das elektrische Telefonieren entwickelt, wodurch jene frühen mechanischen Versuche der Klangweiterleitung in Vergessenheit gerieten.

7.2 Drahtlose Telephonie

Eine recht simple Methode, um per Kabelverbindung Stimmen an einem anderen Ort präsent werden zu lassen, war in China bereits 968 n. Chr. bekannt: der »Faden-Fernsprecher« oder das »Bindfaden-Telephon«. Der Gelehrte Kung-Foo-Wing soll mittels zweier Bambus-Zylinder, von denen je ein Ende mit einem Resonanzbogen umspannt war und die durch eine Schnur miteinander verbunden waren, Sprache übertragen haben.[19] Diese später meist als Kinderspielzeug wahrgenommen Konstruktion konnte die menschliche

---

17 Johann Wilhelm Ritter: Vortrag vom 28. August 1809. In: Schweiggers Journal für Chemie und Physik, II. Band, Nürnberg, 1811. S. 217-231. Zitiert nach Aschoff 1981 (II), S. 24.
18 Ritter in Aschoff 1981 (II), S. 25.
19 Aschoff 1981 (II), S. 31.

Stimme, wenngleich in recht dürftiger Qualität, bei einem sich in Unweite befindenden Anderen anwesend werden lassen und war dabei, im Gegensatz zur Rufpost, nicht von Externen vernehmbar.

Um die Jahrhundertwende vom 17. zum 18. Jahrhundert hatte Porta vorgeschlagen Wörter mittels Bleiröhren in der Luft aufzufangen und dadurch zu speichern, und Joachim Becher ging zu jener Zeit davon aus, dass Wörter »in einer Flasche zu verschließen«[20] wären. Man nahm also an, dass gesprochene Sprache, Klang, in einem Behältnis gespeichert werden könne. Signifikanten schienen per se Raum einzunehmen, Ausdehnung stand für Bedeutung. Die Versuche eine »Fernstimme« zu realisieren, blieben bis zum Ende des 19. Jahrhunderts, als statt Mechanik Elektrizität als bestimmendes Prinzip verwendet wurde, rudimentär. Nun konnte Klang einerseits durch den Phonographen tatsächlich gespeichert und andererseits durch das Telefon über elektrische Leitungen weitergegeben werden. Das Telefon beruhte zunächst auf einer Kabelverbindung. Angeregt von Heinrich Hertz' Nachweis elektromagnetischer Wellen gab es diverse aus Experimenten und Zufällen entstandene Vorschläge um ohne eine Drahtverbindung Stimme senden und empfangen zu können. So entstanden das Radio, auf dem heutige mobile Medientechnologie ebenso basieren wie auf dem Telefon, und erste kabellose Telefonapparate wie das Radiophon.

Der harmonische Telegraph

Wie die meisten neuen Medientechnologien wurde auch das Telefon zunächst nicht als etwas Eigenständiges wahrgenommen, sondern zu einem ihm vorhergehenden Medium in Relation gebracht und als »harmonischer« oder »sprechender Telegraph« bezeichnet. Das Denken eines neuen Mediums mittels der Metaphorik und Begrifflichkeit des Alten ist auch im 20. Jahrhundert noch sehr gängig, wie beispielsweise am »Mobiltelefons« ersichtlich wird, das als Telefon bezeichnet wird obgleich seine Funktion weit darüber hinaus geht.[21]

Die Idee eines »harmonischen Telegraphen« entstand Ende des 19. Jahrhunderts aus der Erfindung der Duplex- und Quadruplex-Technologie, die ein Telegraphenkabel in bis zu vier Kanäle einteilen und damit Kapazitäten, Kosten und Zeit einsparen konnte. Der harmonische Telegraph sollte diese Unterteilung des Kabels nutzen

---

20 Aschoff 1981 (II), S. 35.
21 Zum Diskurs »neuer« Medien bzw. der These, dass neue Medien alte nicht ersetzen, sondern ihnen einen andern Platz im System zuweisen vgl. z.B. Jay David Bolter und Richard Grusin: Remediation. Understanding New Media. Cambridge und London: The MIT Press 1999; sowie Lisa Gitelman: Always Already New: Media, History and the Data of Culture. Cambridge: MIT Press, 2006.

und analog zum menschlichen Ohr, das bekanntlich mehrere Töne zugleich hören und diese kognitiv unterscheiden kann, funktionieren. Er sollte aus einer Reihe von in unterschiedlichen Frequenzen vibrierenden Zungen bestehen, deren Schwingungen mittels eines elektrischen Telegraphendrahtes an eine mit der ersten synchronisierten Zungenanordnung weitergegeben werden sollten. Mittels dieser Zungen sollten im Morsecode mehrere Nachrichten zugleich über ein Kabel telegraphiert werden können. Die Übertragung von menschlicher Sprache war hierbei zunächst nicht vorgesehen.[22]

An einem solchen »harmonischen Telegraphen« arbeiteten unter anderem Elisha Gray und Alexander Graham Bell. Grays Konstruktion sollte sechzehn Nachrichten über einen Draht übertragen können, es funktionierten jedoch nur sechs. Auch Bell hatte einen harmonischen Telegraphen im Sinn, als er per Zufall seinen Telefonapparat erfand. Nach einem Treffen mit Charles Wheatstone und Hermann Helmholtz in London 1871 fragte er sich: »Why cannot a vibrating reed or fork be made to vary an electric current so as to reproduce sound«[23] und plante einen »musikalischen Telegraphen« zu konstruieren, der mittels eines Drahtes so viele Nachrichten »wie es Tasten auf einem Klavier gibt« senden können sollte. Aus dieser Idee entstand 1874 der »harmonische Telegraph«, mit dem gleichzeitig zehn bis zwölf Morse-Signale über einen Draht gesendet werden konnten. Anschließend arbeitete Bell an einem »sprechenden Telegraphen«[24], dem späteren Telefon, das er bekanntlich mit dem Hintergedanken entwickelte, den Taubstummen zu ermöglichen verbal zu kommunizieren.[25] Die erste Telefonübertragung, die Bell 1875 gelang, resultierte aus einer zufälligen Fehleinstellung des »musikalischen Telegraphen«.[26]

Denn als Bell am 2. Juni 1875 seinen Telegraphen testete, blieb eine der Zungen stecken, woraufhin sein Assistent Thomas Watson kräftig an ihr zog und Bell am anderen Ende des Drahtes deutlich das Geräusch der zurückfedernden Zunge hörte, also ein Geräusch, das wesentlich komplexer war, als die Töne, die sein Apparat eigentlich übertragen können sollte.[27] Zufällig war er auf eine Methode ge-

---

22 Standage 1999, S. 215-216.
23 Hawks 1927, S. 97.
24 Standage 1999, S. 217.
25 Seine Idee war, dass Gehörlose durch das Beobachten der Vibrationen der Zungen erkennen konnten welche Klänge und damit auch welche Worte sie repräsentierten, sie sollten also Sprache an den Zungen ablesen können, vgl. Hawks 1927, S. 98.
26 Die Entdeckung des Telefons von Bell ist bereits mehrfach hinlänglich beschreiben worden, z.B. bei Hawks 1927, S. 99.
27 Standage 1999, S. 217.

stoßen, mit der nicht nur relativ simple Töne, sondern auch komplexe Klänge wie die menschliche Stimme übertragbar zu sein schienen. In Folge arbeitete er daran, seine Methode auszufeilen, und meldete, als er hörte, dass Gray ein ähnliches Projekt verfolgte am 14. Februar 1876 nur wenige Stunden vor diesem ein Patent für seine Erfindung an, obgleich es ihm erst rund einen Monat später gelang, mit diesem tatsächlich Sprache zu übertragen.[28] Die Konvertierung von Klang in Elektrizität und andersherum hatte Phillip Reis bereits 1863 durch einen Apparat zur Übermittlung von Tönen praktisch veranschaulicht.[29] Bells Erfindung kann daher als eine Verbesserung der Konstruktion von Reis angesehen werden, mit der nun auch die vergleichsweise komplexe menschliche Stimme übertragen werden konnte.[30]

Ursprünglich verwendete Bells Telefon dasselbe Gerät als Empfänger und als Sender, folglich musste es zwischen Ohr und Mund hin und her bewegt werden. Weil die Leiter sehr schwach waren, musste man in das Telefon brüllen um gehört zu werden, zudem war es nicht ausreichend isoliert. Die Erfindung des Kohle-Mikrofons sowie der Induktionsspule und des elektromagnetischen Empfängers in den späten 1870er Jahren verbesserten die anfänglich schlechte Qualität und kurze Reichweite des Kabeltelefons jedoch erheblich. Anstatt aus sichtbar vibrierenden Zungen bestand das Telefon nun aus Apparatteilen, die ihre Funktion versteckten, das Funktionieren des Apparats war jetzt nicht mehr wie anfangs vorhergesehen primär visuell, sondern akustisch prüfbar.

Das Telefon war zunächst nicht als wechselseitiges Kommunikationsmittel zwischen zwei Individuen gedacht, sondern, ähnlich des späteren Radios, als ein zentrales Unterhaltungsmedium, mit dem sich Konzerte anhören ließen, oder aber sich mittels so genannter »Party-Lines« amüsiert werden konnte.[31] Elisha Gray hatte bereits 1874/1875 diverse Versuche zum »elektroharmonischen Rundfunk« durchgeführt, und nachdem Bell den sprechenden Telegraphen 1876 erfolgreich bei der Philadelphia Centennial Exposition demonstriert hatte, war die Möglichkeit, diese Technologie zu Sendezwec-

---

28 Gray bewarb sich zudem um ein cerveat, kein Patent, vgl. Hawks 1927, S. 101.
29 Riemenschneider 1925, S. 23.
30 Zu Bell und Reis vgl. Klaus Beyer: Johann Philipp Ries – Alexander Graham Bell. Zwei Pioniere des Telefons. In: Margaret Baumann und Helmut Gold (Hg.): Mensch Telefon. Aspekte telefonischer Kommunikation. Frankfurt: Edition Braus, 2000. S. 57-74.
31 Michéle Martin: Hello, Central? Gender, Technology and Culture in the Formation of the Telephone Systems. Montreal: McGill-Queen's University Press, 1991. S. 140-166.

ken zu verwenden, evident. Im Herbst 1876 übertrug Bell Testkonzerte durch Telefonkabel von Paris nach Branford, Ontario. Ende der 1870er Jahre wurden eine Reihe solcher Übertragungen und Versuche ausgeführt, 1895 waren schließlich viele europäische Opernhäuser mit stereo- oder monophonen Telefon-Sendern ausgestattet. In Budapest begann 1893 ein kommerzielles Unterhaltungssystem namens Telefon-Hirmondo, kurze Zeit später nahm die Electrophone Company in London ihren Service auf.[32] Dieser Gebrauch des Telefons als primäres Empfangsmedium schwand in den folgenden Jahrzehnten durch die Einführung des Rundfunks.[33]

In der Individualkommunikation wurde das Telefon zunächst von wohlhabenden Schichten und von Männern verwendet. Die Angewohnheit von Frauen, es zu sozialen Zwecken, zum »chit-chat« zu verwenden, wurde von der Industrie anfangs ignoriert. Denn man war der Auffassung, dass eine so hochwertige Technologie wie das vom Telegraphen abstammende Telefon nicht zu so trivialen Zwecken wie Frauengeschwätz verwendet werden sollte. Darüber hinaus bestand die Befürchtung, dass die Privatsphäre durch das Eindringen jener als minderwertig angesehenen Konversationen in den Haushalt zerstört und sich das bislang distanzierte Verhältnis zwischen Männern und Frauen verschiedener Schichten auflösen würde.[34] Dennoch wurde das Telefon, anders als der Telegraph, schnell populär. Die Gründe hierfür sieht eine Werbung der Bell Telegraph Company vom Mai 1877 hierin:

»Geschulte Telegraphisten sind überflüssig: die Teilnehmer können ohne Intervention eines Dritten direkt miteinander sprechen. So ist eine viel schnellere Kommunikation möglich. [...] Es fallen keinerlei Betriebs-, Wartungs- und Reparaturkosten an. Das Telephon benötigt keine Batterie und hat keine komplizierten Mechanismen. Es ist unübertroffen, was seine Wirtschaftlichkeit und Einfachheit anbelangt.«[35]

---

32 Elliot N. Sivowitch: A Technological Survey of Broadcasting's ›Pre-History‹, 1876-1920. In: Journal of Broadcasting, Vol. XV, No. 1, Winter 1970-71. In: George Shiers (Hg.): The Development of Wireless to 1920. New York: Arno Press, 1977. (Keine Seitenzahlen vorhanden)
33 Amparo Lasen: History Repeating? A Comparison of the Launch and Uses of Fixed and Mobile Phones. In: Lynee Hamill und Amparo Lasen (Hg.): Mobile World. Past, Present and Future. New York: Springer, 2005. S. 29-60. S. 31.
34 Lasen 2005, S. 32-33.
35 Zitiert nach Standage 1999, S. 218.

Diese auf der Hand liegenden Vorteile waren wohl der Grund dafür, dass sich das neue Medium ab den 1880er Jahren mit rasanter Geschwindigkeit ausbreitete.[36]

DAS PHOTOPHON

Nach seinem Telefonpatent vom Februar 1876 forschte Bell an der Übertragung von Klang mittels Elektrizität ohne Kabelverbindung und erfand ein drahtloses Telefon, das »Photophon«.[37] Seine ersten Experimente zur drahtlosen Telekommunikation beruhten auf in Wasser schwimmenden aus Papier und Nähnadeln gebauten Schiffen, die an ein Telefon angeschlossen waren.[38] 1878 erreichte ihn ein Vorschlag von A.C. Brown von der Eastern Telegraph Company, der ihm ein »Photophon« auf der Basis von wellenförmigen Lichtstrahlen in Verbindung mit Selen und einem Telefon vorschlug. Zudem war Bell Steinheils Idee Erde, Luft oder Wasser als natürlichen Konduktor zu verwenden geläufig. Aufbauend auf diesen beiden Gegebenheiten forschte er ab 1897 in seinem Labor in Washington zusammen mit Charles Sumner Tainter an einem Gerät, das aufgrund von parallelen Lichtstrahlen, die in einem an eine Batterie angeschlossenem Schaltkreis mit einem Spiegel und einem Telefonempfänger auf Selenzellen fielen, Klang übertragen sollte.

Am 15. Februar 1880 konnte Bell den Erfolg ihres Systems hören: »Mr. Bell! Mr. Bell! If you hear me, come to the window and wave your hat!« soll Tainter vom Dach der Franklin School in der 13ten Straße in Washington gesprochen haben und Bell soll es in seinem Labor in der Nähe der 14ten Straße vernommen haben. Eine erste drahtlose Übertragung von Sprache war geglückt. 1884 wurde das zunächst »Light Phone« (Lichttelefon) genannte Gerät auf der Weltausstellung in New Orleans als »Radiophone« ausgestellt, auch wenn es nicht via Radiowellen funktionierte. Nachdem dieses drahtlose Telefon auch einen Test zwischen dem Dach der Franklin School und den sich in eineinhalb Meilen Entfernung befindenden Virginia Hills bestanden hatte, soll Bell der Legende zufolge seine Forschungsresultate in einem verschlossenen Umschlag an das Smithonian Institute gesendet haben, wo sie zumindest 1927 noch ungeöffnet aufbewahrt wurden.[39] Denn dieses auf Lichtwellen und

---

36 Vgl. Patrice Flichy: Tele. Geschichte der modernen Kommunikation. Frankfurt und New York: Campus Verlag, 1994. S. 137 ff.
37 Alexander Graham Bell: Das Photophon. Vortrag, gehalten auf der 24. Jahresversammlung der Amerikanischen Gesellschaft zur Förderung der Wissenschaften in Boston im August 1880. Leipzig: Verlag von Quandt und Händel,1880. S. 18.
38 Vgl. Hawks 1927, S. 104.
39 Hawks 1927, S. 107-109.

Selenzellen basierende drahtlose Telefon schien für eine Massenumsetzung nicht geeignet zu sein, da mit ihm nur geringe Entfernungen überwunden werden konnten. Bell bzw. seine 1888 gegründete Firma »Columbia Graphophone Company« widmete sich daraufhin der Weiterentwicklung von Edisons Phonographen.[40]

Das Radiophone wurde in Folge von der American Telephone and Telegraph Company (AT&T) weitererforscht. Hammond B. Hayes, einer ihrer Techniker, hörte im April 1897 während eines Experiments mit Bogenlichtern einen summenden Ton im Empfänger des Radiophons. Dieser korrespondierte von der Tonhöhe her mit dem Generator, der den Strom für die in dem Experiment verwendeten Bogenlichter produzierte. Hayes zog daraus die korrekte Schlussfolgerung, dass Bells Photophon auch ohne den von jenem verwendeten Spiegel funktionieren und hierdurch größere Distanzen überwinden können würde. Diese Optimierung des Photophons wurde im Juni 1897 patentiert.[41] Nun war eine drahtlose Übertragung von Sprache über eine Entfernung von mehreren Meilen möglich. Dies war zwar eine Verbesserung des bestehenden Photophons, beendete jedoch nicht die Forschung an einem drahtlosen Telefon, zumal sich Bells Methode nicht als optimal erwies.

Die Lichttelephonie wurde noch zehn Jahre später praktiziert, unter anderem in der Marine, im regulären Schiffverkehr und auch bei Landheeren. Wie der Physiker Ernst Ruhmer schreibt, besteht ihr Vorteil darin, dass sie gerichtet und damit recht abhörsicher ist und zudem nur mittels technischer Hilfsmittel entschlüsselt werden kann. Im Krieg sei ihre Verwendung jedoch riskant, da das Scheinwerferbündel und damit die Lage der Sende- und Empfangsstation »ohne weiteres festgestellt werden kann«[42]. Aufgrund ihrer beschränkten Reichweite solle die drahtlose (Licht-)Telephonie vor allem im Nahbereich angewendet werden, im Fernbereich sei die Ruhmer zufolge zuverlässigere drahtgebundene Telegraphie vorzuziehen. Die drahtlose Telephonie werde die drahtgebundene nicht ersetzen, sondern nur ergänzen, auch weil mit ihr Sprechen und Hören nur abwechselnd möglich waren:

---

40 Bell 1880, S. 4 ging davon aus, dass obgleich bislang nur eine Entfernung von 213 Metern überwunden werden konnte auch die Überwindung längerer Strecken möglich sei. Edison sah in seiner Erfindung des Phonographen vor allem einen »Telephone repeater«, einen Apparat, der das durch das Telefon gesprochene Wort aufzeichnen konnte, vgl. Levinson 2004, S. 10.
41 Hawks 1927, S. 110.
42 Ernst Ruhmer: Drahtlose Telephonie. Berlin: Im Selbstverlage des Verfassers, 1907. S. 55.

»Wenn jemand einem drahtlosen Gespräch lauscht, so ist er gezwungen geduldig zu warten, bis sein Partner zu Ende gesprochen hat, und muss dann erst seinen Apparat umschalten, um antworten zu können.«[43]

Das Photophon konnte zu jeder Uhrzeit verwendet werden, allerdings nicht bei Nebel, und fand seinen ersten Einsatz in deutschen Leuchttürmen und beim U.S. Signal Corps. Bells Radiophon wurde 1923 unter dem Namen Photophon weiterentwickelt. Bereits Mitte des 19. Jahrhunderts war ein auf Spiegeln und Licht beruhenden Telekommunikationsmittel verwendet worden. Mit dem unter anderem im Burenkrieg eingesetzten »Heliostat« wurden mittels eines Spiegels und Sonnenstrahlen Lichtblitze erzeugt, die das Morse-Alphabet darstellten.[44] Mit dem Photophon konnte zwar auf kurzen Entfernungen drahtlos telefoniert werden, jedoch erwies es sich als optimaler mittels Elektrizität drahtlos zu telekommunizieren.

Drahtlose Induktionstelegraphie

1875 erfand Thomas Alva Edison beinahe elektromagnetisches Wireless. Er arbeitete als Zeitungsjunge bei den Grand Trunk Railways und gründete die erste Zeitung, die an Bord eines Zuges gedruckt wurde, den »Grand Trunk Herald«, eine durchaus mobile Medientechnologie. Als er bei einem seiner chemischen Experimente in einem Gepäckabteil eine Flasche Phosphor umkippte und den Waggon dadurch in Brand setzte, wurde er gekündigt.[45] Ein paar Jahre zuvor hatte er von einem Stationsvorsitzenden den Morse-Code gelernt und arbeitete daher nach seinem missglückten Experiment als Telegraphist.[46] Der Legende nach hatte ihm ein Schaffner einst an den Ohren auf die Plattform gezogen, in Folge war Edison auf einem Ohr taub. Auf dem anderen Ohr konnte er jedoch sehr gut das Klicken des Telegraphen hören. Seiner Ansicht zufolge war diese Hörbeeinträchtigung von Vorteil für einen Telegraphisten, da er sich hierdurch ganz auf die Geräusche des Telegraphen konzentrieren konnte.[47]

In den frühen 1870er Jahren erfand Edison einen »printing telegraph«, der ihm einen großzügigen Lohn einbrachte, so dass er seine Arbeit als Telegraphist aufgeben und sich in Folge der Forschung widmen konnte. Zudem erfand er – neben dem Phonographen, dem Glühbirnengewinde, dem elektrischen Stuhl, dem Cinematographen u.v.m. – eine Reihe nützlicher Anwendungen zur Telegraphie, unter

---

43 Ruhmer 1907, S. 141.
44 Bell 1880, S. 2. (Anonyme Einleitung)
45 Hawks 1927, S. 140.
46 Dunlap 1944, S. 80.
47 Edison in Hagen 2005, S. 151.

anderem die Duplex-Telegraphie, ein Quadruplex-System und ein automatisches System. Ferner verbesserte er Bells Telefon, das damals nur als Empfänger, nicht aber als Sender gut funktionierte, durch ein Kohlemikrofon.[48] Bezüglich mobiler Medientechnologien war die Induktionstelegraphie mit fahrenden Zügen wohl seine wichtigste Erfindung.

1875 bemerkte Edison bei Experimenten in seinem Labor, dass ein Funke im telegraphischen Schaltkreis Funken zwischen zwei sich nicht berührenden leitenden Objekten bewirkte, obgleich diese mit dem Schaltkreis nur durch den Erdboden und nicht durch irgendeine andere Verbindung verbunden waren. Die empfangenden Funken konnten weder von einem Galvanometer ausgemacht werden, noch hatten sie eine Polung oder eine chemische Reaktionen gleich Funken aus einer Batterie. Edison schlussfolgerte daraus, dass er eine neue physikalische Kraft entdeckt hatte, eine schillernde Kraft, die zwischen Licht und Hitze, sowie Magnetismus und Elektrizität stehe.[49] Er nannte sie »etheric force«. Um sie ausfindig machen zu können, baute er einen Funkenstrecken-Detektor, den er »Ätheroskop« nannte: eine Box mit zwei gerichteten Konduktoren. Die Fortschritte seiner Experimente veröffentlichte Edison 1875/1876 im »Scientific American«. Er brach seine Versuche jedoch ab als Edwin J. Houston und Elihu Thompson bewiesen, dass Funken die oszillierende Hochfrequenz elektrischer Ströme sind, sie ihre Ursache also keineswegs in der von Edison angenommenen mysteriösen, neuartigen ätherischen Kraft haben.[50]

Trotz dieser Niederlage führte Edison seine Experimente fort und konstruierte 1885 ein System, durch das per Induktion mit fahrenden Zügen telegraphiert werden konnte. Es beruhte auf den neben den Zugschienen verlaufenden Telegraphen-Leitungen sowie auf Morsetasten, Induktionsspulen und Telefonempfängern. Durch Induktion sprangen die Telegraphie-Signale von fahrenden Zügen auf die Telegraphenleitungen über. Zunächst wurde diese mobile Medientechnologie in Staten Island, später dann zwischen Chicago und St. Paul verwendet. Einem Reporter erklärt Edison sein System wie folgt:

»I make electricity jump 35 ft. and carry a message. This is something quite new; no induction has ever been known that extended over 3 or 4 or 5 ft. This invention uses what is called static electricity, and it makes every running train of cars a telegraph station, accessible to every other telegraphic station on the road. Messages may be sent to and from conductors, and to and from passen-

---

48 Hawks 1927, S. 141.
49 Lindell 2006, S. 259.
50 Lindell 2006, S. 260.

gers. It requires no extra wire, either under the cars or at the side of the cars, but uses the ordinary telegraph just as it is put up at the side of the track. This white board is a receiver and transmitter. [...] When the train is telegraphed to, the message jumps from the wire on the side of the track and alights on this board, and is conveyed into the apparatus in the train below. [...] I was as much astonished as anybody at finding out what could be done. It costs very little, moreover, as 300 miles of road can be equipped for £200.«[51]

Im Mai 1885 beantragte Edison ein Patent für sein elektrostatisches Induktionssystem, es nannte sich »Means of Transmitting Signals Electrically«. In diesem betrachtet er die Schiffkommunikation als Hauptanwendungsgebiet der drahtlosen Induktionstelegraphie:

»I have discovered that [...] electric telegraphing or signalling between distant points can be carried on by induction without the use of wires connecting such distant points. This discovery is especially applicable to telegraphing across bodies of water, thus avoiding the use of submarine cables, or for communicating between vessels at sea, or between vessels at sea and points on land; but it is also applicable to electric communication between distant points on land, it being necessary, however, on land (with the exception of communication over open prairie) to increase the elevation in order to reduce to a minimum the induction-absorbing effect of houses, trees, and elevations of the land itself.«[52]

Es bedurfte also antennenartiger Vorrichtungen, Drachen, Bälle oder Mäste, um dieses drahtlose System zu realisieren. Edisons hier beschriebene Idee, zwei Blechplatten auf Mästen in großer Höhe zu verwenden, stellt die erste elektrische Antenne dar, die je patentiert wurde. 1903 kaufte die Marconi Company sein Patent.[53]

Edison, der nicht drahtlose Telephonie, sondern drahtlose Telegraphie im Sinn hatte, glaubte, dass seine Erfindung von großem Nutzen sein würde:

»Special correspondents may, in the future, wire their dispatches straight to the offices of their journals. Railway business will be expedited to a degree undreamt of as things are, and the risk of accidents will be largely diminished by knowing the position of trains and the cause of delay or accident, if any, at every stage of their route. Ships at sea, many miles apart, will be able to communicate by means of balloon-kites, soaring several hundred feet above their decks. [...] In times of war the applications of the air-telegraph system are obvious. Regions now remote from telegraphs could be brought within the civilised circle by means of mountain or forest stations equipped with the new ap-

---

51 Edison zitiert nach Hawks 1927, S. 144-145.
52 Thomas Alva Edison: Means For Transmitting Signals Electrically. United States Patent Nr. 465,971, Beantragt am 23.05.1885, bewilligt am 29.12.1891. (http://www.pat2pdf.org/patents/pat465971.pdf)
53 Vgl. Hawks 1927, S. 148.

paratus. Even the man of business of the future may communicate with his
employés as he journeys to and from his office, and save time or make money
while he is literally on the wing.«[54]

In Großbritannien war Telegraphie von und zu fahrenden Zügen bereits in den 1830er Jahren, als beide Technologien noch Neuheiten waren, vorgeschlagen worden. 1838 hatte der Brite Edward Davy in einer Vorlesung namens »Electric Telegraphy« in London betont, dass ein Kommunikationssystem für die Eisenbahn unersetzlich sei um Zusammenstöße zu vermeiden.[55] Mit einem Eisenbahn-Telegraphen ließe sich die Benutzung der meist eingleisigen Eisenbahnlinien zuverlässig kontrollieren.[56]

Neuartig an Edisons System war, dass es über die elektrostatische Induktion zwischen dem Metalldach des Zuges und den auf Pfählen in circa 25 Metern Entfernung vom Zug hängenden Telegraphenkabeln nicht nur grobe Informationen über den ungefähren Aufenthalt des Zuges geben konnte. Es konnte darüber hinaus zu Kommunikationszwecken verwendet werden, so dass beispielsweise Geschäftsmänner während des Fahrens beliebige Informationen senden und empfangen konnten. Das System wurde 1887 eingeweiht. Bei Geschäftsleuten bestand jedoch kein Bedarf, während des Reisens zu arbeiten, daher erwies sich der Induktionstelegraph als nicht profitabel.[57] Trotz seiner Simplizität und Kostengünstigkeit wurde er bald wieder abgeschafft. Edisons Grashüpfer-System war also nur ein technischer, jedoch kein ökonomischer Erfolg.

Bereits 1872 befasste sich Sir William Henry Preece, Ingenieur bei der britischen Post, mit der Induktionstelegraphie. Ausgehend von der gängigen Beobachtung, dass die in den Telegraphenleitungen zirkulierenden Ströme häufig auf benachbarte Telefonleitungen einwirkten und in den angeschlossenen Telefonen als Störgeräusche mitzuhören waren, schlussfolgerte er, dass das beobachtete Phänomen nicht auf eine Erdübertragung zurückgeführt werden könne, sondern von einer Induktion zwischen den Telegraphen-

---

54 Weekly Irish Times, April 10, 1886, zitiert nach Fahie 1899, S. 112.
55 Fahie 1899, S. 103.
56 Lindell 2006, S. 255
57 Hawks 1927, S. 148. – Als das Haus-zu-Haus-Telefon eingeführt wurde, fanden viele Geschäftsmänner, dass ein privater Schreibtelegraph wesentlich sinnvoller gewesen wäre da niemand Geschäfte machen wolle ohne eine Aufzeichnung davon zu haben, vgl.: Reginald A. Fessenden: Wireless Telephony. A Paper Presented at the 25th Annual Convention of the American Institute of Electrical Engineers, Atlantic City, NJ, June 20, 1908. In: Transactions of the American institute of Electrical Engineers. January 1 to June 30, 1908. Vol XXVII, Part I. New York, 1908. S. 553-629. S. 608.

strömen und den Telefondrähten auszugehen sei. Auch Preece verwendete einen Telefonempfänger um diese Induktionswirkung auf größeren Entfernungen auffindbar zu machen.[58] Ebenso wie Edisons wurde auch der Induktionstelegraph von Preece nicht in relevantem Ausmaß realisiert, auch weil zu jener Zeit die auf Kabeln beruhende elektrische Telegraphie und Telephonie gut funktionierte, es also kaum Bedarf nach einer Neuerung gab.[59]

1880 befasste sich der Amerikaner John Trowbridge mit der Verknüpfung von Telephonie und drahtloser Telegraphie. Er übermittelte von seinem Observatorium in Cambridge aus Zeitsignale nach Boston und bemerkte dabei, dass in allen sich zwischen Cambridge und Boston in der Nähe der Verbindung befindenden Telefonleitungen das Ticken der Uhr gehört wurde. Während dies gängigerweise auf Induktion zurückgeführt wurde, sah Trowbridge die Ursache darin, dass die Uhrleitung nicht ausreichend isoliert war und die Erdleitung ihre Signale weiterleitete.[60] Aus dieser Erkenntnis schlussfolgerte er, dass eine transatlantische Übertragung von Signalen ohne Drahtverbindung prinzipiell möglich sei.[61] Vorerst aber solle die drahtlose Übertragung von Klängen in der Schiffskommunikation eingesetzt werden um Kollisionen zu verhindern.[62] Zu Land sei dies Trowbridge zufolge kaum sinnvoll, da es unwahrscheinlich sei, dass eine Methode gefunden werde, um Elektrizität vorteilhaft durch den »ether of space« statt einer Metallverbindung zu leiten. Denn die Erdkrümmung stelle ein Problem dar, weswegen die drahtlose Telegraphie nur auf Kurzdistanzen wie im Schiffverkehr sinnvoll sei. Der anvisierte Anwendungszusammenhang war also auch hier der Informationsaustausch zwischen sich in geringen Entfernungen befindenden, sich bewegenden Fahrzeugen.

ELEKTROSTATISCHE TELEPHONIE

Ein weiteres der unzähligen Systeme in der Entwicklungsgeschichte einer drahtlosen elektrischen Medientechnologie, das durchaus praktikabel war, aber nicht umfassend verwirklicht wurde, stammt von dem Bostoner Physiker Amos Emerson Dolbear und entstand wie viele andere auch durch eine zufällige Begebenheit. Dolbear hatte bereits vor Bell ein Telefon und 1864 einen Schreibtelegraphen erfunden. 1879 erfand er ein elektrostatisches Telefon, das im Gegensatz zu Bells' Apparat nicht auf Magnetismus beruhte. Mit ihm konnte zunächst zwischen Boston und New York, sowie Boston

---

58 Righi und Dessau 1907, S. 322.
59 Vgl. Fahie 1899, S. 136 ff.
60 Fahie 1899, S. 85 ff.
61 Hawks 1927, S. 125; Fahie 1899, S. 90.
62 Fahie 1899, S. 92-93

und Wilkesbarre in Pennsylvania, und drei Jahre später auch zwischen London und Manchester bzw. Glasgow telefoniert werden.[63] Während er an diesem kabelgebundenen Telefon arbeitete, löste sich eines der Kabel. Die Verbindung brach daraufhin jedoch nicht ab, sondern das Telefon »redete« weiter.[64] Hieraus schloss Dolbear, dass auch ein völlig ohne Kabelverbindungen funktionierendes Telefon, das per positiver und negativer Erdleitung funktioniere, möglich sein müsse. Im März 1882 ließ er seine Idee als »Mode of Electrical Communication« patentieren. In diesem Patent schreibt er:

»My invention relates to establishing electric communication between two or more places without the use of a wire or other like conductor; and it consists in connecting the transmitting instrument with a ground, the potential of which is considerably above the normal, and the receiving instrument with a ground the potential of which is considerably below the normal, the result being that an impulse from the transmitter sufficient to cause the receiver to give intelligible signals is transmitted through the earth without the need of any circuit, such as herefore been deemed essential. [...] The art above described of communicating by electricity, consisting in first establishing a positive potential at one ground and a negative at another; secondly, varying the potential of one ground by means of transmitting apparatus, thereby the potential of the other ground is varied; and, lastly, operating receiving apparatus by the potential so varied, all substantially as described. [...] Electrical communication may be thus established between points certainly more than half a mile apart, but how much farther I cannot now say.«[65]

Dolbears elektrostatisches Telefon beruhte auf sich verändernden Ladungen und sah statt einer Kabelverbindung zwei Konduktoren vor, entweder Dächer oder Drachen.[66] Erfolgreich demonstriert werden konnte dieses drahtlose Telefon jedoch nur auf einer vergleichsweise geringen Entfernung.

Als Dolbear im März 1882 vor der Society of Telegraphic Engineers and Electricians einen Vortrag über das Telefon hielt, führte er sein elektrostatisches Telefon vor. Hierzu wurden zwölf miteinander in einem Kreislauf verbundene und an einen Sender angeschlossene Telefone in einem Raum, sowie ein zweiter Sender in einem anderen Raum platziert. Sowohl die Batterie, als auch alle anderen Apparaturen befanden sich in einer Box, die Dolbear in der

---

63 Hawks 1927, S. 131.
64 Dunlap 1944, S. 74.
65 Amos Emerson Dolbear: Mode of Electric Communication. United States Patent Nr. 350,299. Beantragt am 24.03.1882, bewilligt am 05.10.1886. (http://www.pat2pdf.org/patents/pat350299.pdf)
66 Dunlap 1944, S. 74.

Hand hielt.[67] Für die Vorführung begab sich Dolbears Assistent in dem zweiten Raum. Dort zählte er bis zehn und pfiff »God save the King« und »Yankee Doodle«. Dies wurde von den Zuhörern im ersten Raum durch das zu diesem Zeitpunkt noch verkabelte Telefon klar und deutlich gehört. Im Gegensatz zu Bells Apparat hatte derjenige von Dolbear statt zwei Blechplatten nur eine und funktionierte auch ohne Kabel. »›Here is my device,« so Dolbear während seiner Vorführung, »and I have found that it is not necessary to have it attached to the circuit at all. It has been disconnected.‹«[68] Und trotz der unterbrochenen Kabelverbindung konnte der in dem anderen Raum zählende Assistent erstaunlicherweise noch deutlich vernommen werden. Das drahtlose und partiell mobile elektrostatische Telefon funktionierte.

Neben Bells Photophon war Dolbears hier vorgeführtes Telefon der erste funktionierende Apparat, der ohne Kabelverbindung die menschliche Stimme übertragen konnte. Zunächst konnte mit ihm eine Distanz von einer halben Meile, später von bis zu dreizehn Meilen überwunden werden. Dennoch fand Dolbears Erfindung erst sechzehn Jahre später, als Marconi dasselbe Prinzip für drahtlose Telegraphie verwendete eine breite Öffentlichkeit.[69] Zwischenzeitlich hatte Hertz die nach ihm benannten Wellen entdeckt, die Dolbear ebenso unwissentlich verwendet hat, wie eine Frühversion der Antenne.[70] Da Marconis Patent zur drahtlosen Telegraphie von 1896 dem von Dolbear sehr ähnlich war, musste seine Firma es kaufen.

Radiowellen

1887 gelang es Heinrich Rudolf Hertz, die von James Clerk Maxwell 1864 aufgestellte Theorie zum Elektromagnetismus experimentell zu beweisen. Trotz der diversen mehr oder weniger zufälligen Verwendungen von Radiowellen in telegraphischen Systemen war dies zuvor nicht gelungen, unter anderem weil es kein Gerät gab, das diese Hochfrequenzwellen intentional generieren und detektieren konnte. Ein solches Gerät baute Hertz 1887 in Karlsuhe, den »Hertzschen Oszillator«. Mit ihm bewies er, dass sich elektromagnetische Wellen abgesehen von der Wellenlänge wie Lichtwellen verhalten. Dieser Beweis und die Möglichkeit, jene Wellen zu generieren, wurden zur Voraussetzung für die Entwicklung drahtloser mobiler Medientechnologien.

---

67 Hawks 1927, S. 133.
68 Hawks 1927, S. 133.
69 Hawks 1927, S. 134. Zur technischen Spezifikation des Apparats anhand eines Vortrags von Dolbear 1882 vor der American Association for the Advancement of Science vgl. ebd. S. 134 ff.
70 Vgl. Hawks 1927, S. 136-137.

Hertz selber glaubte nicht, dass die von ihm erzeugten elektrischen Wellen menschliche Stimmen übertragen können würden. Auf eine Anfrage eines Münchner Ingenieurs hin verneinte er im Dezember 1889 die Möglichkeit von Telefongesprächen via elektrischer Wellen und begründete dies damit, dass »die Stromänderungen im Telephon im Vergleich mit der Periode der elektrischen Schwingungen zu langsam seien.«[71] 1886 erfand Hertz zudem die Antenne, die ebenso wie der Knallfunkensender später für drahtlose Morse- und Sprachübertragungen eingesetzt wurde.

Bereits vor Hertz hatte ein in Kentucky lehrender Musikprofessor namens David Edward Hughes eine Art Radiokonduktor bzw. Kohärer gebaut. Er konnte also elektrische Wellen generieren und mittels dieser Morse-Signale über eine Entfernung von bis zu 450 Metern übermitteln. Zudem hatte Hughes 1855 einen Schreibtelegraphen erfunden, der aus einer Tastatur mit 52 Tasten bestand, und zudem den »Teleprinter«, das Telex-System.[72] 1878 erfand er ein Mikrofon für das Telefon, das dasjenige Bells ersetzte.[73]

1879 führte Hughes Versuche mit seinem Mikrofon, einem Telefonempfänger und einer Induktionswaage aus und bemerkte hierbei, dass durch das Mikrofon, unabhängig davon ob es sich im Telefonschaltkreis oder außerhalb dessen befand, ein Ton im Telefonempfänger zu hören war. Er führte dies auf einen aufgetretenen »intensiven Extrastrom« zurück. Zudem beobachtete er, dass jene Stromwellen Mauern und andere Hindernisse durchdrangen und sich über große Entfernungen hinweg im Raum ausbreiteten. In einem Brief an den Telekommunikationshistoriker Fahie beschreibt Hughes seine Forschung wie folgt:

»Im Jahre 1879, als ich diese Versuche über die Übertragung durch die Luft anstellte, hatte ich zwei verschiedene Probleme zu lösen: 1. Welches die wahre Natur dieser elektrischen Luftwellen sei, die, obschon unsichtbar, jeden Gedanken einer Isolierung zu vereiteln und bis auf unbestimmte Entfernung durch den Raum zu dringen schienen; 2. Den besten Empfänger ausfindig zu machen, der auf ein Telephon oder Telegrapheninstrument in der Weise einwirken könnte, dass man erforderlichenfalls im stande sein würde, diese Wellen zur Übertragung von Nachrichten zu benutzen. Die zweite Aufgabe wurde mir leicht gemacht, als ich fand, dass nur das Mikrophon, welches ich zuvor in den Jahren 1877 bis 1878 erfunden hatte, die Fähigkeit besaß, unter Zuhilfe-

---

71 Righi und Dessau 1907, S. 333.
72 Computertastaturen können als Nachfolgetechnologien jener Erfindung Hughes' aufgefasst werden. Vgl. Sarkar 2006, S. 66.
73 Fahie 1899, S. 290

nahme eines Telephons oder eines Galvanometers diese unsichtbare Wellen offenkundig zu machen;«[74]

Die von Hughes unintentional verwendeten elektromagnetischen Wellen waren also zunächst etwas Nicht-Sichtbares, Virtuelles. Sie wirkten, aber auch Hughes wusste nicht, weshalb dem so war. 1879/1880 lud er mehrere Forscher zu sich ein, um ihnen seine Erkenntnisse vorzuführen. Er wollte demonstrieren, dass er mittels einer Spule jenen »Extrastrom« erzeugen konnte, der durch die Luft transportiert und als Klang von einem halbmetallischen Mikrofon aufgenommen wurde:

»Sie alle sahen Versuche [...] bezüglich der Übertragung durch die Luft vermittelst des von einer kleinen Spule erzeugten und von einem halbmetallischen Mikrophon aufgenommenen Extrastromes; die Resultate waren in einem Telephon hörbar, welches mit dem Mikrophonempfänger verbunden war. Sender und Empfänger befanden sich in verschiedenen Räumen, ungefähr 60 Fuß voneinander entfernt.«[75]

Hughes steigerte seinen Versuch, indem er mit seinem Telefon die Straße auf und ab lief. Hierbei stellte er fest, dass die Lautstärke der Töne ab einer Entfernung von circa 55 Metern abnahm und sie nach 450 Metern nicht mehr zu hören waren. Hughes war zwar zeitlich vor Hertz in der Lage Radiowellen zu erzeugen und sogar für mobile drahtlose Telephonie zu verwenden. Er meldete seine Erkenntnisse jedoch nicht als Patent an. Da er Musikprofessor und kein Naturwissenschaftler war, konnte er seine Entdeckung nicht genau erklären und verschob ihre Veröffentlichung daher auf einen späteren Zeitpunkt. Hughes selbst erklärt die Sachlage wie folgt:

»Am 20. Februar 1880 kam der Präsident der Royal Society, Herr Spottiswoode, mit den beiden Sekretären Prof. Huxley und Prof. Stokes zu mir, um meine Versuche bezüglich der Übertragung von Signalen durch die Luft zu sehen. Die vorgeführten Versuche waren durchaus erfolgreich, und anfangs schienen die Besucher von dem Ergebnis überrascht; nach etwa dreistündigem Experimentieren sagte jedoch Prof. Stokes, alle Resultate seinen durch bekannte Effekte der elektromagnetischen Induktion zu erklären, und er könne deshalb meiner Ansicht von dem Vorhandensein damals unbekannter elektrischer Wellen in der Luft nicht zustimmen;«[76]

---

74 Righi und Dessau 1907, S. 336. Dies ist eine Übersetzung von einem englischsprachigen Briefwechsel zwischen Hughes und Fahie wie er im Appendix von Fahie 1899, S. 289 ff. abgedruckt ist.
75 Vgl. Righi und Dessau 1907, S. 336-337.
76 Vgl. Righi und Dessau 1907, S. 337.

Hiernach war Hughes entmutigt und lehnte es ab eine Abhandlung über seine Versuche zu verfassen und patentieren zu lassen. Stattdessen arbeitete er weiterhin daran, die Existenz der von ihm generierten elektromagnetischen Wellen zu beweisen. Bekanntlich kam ihm Hertz zuvor. Nachdem Hertz gezeigt hatte, dass elektrische Funken elektromagnetische Wellen generieren können, bestand das Folgeproblem darin, einen effektiven Detektor zu konstruieren.

1892 gelang auch dem amerikanischen Melonenbauer Nathan B. Stubblefield eine Telefonübertragung ohne Drahtverbindung. Über eine Distanz von knapp 800 Metern übertrug er die menschliche Stimme.[77] Stubblefield ließ seine Entdeckung jedoch erst 1907 patentieren. In seinem Patent namens »Wireless Telephone« wird deutlich, dass er drahtlose Telephonie in Verbindung mit sich bewegenden Fahrzeugen, konkret mit Automobilen, Zügen oder Schiffen, also mit Mobilitätstechnologien, realisieren wollte:

»The present invention relates to means for electrically transmitting signals from one point to another without the use of connecting wires, and more particularly comprehending means for securing telephonic communication between moving vehicles and way stations. The principal object of the invention is to provide simple and practical means of a novel nature whereby clear and audible communication can be established, said means being simple and of a character that will permit certain of the station mechanisms to be small and compact.«[78]

Stubblefield konzipierte dieses sich bewegende Fahrzeug zugleich als Empfangs- und Sendegerät. Unter anderem sollte es mit einer Antenne, einem an eine elektrische Energiequelle, beispielsweise den Motor, angeschlossenen Übertragungs- und einem damit verbundenen Empfangsmechanismus ausgestattet sein. Essentiell war Stubblefields zufolge zudem, dass der Apparat nicht nur mit einer, sondern mit verschiedenen Stationen kommunizieren konnte, später bildete dies die Grundlage für das so genannte »Handover« des zellularen Handy-Systems. Ein Jahrzehnt später experimentierte Stubblefield mit Rundfunk-Technologien, hinsichtlich der Realisierung einer auf Radiowellen beruhenden mobilen Medientechnologie kam ihm Marconi jedoch zuvor.

---

77 Sarkar 2006, S. 77.
78 Nathan B. Stubblefield: Wireless Telephone. United States Patent Nr. 887,357. Beantragt am 05.04.1907, bewilligt am 12.05.1908. (http://www.pat2pdf.org/patents/pat887357.pdf)

DIE MÖGLICHKEITEN DER ELEKTRIZITÄT

Der britische Physiker, Chemiker und Wissenschaftsjournalist William Crookes schrieb in der Zeitschrift »Fortnightly Review« vom 1. Februar 1892 über die Möglichkeiten des sich zu dieser Zeit noch in Erforschung befindenden Phänomens der Elektrizität. In seinem Aufsatz »Some Possibilities Of Electricity« spekulierte er ausgehend von Entdeckungen wie denen von Hertz über die Anwendung von Radiowellen. Wie für viele andere seiner Zeitgenossen, ist auch für Crookes der Äther die Bedingung von Radiowellen, die er als »längere Ätherwellen« bezeichnet.[79] Seiner Auffassung zufolge sind elektrische Strahlen Vibrationen des Äthers und der Äther eine »unfühlbare und unsichtbare Entität«, mit der prinzipiell jeder Raum gefüllt ist.[80] Diese nicht-Sichtbare und nicht-wahrnehmbare Entität wird erst mittels technischer Instrumente detektierbar und machen sich in einem Effekt bemerkbar. Crookes zufolge liegt in jenen unsichtbaren Wellen ein großes Potential:

»Here is unfolded to us a new and astonishing world – one which it is hard to conceive should contain no possibilities of transmitting and receiving intelligence. Rays of light will not pierce through a wall, nor, as we only know too well, through a London fog. But the electrical vibrations of a yard or more in wave-length of which I have spoken will easily pierce such mediums, which to them will be transparent. Here, then, is revealed the bewildering possibility of telegraphy without wires, posts, cables, or any of our present costly appliances.«[81]

Radiowellen werden also als eine gänzlich erstaunliche und wundersame Entdeckung wahrgenommen. Im Gegensatz zu Lichtwellen prallen sie nicht an Hindernissen wie Mauern ab, sondern durchdringen diese für die menschlichen Sinne unbemerkt und können

---

79 Vgl. z.B. Robert Gordon Blaine: Aetheric or Wireless Telegraphy. London: Biggs and Sons, 1900. S. 20ff. Dort heißt es: »We may say, then, that we live in a great sea of this all-prevading, perfect fluid, yet we do not know of its existence, normally, or unless something is done to it.« (S. 10); sowie: »Light is *not* a substance, but is due to a disturbance or wave-motion which, acting on the optic nerves, gives rise to the sensation associated with the term. [...] It must have *some* medium for its propagation, hence the necessity for the conception of the ether.« (S. 21) – Fessenden nahm ein die Welt umspannendes Echo-Signal an, eine leitende Schicht, später Ionosphäre genannt. Vgl.: Reginald. A. Fessenden, »How Ether Waves Really Move«, Popular Radio, IV, 5. November 1923. S. 337-347.
80 Hierin folgt er den Erkenntnissen von Oliver Lodge, vgl. William Crookes: Some Possibilities of Electricity. In: The Fortnightly Review, Vol. 51.1., Februar 1892. S. 174.
81 Crookes 1892, S. 174.

zudem große Distanzen überwinden. Daher sind Radiowellen bestens dafür geeignet, um kostensparend über sie zu telegraphieren, also entfernte Orte virtuell miteinander zu verbinden. Die neu entdeckten elektrischen Wellen wurden zugleich als etwas Mystisches und als etwas Erlösendes, Zukunftsweisendes wahrgenommen.

Für das Gelingen von Telekommunikation per Funkwellen ist es Crookes zufolge erforderlich, dass sich zwei Freunde, die sich auf diese Weise verständigen wollen auf eine spezielle Wellenlänge einigen. Wenn sie ihre Instrumente auf diese eingestellt haben, können sie damit so lange und so oft sie wollen drahtlos per Morsecode kommunizieren. Da Funkwellen sich in alle Richtungen ausbreiten, sollten sie zur Wahrung der Privatsphäre gerichtet werden. Hierfür sei vorausgesetzt, dass die genaue Position des Senders und des Empfängers bekannt sind. Falls sich die beiden per Funk telegraphierenden Freunde während des Telekommunizierens bewegen, führt die Synchronisation der verwendeten Wellenlänge dazu, dass ihre Konversation geschlossen bleibt. Crookes vertraute darauf, dass hierzu fähige Geräte schon bald entwickelt werden würde – also mobile Medientechnologien.[82] Notwendig hierzu sei Crookes zufolge nicht nur die Klärung dessen, was Elektrizität eigentlich ist, sondern auch die Entdeckung einfacherer und sicherer Mittel, um elektronische Strahlen verschiedenster Wellenlänge zu generieren. Zudem sei die Konstruktion von empfindlichen Empfängern, die nur selektiv auf bestimmte Wellenlängen reagieren, erforderlich, und von Sendern, welche die Radiowellen zielgerichtet aussenden.[83]

Crookes war überzeugt davon, dass seine Vision »nicht etwa lediglich der Traum eines visionären Philosophen«[84] sei. Dennoch schließt sein Aufsatz mit an das Phantasma des sympathischen Telegraphen erinnernden Spekulationen, die verdeutlichen, welche fundamentale Verwirrung das Sichtbar- und Brauchbarmachen der Radiowellen im späten 19. Jahrhundert auslöste:

»It is not improbable that other sentient beings have organs of sense which do not respond to the same or any of the rays to which our eyes are sensitive, but are able to appreciate other vibrations to which we are blind. Imagine, for instance, what idea we should form of surrounding objects were we endowed with eyes not sensitive to the ordinary rays of light but sensitive to the vibrations concerned in electric and magnetic phenomena. [...] In some parts of the human brain may lurk an organ capable of transmitting and receiving other electrical rays of wave-length hitherto undetected by instrumental means.

---

82 Crookes 1892, S. 175.
83 Crookes 1892, S. 173.
84 Rihgi und Dessau 1907, S. 340.

These may be instrumental in transmitting thought from one brain to another.«[85]

Ein solcher Teil Gehirns ist noch nicht entdeckt worden,[86] und dass Geschöpfe wie Weinbergschnecken oder Frösche sich nicht optimal für die drahtlose Telegraphie eignen, ist mittlerweile bekannt.

Ein weiteres Problem der Telegraphie per Radiowellen, das bis heute aktuell geblieben ist, sieht Crookes in der Elektrizitäts-Versorgung jener Geräte:

»If we take a bird's-eye view of the solid work that lies ahead, the first requisite is certainly a source of electricity cheaper and more universally applicable than the tedious conversion of chemical energy into heat, of heat again into mechanical power, and of such power into electric current. It is depressing to reflect that this roundabout process, with losses at every step, is still our best means of obtaining supply of electricity.«[87]

Crookes Aufsatz endet mit der Vermutung, dass in Zukunft die Sonnenenergie durch Elektrizität ersetzt und durch sie nicht nur das Wachstum von Feldpflanzen, sondern auch das Wetter kontrolliert werden könne.[88]

Im Hinblick auf drahtlose Medientechnologien waren die 1890er Jahre wegbereitend und von diversen Forschungen sowohl zu drahtloser Telegraphie als auch zu drahtloser Telephonie geprägt. Beispielsweise demonstrierte Oliver Lodge im September 1894 bei einem Treffen der British Association in Oxford die drahtlose Übertragung von Morsesignalen durch zwei Steinmauern über eine Entfernung von circa 50 Metern. Im selben Jahr weitete der spätere Telefunken-Gründer Emil Rathenau die Reichweite der Wasser-Telegraphie auf eine Distanz von circa fünf Kilometern aus, indem er durch den Wannsee telegraphierte.[89] Ein Jahr später demonstrierte der russische Physiker Aleksandr Popov die Übertragung

---

85 Crookes 1892, S. 176.
86 Zur Möglichkeit der »Sub-Vocal-Speech«, der Detektierung von Nervensignalen des Gehirns beim stillen Lesen und ihrer Visualisierung durch Computer vgl. John Bluck: NASA Develops System to Computerize Silent, ›Subvocal Speech‹. NASA, 17.03.2004 (http://www.nasa.gov/centers/ames/news/releases/2004/04_18AR.html)
87 Crookes 1892, S. 178.
88 »Another point at which the practical electrician should aim is nothing less than the control of the weather«, bzw. »shall we ever be able, not to reduce our rainfall in quantity, but to concentrate it on a smaller number of days, so as to be freed from a perennial drizzle?« Vgl. Crookes 1892, S. 179.
89 Vgl. Fahie 1899, S. 130 ff.

von Radiowellen über eine Entfernung von 35 bis 50 Kilometern durch einen mit einem Morsedrucker verbundenen Kohärer.[90] 1896 sendete er angeblich das erste per Funk übermittelte Telegramm der Geschichte, die Worte »Heinrich Hertz«, in Morseschrift über eine Distanz von 250 Metern.[91] 1897 entwickelte Adolf Slaby zusammen mit seinem Assistenten Georg Graf von Arco einen Telegraphensender, der Morsezeichen über eine Entfernung von 500 Metern übertragen konnte. Später im gleichen Jahr konnten sie durch den Einbau eines Empfangsrelais, der Erhöhung der Leistungsfähigkeit des Funkenerzeugers und einer verbesserten Erdung des Empfängers bereits über eine Verbindung von 21 Kilometern ohne Drahtverbindung telefonieren.[92]

Entscheidend für jene frühen drahtlosen Medientechnologien war die nun gegebene Möglichkeit, elektrische Wellen hoher Frequenz zu erzeugen und zu detektieren, denn hiermit wurden Übertragungen über große Distanzen hinweg möglich. Die Erkenntnisse von drei weiteren Forschern des ausgehenden 19. Jahrhunderts – Nikola Tesla, Guigliemo Marconi und Reginald Fessenden – waren zudem ausschlaggebend sowohl für die Entwicklung der drahtlosen Telegraphie und Telephonie als auch für diejenige des Rundfunks.

7.3 Radio

Die Medientechnologie des Radios wurde insbesondere durch die Erfindungen von Tesla, Marconi und Fessenden möglich. Zunächst entwickelte sich die heute als Radio bekannte Technologie, der Rundfunk, später konnten Informationen über gerichtete Radiowellen beidseitig gesendet und empfangen werden. Damit war man in der Lage, ohne Drahtverbindung über größere Entfernungen hinweg zu telegraphieren und zu telefonieren. Mobil waren diese frühen drahtlosen Medientechnologien nur bedingt, denn sie waren an Transporttechnologien wie Schiffe oder Automobile gebunden. Elementar für die Emergenz von »Radio« war die Erfindung und Entdeckung von gerichteten Sendern und Empfängern, geerdeten Antennen und Hochfrequenzwellen.

---

90 Blaine 1900, S. 164.
91 Hans H. Hiebel, Heinz Hiebler, Karl Kogler, Herwig Walitsch: Große Medienchronik. München: Wilhelm Fink Verlag, 1999. S. 893. Der später von Marconi patentierte Kohärer ähnelt dem von Popov sehr. Zum sowjetisch-amerikanischen Patent- bzw. Rechtsstreit über die Erfindung des Radios (Popov vs. Marconi) vgl. z.B. Burns 2004, S. 314 ff; für nähere Ausführungen zu Popovs Erfindungen vgl. z.B.: Hawks 1927, S. 202 ff.
92 Hiebel u.a. 1999, S. 895.

Wechselströme und Radiowellen

Dass Strom als Medium für Telekommunikation verwendet werden kann, befand Ende des 19. Jahrhunderts auch der Kroate Nikola Tesla. Nachdem er in die USA emigriert war, um dort für Edison zu arbeiten, forschte er vornehmlich im Bereich des Elektromagnetismus und erhielt zwischen 1887 und 1888 über 30, in seiner Lebenszeit insgesamt 700 Patente für diverse Erfindungen.[93] 1888 hielt er einen Vortrag über Wechselströme von sehr hoher Frequenz vor dem Amerikanischen Institut der Elektroingenieure, durch diesen erlangte seine Forschung internationale Anerkennung. Die Entdeckung von Wechselströmen ist für Medientechnologien insofern von Bedeutung, da diese die Voraussetzung dafür sind, dass elektrische Wellen über große Entfernungen hinweg weitergeleitet werden können. In seinem Vortrag von 1888 sprach Tesla von der Nutzung jener Ströme, um Nachrichten über den Atlantik zu übertragen:

»If a wire were provided with a perfect electrostatic screen, [...]. It would then be possible to send over the wire current vibrations of very high frequencies at enormous distance without affecting greatly the character of vibrations. [...] I believe that with a screen such as I have just described telephony could be rendered practically across the Atlantic.«[94]

Zudem hielt es Tesla für möglich, dass auch die leitende Schicht, die seiner Auffassung zufolge in der Erdatmosphäre existiert, der Äther, dazu verwendet werden könne, nicht nur Energie, sondern auch Informationen zu transportieren. Damit wären jene transatlantischen Kabel hinfällig und die drahtlos übermittelten Ströme würden der Gedanken-transportierenden Puls der Welt werden:

»But such cables will not be constructed, for ere long intelligence – transmitted without wires will throb through the earth like a pulse through a living organism. The wonder is that, with the present state of knowledge and the experiences gained, no attempt is being made to disturb the electrostatic or magnetic condition of the earth, and transmit, if nothing else, intelligence.«[95]

Teslas für Funkübertragungen, also Radio und Mobilfunk, relevanten Entdeckungen und Versuche fanden hauptsächlich in den 1890er Jahren statt. 1893 führte er vor dem Franklin Institute in Philadelphia, und später im selben Jahr vor der National Electric

---

93 Dunlap 1944, S. 121. Zum Teil waren diese von okkulten Spekulationen begleitet, vgl.: Hagen 2005, S. 166.
94 Nikola Tesla: High Potential and High Frequency. A Lecture Delivered Before The Institution of Electrical Engineers, London. New York: The W. J. Johnstin Company, 1892. S. 145.
95 Tesla 1892, S. 246.

Light Association in St. Louis, das Senden und Empfangen eines Signals mittels elektromagnetischen Wellen vor. Hierzu verwendete er unter anderem eine geerdete Antenne, einen Löschfunkensender und eine Morse-Taste.[96] Von diesen Versuchen versprach er sich sehr viel, wie aus seiner begleitenden Rede hervorgeht:

»I think that beyond doubt it is possible to operate electrical devices in a city through the ground or pipe system by resonance from an electrical oscillator located at a central point. But the practical solution of this problem would be of incomparably smaller benefit to man than the realization of the scheme of transmitting intelligence, or perhaps power, to any distance through the earth or environing medium. If this is at all possible, distance does not mean anything. Proper apparatus must first be produced by means of which the problem can be attacked and I have devoted much thought to this subject. I am firmly convinced that it can be done and hope that we shall live to see it done.«[97]

Tesla hegte also keinen Zweifel daran, dass entweder mittels der Erde oder des die Erde umgebenden Mediums des Äthers in Signale verwandelte Gedanken weitergegeben und empfangen werden können. Da sein Labor in New York im März 1895 ausbrannte, konnte Tesla seine Versuche jedoch vorerst nicht fortsetzen.

1897 ließ er ein »System of Transmission of Electrical Energy« patentieren. Das Patent stellt ein auf Starkströmen, elektrischen Wellen und Erd- bzw. »Äther«-Leitung beruhendes Übertragungssystem dar, bei dem Sender und Empfänger auf der gleichen Frequenz operieren. Tesla schloss nicht aus, dass es nicht nur elektrische Energie, sondern auch intelligible Nachrichten über große Entfernungen hinweg übermitteln könne:

»While the description here given contemplates chiefly a method and system of energy transmission to a distance through the natural media for industrial purposes, the principles which I have herein disclosed and the apparatus which I have shown will obviously have many other valuable uses – as, for instance, when it is desired to transmit intelligible messages to great distances, or to illuminate upper strata of the air [...].«[98]

---

96 Belrose 2006, S. 353
97 Nikola Tesla: On Light and Other High Frequency Phenomena. Delivered before the Franklin Institute, Philadelphia, February 1893, and before the National Electric Light Association, St. Louis, March 1893. (http://www.tfcbooks.com/tesla/1893-02-24.htm)
98 Nikola Tesla: System of Transmission of Electrical Energy. United States Patent Nr. 645,576. Beantragt am 02.09.1897, bewilligt am 20.03.1900. S. 2. (http://www.pat2pdf.org/patents/pat645576.pdf)

1900 beschrieb Telsa seine Experimente in einem Artikel im Century Magazine. Hier betonte er, dass drahtlose Kommunikation mit dem von ihm entwickelten Apparat, der später von Marconi imitiert wurde, »mit absoluter Sicherheit« zu realisieren sei. Nicht nur drahtlose Telegraphie, sondern auch drahtlose Telephonie sollte mittels elektrischer Wellen möglich werden. Denn die (Schall-) wellen, mittels derer sich die menschliche Stimme im Raum ausbreitet, können durch Elektrizität künstlich generiert werden, so Tesla. Ungleich der Stimme prallen die elektrisch erzeugten Wellen nicht an Mauern ab und werden durch sie zurückreflektiert, sondern sie prallen Tesla zufolge an der Erde ab und können dadurch gehört werden. Potentiell seien diese stationären Wellen zu mehr als elektrischer Telegraphie verwendbar, beispielsweise könne mit ihnen ein »elektrischer Effekt« überall auf dem Globus bewirkt werden, auch weil sie mit jeder Geschwindigkeit durch die Erde versendet werden können. Zudem ist es Tesla zufolge möglich, mit ihnen die relative Position oder den Kurs eines sich bewegenden Objekts wie eines Schiffs zu bestimmen und darüber hinaus auch seine Geschwindigkeit und die Distanz, die es zurücklegt. Dies wurde später als Radar-Technologie realisiert und ist durch das »Global Positioning System« (GPS) auch bei mobilen Medientechnologien gängig.

Tesla war der Ansicht, dass drahtlose Telekommunikation vor allem auf Langstrecken von Vorteil sei. Allerdings sei zwar Telegraphie via Radiowellen über den Atlantik möglich, drahtlose Telephonie könne jedoch nur auf kurzen Entfernungen angewendet werden:

»With these developments we have every reason to anticipate that in a time not very distant most telegraphic messages across the oceans will be transmitted without cables. For short distances we need a ›wireless‹ telephone, which requires no expert operators. The greater the spaces to be bridged, the more rational becomes communication without wires. The cable is not only an easily damaged and costly instrument, but it limits us in the speed of transmission by reason of a certain electrical property inseparable from its construction.«[99]

Eine richtig gebaute »Fabrik«, die kabellose Kommunikation ermöglicht, werde Tesla zufolge um ein Vielfaches effektiver und auch unvergleichlich günstiger sein als eine Kabelverbindung. Sicherer als die kabelgebundene sei die drahtlose Telekommunikation definitiv, denn er habe eine Methode entwickelt, um die drahtlos übertragenen Nachrichten im Privaten zu belassen.

---

99 Nikola Tesla: The Problem of Increasing Human Energy. With special references to the harnessing of the sun's energy. Century Illustrated Magazine, Juni 1900. (http://www.tfcbooks.com/tesla/1900-06-00.htm)

1900 prognostizierte Tesla, dass die Kommunikation über Kabel schon bald obsolet werde, was sich bekanntlich noch über hundert Jahre später nicht bewahrheitet hat. 1907 revidierte er seine Auffassung bezüglich der Langstreckenkommunikation und war nun der Überzeugung, dass auch Telephonie mittels Radiowellen über den Atlantik hinweg möglich sei: »Sehr bald wird es möglich sein, über einen Ozean ebenso klar und deutlich zu sprechen, wie über einen Tisch hinüber«.[100] Dies ist zwar gelungen, leider kann jedoch noch immer keine Energie per Radiowellen verschickt werden. Batterien und Stromversorgungen von Mobilen Medien sind noch nicht überflüssig.[101] Verwirklicht werden konnte die Initiierung und Steuerung beliebiger Mechanismen durch Radiowellen, wie sie Tesla in den 1880er Jahren voraussah:

»There is no doubt that with the enormous potentials obtainable by the use of high frequencies and oil insulation luminous discharges might be passed through many miles of rarefied air, and that, by thus directing the energy of many hundreds or thousands of horse-power, motors or lamps might be operated at considerable distances from stationary sources.«[102]

Mehr als ein Jahrzehnt später, 1898, baute Tesla eine Fernbedienung für ein Modellschiff, deren Funktionsweise er in dem US Patent »Method of and Apparatus for Controlling Mechanisms of Moving Vessels« darlegte.[103] Sein Apparat sollte auf jede Art von Maschine, die sich in der Luft, im Wasser oder an Land bewegt, anwendbar sein. 1900 schreibt Tesla hierzu:

»So this invention was evolved, and so a new art came into existence, for which the name ›telautomatics‹ has been suggested, which means the art of controlling the movements and operations of distant automatons. This princi-

---

100 Tesla in der Wochenschrift English Mechanic, zitiert nach Ruhmer 1907, S. 142.
101 Zu den weiteren Anwendungsgebieten von mittels des Verstärkungssenders generierten Radiowellen vgl.: Nikola Tesla: Meine Erfindungen. Eine Autobiographie. Basel: Sternthaler Verlag, (1919) 1995. S. 64. Im Mittelpunkt steht die weltweite Vernetzung von Kommunikationssystemen.
102 Nikola Tesla: Experiments with Alternate Currents of High Potentials and High Freqency. Delivered before the Institution of Electrical Engineers, London, February 1892. (http://www.tfcbooks.com/tesla/1892-02-03.htm)
103 Nikola Tesla: Method of and Apparatus for Controlling Mechanism of Moving Vessels or Vehicles. United States Patent Nr. 613,809. Beantragt am 01.07.1898, bewilligt am 08.11.1898. (http://www.pat2pdf.org/patents/pat613809.pdf)

ple evidently was applicable to any kind of machine that moves on land or in the water or in the air.«[104]

Diese Beschreibung antizipiert, ebenso wie die folgende Schilderung des Prototyps, eines Boots, bei dem der Propeller das Bewegungsorgan und das durch einen Motor kontrollierte Ruder das Steuerungsorgan war, die in der ersten Hälfte des 20. Jahrhunderts entstandene Kybernetik.[105] Teslas Fernsteuerung sollte vor allem in militärischen Kontexten angewendet werden und dort die Operationen beispielweise von Booten durch das Senden elektromagnetischer Wellen mittels des »natürlichen Mediums« des Äthers kontrollieren.[106] Sie war also zu drahtloser Kommunikation fähig.

Bezogen auf Mobile Medien bestand Teslas Beitrag darin, elektromagnetische Wellen von wechselnder Hochfrequenz zur Informationsübertragung zu verwenden und damit drahtlose Fernkommunikation über große Entfernungen hinweg zu ermöglichen.

Das transatlantische S

Häufig wird der Italiener Guilgliemo Marconi als der alleinige Erfinder der auf Radiowellen beruhenden Übertragung von Informationen dargestellt.[107] Auch in den Zeitgeist des frühen 20. Jahrhunderts scheint sich Marconi als Urheber jener Medientechnologie eingeschrieben zu haben. Anfang des 19. Jahrhunderts war es im alltäglichen Sprachgebrauch in den USA geläufig, das Senden einer Nachricht per Telegraph als »einen Marconi zu senden« (»I sent a Marconi«)[108] oder als »Marconigramm«[109] zu bezeichnen. Wie die bisherigen Ausführungen gezeigt haben, ist Marconi jedoch nicht der alleinige Urheber jener drahtlosen Medientechnologie, ebenso wie Morse nicht der erste war, der sich einen Kommunikationscode für das Alphabet erdacht hat.

Wie beispielsweise Wolfgang Hagen herausgearbeitet hat, fügte Marconi jener Medientechnologie wenig Neues hinzu.[110] Sein Ver-

---

104 Nikola Tesla: The Problem of Increasing Human Energy. With special references to the harnessing of the sun's energy. Century Illustrated Magazine, Juni 1900. (http://www.tfcbooks.com/tesla/1900-06-00.htm); Tesla 1898.
105 Tesla 1900.
106 Tesla 1898.
107 Vgl. Agar 2004, S. 6; auch in Flichy 1994 findet Tesla keine Erwähnung.
108 Timothy C. Campbell: Wireless Writing in the Age of Marconi. Minneapolis & London: University of Minnesota Press, 2006. S. 7.
109 Riemenschneider 1924, S. 63.
110 Auch Belrose findet, dass Marconis Verdienst vor allem darin bestanden, bereits existente Ideen zu einem harmonischen Ganzen zusammenzufügen, vgl.: Belrose 2006, S. 314. Flichy ist der Auffassung, dass gerade

dienst bestand vielmehr darin, die bisherigen Entdeckungen und Erfindungen im Bereich der elektromagnetischen Wellen geschickt und mit einem recht überraschenden Resultat zu kombinieren:

»Marconi nimmt aus den Versuchsaufbauten des Kurzwellen-Labors von Augusto Righi mit in den väterlichen Garten: den Funkenerzeuger (den ›Rühmkorff‹, wie Hertz ihn benutzte), den Kohärer von Branly/Lodge und die Blitzableiter-Antenne Alexander Popovs aus Kronstadt. Marconis einzige Neuerung an diesem ansonsten altbekannten Geräteaufbau war, nun auch die Sendeantenne zu vergraben. [...] Erst jetzt kamen Wirkungen Hunderte von Metern weit zustande und sogar über Hügel und Hindernisse hinweg.«[111]

Zufällig stieß Marconi auf jene Mittel- und Langwellen, mit denen die Überwindung extrem großer Entfernungen möglich wurde.[112] Wie so oft im 19. Jahrhundert entstand diese Art der drahtlosen Technologie nicht aus der Feder eines Wissenschaftlers oder Theoretikers, sondern aus einer Praxis, ihre Erläuterung folgte später.

Nachdem Marconi 1896 sein erstes Patent, »Apparatus for Wirless Telegraphy«, angemeldet hatte, gelang es ihm ein Jahr später, über den Kanal von Bristol ohne Draht über eine Entfernung von vierzehn Kilometern zu telegraphieren.[113] In Folge entstand die »Wireless Telegraph and Signal Company«, die vier Jahre später in »Marconi's Wireless Telegraph Company« umbenannt wurde.[114]

1901 übertrug Marconi angeblich ein »S« im Morsecode von England nach Kanada über den Atlantik. Getragen wurde dieser Buchstabe von einer durch einen Knallfunkensender erzeugten und durch riesige Antennen transportierten elektrischen Welle.[115] Ob jenes »S« tatsächlich vernehmbar war oder aus Enthusiasmus in das durch den Kopfhörer vernommene Rauschen hinein interpretiert

---

Marconis »relative Unwissenheit« ihn dazu befähigt hat, die drahtlose Telegraphie zu optimieren, vgl. Flichy 1994, S. 167.

111 Hagen 2005, S. 56.
112 Für eine detaillierte Beschreibung der Versuche Marconis vgl. z.B. Riemenschneider 1924, S. 59 ff.
113 Guigliemo Marconi: Apparatus for Wireless Telegraphy. United States Patent Nr. 763,772. Beantragt am 10.11.1900, bewilligt am 28.06.1904. (http://www.pat2pdf.org/patents/pat763772.pdf) (Marconi hatte für diese Erfindung bereits 1896 ein britisches Patent beantragt, das am 24. April 1900 gewährt worden war, das amerikanische Patent war also eine Wiederveröffentlichung).
114 Riemenschneider 1924, S. 62.
115 Ob Marconi tatsächlich ein »S« per Morsecode und Funkwelle über den Atlantik gesendet hat, ist umstritten, es könnte sich auch um im Rauschen hereininterpretierte Zeichen gehandelt haben, vgl. Belrose 2006, S. 415; Campbell 2006, S. 8.

wurde, ist nicht geklärt. Fakt ist, dass die hiermit verdeutlichte Möglichkeit für Telekommunikation über den Atlantik nicht mittels eines der mittlerweile vierzehn transatlantischen Seekabel, sondern per Funk sehr viel versprechend erschien und sich in Folge der Langstreckenfunk entwickelte.[116] Da Marconi Teslas System kopierte, ist davon auszugehen auch Tesla eine solche transatlantische Übertragung geglückt wäre, vorausgesetzt, dass er die entsprechenden finanziellen Mittel und Ambitionen gehabt hätte. 1909 erhielten Marconi und Ferdinand Braun den Nobelpreis für Physik für ihre Entdeckung bezüglich des Funks. Fin Folge breitete sich das zentralisierte Senden und Empfangen von Radiowellen aus.

Marconi baute ein Monopol für jene neuartige Medientechnologie auf. Als 1912 herauskam, dass er mittels Geheimabsprachen mit Telefunken sein Kommunikationsmonopol zu untermauern versucht hatte, führte dieses zum »Marconi-Skandal«. Zudem wurde ihm sein Telekommunikationspatent zugunsten Tesla aberkannt.[117] Nach dem ersten Weltkrieg hatte Marconi die amerikanische Regierung verklagt, da er der Ansicht war, sie habe in jenem Krieg Wireless-Geräte verwendet, die sein 1896 beantragtes Patent zur drahtlosen Telegraphie verletzten, ohne dafür Lizenzgebühren zu zahlen. Diese Klage ging nicht zu seinen Gunsten aus: 1943 annullierte der US Supreme Court Marconis Patent mit der Begründung, es sei nicht originell, sondern das Patentierte sei in einem Patent von Braun aus dem Jahr 1899 sowie von Lodge aus dem Jahr 1897, vor allem aber in Teslas Patent »System of Transmission of Electrical Energy«, das dieser 1897 beantragt hatte, bereits beinhaltet.[118] Mit dieser Entscheidung bestätigte der Supreme Court, dass Teslas Patent und damit seine Idee bezüglich drahtloser Informationsübermittlung der von Marconi vorausging, wenngleich Tesla seine Erfindung nie praktisch vorgeführt hat und zum Zeitpunkt der Rechtsprechung bereits tot war. Bereits 1914 sollte eine Gerichtsverhandlung beweisen, dass Teslas Erfindung Marconis »four circuit tuner« vorausging. Sie war jedoch zugunsten Marconis ausgegangen da sich herausstellte, dass Teslas Tuner die erzeugten Wellen nicht modulieren konnte.[119]

DIE ERSTE RADIOAUSSTRAHLUNG

Neben Hughes, Tesla und Popov u.a hat auch der Kanadier Reginald Fessenden entscheidend zur Entwicklung des Radios und da-

---

116 Von diesen vierzehn Kabeln funktionierten 1896 allerdings nur zwölf, vgl. Hagen 2005, S. 57.
117 Hartmann 2006, S. 125
118 Vgl. Belrose 2006, S. 353; sowie Lindell 2006, S. 274.
119 Dunlap 1944, S. 120.

mit des Mobilfunks beigetragen. Fessenden arbeitete bis 1889 als Chemiker bei Edison und war anschließend Hochschullehrer für Elektrotechnik in Nordamerika, wobei er sich auf Hertz-Wellen und Wireless spezialisierte. Er trug insbesondere zur Entwicklung der Radio-Telephonie bei und strahlte im September 1906 die erste Rundfunkübertragung aus.[120]

Auch Fessenden erkannte die Möglichkeiten von Kurzwellen. Er stellte fest, dass mittels einer elektromagnetischen Hochfrequenzwelle von konstanter Amplitude und Frequenz Ausstrahlungen über eine größere Distanz als zuvor möglich waren und arbeitete an einem passenden Empfänger für jene Continous-Wave-Signale. Als er im November 1899 mit diesem Empfänger experimentierte fiel ihm auf, dass er entfernt das Wimmern eines Wehnelt-Unterbrechers hören konnte wenn die Morse-Sendetaste für ein Langzeichen runtergedrückt war. Hierdurch kam er auf den Gedanken, eine hohe, nicht mehr unmittelbar vom Menschen hörbare Frequenz zu verwenden, da er wie Tesla davon ausging, dass damit drahtlose Telegraphie und drahtlose Telephonie möglich seien.[121]

Mit Hilfe seines Assistenten und eines Optikers entwickelte Fessenden einen Unterbrecher für die Continous-Wave-Signale, der im Januar 1900 angefertigt wurde. Da sich Fessenden zu dieser Zeit inmitten eines Umzugs befand, verzögerten sich weitere Experimente um ein halbes Jahr Die ersten Experimente mit dem neuen Gerät wurden im Herbst 1900 gemacht. Nach mehreren erfolglosen Versuchen sprach Fessenden am 23. Dezember 1900 in das Mikrofon: »Hello test, one two, three, four. Is it snowing where you are Mr. Thiessen? If it is telegraph back and let me know.« Kurze Zeit später bekam er eine telegraphische Antwort von seinem Assisten Mr. Thiessen, der sich in 1600 Metern Entfernung befand.[122] Fessenden hatte Sprache via Radiowellen übertragen. Die Sprachnachricht war zwar, Fessenden zufolge aufgrund der Irregularität des Funkens, von jeder Menge Nebengeräuschen begleitet, jedoch komplett verständlich.[123]

Ende 1903 war die Sprachqualität dann einigermaßen zufrieden stellend, wenngleich sie noch immer von Störgeräuschen begleitet

---

120 Zu Marconis und Fessendens Methoden vgl. John S. Belrose: Fessenden and Marconi: Their Differing Technologies and Transatlantic Experiments During the First Decade of this Century. Paper anlässlich der International Conference on 100 Years of Radio, 5.-7. September 1995. (http://www.ieee.ca/millennium/radio/radio_differences.html)
121 Fessenden 1908, S. 578-579.
122 Helen M. Fessenden: Fessenden. Builder of Tomorrows. New York: Coward-McCann Inc., 1940. S. 81.
123 Fessenden 1908, S. 579

war. In den Folgejahren wurde sie verbessert und im Herbst 1906 war es Fessenden schließlich möglich, Sprache über eine Distanz von circa achtzehn Kilometern in einer sehr klaren und deutlichen Weise zu übertragen, sogar Atemgeräusche konnten gehört werden.[124] Am 11. Dezember lud er einige Wissenschaftler nach Brant Rock ein, um dem Spektakel einer drahtlosen Audioübertragung beizuwohnen.[125] Mittlerweile war die drahtlose Telephonie Fessenden zufolge sogar deutlicher als diejenige per Kabel, was er darauf zurückführte, dass jene keinen elektrostatischen Interferenzen ausgeliefert ist.[126] Ihm zufolge bot sie zudem dem eindeutigen Vorteile, dass sie im Gegensatz zur drahtlosen Telegraphie nicht monopolisiert war. Noch 1908 war Fessenden jedoch der Überzeugung, dass sie sich aus technisch-praktischen Gründen nicht für den lokalen Privatgebrauch durchsetzen würde, denn hierzu müsse jeder Anwender einen eigenen Generator besitzen, damit er die erforderlichen Wechselströme erzeugen könne. Für weitere Entfernungen sei die drahtlose Telephonie besser geeignet als die auf Kabelverbindungen basierende, da ihre Anschaffungskosten geringer seien, sie keine ständige Wartung bräuchte, keine Wegerechte gekauft werden müssten, sie flexibler und deutlicher sei etc.[127] Im Schiffsverkehr bestünde ihr Vorteil darin, dass für ihre Anwendung keine spezielle Ausbildung notwendig sei. Fessenden meldete mehrere Patente zu »Wireless Signaling« an, in denen er sein auf Radiowellen beruhendes Sende- und Empfangssystem ausführt.[128] Während ihrer Entstehung waren die drahtlose Telephonie und der Rundfunk noch verschwistert. Der Rundfunk bzw. das »Radio« ergab sich aus der zunächst gegebenen Unmöglichkeit, kostengünstig drahtlose Apparate herzustellen, die nicht nur Radiowellen empfangen, sondern sie

---

124 Fessenden 1908, S. 579-580
125 Brant Rock, Mass., Dec. 11, 1906. American Telephone Journal, 100 William St., New York City: »[...] The test will be as follows: 1. Transmission of ordinary speech, and also transmission of phonographic talking and music by wireless Telefone between Brant Rock and Plymouth. 2. Transmission of speech over ordinary wire line to wireless station at Brant Rock, relaying the speech there automatically by Telefone relay and automatically transmitting the speech by wireless to Plymouth transmitting same at Plymouth automatically directly or by Telefone relay over regular wire line. [...]« Zitiert nach Fessenden 1908, S. 580-581.
126 Fessenden 1908, S. 603-604
127 Fessenden 1908, S. 607.
128 Reginald A. Fessenden: Wireless Signaling. United States Patent Nr. 706,740. Beantragt am 28.09.1901, bewilligt am 12.08.1902. Sowie ders.: Wireless Signaling. United States Patent Nr. 706,742. Beantragt am 06.07.1902, bewilligt am 12.08.1902. (http://www.pat2pdf.org/patents/pat706740.pdf und http://www.pat2pdf.org/patents/pat706742.pdf), u.a.

auch senden konnten und zudem technisch gesehen aus der Eigenschaft von Radiowellen sich in alle Richtungen des Raums auszubreiten.

Die erste Radio-Ausstrahlung gelang Fessenden an Weihnachten 1906. Am 24 Dezember 1906 präsentierten er und seine Assistenten die erste Radio-Ausstrahlung. Von seinem Labor in Brant Rock, Massachusetts wurden über Radiowellen eine Rede Fessendens, eine Komposition Händels, ein Violinen-Solo von Fessenden sowie eine Bibelstelle und Weihnachtswünsche ausgesendet, mit dem Hinweis auf eine weitere Rundfunksendung zu Sylvester. Empfangen werden konnte diese erste Rundfunkausstrahlung von Radio-Operateuren an Bord von Schiffen der U.S. Navy und der United Fruit Company, die mit Fessendens Empfängern ausgestattet waren und sich im nördlichen oder südlichen Atlantik befanden, bis hin zu den Westindischen Inseln. Die Übertragung war drei Tage zuvor angekündigt worden und war ein recht privater Vorgang: Anstatt des Morsecodes hörten die Telegraphen-Operateure nun Musik durch ihre Kopfhörer, dem zu diesem Zeitpunkt einzigen Hilfsmittel um drahtlose Information akustisch zu empfangen.

Das Wort »Radio« wurde bereits vor Hertz' Beweisen der Existenz von Radiowellen verwendet:

»Originally ›radio‹ was a general prefix meaning »radiant« or »radiation« -- hence ›radio-activity‹ for the alpha, beta, and gamma rays emitted by decaying atoms.«[129]

Ab den 1890er Jahren begann man, »Radio« als Vorsilbe für die neuen kabellosen Technologien zu verwenden, beispielsweise nannte der Franzose Edouard Branly seinen Kohärer »Radio-Conductor«. 1902 war in der Zeitschrift »The Electrician« von der »Radio-Telegraphie« die Rede, 1903 wurde von »radio-telegrams«, »radiograms«, und »radio-telegraphy« berichtet. 1906, nach der Berliner »Radiotelegraphischen Konferenz« breitete sich »Radio« als Vorsilbe für drahtlose Technologien bis in die USA aus, »radio-telegraphy« wurde zum Synonym für »wireless telegraphy«. Mit der Zeit bürgerte sich die Abkürzung »Radio« für Radio-Telephonie und Radio-Telegraphie ein. Erst später wurde unter Radio hauptsächlich der Rundfunk verstanden, vor allem wohl deshalb, weil sich die »Radio-Telephonie« zunächst nicht auf breiter Basis durchsetzte.

---

129 Thomas H. White: Word Origins. In: ders.: United States Early Radio History, Section 22. (http://earlyradiohistory.us/sec022.htm)

Mobile Einheiten

Im Krieg und im Schiffverkehr kamen kabellose Telegraphie und Telephonie bereits früh zum Einsatz. Wie von vielen der Erfinder drahtloser Medientechnologien vorausgesehen, war die Möglichkeit, mit sich nahebei befindenden Schiffen oder dem Hafen durch Kurzwellenfunk kommunizieren zu können, im nautischen Verkehr besonders vorteilhaft.

Die grundlegende Bedeutung, die Wireless im Schifffunk zukam, zeigte sich deutlich an den Schiffskollisionen zu Beginn des 20. Jahrhunderts, insbesondere am Sinken des Passagierschiffs Titanic. Die Marconi Company besaß zu diesem Zeitpunkt ein Monopol auf Wireless, nahezu alle Schiffe waren mit ihren Geräten ausgestattet. Erst 1908 verwendeten die Küstenstationen auch Sender, die nicht von Marconi, sondern beispielsweise von Telefunken, United Wireless oder The National Electric Signaling Company produziert worden waren. Die Signale der Marconi-Sender waren jedoch so stark, dass sie die der anderen aus dem Spektrum verdrängten. Als die Titanic im April 1912 mit dem Bestreben, den Rekord einer Atlantik-Überquerung auf ihrer ersten Fahrt zu brechen, im Nordatlantik unterwegs war, fuhr ganz in ihrer Nähe, noch nicht mal 31 Kilometer entfernt, ein kleineres Schiff namens »California«. Die Kapitäne der California hatten Eisberge gesichtet und wollten die Titanic via Funk warnen, damit diese ihren Kurs verlangsame. Zu diesem Zeitpunkt befand sich der Funker der Titanic jedoch in einem Nachrichtenaustausch mit der Marconi-Station auf Cape Cod (das Funkequipment des Schiffes war auf dem neuesten Stand und in der Lage über eine Distanz von mehr als 400 Meilen zu senden und empfangen) und herrschte den dazwischen funkenden Telegraphisten der California an »to ›shut up‹ and keep out of the conversation«[130]. Folglich kam die Warnung nicht an, die Titanic prallte gegen jene Eisberge und sank. Da zudem das Marconi-Equipment der Titanic das schwächere Funkequipment der California beeinträchtigte, konnte diese keine Warnungen an die anderen der mit Wireless ausgestatteten Schiffe in der Umgebung aussenden, denn der Marconi-Funker der Titanic blieb bis zum Untergang SOS funkend auf seinem Schiff. Als 1909 die »Republik« die italienische »Florida« vor der US-Küste gerammt hatte, konnte hingegen die nahebei schippernde »Baltic«, da sie via Wireless in Kenntnis gesetzt wurde, 700 Menschen retten. In der Schifffahrt zeigte sich also sehr deutlich, dass einerseits die mit dem Schiff mobilen Medientechnologien von grundlegender Bedeutung waren, andererseits aber vor allem, dass ein Monopol auf eine Funkfrequenz dem Fluß von Informationen nicht zugute kommt.

---

130 Belrose 2006, S. 406

Auch im Krieg bot die Möglichkeit, Truppen an anderen Posten drahtlos Nachrichten zuzufunken oder gar mit ihnen zu sprechen, große Vorteile. Insbesondere im Krieg zu See erwies sich die neue Medientechnologie als sehr effektiv. Denn beim Abfeuern des in den 1870er Jahren entwickelten Torpedos wurden oft versehentlich Boote der eigenen Flotte getroffen. Da die Torpedoboote verhältnismäßig klein waren, waren sie vor allem nachts schwer zu sehen, weshalb man ab circa 1873 Leuchtkörper abschoss um sich der Umgebung zu vergewissern. Diese Signalgebung war taktisch jedoch eher unvorteilhaft, zumal es auf See schwierig war zwischen eigenen und fremden Torpedoschiffen zu unterscheiden. Durch die Anwendung der neuen drahtlosen und »nicht-visuellen« Kommunikationsmethode wurde die Wahrscheinlichkeit von Fehlschüssen minimiert, denn durch sie konnte man sich unmissverständlich über die jeweilige Position verständigen.[131] Die optische Telegraphie auf Schiffen wurde parallel zur elektrischen jedoch beibehalten, wenngleich sie nicht bei schlechten Sichtverhältnissen angewendet werden konnte.[132] Der besondere Vorteil von Funkkommunikation zu Kriegszeiten bestand darin, dass sie weniger leicht sabotiert werden konnte, da sie zwar gestört, jedoch nicht, wie Seekabel, permanent durchgetrennt werden konnte.

Auch im ersten Weltkrieg erwies sich die drahtlose Fernkommunikation als ein sehr bedeutsamer taktischer und strategischer Faktor. Nun wurden elektrische Wellen in der Telegraphie und Telephonie angewendet und die Apparate zum Senden und Empfangen waren transportabel geworden. Zunächst wurden Pferde und Karren und schließlich auch Automobile zu Bestandteilen von mobilen Medientechnologien. Das Interesse der britischen Armee für Wireless erstarkte Ende des 19. Jahrhunderts zur Zeit der Kolonialkriege, initiiert durch einige unvorteilhafte Situationen während des Burenkrieges.[133] Auch die Amerikanische Armee entwickelte im ersten Weltkrieg ein erstes portables Kommunikationssystem, »The Signal Corps, U.S.A., Portable System«. Als Energiequelle wurde ein mit einer Kurbel zu bedienender Dynamo verwendet. Der komplette Generator wog knapp 40 Kilogramm, Sender und Empfänger wogen

---

131 Vgl. Burns 2004, S. 281-284.
132 Seit Ende des 19. Jahrhunderts wurde mit verschiedenen Semaphore-Systemen auf Schiffen experimentiert. 1902 besaßen alle Schiffe der britischen Royal Navy sowie alle Werften Semaphore an ihren Mästen. 1910 wurde als Rekord eine Nachricht von 350 Wörtern simultan zu 21 Schiffen mit einer Geschwindigkeit von 17 Wörtern pro Minute übertragen. Bei guten Sichten konnte eine Nachricht auf diese Weise über eine Entfernung von bis zu 29 km gelesen werden, vgl. Burns 2004, S. 369.
133 Vgl. Burns 2004, S. 400 ff.

zusammen etwa 70 Kilogramm. Der gesamte Apparat konnte in zwei Kästen verstaut werden und zu den beiden Seiten eines Esels kompakt transportiert werden. Dies entsprach einer Last von insgesamt etwa 200 Kilogramm, da der ausklappbare hohle Holzmast weitere 70 Kilogramm schwer war. Unter günstigen Wetterbedingungen hatte dieses Set eine Reichweite von bis zu 40 Kilometern über eine ebenerdige Entfernung, bei hügeliger Umgebung verringerte sich die Reichweite um die Hälfte. Sechs Menschen wurden benötigt um das drahtlose Medium aufzustellen, was im Bestfall eine halbe Stunde lang dauerte, und es anschließend in Betrieb zu nehmen.[134]

Kurz vor Beginn des ersten Weltkriegs berichtete der Deutsche Bruno Thieme 1914 von mobilen Telegraphie-Stationen, die auf dem Feld zum Einsatz kamen. Heere sollten kleine Stationen mit wenigen Kilowatt Stromstärke und einer Reichweite von bis zu 300 Kilometern zur Verfügung haben. Es zeigte sich jedoch bereits während der Übungen zu Friedenszeiten, dass es oft zu Frequenz-Überschneidungen kam, diese Methode also nicht optimal war. Thieme führt aus:

»Es werden fahrbare und tragbare Stationen für militärische Zwecke unterschieden. Die kleineren Truppenkörper erhalten tragbare oder mit Pferden bespannte Stationen, während die Oberleitung Automobilstationen erhält, die den Truppen selbst nicht so schnell folgen können, da sie an ein wegsameres Terrain gebunden sind. Bei den tragbaren Stationen werden die Teile einzeln auf dem Pferderücken transportiert: der Antrieb der Maschinen erfolgt – wie bei den fahrbaren Stationen – durch Benzinmotoren. Die Antennen wurden früher durch kleine mitgeführte Ballons in die Höhe gebracht. Da aber dazu die schweren Stahlflaschen für Wasserstoff mitgeführt werden müssen, so werden neuerdings fast nur noch Schirmantennen an etwa 20m hohen Masten verwendet. Die Sendemethoden sind durch die verschiedenen Fortschritte so verbessert worden, dass die Reichweite trotz der geringeren Masthöhe die gleiche ist. Außer wenn Signale des Feindes durch Zwischentelegraphieren gestört werden sollten, was nur selten gelingt, da die Töne, die doch immer etwas verschieden sind, sich leicht erkennen lassen – ist es häufig gar nicht erwünscht, dass die eigenen Signale noch beim Feinde vernommen werden, da man niemals weiß, ob der Feind nicht einen Telegraphenschlüssel besitzt.«[135]

Kryptographie war also gerade in der zu Kriegszeiten verwendeten drahtlosen Telegraphie notwendig.

---

134 Vgl. A. Frederick Collins: Manual of Wireless Telegraphy and Telephony. New York: John Wiley & Sons, 1913. S. 194-206.

135 Bruno Thieme: Drahtlose Telegraphie und Telephonie und ihre Anwendung in der Praxis. Allgemeinverständlich dargelegt bis zu den neuesten Fortschritten. Unter besonderer Berücksichtigung der Flugtechnik. Berlin: Hermann Schran & Co, 1914. S. 80-81.

Jene frühen mobilen Medientechnologien waren entweder an Transporttechnologien wie Schiffe gebunden, oder sie wurden durch diese oder durch Lastentiere transportiert, um sie unabhängig von ihnen aufzubauen und zu verwenden. Mobile Medien und vor allem drahtlose Telefone waren Ausnahmeerscheinungen, denn trotz der diversen Forscherträume von drahtloser Telegraphie waren leichte und damit transportfähige Sender und Empfänger zum damaligen Zeitpunkt nicht konstruierbar.

Eng verbunden mit den neu entdeckten und angewendeten Radiowellen waren Phantasmen über das Virtuelle. So wurden die Hertzschen Wellen ab 1890 zu Hoffnungsträgern der »extra-sensoric perception«[136], durch sie sollte beispielsweise Gedankenübertragung erklärt und ermöglicht werden können. Noch 1932 ist beispielsweise bei Richard Kolb von der »körperlosen Wesenheit der Stimme« zu lesen:

»Die Funkwellen sind der geistige Strom, der die Welt durchflutet [...] und es wäre nicht absurd zu denken, dass der Mensch Nerven hätte, die die Wellen unmittelbar aufnähmen und im Gehirn zur Wahrnehmung brächten.«[137]

Auch diese Nerven sind – wie diejenigen, die Sympathie über Distanzen hinweg transportieren, oder diejenigen von Weinbergschnecken und Fröschen, die diese zu optimalen Telekommunikationsmitteln machen – bislang nicht entdeckt worden. Durchgängig scheint das Unsichtbar-Werden von Kommunikation – ungleich der Briefpost erzeugt das Telefon kein materielles Produkt, das auch nach dem Verwenden des Mediums gespeichert übrig bleibt – zu einer Verunsicherung darüber, wie Welt funktioniert und damit was Wirklichkeit ist, geführt zu haben. Die elektrischen Impulse des Telegraphen und die elektrischen Frequenzen des Telefons, die mittels einer nicht sichtbaren künstlichen Welle Räume überwinden können, erschienen als Mysterium, das zu phantastischen Spekulationen anregte.

Auch Nikola Tesla ist durch sie zu Mutmaßungen verleitet, die sich in ähnlicher Form Ende des 20. Jahrhunderts wiederholen. 1904 sieht er in einem Artikel im »Electrical World Engineer« vorher, dass Nachrichten mittels der »Welt-Telegraphie« blitzartig in die ganze Welt übermittelt werden und mittels eines Taschenuhrähnlichen, also portablen Geräts empfangen werden:

---

136 Standage 1999, S. 157.
137 Richard Kolb: Das Horoskop des Hörspiels. Berlin, 1932. Zitiert nach Hagen 1999, S. 158.

»Ein einfaches und preiswertes Gerät, das man in seiner Tasche trägt, kann überall auf Land oder See eingesetzt werden, um die Weltnachrichten aufzuzeichnen oder speziell an es gerichtete Botschaften zu empfangen. So wird die ganze Welt in ein großes Gehirn verwandelt, in jedem seiner Teile fähig zu einer Reaktion.«[138]

Noch in den 1920er Jahren hängt Tesla seinem Gedanken, mittels drahtloser Telegraphie die Welt in eine Einheit, ein »großes Gehirn« zu verwandeln, nach:

»When wireless is perfectly applied the whole earth will be converted into a huge brain, which in fact it is, all things being particles of a real and rhythmic whole. We shall be able to communicate with one another instantly, irrespective of distance. Not only this, but through television and telephony we shall see and hear one another as perfectly as though we were face to face, despite intervening distances of thousands of miles; and the instruments through which we shall be able to do this will be amazingly simple compared with our present telephone. A man will be able to carry one in his vest pocket.«[139]

Tesla schwebt hier eine mobile Medientechnologie für Individualkommunikation vor, die Ende des Jahrhunderts realisiert wurde, wenngleich sich die Welt bislang nicht in ein großes Gehirn verwandelt hat.[140]

---

138 Tesla zitiert nach Hartmann 2006, S. 116.
139 John B. Kennedy: When Woman is Boss. An Interview with Nikola Tesla. In: Colliers, 30.01.1926. (http://www.tfcbooks.com/tesla/1926-01-30.htm)
140 Tesla vermutete 1933, dass es in Zukunft ebenfalls möglich sein würde, Gedanken zu fotographieren, vgl. Hagen 2005, S. 166. Marshall McLuhan behauptet 1964, dass elektronische Medien das Zentralnervensystem und damit auch das Gehirn nach außen verlagert haben, die Vorstellung eines externen allumfassenden Weltgehirns liegt also nicht fern: »Whereas all previous technology (save speech, itself) had, in effect, extended some part of our bodies, electricity may be said to have outered the central nervous system itself, including the brain.« Vgl. Marshall McLuhan: Understanding Media. The Extensions of Man. Corte Madera: Gingko Press, (1964) 2003. S. 332.

8. Virtualität in der Zeit

Wie wird das Virtuelle in der Jahrhundertwende vom 19. zum 20. Jahrhundert aus philosophischen Perspektiven gedacht? In diesem Kapitel wird einerseits Henri Bergsons Konzept der Dauer und damit eine relativ ungewöhnliche Vorstellung vom Zusammenwirken des Möglichen und des Virtuellen in den Blick genommen, und andererseits eine etwas spätere Konzeption von Martin Heidegger, die nicht explizit das Virtuelle, jedoch das Technische als Virtuelles thematisiert. Zusätzlich zu diesen beiden Positionen werden von Charles S. Peirce verfasste Lexikon-Definitionen der Begriffe »Virtualität« und »Wirklichkeit« aus dem Jahr 1901 aufgegriffen. Es zeigt sich, dass diese maßgeblichen Denker ihrer Epoche nicht nur das Virtuelle thematisierten, sondern es unabhängig von Medientechnologien und den durch sie generierten Phänomenen dachten – auch wenn Heidegger explizit die Technik, worunter auch Mobile Medien verstanden werden können, als Sein-deformierend und damit als Wirklichkeits-affektierend begriff. Das Virtuelle wurde während der Jahrhundertwende vom 19. zum 20. Jahrhundert also thematisiert, jedoch nicht in Zusammenhang mit den oben geschilderten Entdeckungen und Entwicklungen im Bereich von Medientechnologien und zudem als eine wesentlich grundlegendere Idee als in den Medientheorien der 1980er und 1990er Jahre.

8.1 Bergson – Werden

Bergson dachte quer zu den Gepflogenheiten seiner Zeit und wandte sich mit seiner Bestimmung einer neuen Methode der Philosophie von der Orientierung an den exakten Wissenschaften, von einem intellektuell-quantitativ-mechanischem, am Raum orientierten Denken konsequent ab. Auch in der Physik vollzog sich Ende des 19. Jahrhunderts ein Bruch. Man beobachtete nun nicht primär materielle Substanzen, sondern dynamisch fortschreitende Wellen, generierte also Kräftefelder, die einzig in ihrer Wirkung sichtbar wurden. Bergson nannte seine philosophische Methode die »Intuition«. Durch sie sollten nicht länger durch eine akkurate Beobachtung der Dinge und des Denkens aus einer externen Perspektive Erkenntnisse gewonnen werden, sondern durch ein Hineinversetzen in die Dinge, in das Denken, in die Zeit sollte das Leben als solches von Innen her begriffen werden. Wie Deleuze in seiner Einführung in den »Bergsonisme« rekonstruiert, besteht die Methode der Intuition im Wesentlichen aus drei Bereichen: Problematisierung, Differenzierung und Verzeitlichung.[1] Die Intuition stellt also Probleme und bringt sie hervor, deckt Wesensunterschiede auf und fasst die wirkliche Zeit durch Sinneseindrücke auf. Damit steht sie der Analyse diametral gegenüber. Durch die Intuition möchte Bergson ein Hineinspringen oder Eintauchen in den Gegenstand des zu Denkenden realisieren und damit Wirklichkeit als solche erfassen.[2] Damit ist Wirklichkeit nicht länger etwas durch den Geist Erfassbares, sondern wird zu etwas mittels des individuellen Bewusstseins Empfindbaren. Hierbei spielen Bergsons Vorstellungen des »élan vital«, der schöpferischen Lebenskraft, sowie des Gedächtnis, das aus der Gegenwart die Vergangenheit bildet, eine besondere Rolle. Vor allem die Zeit ist in diesem Zusammenhang, wie später bei Heidegger, eine zentrale Kategorie, die jedoch entgegen verbreiteter Annahmen nicht per Chronometer gemessen und damit analysiert, sondern nur intuitiv erfasst werden kann. Zeit und Raum werden als getrennte, völlig anders geartete Kategorien begriffen: Während der Raum mit dem Verstand erfasst werden kann, bedarf es für die Erfassung der Zeit, für die Dauer des Lebens, der Intuition.

In diesem Kontext grenzt Bergson das Mögliche vom Virtuellen ab. Während die Gegenwart sich im Zusammenspiel mit der sich aktualisierenden und damit differenzierenden Virtualität bildet, wird im Gegensatz hierzu die Möglichkeit erst in ihrer Realisierung wahrnehmbar, sie entsteht erst durch dasjenige, welches wirklich geworden ist. Ebenso wie die Vergangenheit erst durch die Gegenwart hervortritt, entsteht die Möglichkeit erst durch die Wirklichkeit, sie ist also später als jene. Diese Umkehrung ist ausschlaggebend für spätere Prozessualphilosophien des Ereignisses (Whitehead, Deleuze) und vor allem deshalb bedeutsam, weil sie darauf hinweist, dass das Mögliche nur irrtümlicherweise als dem Wirklichen vorausgehend gedacht werden kann. Denn dies würde einer Prädetermination des Wirklichen durch einen Fundus an sich verwirklichen könnender Möglichkeiten gleichkommen, also der Annahme einer in ihren Grundzügen in der Zeit bereits abgeschlossenen Welt, die der von Leibniz angenommenen gleicht. Bergsons Idee

---

1   Gilles Deleuze: Henri Bergson zur Einführung. Hamburg: Junius, (1966) 2001. S. 51.
2   In abgeleiteter Weise wird Deleuze später das differenzierte Stellen von Problemen und Finden von Begriffen als Charakteristikum der Philosophie begreifen, vgl.: Gilles Deleuze und Felix Guattari: Was ist Philosophie? Frankfurt am Main: Suhrkamp Verlag, (1991) 2000. S. 9.

des dem Möglichen entgegenstehenden Virtuellen dient Deleuze über ein halbes Jahrhundert später als Modell für seine auf dem Virtuellen fußende Philosophie der in der Wiederholung inkarnierten und mutierten Differenzierung, des differenziellen Werdens. Bergsons Ansatz ist der erste des 20. Jahrhunderts, der sich aus philosophischer Perspektive in relevanter Weise mit dem Virtuellen befasst. Im Folgenden werden seine Konzepte von Wirklichkeit, Möglichkeit und Virtualität betrachtet.

Wirklichkeit in der Post-Metaphysik

Bergsons Suche nach der wirklichen Zeit und damit der realen Wirklichkeit beginnt, wie insbesondere für postmittelalterliche Philosophie nahezu emblematisch, bei einer Kritik der Metaphysik und verwendet diese, um in Absetzung ein eigenes Konzept auszuformulieren.³ Der recht pauschale Hauptkritikpunkt Bergsons an »der Metaphysik« im Allgemeinen besteht darin, dass sie an Stelle der vollen Wirklichkeit eine aus ihr extrahierte zeitlose Abstraktion setzt. Daher ist es ihr unmöglich, die lebendige Wirklichkeit zu erfassen, sie stellt also ein nutz- und sinnloses Begriffsgebäude dar:

»So wurde die Metaphysik dahin geführt, die Wirklichkeit der Dinge jenseits der Zeit zu suchen, jenseits dessen, was unsere Sinne und unser Bewusstsein unmittelbar erleben. Seitdem konnte sie nur noch ein mehr oder weniger künstliches Gebäude von Begriffen, eine hypothetische Konstruktion sein. Sie gab vor, die Erfahrung zu überschreiten, in Wirklichkeit setzte sie nur an die Stelle der lebendigen und vollen Erfahrung, [...] ein System allgemein abstrakter Ideen, die aus dieser [...] abstrahiert worden waren.«⁴

Eben jenen Fehler möchte Bergson vermeiden und strebt daher danach, eine Methode zu entwickeln, die imstande ist Wirklichkeit als Gesamtes und damit in der Zeit, im Sinnlichen, und nicht wie die Metaphysik außerhalb von ihr zu erfassen.⁵ Ziel ist es in »direkten Kontakt mit der Wirklichkeit«⁶ zu treten und die Vorstellungsgewohnheiten, die sich der Geist, oder »die Intelligenz«, zwecks Handhabung oder Bewältigung der praktischen Welt angeeignet hat, abzulegen. Denn diese »stellen uns einer entstellten und umgemodel-

---

3   Vgl. Henri Bergson: Einführung in die Metaphysik. Jena: Eugen Diederichs, (1903) 1929.
4   Henri Bergson: Einleitung (Erster Teil). In: ders.: Denken und Schöpferisches Werden. Aufsätze und Vorträge. Meisenheim am Glan: Westkulturverlag Anton Hain, (1934) 1948 (I). S. 21-41. S. 28.
5   Ebenso denkt er das Virtuelle nicht als außerhalb von Welt stehend.
6   Bergson 1948 (I), S. 40.

ten Wirklichkeit gegenüber, die konstruiert ist«[7], gerade die Metaphysik, oder vielmehr die Philosophie, sollte aber die Wirklichkeit als solches erfassen und muss hierzu jenes störende Korsett des Denkens ablegen.

Das Problem der Philosophie besteht für Bergson also darin, dass sie bislang »niemals diese fortgeschrittene Schöpfung von unvorhersehbar Neuem«[8] anerkannt hat. Der Grund liegt darin, dass der platonische Seinsdualismus sich über die Jahrhunderte hinweg fortgesetzt hat. »Die Alten«, so Bergson, dachten das Sein als »ein für alle Mal vollständig und vollkommen im unveränderlichen System der Ideen gegeben«[9], demgegenüber die »Welt, die vor unseren Augen abrollt« nichts hinzufügen kann, sondern nur minderwertig oder entartet das Sein des Systems der Ideen darzustellen vermag. »Die Modernen« hingegen behandelten die Zeit, das zentrale Element, zwar nicht mehr als »einen Störenfried der Ewigkeit«, wollten sie dafür aber »zu einem reinen Schattendasein reduzieren«. Aus dieser Perspektive wird für Bergson das Wirkliche zum Ewigen, »an die Stelle der Ewigkeit der Ideen, die den Erscheinungen zum Muster dienen« tritt hier die Ewigkeit der Gesetze, in die sie sich auflösen. Beides sind für Bergson Theorien, ihm zufolge muss jedoch auch die Philosophie von Tatsachen handeln. Konkret meint er mit diesen Tatsachen diejenige der Zeit, als Dauer, in der »ein tatsächliches Hervorquellen von unvorhersehbar Neuem«[10] gegeben ist.

Folglich sollte die Philosophie nicht eine vermeintlich statische Wirklichkeit mit einer daraus abstrahierten ewigen Struktur ergänzen. Dies kann sie Bergson zufolge auch nur fälschlicherweise, denn für ihn ist das Wesen der Wirklichkeit Bewegung.[11] Die Philosophie muss sich in das Wesen der Dinge, und damit in die Bewegung und in die Zeit hineinversetzen. Denn Bewegung wird hier zeitlich begriffen, als subjektive Dauer,[12] und nicht räumlich in ei-

---

7 Bergson 1948 (I), S. 40.
8 Henri Bergson: Das Mögliche und das Wirkliche. In: ders.: Denken und Schöpferisches Werden. Aufsätze und Vorträge. Meisenheim am Glan: Westkulturverlag Anton Hain, (1934) 1948 (II). S. 110-125. S. 124.
9 Bergson 1948 (II), S. 124.
10 Bergson 1948 (II), S. 125.
11 Henri Bergson: Einleitung (Zweiter Teil). In: ders.: Denken und Schöpferisches Werden. Aufsätze und Vorträge. Meisenheim am Glan: Westkulturverlag Anton Hain, (1934) 1948 (III). S. 42-109. S. 43.
12 Das Konzept der Dauer entwickelt Bergson bereits in seiner Doktorarbeit zum Thema »Zeit und freier Wille«, in der er sich mit Kants These, dass es den freien Willen nur außerhalb von Raum und Zeit gibt, kritisch auseinandersetzt und zeigt, dass dieser die Zeit mit deren räumlicher Darstellung gleichgesetzt hat. Für Bergson ist Zeit jedoch im Gegensatz zum Raum nicht teilbar, folglich kann sie nicht als eine Folge einzelner Teile, von de-

nem materiellen oder physischen Sinne der Ortsveränderung.[13] Ein Teil der Wirklichkeit, der Dauer, ist Bergson zufolge die Materialität, sie ist »das Stabile und Regelmäßige im Wirklichen«.[14] Zudem gibt es noch eine weitere Komponente, durch die sich Wirklichkeit verändern kann, den »élan vital«, eine Virtualität insofern, als dass er eine nur in einem Wirken sichtbar werdende Kraft ist. Während sich das metaphysische Denken Bergson zufolge am Modell des Raumes orientiert, ist es also die Zeit, an der sich sein Denken modelliert.[15] Diese ist nur »von innen her durch Intuition« erfassbar, und damit steht für ihn fest, dass es mindestens eine Wirklichkeit geben muss, nämlich »unsere eigene Person in ihrem Fluß durch die Zeit. Es ist unser Ich, welches dauert.«[16] Bei dieser introspektiven Erkenntnis bleibt es jedoch nicht, denn neben dieser inneren Wirklichkeit, der Dauer, gibt es für Bergson auch eine damit verwobene äußere Wirklichkeit, die durch das Ich erfasst werden kann. Diese externe Wirklichkeit wird unaufhörlich, sie ist reine Bewegung in der Zeit:

»*I. Es gibt eine äußere Wirklichkeit, die dennoch unmittelbar unserem Geist gegeben ist. [...] II. Diese Wirklichkeit ist die reine Bewegung. Es existieren keine starren Dinge, sondern allein werdende Dinge, keine Zustände, die bleiben, sondern nur Zustände, die sich verändern. Die Ruhe ist nur scheinbar, oder vielmehr relativ. Das Bewusstsein, das wir von unserer eigenen Person haben, in seinem unaufhörlichen Fließen, fährt uns in das Innere einer Wirklichkeit hinein, nach deren Muster wir uns alle andere Wirklichkeit vorstellen müssen. Jede Wirklichkeit ist also Tendenz, wenn man übereinkommt, unter Tendenz eine immer neu beginnende Richtungsänderung zu verstehen.*«[17]

Somit kann es »die« Wirklichkeit nicht geben, denn sie ist immer abhängig von Bewusstsein, von der Dauer, in der der Mensch sie,

---

nen einer kausal auf den ihn vorhergehenden folgt, begriffen werden. Damit wird Determinismus zu einer Unmöglichkeit und die Zeit zu Dauer, zu reiner Bewegung.

13 »Die Wirklichkeit ist ein ungeteiltes Wachstum als Ganzes, fortschreitende Erfindung, kurz, Dauer: ähnlich einem plastischen Ballon, der sich allmählich ausdehnt, indem er jeden Augenblick unerwartete Formen annimmt.« Vgl. Bergson 1948 (II), S. 115.
14 Bergson 1948 (II), S. 114.
15 Zeit ist im Gegensatz zum Raum für Bergson vor allem qualitativer und nicht quantifizierbarer Art. Sie mag zwar als eine messbare Größe erscheinen, ist es aber nicht. Vgl.: Henri Bergson: Zeit und Freiheit. Hamburg: Europäische Verlagsanstalt, (1889) 1994. S. 80 f.
16 Henri Bergson: Einführung in die Metaphysik. In: Denken und Schöpferisches Werden. Aufsätze und Vorträge. Meisenheim am Glan, Westkulturverlag Anton Hain, (1934) 1948 (IV). S. 120-225. S. 184.
17 Bergson 1948 (IV), S. 211. (Kursiv im Original)

gleich seinem Bewusstein als ein inneres Fließen, empfindet. Diese Empfindung, anhand derer man sich die Wirklichkeit vorstellen muss, steht dem defizitären Geist gegenüber, aus dem die Fehlkonzeptionen der Metaphysik entstanden sind und noch immer entstehen. Denn der Geist sucht Bergson zufolge immer feste Stützpunkte, nach denen er sich ausrichten und an denen er sich orientieren kann. Daher hat der Geist die Gewohnheit, sich Zustände und Dinge vorzustellen, macht also durch seine Empfindungen und Gedanken Momentaufnahmen von der »unteilbaren Bewegung des Wirklichen.«[18] Bergson zufolge ist diese Vorgehensweise, die weniger eine Simplifizierung als vielmehr eine Segmentierung ist, notwendig für die Sprache, das praktische Leben und in einem gewissen Maße auch für die positiven Wissenschaften. Mit ihnen kann jedoch die Gesamtheit der Bewegung des Lebens nicht erfasst werden. Denn wenn die Intelligenz »ihrer natürlichen Neigung folgt«, dann geht sie vom Unbeweglichen aus und begreift die Bewegung als eine Funktion der Unbeweglichkeit. Eben dieser Verlockung darf die Philosophie allerdings nicht erliegen. Sie muss die Bewegung, und damit nicht die feste Wahrnehmung und den statischen Begriff denken. Denn ihr Ziel ist es, »das eigentliche Wesen des Wirklichen« zu erfassen, hierfür kann sie »feste Begriffe durch unser Denken aus der Beweglichkeit«[19] abstrahieren, andersherum, wie meist unternommen, kann diese Bewegung jedoch nicht vollzogen werden. Aufgrund dieses Widerspruchs ist für Bergson die traditionelle Philosophie, und somit der Dogmatismus, der auf diese Weise Systeme konstruiert, zum Scheitern verurteilt. Glücklicherweise ist der Geist jedoch in der Lage, diese im Vergleich zum Üblichen umgekehrte Richtung einzuschlagen. Durch die Intuition kann er sich in die bewegliche Wirklichkeit hineinversetzen, diese Umkehrung erfordert jedoch, dass der Geist sich selbst Gewalt zufügt, und »unaufhörlich seine Kategorien«[20] ›umschmilzt‹. Hierin besteht Bergson zufolge die Hauptaufgabe der Philosophie, nämlich »darin, die gewohnte Richtung unserer Denkarbeit umzukehren«.[21]

Insofern modelliert sich diese wirklich wahre Philosophie, die auf der Intuition basiert, für Bergson am Modell der Mathematik, der Differential- und Integralrechnung. Als Erkenntnismethode ist einzig diese neue Methode der höchsten Wissenschaft, die Intuition, in der Lage, zu absoluten Erkenntnissen zu gelangen. Dies ist darin begründet, dass sie nicht etwas Äußeres auf etwas anderes ihr Äu-

---

18 Bergson 1948 (IV), S. 212.
19 Bergson 1948 (IV), S. 213.
20 Bergson 1948 (IV), S. 213.
21 Bergson 1948 (IV), S. 214.

ßeres anwendet, sondern sie sich in die Dinge selbst, in die durch den Einzelnen konstruierte Wirklichkeit hineinversetzt.

»Relativ ist die symbolische Erkenntnis durch vorgefaßte Begriffe, die vom Starren zum Beweglichen übergeht, aber nicht die intuitive Erkenntnis, die sich in die Bewegung selbst versetzt und mit dem Leben der Dinge sich selber identifiziert. Diese Intuition erfasst ein Absolutes. – Wissenschaft und Metaphysik vereinigen sich also in der Intuition.«[22]

Die Intuition kann aus dem Innen des Ich, aus der Dauer Absolutes und damit Wirklichkeit in ihrer gesamten Fülle erfassen. Sie ist »ein unmittelbares Bewusstsein, eine direkte Schau, die sich kaum von dem gesehenen Gegenstand unterscheidet, eine Erkenntnis, die Berührung und sogar Koinzidenz ist.«[23] Nur durch sie ist also eine nahezu übergangslose Nähe zum Gegenstand möglich.

Dabei ist das Geistige wirklicher als das Materielle, insofern als dass es sich auf der Seite des Ichs befindet und sich hierin die Dauer und damit die Wirklichkeit befindet, während die Materie im Vergleich relativ stagnierend ist.

»Kurz, die reine Veränderung, die wirkliche Dauer ist etwas Geistiges oder von Geistigkeit Durchdrungenes. Die Intuition ist das, was den Geist, die Dauer, die reine Veränderung erfasst. Da ihr eigentliches Gebiet der Geist ist, möchte sie in den Dingen, sogar in den materiellen, ihren Anteil an der Geistigkeit ergreifen [...].«[24]

Die einzige feste Position, anhand, aber auch in der Bewegung wahrnehmbar wird, ist somit der denkende Geist und damit die Bewegung. Bergsons Konzept ist insofern radikal, als dass es Wirklichkeit als etwas subjektiv in der Zeit Empfundenes darlegt, und Materie und Geist in neuartiger Weise konzipiert. Zwar gehören beide für Bergson zusammen, jedoch findet sich auf der Seite des Körpers, des Materiellen, das tendenziell Stagnierende und sich prinzipiell kaum Verändernde, während auf der Seite des Geistes die erlebte und wahre Wirklichkeit sich vollzieht, die sich permanent modifiziert. Diese Vorstellung erinnert an Aristoteles' Konzeption von Dynamis und Energeia bzw. von Stoff und Form. – Wie nun sind für Bergson das Wirkliche und das Virtuelle miteinander verbunden?

---

22 Bergson 1948 (IV), S. 216.
23 Bergson 1948 (III), S. 44.
24 Bergson 1948 (III), S. 45.

DAS MÖGLICHE UND DAS WIRKLICHE

In einem Vortrag, den er anlässlich der Eröffnung des Philosophentreffens in Oxford im September 1920 hielt, inspizierte Bergson die Begriffe des Möglichen und des Wirklichen. 1930 wurde dieser Vortrag unter dem Titel »Das Mögliche und das Wirkliche« in der schwedischen Zeitschrift »Nordisk Tidskrift« publiziert.[25] Die beiden Konzepte interessieren Bergson im Rahmen der »ununterbrochenen Schöpfung von unvorhersehbar Neuem«[26], also im Rahmen der Dauer, des Werdens, des Lebens. Im Kontext der Frage nach den Bedingungen für das Entstehen von Neuem wird das vom Möglichen zu differenzierende Virtuelle thematisiert. Zusammengefasst schafft für Bergson nicht etwa das Mögliche das Wirkliche, wie gemeinhin angenommen wird, sondern umgekehrt das Wirkliche das Mögliche.[27] Denn würde das Mögliche das Wirkliche schaffen, so wäre die Möglichkeit gegenüber der Wirklichkeit präexistent, d.h. die Wirklichkeit wäre im Grunde prädeterminiert, sie könnte nur das werden, was als Möglichkeit bereits vorhanden ist. Diese Annahme läuft parallel zu der, dass sich die Vergangenheit erst durch die Gegenwart in der Dauer bildet, wofür Bergson an mehreren Stellen plädiert hat, auch hiermit bricht er mit gängigen Vorstellungen seiner Zeit.[28]

Zentral für Bergsons Auffassung des Möglichen ist sein Verständnis von Dauer, die als ständige Neuschaffung ihrer selbst allem Leben wesentlich ist.[29] Aufgrund dieses Verständnisses von Zeit und damit von Wirklichkeit als einer individuellen Empfindung, und nicht als etwas objektiv Gegebenen, wird eine Vorgängigkeit des Möglichen vor dem Wirklichen unmöglich. Wäre man in der Lage, »Bewusstsein und Leben« auszuschalten, so erhielte man Bergson zufolge ein berechenbares Universum, also eines, in dem die

---

25 Parallel hierzu wohl der Titel des über fünfzig Jahre später erschienenen Aufsatzes »Das Aktuelle und das Virtuelle« von Gilles Deleuze.
26 Bergson 1948 (II), S. 110.
27 »[...] das Wirkliche schafft das Mögliche, und nicht das Mögliche das Wirkliche.« Vgl. Bergson 1948 (II), S. 124.
28 »Das der Zeit Eigentümliche ist, dass sie abläuft; die schon abgelaufene Zeit ist die Vergangenheit, und Gegenwart nennen wir den Augenblick, in dem sie abläuft. [...] die wirkliche, die konkrete, erlebte Gegenwart, die ich meine, wenn ich von meiner gegenwärtigen Wahrnehmung spreche, beansprucht notwendigerweise eine gewisse Dauer.« – Auf seine Ausführungen zum Gedächtnis kann in diesem Kontext leider nicht näher eingegangen werden. Henri Bergson: Materie und Gedächtnis und andere Schriften. Frankfurt am Main: S. Fischer Verlag, (1896) 1964. S. 43-245. S. 154.
29 »So ist die Dauer allem Leben wesentlich: es dauert gerade deshalb, weil es unaufhörlich Neues herausarbeitet, und weil das wieder unmöglich ist ohne eine Art erforschendes Vorfühlen. Die Zeit ist diese Spanne des Zögerns und Wählens, oder sie ist nichts.« Bergson 1948 (II), S. 112.

Möglichkeiten präexistent wären und die Wirklichkeit komplett bestimmen würden. Leben, und damit Gedächtnis, Dauer, die »Tatsache der Zeit« beweisen für Bergson jedoch, dass »das Innerste der Dinge indeterminiert ist«, wobei die Zeit diese Indetermination ist.[30] Die Zeit schöpft Möglichkeiten in zweierlei Hinsicht:

»Sagen wir also, dass es in der Dauer, als schöpferische Evolution aufgefasst, eine unaufhörliche Schaffung von Möglichkeiten und nicht allein von Wirklichkeiten gibt. Viele werden es nur widerstrebend zugeben, weil sie immer meinen, dass ein Ereignis sich nicht vollzogen hätte, wenn es sich nicht hätte vollziehen können: dass es folglich möglich gewesen sein müsse, bevor es wirklich werden konnte. Aber schauen sie näher hin, so werden sie erkennen, dass ›Möglichkeit‹ zwei ganz unterschiedliche Dinge bedeutet, und dass man meistens von dem einen zum anderen pendelt, indem man willkürlich mit dem Sinne des Wortes spielt.«[31]

Welche zwei unterschiedlichen Bedeutungen sind hier gemeint? Als Beispiel für sein Argument führt Bergson an, dass eine Symphonie als Werk vor ihrer Komponierung zwar möglich in dem Sinne war, dass ihrer Verwirklichung kein unüberwindbares Hindernis im Weg gestanden hat, diese Art der Verwendung von »möglich« jedoch eine negative ist, die irreführenderweise in eine positive umgekehrt wurde und man sich nun vorstellt:

»[...] dass jede Sache, die hervorgebracht wird, durch irgend einen genügend umfassenden Geist im voraus hätte wahrgenommen werden können, und dass sie so in Gestalt einer Idee vor ihrer Verwirklichung existiert [...].«[32]

Für Bergson ist das gerade im Falle eines Kunstwerks eine ganz absurde Vorstellung, denn wenn es sich so verhielte, wäre die Symphonie bereits geschaffen sobald der Komponist in seinem Bewusstsein eine »genaue und vollständige Idee« von ihr hätte. Es kann jedoch in keinem Bewusstsein, weder einem reellen, das heißt persönlichen, noch in einem virtuellen, interpersonellen, die Symphonie vor ihrer Verwirklichung in »der Eigenschaft eines bloß Möglichen« vorhanden sein. Gerade dies wird jedoch vielerorts vermutet. Der Grund hierfür ist für Bergson im Wesen des Verstandes zu finden, der das Erscheinen eines Dings oder ein Ereignis erst im Nachhinein beurteilen kann, dies jedoch nicht reflektiert, da der Verstand ein Prinzip verankert hat, wonach alle Wahrheit ewig ist, das eigentlich Zeitliche wird also dem Zeitlichen enthoben und als Metaprinzip ihm vorhergestellt. So, durch diese rückläufige und

---

30 Bergson 1948 (II), S. 112.
31 Bergson 1948 (I), S. 32.
32 Bergson 1948 (I), S. 32.

entzeitlichende Bewegung, kommt man auf den für Bergson bizarren Gedanken, die Möglichkeit wäre der Wirklichkeit vorgängig.

»Als ob ein Urteil den Ausdrücken, die es zusammensetzen, vorhergehen könnte! Als ob die Ausdrücke nicht erst mit den Erscheinungen der Gegenstände, die sie darstellen, geboren würden! Als ob das Ding und die Idee des Dings, seine Wirklichkeit und seine Möglichkeit nicht gleichzeitig geschaffen würden, wenn es sich um eine wirklich neue, von der Kunst oder der Natur erfundene Form handelt!«[33]

Deutlich wird, dass erst durch eine bestimmte Erscheinung die in der Vergangenheit liegenden Möglichkeiten rückblickend zu Tage treten. Dennoch hat sich jene »Illusion« ausgebreitet, deren Folgen so zahllos wie fatal sind. Denn aus dieser gewöhnlichen retrospektiven Logik, die »in die Vergangenheit als sog. Möglichkeiten oder Virtualitäten die gegenwärtigen Wirklichkeiten«[34] zurück projiziert, folgt, dass die Möglichkeit vor der Wirklichkeit existiert haben müsse, dabei bedeutet »die Möglichkeit einer Sache nur immer die Spiegelung der einmal aufgetauchten Wirklichkeit in eine unbestimmte Vergangenheit«.[35]

Für Bergson liegt der Grund dieses metaphysischen Begründens von allem in der Gegenwart Existenten durch Vergangenes in einer Nicht-Anerkennung des für ihn offensichtlichen Faktums der Zeit als einer wirksamen Kraft. Nur durch sie kann es tatsächliche Neuschöpfung geben, die über die Potentiale des Vergangenen hinausgehen. Die der Metaphysik eigene Logik sieht ihm zufolge niemals etwas Neues, sondern nur Neugruppierung bereits existenter Elemente in neuen Formen oder neuen Qualitäten. Damit verkennt sie die »Idee einer unbestimmten Vielheit« und die Dauer, aus der »das Neue unaufhörlich hervorsprudelt, und die Entwicklung eine schöpferische ist.«[36] Diese Logik muss nun also erweitert und das Mögliche vor dem Hintergrund des modifizierten Verständnisses von Zeit, der Dauer, radikal anders gedacht werden. Damit sollen die Missverständnisse und Irrtümer, die sich angehäuft und auch ›das Projekt der Metaphysik‹ zum Scheitern gebracht haben, vermieden werden. Zentral ist es hierbei, den Gedanken abzuschütteln, dass das Mögliche weniger sei als das Wirkliche und daher die Möglichkeit der Dinge vor ihrer Existenz sein würde, wodurch diese im Voraus vorstellbar werden würden. Für Bergson entspricht »das Umgekehrte« der Wahrheit.

---

33 Bergson 1948 (I), S. 33.
34 Bergson 1948 (I), S. 37.
35 Bergson 1948 (I), S. 37-38.
36 Bergson 1948 (I), S. 37-38.

»[...] wenn wir das Ganze der konkreten Realität oder einfach der Welt des Lebens ins Auge fassen, dann finden wir in der Möglichkeit eines jeden der aufeinanderfolgenden Zustände nicht ein Weniger, sondern ein mehr als in ihrer Verwirklichung, denn das Mögliche ist nur das Wirkliche mit einem zusätzlichen Geistesakt, der dieses Wirkliche, wenn es einmal da ist, in die Vergangenheit zurückwirft. Aber unsere Denkgewohnheiten hindern uns daran, dies zu bemerken.«[37]

Beispielsweise wird ein literarisches Werk erst dann möglich, wenn es wirklich ist. Die Wirklichkeit ist Voraussetzung für die rückblickende Möglichkeit. Einerseits erschafft sich die Wirklichkeit als Dauer konstant selbst als etwas Neues, andererseits »wirft sie ein Bild hinter sich in eine unbestimmbare Vergangenheit; sie erscheint so als zu jeder Zeit möglich gewesen, aber erst in diesem Augenblick beginnt sie, es immer gewesen zu sein«[38]. Daher geht die Möglichkeit der Wirklichkeit für Bergson nicht voraus, sondern wird ihr vorausgegangen sein, sobald die Wirklichkeit existiert.

»Das Mögliche ist also das Spiegelbild des Gegenwärtigen im Vergangenen; und da wir wissen, dass das Zukünftige einmal Gegenwärtiges sein wird, dass der Spiegeleffekt sich pausenlos weiter fortsetzt, sagen wir, dass in unserer aktuellen Gegenwart, die die Vergangenheit von morgen sein wird, das Bild von morgen schon enthalten ist, obwohl wir nicht imstande sind, es schon festzuhalten. Darin liegt gerade die Illusion.«[39]

Eben jene Illusion ist es, die nun mittels der Berücksichtigung der Dauer, der zentralen Rolle der Zeit in den Prozessen des Wirklich-Werdens, überwunden werden soll um von der Beschränkung der Intelligenz zum Geist zu gelangen. Weiter heißt es hier:

»Wenn man übrigens so das Mögliche als die Voraussetzung des Wirklichen auffasst, gibt man zu, dass die Verwirklichung irgend etwas der einfachen Möglichkeit hinzufügt: das Mögliche wäre von vorneherein dagewesen wie ein Gespenst, das auf die Stunde seines Erscheinens wartet: es wäre also Wirklichkeit geworden durch Hinzufügung von irgend etwas [...]. Man sieht nicht ein, dass gerade im Gegenteil das Mögliche die entsprechende Wirklichkeit in sich einschließt und außerdem ein gewisses Etwas, das sich hinzugesellt, da das Mögliche die kombinierte Wirkung der einmal erschienenen Wirklichkeit ist und einer Rückwärtsspiegelung.«[40]

---

37 Bergson 1948 (II), S. 119.
38 Bergson 1948 (II), S. 121.
39 Bergson 1948 (II), S. 121.
40 Bergson 1948 (II), S. 121.

Daher ist für Bergson die Vorstellung, dass sich die Möglichkeit »durch den Zuerwerb von Existenz« realisiert, eine reine Illusion. Für ihn ist diese Annahme gleichbedeutend damit zu behaupten, dass der Mensch durch eine Materialisation seines Spiegelbildes entstünde, da in ihm alles sei, was man im virtuellen Bild findet, und zudem ein materieller Aspekt:

»Aber in Wahrheit liegt in dem Virtuellen hier mehr als im Reellen, im Bild des Menschen mehr als im Menschen selbst, denn das Bild des Menschen ist erst möglich, wenn man sich zuerst den Menschen selbst gibt, und dann noch einen Spiegel.«[41]

Insofern war beispielsweise das Stück »Hamlet« zwar möglich, bevor es wirklich wurde, aber nur in dem Sinne, dass es nicht unmöglich war. Eine solche Nicht-Unmöglichkeit ist Bergson zufolge zwar eine Bedingung zur Verwirklichung:

»Aber das so verstandene Mögliche gehört in keinem Grad zum Virtuellen, zu dem in idealer Hinsicht vorher Existierenden.«[42]

Das Virtuelle unterscheidet sich für Bergson also ontologisch vom Möglichen: Während das Mögliche zeitlich nach dem Wirklichen entsteht, insofern reichhaltiger als es ist, ist das Virtuelle zeitlich vor dem Wirklichen existent, jedoch in einer idealen, einer rein geistigen Hinsicht, und tritt nur durch etwas Aktuelles in Erscheinung. Denn virtuell bedeutet für Bergson »von jener Art, die dem Geistigen eigen ist«.[43] Damit ist nicht behauptet, dass das Virtuelle dem Wirklichen als Geistiges im Sinne einer später ausgefüllten Form, einer gedanklichen Schablone, die exakt im Wirklichen produziert wurde, vorausgeht, sondern die Aktualisierung geht über diese hinaus. Während sich also das Mögliche im Bereich des Materiellen finden lässt, ist dem Virtuellen das Geistige eigen, es findet sich auf der Seite der Dauer, und damit dort, wo Wirklichkeit zustande kommt.

Während das Virtuelle als Geistiges im Vorhinein existiert, also Möglichkeit als Positives ist, ist die gängige negative Möglichkeit als »Fehlen von Hindernissen« nicht zu verwechseln mit der »Vorherexistenz in Gestalt einer Idee«. Diese Umkehrung der Möglichkeit aus einer negativen in eine positive Definition kommt einer Verzerrung der Wahrheit gleich. Zur Unüberwindbarkeit von Hindernissen merkt Bergson in einer Fußnote an:

---

41 Bergson 1948 (II), S. 121.
42 Bergson 1948 (II), S. 122.
43 Bergson 1964, S. 239.

»Trotzdem muss man sich in einzelnen Fällen fragen, ob die Hindernisse nicht unüberwindbar geworden sind dank der schöpferischen Tat, die sie überwunden hat: die an sich unvorhersehbare Tat hätte dann also die ›Unüberwindbarkeit‹ erst geschaffen. Vor ihr waren die Hindernisse unübersteigbar, und ohne sie wären sie es auch geblieben.«[44]

Der Künstler schafft also bei der Gestaltung seines Werks gleichzeitig das Mögliche mit dem Wirkliche, das Gleiche geschieht in der Natur. Die Vergangenheit bildet sich beständig durch die Gegenwart um, und damit verändert sich die Ursache gleichsam durch ihre Wirkung.[45] Gerade dies wird aber allzu häufig verkannt, und eine anders herum geartete Richtung oder Dynamik angenommen.

Während das Mögliche oftmals im Anschluss an Aristoteles Dynamis als ein »Noch-nicht« verstanden wird, geht Bergson davon aus dass es ein »Später« ist. Das Virtuelle dagegen ist immer eine zugleich stattfindende Differenzierung. Wie Deleuze in seinen Schriften zum Kino herausstellt, wird die Zeit bei Bergson zum Virtuellen, Unfassbaren, Geist.

»Das Aktuelle ist immer objektiv, doch das Virtuelle ist das Subjektive: es war zunächst der Affekt, den wir in der Zeit erleben; später die Zeit selbst, reine Virtualität, die sich in Affizierendes und Affiziertes aufteilt, ›Selbstaffektion durch sich selbst‹, als Bestimmung der Zeit.«[46]

Das Aktuelle ist immer gegenwärtig, es geht vorüber, verzeitigt sich und wird durch eine neue Gegenwart, etwas anderes Aktuelles, zur Vergangenheit.[47] Gleichzeitig mit dem Gegenwärtigen muss jedoch Vergangenheit existieren, ebenso muss gleichzeitig mit dem Aktuellen Virtuelles sein, denn ansonsten würde die Gegenwart nicht vergehen, und das Aktuelle immer schon sein.

Das Virtuelle

Was lässt sich nun für das Virtuelle aus den vorangegangenen Definitionen des Möglichen folgern? Wie bereits verdeutlich wurde, steht für Bergson das Virtuelle im Gegensatz zum Möglichen und lässt sich gleich der Dauer als etwas rein Geistiges auffassen. Es ist gewissermaßen eine positive Möglichkeit, insofern, als dass das Virtuelle nicht aktuell ist, sondern im Vergangenen und Gegenwärtigen als jeweils modifizierte Dynamik zu Tage tritt, dann allerdings im

---

44 Bergson 1948 (II), S. 122.
45 Bergson 1948 (II), S. 123.
46 Gilles Deleuze: Das Zeit-Bild. Kino 2. Frankfurt am Main: Suhrkamp, (1985) 1991. S. 113.
47 Deleuze 1991, S. 108.

Aktuellen. Obgleich es nicht aktuell ist, ist es dennoch gegenwärtig, nämlich in seiner Aktualität, die es jedoch verändert, wodurch es eigentlich nur als Vorher und Nachher wahrnehmbar wird. Hierin unterscheidet sich das Virtuelle dann auch vom Möglichen, das bei Bergson erst mit der Wirklichkeit und durch sie zu sein beginnt. Während das Mögliche also das Wirkliche supplementiert, begleitet das Virtuelle das Wirkliche und ist von selber Art wie es, eine sich veränderte Dauer.

»Das Mögliche hat keine Realität (obwohl es Aktualität haben kann); umgekehrt ist das Virtuelle nicht aktuell, *besitzt aber als solches Realität*.«[48]

Das Wirkliche realisiert das Mögliche und ähnelt ihm, das Aktuelle hingegen verkörpert zwar das Virtuelle, ähnelt ihm aber nicht. Während das Virtuelle geistiger Natur ist, entsteht das Mögliche auf der Ebene des Materiellen. Daher sind »Aktualisierung und Differenzierung echte schöpferische Akte.«[49] Somit ist das Virtuelle – wie es Deleuze unter Bezugnahme auf Marcel Proust formuliert – wirklich, ohne aktuell zu sein und ideell, ohne abstrakt zu sein. Für Bergson bringt jede Verwirklichung, also jedes Wirklich-Werden, »ein unvorhersehbares gewisses Etwas mit sich, das alles verändert«[50]. Die Virtualität ist »eine verborgene Kraft«[51], die sich im Aktuellen, im Materiellen ent-birgt.

Virtualität aktualisiert sich differenzierend, sie muss sich um aktuell zu werden differenzieren und ihre »Differenzierungslinien«[52] neu erschaffen. Damit kommt ihr als sich wandelnder Prozessualität eine höhere ontologische Aufgabe zu als der Möglichkeit, die im Grunde eine bloße Illusion ist. Deleuze fasst Bergsons Idee des Virtuellen wie folgt zusammen:

»Das Subjektive oder die Dauer ist in anderen Worten das *Virtuelle*. Genauer, es ist das Virtuelle, insofern es sich aktualisiert, bzw. es ist das Virtuelle, das sich aktualisiert, das von der Bewegung seiner Aktualisierung untrennbar ist. Denn die Aktualisierung vollzieht sich durch Differenzierung und bildet mit jeder Eigenbewegung Wesensdifferenzen aus.«[53]

---

48 Deleuze 2001, S. 122.
49 Deleuze 2001, S. 133.
50 Bergson 1948 (II), S. 110.
51 Bergson 1964, S. 97.
52 Deleuze 2001, S. 123.
53 Deleuze 2001, S. 59.

Dauer ist jedoch nicht schlicht das Unteilbare, sie teilt sich unentwegt und ist damit eine sich ständig mehrfach differenzierende Vielheit.

»Die Differenzierung ist stets die Aktualisierung einer Virtualität, die unabhängig von der Existenz der aktuellen, divergierenden Linien Bestand hat.«[54]

Nicht jede Virtualität wird verwirklicht, es wird also angenommen, dass es mehrere sich auseinanderfaltende und in diverse Richtungen strebende Virtualitäten gibt, die jedoch, da sie sich ja nicht aktualisiert haben, nicht erkennbar sind. Die Dauer ist insofern eine virtuelle und kontinuierliche Vielheit.[55] Diese individuelle Zeit ist Virtualität per se und wandelt sich fortwährend. Ebenso können der Élan vital und die Vergangenheit als Virtuelles verstanden werden:

»Beim Élan vital handelt es sich immer um eine in der Aktualisierung begriffene Virtualität, um ein in der Differenzierung begriffenes Einfaches, um eine in der Aufspaltung begriffene Totalität: Der Weg, den das Leben einschlägt, ist die ›Zerlegung und Zweiteilung‹, die ›Dichotomienbildung‹.«[56]

Denn durch diese Aufspaltung oder Ausdifferenzierung stellt sich immer eines als das Virtuelle und das andere als das Aktuelle dar, jedoch nur aus einer bestimmten Wahrnehmung, aus einer bestimmten Dauer heraus betrachtet, die diese Differenzierung zugleich setzt und ihren vorangegangenen Status modifiziert und Vergangenheit werden lässt. Die Aktualisierung ist dabei im Prinzip reichhaltiger, voller als das Virtuelle, das mit ihr erscheint, sie bedingt und gleichzeitig durch sie bedingt wird. Die Vergangenheit ist also nicht allein deswegen virtueller Art, weil sie ›ein rein Geistiges‹ ist, sondern weil sie sich als Differenzierung zum Aktuellen durch die Erinnerung jeweils erst bildet.

»Ihrem Wesen nach virtuell, kann die Vergangenheit von uns als vergangen nur erfasst werden, wenn wir der Bewegung folgen, in der sie sich zum gegenwärtigen Bild entfaltet, aus dem Dunkeln ins Licht emportaucht. Es wäre vergebens, ihre Spur in irgend etwas Aktuellem und schon Realisiertem zu suchen: ebenso gut könnte man die Dunkelheit im Lichte suchen.«[57]

Dieser Irrtum ist jedoch weit verbreitet, oft wird das Aktuelle als Ausgangspunkt genommen um »Zeichen seines Ursprungs in der

---

54 Deleuze 2001, S. 120.
55 Deleuze 2001, S. 54.
56 Deleuze 2001, S. 119.
57 Bergson 1964, S. 152.

Vergangenheit zu entdecken«[58], und damit gleichsam der mögliche Zustand als dem realisierten, gegenwärtigen Zustand vorausgehend gedacht. Richtig wäre es jedoch vom Virtuellen auszugehen um das Aktuelle denken zu können. Wie das Virtuelle nicht anhand des Aktuellen gedacht werden soll, wird hierbei nicht näher ausgeführt.

Dadurch, dass sich die Erinnerung in einem Bewusstsein, das sich in einem Körper befindet, vollzieht, wird sie als Virtuelles durch den Körper, den Schnittpunkt zwischen Materiellem und Virtuellem, während des Vorgangs des Erinnerns aktuell. Zunächst einmal scheint Bergson zufolge die Erinnerung beim »mysteriösen« Wiedererscheinen im Bewusstsein als ein Gespenst, dessen Auftauchen erklärt werden muss. Denn das Bewusstsein hält eigentlich nur dasjenige für real, »was mit dem gegenwärtigen Augenblicke beginnt; das übrige ist praktisch erledigt.«[59] Die Erinnerung taucht nun als Virtuelles, als einmal in anderer, jedoch verwandter Weise Dagewesenes im Bewusstsein auf, und tritt damit als Virtuelles zur persönlichen, individuellen Gegenwart, etwas Senso-Motorischem, einem kombinierten »System von Empfindungen und Bewegungen«[60]. Denn Wahrnehmung ist »unsere virtuelle Tätigkeit«, Bergson zufolge nehmen wir nicht »die reale Wirkung der äußeren Dinge« wahr, diese lassen wir »durch uns hindurchsickern«, sondern fangen ihre virtuelle Wirkung auf, diese ist unsere Wahrnehmung.[61] Da sich die Wahrnehmung nur mittels Intuition vollziehen kann, ist die Intuition virtuell.

Fazit

Auch wenn sich Bergson vornehmlich mit den Begriffen des Gedächtnisses, der Dauer, der Möglichkeit und der Intuition auseinandersetzt, nimmt das Virtuelle einen zentralen Platz in seiner Philosophie ein. Das Virtuelle ist geistiger Natur, ebenso ist die Methode der Philosophie, die Intuition, Virtuelles. Jedoch nicht nur, denn das Virtuelle wird, seinem Sein entsprechend, in Differenz zu einem anderen definiert, zum Möglichen, welches vollkommen anderer Art ist als es. Denn das Virtuelle ist wie die Dauer vor und nach dem Jetzt, das Mögliche hingegen wird erst durch die Gegenwart erzeugt und ist daher später als sie. Zudem modifiziert sich das Virtuelle durch das Aktuelle, ist jedoch an sich schon von voller Realität. Während das Mögliche logischer Art ist, ist das Virtuelle ontologischer Art. Das Virtuelle ist, wie die Dauer, zugleich diesseits und jenseits des bestimmten Augenblicks, schwebt also zwischen unmit-

---

58 Bergson 1964, S. 152.
59 Bergson 1964, S. 160.
60 Bergson 1964, S. 154.
61 Bergson 1964, S. 231.

telbarer Vergangenheit und Zukunft in einem Mittelzustand. Gleich der Unmöglichkeit, den Augenblick als Punkt isoliert zu erfassen, ist es nicht möglich, das Virtuelle als solches zu begreifen, denn es befindet sich in einem fortwährenden Zustand der Dauer, das heißt der Ausdifferenzierung und des Wandels in der Zeit. Daher kann der Prozess der Aktualisierung nicht gedacht werden, das Aktuelle jedoch schon, mit dem zugleich das von ihm abgespaltene Virtuelle in Wirklichkeit ist. Diese Vorstellung des Virtuellen scheint das mit Mobilen Medien entstandene ontologische Dilemma ganz gut zu greifen, wie später näher verdeutlicht werden wird.[62]

8.2 Heidegger – Technik und Welt

Wenn es um das »Seyn« und die Überwindung der Metaphysik in Form einer neuartigen Ontologie geht, ist Martin Heideggers Werk sicherlich das zu konsultierende Denkgebäude des 20. Jahrhunderts. Aus seinem umfassenden Schaffen sollen im Folgenden so isoliert wie möglich seine Auffassungen von Sein bzw. Wirklichkeit und Technik herausgearbeitet werden, da diese produktiv für das Denken von neuen Technologien wie Mobilen Medien sowie von Virtualität und Wirklichkeit sind.

Sein

Heideggers Philosophie handelt eigentlich ausschließlich von der Frage nach dem Sein und damit vom Horchen auf das Sein. Ihm zufolge verfehlt die Metaphysik, auch Aristoteles, ihr eigentliches Ziel, da sie sich nicht mit dem Sein des Seienden beschäftigt, sondern umgekehrt das Seiende des Seins in den Blick nimmt. Dabei ist das Seinsproblem das Grundproblem der Philosophie, die Frage nach dem Sein ist die Voraussetzung für die Frage nach der Wahrheit, der Technik, der Kunst etc. Insofern ist die Anfang des 20. Jahrhunderts Heidegger zufolge grassierende »Seinsvergessenheit« fatal.[63] Problematisch an der Metaphysik ist nach Heidegger vor allem die Teilung von Welt in zwei Hälften, nämlich in das »Was-Sein« und das »Daß-Sein«, beziehungsweise das Wirklich-Sein und das Möglich-Sein, die zusammen das Sein ergeben sollen. Mit dieser Unterscheidung und ihrer Vorbereitung beginnt für ihn die Geschichte der Metaphysik.[64] Hiermit einhergehend existiert eine weitere

---

62 Das Geistige ist wirklicher als das Materielle, da es sich auf der Seite des Bewusstseins, der Dauer, befindet.
63 Martin Heidegger: Sein und Zeit. Tübingen, Max Niemeyer Verlag (1927) 2001.
64 Martin Heidegger: Die Metaphysik als Geschichte des Seins. In: ders: Nietzsche. Zweiter Band der Gesamtausgabe, 1. Abteilung: Veröffentlichte

Zweiteilung, nämlich die zwischen sinnlich Wahrnehmbarem und dem mit dem geistigen Auge Erfassbarem, wobei das Nicht-Sinnliche das Beständige, das wahrhaft Seiende ist. Das Sinnliche wird damit zum »Nachbild« des Wesens einer Sache, ihrer Wahrheit und ihres Sinns.[65] Diese Rangordnung zwischen Sinnlichem und Übersinnlichem dreht sich zwar nach dem Ende der zweitausendjährigen Geschichte der Metaphysik mit Nietzsche um – seine Philosophie ist für Heidegger umgekehrter Platonismus und damit noch Metaphysik – die Zweiteilung selbst bleibt aber bestehen. So hat sich jahrhundertelang das metaphysische Weltbild in allen Bereichen fortgeschrieben, beispielsweise bleiben sowohl naturalistische als auch realistische Maler wie Giotto, Dürer oder Friedrich trotz unterschiedlicher Wirklichkeitsauffassungen dem metaphysischen Bestreben verhaftet, »die Wirklichkeit, wie sie ist, darzustellen«[66], und damit die Wirklichkeit des Wirklichen als »ein nichtsinnliches« außerhalb der abzubildenden Landschaft zu suchen. Jene alle menschlichen Bereiche durchdringende Metaphysik muss Heidegger zufolge dringlich überwunden werden, und zwar indem der Mensch begreift, dass er nicht außerhalb des Seins, sondern im Sein ist. Daher ist das Sein kein Erzeugnis des Denkens, wenn auch das »wesentliche Denken« ein Ereignis des Seins ist.[67]

Aufgrund unseres »vorläufigen Seinsverständnisses« sind wir in jedem Satz vor das Seinsproblem gestellt, daher ist die Seinsfrage eine logische Folge aus der Art und Weise unseres Daseins.[68] Jedoch ist die Seinsfrage Heidegger zufolge seit Aristoteles Metaphysik zweideutig geblieben, einerseits als Frage nach dem allen Seienden gemeinsamen Allgemeinen, und andererseits, im Thomismus, als Frage nach dem Sein als erstem Prinzip und Ursache von allem Existierenden, wobei meist die zweite Frage als primäre betrachtet wurde. Heidegger stellt nun ein anderes Ursprungsmodell auf, und zwar durch die Explikation der Zeit als transzendentalem Horizont der Frage nach dem Sein. Das Sein kann nicht als etwas Vorliegen-

---

Schriften 1910-1976, Band 6.2. Frankfurt am Main: Vittorio Klostermann, 1997. S. 363-416. S. 365.

65 Heidegger beruft sich auf Platon und Kants Unterscheidung von »mundus sensibilis« und »mundus intelligibilis«, vgl. Martin Heidegger: Hölderlins Hymne »Der Ister«. In: Gesamtausgabe. Band 53: 2. Abteilung: Vorlesungen 1923-1944. Frankfurt a.M., Vittorio Klostermann 2000 (I). S. 27.
66 Heidegger 2000 (I), S. 29.
67 Martin Heidegger: Was ist Metaphysik. Frankfurt am Main: Vittorio Klostermann. 1949. S. 43.
68 »*Dasein* ist auch wie anderes Seiendes *real vorhanden*. So erhält denn das *Sein überhaupt* den Sinn von *Realität*.« Vgl. Heidegger 2001, S. 201.

des, Vorhandenes oder Präsentes betrachtet und sich dementsprechend verhalten werden, denn das Sein findet sich nicht vor uns, sondern wir befinden uns im Sein.[69] Während Aristoteles und die folgende Metaphysik Heidegger zufolge das Sein als Präsenz denkt, muss und soll es nun als zugleich Präsentes, Vergangenes und Zukünftiges gedacht werden. Das Sein ist zugleich aus der Zeit heraus und aus sich selbst heraus zu denken, da die Denkenden sich ja im Sein befinden. Das In-der-Welt-Sein, das »Dasein«, des Menschen muss mitbedacht werden und das Sein darf nicht angehalten und vergegenständlicht werden. Die Konsequenz aus dieser Forderung besteht nun darin, dass, wenn das Sein nicht vom Standpunkt der Anwesenheit her gedacht wird, es seine Disponibilität verliert, es steht uns nicht mehr zur Verfügung. So beschreibt Heidegger beispielsweise in seiner Vorlesung »Was heißt Denken« das Sein als Anwesenheit, als zeitlich situiertes Jetzt:

»›Seiend‹ heißt: anwesend. Seiendes ist um so seiender, je anwesender es ist. Es wird je und je anwesender, je bleibender es bleibt, je währender das Bleiben ist. Was ist an der Zeit anwesend und damit gegenwärtig? Gegenwärtig ist an der Zeit nur das ›jetzt‹. Das Künftige ist das ›noch nicht jetzt‹; das Vergangene ist das ›nicht mehr jetzt‹. Das Künftige ist das noch Abwesende, das Vergangene ist das bereits Abwesende. Seiend: anwesend an der Zeit ist je nur der schmale Grad des jeweils flüchtigen ›jetzt‹, das aus dem ›noch nicht jetzt‹ herankommend in das ›nicht mehr jetzt‹ weg geht.«[70]

Das Seiende ist also je zu einem gewissen Zeitpunkt anwesend, wobei es verschiedene Grade und damit Intensitäten der Anwesenheit gibt. Im Bezug auf Mobile Medien stellt sich die Frage, wie diese Technologien das Sein durch ihre neuartige Form des Anwesend-Werdens beeinflussen, ob sie gar das Sein multiplizieren. Heideggers Bestimmung des Seienden und des Anwesens aus der Zeitlichkeit erinnert stark an Bergsons Idee der Dauer, in der ja das Jetzige als ein flüchtiger Moment, der das Vergangene (das »bereits Abwesende«) konstruiert und zugleich sich auf das Zukünftige (das »noch Abwesende«) hin bewegt, gedacht wurde, sich also auch ein Denken aus der Zeit heraus artikuliert.

Relevant ist, dass für Heidegger das Seiende nicht so zu verstehen ist, wie es der Allgemeingebrauch annimmt, es ist nicht bloß das »Gewirkte«:

---

69 Heidegger 2001, S. 12 f.
70 Martin Heidegger: Was heißt Denken? Vorlesung Wintersemester 1951/52. Stuttgart: Philipp Reclam jun., 1992. S. 62.

»Als das ›Seiende‹ gilt das Wirkliche [...]. Das Wirkliche ist das Gewirkte eines Wirkens, welches Gewirkte selbst wieder wirkend und wirkfähig ist. [...] Insofern das Seiende als das Wirkliche wirkt, zeigt sich das Sein als die Wirklichkeit.«[71]

Während »Wirklichkeit«, »Dasein« und »Existenz« in der Sprache der Metaphysik dasselbe sagen, gibt es für Heidegger einen Unterschied zwischen existieren und sein oder da-sein. Seine Philosophie behandelt das Sein, nicht das Seiende, und dieses wird nicht durch die Anwesenheit zu einem gewissen Zeitpunkt bestimmt, sondern durch eine fortwährende wandelnde, das Seiende bestimmende Präsenz. Heidegger wendet sich gegen das Verständnis von Wirklichkeit als dasjenige, welches wirkt.

Der Strom des Seins

In seiner Vorlesung zu Hölderlins Hymnen-Dichtung, die posthum publiziert und nach dessen Hymne auf die Donau »Der Ister« benannt wurde, befasst sich Heidegger mit diesem Strom als Sinnbild für das Sein, gedacht aus der Zeit. Der Strom wandert von einem Ort zum nächsten, und Ort und Wanderschaft entsprechen auf ontologischer Ebene Raum und Zeit. Die Abfolge der Augenblicke, der einzelnen Punkt des Jetzt, ist für Heidegger ein Fließen, was man schon bei einem genauen Hinhören auf die Sprache an der Redewendung »Strom der Zeit« erkennen könne.

Durch die »Errungenschaften des technischen Zeitalters und das ihm eigene Weltbild«, also durch das naturwissenschaftliche dominierte Weltbild zu Beginn des 20. Jahrhunderts, ist Heidegger zufolge der Raum zusammengeschrumpft und die Zeit zu Zahlenwerten zusammen geronnen, beides im Zuge des Strebens, über Räume und Zeiten ›rechnerisch und maschinenmäßig‹ zu verfügen. Raum und Zeit werden als Einheit aufgefasst und so wird stets unhinterfragt von ihnen Gebrauch gemacht, im Sinne eines Unterordnens oder einer Beherrschung. Vor allem die Zeit ist nun diesem analytischen Dogma unterworfen und wird, der Raumkoordinate zugeordnet, als »Weltlinie« begriffen. Die Zeit bestimmt in Folge alles, aus ihr als Wirklichem leitet sich alle so genannte Wirklichkeit ab. Wirklichkeit wird damit – irreführender Weise – zu einer messbaren Größe, zu einer durch dasjenige, was es leistet, bestimmten Wirkung:

»Die Wirklichkeit eines Wirklichen bestimmt sich, d.h. bemißt sich, aus seiner Wirkungsgröße. Dabei ist die Größe der Wirkung nicht eine bloße Eigenschaft

---

71 Heidegger 1997, S. 363.

des Wirklichen, sondern das allein gültige Wirkliche selbst. [...] Genauer: von diesem Wirklichen aus wird alle ›Wirklichkeit‹ gedacht.«[72]

Jenes Verständnis ist Heidegger zufolge falsch, denn hiermit wird das Wirkliche, der mathematisch-technischen Berechenbarkeit unterstellt und als Funktion, als Schema begriffen. Ihm zufolge können die empirischen Wissenschaften zwar erklären, wie etwas funktioniert, jedoch nicht, was etwas ist. Genau danach muss aber im Bezug auf die Wirklichkeit und damit auf das Sein gefragt werden. Hierdurch wird das Denken über das Wirkliche zum Ordnungsdenken und damit zum Leistungsdenken, es entfernt sich vom eigentlichen Denken. Denn für Heidegger kann die Wirklichkeit des Wirklichen gerade nicht in seinem Wirken, in der Leistung oder Funktion bestehen. Doch diese Blickweise hat die des Wirklichen als des ›in sich Beruhenden und Ruhenden und Bestehenden‹ abgelöst. Dadurch wird das Wirkliche zu wechselseitig voneinander abhängigen Zustandsänderungen und es entfaltet sich eine zirkuläre Bestätigungsdynamik der errichteten Weltordnung von Raum und Zeit. Das wahre Nachdenken, das Besinnen auf das Wesen der Zeit, wird hingegen ausgeklammert, da es »mit Recht zu den ergebnislosen Sachen gerechnet wird«[73], denn es leistet nichts »für die Verbesserung der Apparate der Zeitmessung«, das zugrundeliegende Prinzip von Raum und Zeit wird als unhinterfragbar angenommen, was jedoch ein bloßer Schein ist, so Heidegger. Denn diese aus drei Raumkoordinaten und der Zeit bestehende Konzeption der vierdimensionalen »Raum-Zeit-Welt« ist brüchig:

»Wir brauchen aber nur das Flugzeug und den Rundfunk zu nennen, um sogleich zu sehen, daß beide Maschineneinrichtungen nicht nur im Zusammenhang mit der neuzeitlichen Naturwissenschaft erwachsen sind, sondern daß sie zugleich den Ablauf der neusten Geschichte der Neuzeit bestimmen. Denn es ist ja keineswegs nur so, daß nur dieselben Vorgänge, die vormals mit Hilfe des Landbriefträgers und der Postkutsche eingeleitet und bewältigt wurden, jetzt durch den Gebrauch anderer Mittel ihre Erledigung finden. Vielmehr bestimmen Flugzeug und Rundfunk aus sich, will sagen: aus ihrem Maschinenwesen und aus der Erstreckungsweite ihres Wesens, den neuen Spielraum von Möglichkeiten, die durch menschliches Wollen und für dessen Wirken planbar und vollziehbar sind.«[74]

Somit kann nicht ein gegebenes Gerüst angenommen werden, in das sich neuartige Erfindungen technischer Art wie der Rundfunk, als Informationstechnik, oder das Flugzeug, als Transporttechnik,

---

72 Heidegger 2000 (I), S. 48.
73 Heidegger 2000 (I), S. 50.
74 Heidegger 2000 (I), S. 53.

einfach eingliedern, sondern für Heidegger bewirkt vor allem die neuzeitliche Technik immer ein Aufrütteln des bestehenden Ordnungsgefüges und eine potentielle Neuschaffung. Sie tritt nicht in ein Gerüst ein, sondern gestaltet dieses gleich einem Strom aufs Neue um, indem sie einen ›neuen Spielraum von Möglichkeiten‹ erschafft, innerhalb derer der Mensch planen und handeln kann. Die neuzeitliche Technik ist kein »Werkzeug«, sondern hat »einen eigenen Wirkungsablauf und Krafterzeugungscharakter«, ist also von völlig anderer Art:

»Das Auszeichnende der modernen Technik liegt darin, daß sie überhaupt nicht mehr bloß ›Mittel‹ ist und nicht mehr nur im ›Dienst‹ für anderes steht, sondern selbst einen eigenen Herrschaftscharakter entfaltet. Die Technik selbst fordert aus sich und für sich und entwickelt in sich eine eigene Art von Disziplin und eine eigene Art von Bewusstsein des Sieges.«

Durch die Maschinisierung ist Heidegger zufolge eine völlig neue Art Technik entstanden, die nicht als Evolution des Werkzeugs begriffen werden kann. Die Fabrikation von Maschinen, »Fabrikaten zur Fabrizierung von Fabrikaten«, ist für ihn ein in sich gestaffelter Triumph, der das »Elend« überdecken kann, in das der Mensch durch die Technisierung gelangt, wobei es möglich ist, dass es für den »vollendeten technischen Menschen« dieses Elend gar nicht mehr gibt. Weiter – auch und gerade für Mobile Medien und Digitaltechnologien äußerst relevant – heißt es an selber Stelle:

»Die neuzeitliche Maschinentechnik ist metaphysisch begriffen eine eigene Art der ›Wahrheit‹, aus der sich das Wesen der Wirklichkeit alles Wirklichen bestimmt. Die Maschine, die in diese Technik gehört, hat nicht den Charakter eines ›Werkzeuges‹, denn die Technik selbst steht in sich selbst.«[75]

Diese Technik ist eine »Raum-Zeit-Beherrschung«, durch sie zeigt sich, dass jenes von Heidegger kritisierte naturwissenschaftliche Weltbild schwankt, da Welt, als aus Raum und Zeit Zusammengesetztes, durch diese neuzeitliche Technik deutlich transformiert wird. Heidegger begreift nun die »neuzeitliche Maschinentechnik« nicht metaphysisch, und damit nicht als Wahrheit, sondern als etwas das Sein und damit das Wirkliche Umgestaltendes, da es eine völlig neue Form des dem Dasein gegenüberstehenden und es bedingenden Seins darstellt. Raum und Zeit bestimmt Heidegger negativ damit, dass sie weder Objekte, noch rein subjektiv sind oder notwendigerweise zusammengedacht werden müssen. Anstelle dieser vermeintlich richtigen und klaren Definition tritt nun Dunkel-

---

75 Heidegger 2000 (I), S. 53-54.

heit und Fragwürdigkeit. Raum und Zeit sind »Formen des Vorstellens«[76], nach denen Menschen Abläufe ordnen. Im Grunde ist das Denken dieser beiden Begriffe noch Aristoteles' Spuren verhaftet, also metaphysisch und damit zutiefst überwindungsbedürftig, es stürzt durch »die Maschinentechnik« in die überwunden geglaubte Metaphysik hinab. Das Denken ist sogar nicht nur in Spuren metaphysisch geblieben, sondern im 20. Jahrhundert triumphiert die Metaphysik vollständig, nämlich als

»[...] neue Maschinentechnik. Es ist ein Grundirrtum zu meinen, weil die Maschine selbst aus Metallen und Stoffen bestehe, sei das Maschinenzeitalter ›materialistisch‹. Die neuzeitliche Maschinentechnik ist ›Geist‹ und ist als dieser eine Entscheidung über die Wirklichkeit alles Wirklichen. Und weil solche Entscheidung wesenhaft geschichtlich ist, wird die Maschinentechnik als Geist auch dies entscheiden, daß nichts aus der bisherigen geschichtlichen Welt wiederkehrt. [...] Es bleibt nur die unbedingte Verwirklichung dieses Geistes, so zwar, daß zugleich das Wesen seiner Wahrheit ins Wissen kommt.«[77]

Deutlich wird bereits in dieser frühen Vorlesung Heideggers – die vor dem Ende des zweiten Weltkriegs und damit vor dem ersten Atombombenabwurf und der Erfindung ferngesteuerter Geschosse verfasst wurde – dass er, wie in seinem um 1949 entstandenen Aufsatz »Die Technik und die Kehre«[78] umfassender herausgearbeitet, die neuzeitliche Transport-, Maschinen-, Kriegs- und Informationstechnologie nicht als schlichtes Mittel der Verlängerung des menschlichen Handlungsspielraums betrachtet, sondern dieser Technik das Potential zuspricht die Welt zu entdecken, Dinge erscheinen zu lassen, Sein zu zeigen und es damit durch das Hervorbringen eigener, neuartiger Gesetzmäßigkeiten grundlegend zu verändern. Damit ist die »moderne« oder »neuzeitliche« Technik für Heidegger ein ganz entscheidender Einschnitt in der Geschichte der Menschheit und auch, bedeutsamerweise, in derjenigen des Denkens, insofern, als dass sie die bisherige Metaphysik als redundant markiert und zugleich sich selbst als eine Gefahr oder ein »Ge-stell«, welches Welt maskiert und deformiert und das Denken vor eine neue und große Herausforderung stellt, offenbart. Diese Technik, die der folgenden Digitaltechnik strukturell vorausgeht – beispielsweise die Atomkraft, die Luftfahrt und der Rundfunk – oder vielmehr deren »planetarische Bewegung« ist eine Macht, die von äu-

---

76 Heidegger 2000 (I), S. 56.
77 Heidegger 2000 (I), S. 66.
78 Martin Heidegger: Die Technik und die Kehre. Stuttgart: Klett Cotta, 2002.

ßerst hoher Relevanz für den Verlauf von Geschichte ist.[79] Technik ist für Heidegger nicht unschuldig, sondern das Unheimliche an ihr ist, wie er 1966 in einem öffentlichen Gespräch formulierte, dass sie funktioniert und dieses Funktionieren immer weiter treibt und damit, so die Befürchtung, »den Menschen immer mehr von der Erde losreißt und entwurzelt. [...] Wir haben nur noch rein technische Verhältnisse.«[80]

Mit der Beseitigung von großen Entfernungen oder der Minimierung von Distanzen durch sowohl Transport- als auch Informationstechnologien erscheint Heidegger alles gleich fern und gleich nah, »alles wird in das gleichförmige Abstandlose zugeschwemmt.«[81] Entsetzlich ist für Heidegger nun, dass trotz dieser Entfernungsüberwindung »die Nähe dessen, was ist« ausbleibt. Daran, dass sich Nähe im Verluststadium befindet, tragen Medientechnologien wie der Rundfunk und das Fernsehen einen großen Teil bei, so schreibt er in dem Aufsatz »Das Ding«:

»Alle Entfernungen in der Zeit und im Raum schrumpfen ein. [...] Den Gipfel der Beseitigung jeder Möglichkeit der Ferne erreicht die Fernsehapparatur, die bald das ganze Gestänge und Geschiebe des Verkehrs durchjagen und beherrschen wird. Allein das hastige Beseitigen aller Entfernungen bringt keine Nähe, denn Nähe besteht nicht im geringen Maß der Entfernung. Was streckenmäßig in der geringsten Entfernung zu uns steht, durch das Bild im Film, durch den Ton im Funk, kann uns fern bleiben.«[82]

In »Sein und Zeit« heißt es Jahrzehnte zuvor bereits:

»Alle Arten der Steigerung der Geschwindigkeit, die wir heute mehr oder minder gezwungen mitmachen, drängen auf Überwindung der Entferntheit. Mit dem ›Rundfunk‹ zum Beispiel vollzieht das Dasein heute eine in ihrem Daseinssinn noch nicht übersehbare Ent-fernung der ›Welt‹ auf dem Wege einer Erweiterung und Zerstörung der alltäglichen Umwelt.«[83]

Es wird also nicht nur eine räumliche Entfernung überwunden, sondern mittels Teleinformationstechnologien wie dem Radio oder dem Fernsehen zugleich eine zeitliche. Die Technik bewirkt damit

---

79 Martin Heidegger: Spiegel-Gespräch mit Martin Heidegger (23. September 1966). In: Gesamtausgabe, Band 16: Reden und andere Zeugnisse eines Lebensweges. 1910-1976. Frankfurt a.M.: Vittorio Klostermann, 2000 (II). 650-683. S. 668.
80 Heidegger 2000 (II), S. 669-670.
81 Martin Heidegger: Das Ding. In: ders.: Vorträge und Aufsätze. Tübingen: Neske, 1959. S. 163-185. S. 164.
82 Heidegger 1959, S. 163
83 Heidegger 2001, S. 106.

eine Ent-fernung von der Welt, eine Verkleinerung des Raumes und eine Zerstörung des vormaligen Seins. Das Denken ist vor eine neue Aufgabe gestellt, denn das »technische Weltalter« kann mit alten metaphysischen Denkweisen nicht mehr denkend erfahren werden: es bedarf einer neuen Ontologie, die eigentlich keine mehr ist, um die Zeit, um Welt überhaupt denken und überdenken zu können. Dies liegt an dem besonderen Wesen der Technik, wobei Wesen als Vollzugs-Bezogenes, und nicht als Gattung oder Essenz zu verstehen ist. Wesen als eine Art und Weise, wie sich etwas entfaltet, wird abgeleitet vom Zeitwort wesen. »Das Wesen der Technik ist als ein Geschick des Entbergens die Gefahr.«[84] Die Technik selbst wird zum Ge-stell, das Heidegger wir folgt erläutert: »Das Walten des Ge-Stells besagt: Der Mensch ist gestellt, beansprucht und herausgefordert von einer Macht, die im Wesen der Technik offenbar wird.«[85] Der Mensch beherrscht – entgegen verbreiteter Annahmen, wonach die Technik ein Werkzeug des Menschen oder gar die Verlängerung seiner Sinnesorgane ist – die moderne Technik nicht wirklich, er ist sogar, aufgrund ihrer Allgegenwart und der in ihrem Wesen offenbar werdenden Macht, von ihr beherrscht, er ist gestellt von ihr, sie droht »der Herrschaft des Menschen zu entgleiten«.[86] Diese Erkenntnis gilt es nun zu verwenden, um einzusehen, dass der Mensch »vom Sein gebraucht« wird, wodurch sich »neue Möglichkeiten« eröffnen. In ähnlicher Weise wie der Mensch nicht Herr der Technik ist, ist er nicht Herr, sondern Hirte des Seins. Grundsätzlich denkt Heidegger Welt also nicht vom Menschen, sondern vom Sein (in der Zeit) und damit auch von der Technik her. Zum »Gestell« schreibt Heidegger:

»Ge-stell heißt das Versammelnde jenes Stellens, das den Menschen stellt, d.h. herausfordert, das Wirkliche in der Weise des Bestellens als Bestand zu entbergen. Ge-stell heißt die Weise des Entbergens, die im Wesen der modernen Technik waltet und selber nichts Technisches ist. Zum Technischen gehört dagegen alles, was wir als Gestänge und Geschiebe und Gerüste kennen und was Bestandteil dessen ist, was man Montage nennt. Diese fällt jedoch samt den genannten Bestandstücken in den Bezirk der technischen Arbeit, die stets nur der Herausforderung des Ge-stells entspricht, aber niemals dieses selbst ausmacht oder gar bewirkt.«[87]

Technik kann weder nur anthropologisch noch rein instrumental begriffen werden, denn sie ist weder ein menschliches Tun noch ein

---

84 Heidegger 2002, S. 27.
85 Heidegger 2000 (II), S. 672.
86 Heidegger 2002. S. 7.
87 Heidegger 2002, S. 20.

Mittel innerhalb eines solchen Tuns. Die Technik als Ge-stell entbirgt das Wirkliche als Bestand, wird also zum Sein als solchem. Das Stellen des Ge-stells meint Herausfordern und zudem herstellen und Darstellen, das Anwesende in die Unverborgenheit hervorkommen lassen, hervorbringendes Herstellen. Das Gestell ist dabei das Sein selbst, der Mensch ist nicht Herr der Technik, und damit auch nicht Herr des Seins, jedoch wird er vom Wesen des Seins gebraucht.[88] Im Wesen der Technik und nicht in ihr selbst besteht für Heidegger eine Gefahr, nämlich dass der Mensch nicht mehr ›in ein ursprüngliches Entbergen einkehren und die anfängliche Wahrheit erfahren‹ kann, denn das Wesen der Technik hat bereits das des Menschen gepackt. Wo das Ge-stell herrscht, ist im höchsten Sinne Gefahr. Denn das Ge-stell verstellt ›alles Leuchten jedes Entbergens, alles Scheinen der Wahrheit‹. Aber, mit Hölderlin, wächst dort, wo Gefahr wächst, auch das Rettende, also im Wesen, der Washeit, der Technik.[89] Die Lage ist daher nicht ganz aussichtslos. Um jedoch den Menschen nicht komplett in das nicht-entbergende Nicht-Denken fallen zu lassen, bedarf es der Einsicht in das Wesens der Technik, damit das Denken bestehen bleiben kann, also bedenkenswert bleibt.

Technik, Sein und Virtualität

Heideggers Verständnis des Wirklichen, des Seins, und der Technik ist vor dem Hintergrund moderner, »neuzeitlicher« Transport-, Produktions- und Medientechniken entstanden. Diese gehen der Digitaltechnik und Mobilen Medien zwar zeitlich und technisch gesehen voraus, jedoch ist mit ihnen Welt mehr und mehr von Techniken durchdrungen, die Heidegger für prinzipiell fraglich hält. Aus seiner Perspektive wäre das Fragen nach dem Sein damit immer dringlicher, da es durch das Ausmaß des Technischen dem Menschen nun verstärkt zu entgleiten droht. Technik wird hier als etwas existentiell Sein-veränderndes betrachtet, worin sich Informationstechnologien wie das Mobile in direkter Linie mit dem Radio und dem Fernsehen einreihen, das sie ebenfalls Entfernungen minimieren, indem sie gleichzeitig Seiendes ermöglichen. Diese Ferne, die anwesende Abwesenheit, der Nicht-Nähe der Telepräsenz ist jedoch nicht rein negativ als Fern-bleiben zu betrachten ist, sondern tatsächlich, der von Heidegger verhassten naturwissenschaftlichen Perspektive getreu, als etwas in seinem Funktionieren, in seinem Angewandt-Werden Wirkendes und damit Sein-Veränderndes und -Bestimmendes. Der Gedanke, dass Technik nicht oberflächlich als Werkzeug des Menschen in das Seiende eingreift, sondern das Sein

---

88 Heidegger 2002, S. 38.
89 Heidegger 2002, S. 29.

ganz wesenhaft transformiert, ist plausibel. Gerade Medientechnologien, die beidseitiges Anwesend-Werden von etwas Abwesendem, also das Minimieren einer Entfernung ohne wirkliche Nähe, ihr Simulakrum, ermöglichen, werfen die hier im Kontext anderer Technologien gestellten Fragen aufs Neue auf.

Die von Heidegger vorgenommene Differenzierung von Sein und Seiendem, wobei das Sein für Heidegger »das Seiende als Seiendes bestimmt«[90] – »Sein ist jeweils das Sein eines Seienden«[91] – lässt das Sein zur Virtualität werden, denn es ist zugleich omnipräsent und sich wandelnd, wird jedoch nur als Seiendes erkenntlich. So ist es ebenso auf der Seite des Vermögens wie auf der der Wirklichkeit zu verorten. Auch wenn Heidegger mit dem metaphysischen Denken zu brechen gedenkt, bleibt eine Dichotomie bei der Suche des wahren Seins nicht aus, jedoch geht diese nicht davon aus, dass das Sein als Intelligibles hinter dem Wirklichen zu finden ist, sondern dass wir uns von vorneherein in dem das Seiende bestimmenden Sein befinden, aufgrund der »Grundverfassung des Daseins, dem In-der-Welt-sein.«[92] Das virtuelle und durchaus wirkliche Sein ist etwas Verborgenes, das wir durch ein Hin-denken entbergen müssen. Es ist jedoch nicht etwas metaphysisches Nicht-Sinnliches, sondern ein in der Zeit gedachtes Unewiges, sich Modifizierendes. Es kann daher keine Abbildung, Spiegelung oder Projektion stattfinden, denn das würde eine Trennung erfordern, die so nicht existiert, weshalb es sich beim Sein und damit beim Virtuellem um das in der Zeit changierende, bestimmende Moment von Welt handelt. Zwar verwendet Heidegger den Terminus »virtuell« nicht, jedoch ist bei ihm das Sein keine präexistente Möglichkeit, sondern eine sich schaffende Virtualität mit höchstem Realitätswert.

8.3 Peirce – Virtualität

1901 finden sich im damals renommierten Baldwin's »Dictionary of Philosophy and Psychology«[93] Definitionen der Begriffe »Realität«, »Wirklichkeit« und »Virtualität«. Laut der von Charles S. Peirce verfassten Definition von »Virtualität« bezieht sich diese weder auf das Potentielle, noch auf das Nicht-Wirkliche. Das Virtuelle ist etwas, dass die Eigenschaft von etwas besitzt, das es nicht selbst ist:

---

90 Heidegger 2001, S. 5.
91 Heidegger 2001, S. 9.
92 Heidegger 2001, S. 202.
93 James Mark Baldwin: Dictionary of Philosophy and Psychology. Vol. II. Gloucester: Peter Smith, (1901) 1960. Beteiligt an diesem Lexikon waren u.a. Charles Sanders Peirce, John Dewey, William James, Hugo Münsterberg u.v.m.

»Ein virtuelles X ist etwas, das zwar kein X ist, aber in Wirklichkeit (virtus) ein X hat. Das ist die richtige Bedeutung des Wortes, es wird jedoch weitgehend mit ›potentiell‹ verwechselt, was beinahe sein Gegenteil ist. Denn das potentielle X hat die Natur eines X, hat aber keinerlei tatsächliche Wirklichkeit.«[94]

Beispielsweise ist für Peirce eine virtuelle Geschwindigkeit etwas, das zwar keine Geschwindigkeit ist, jedoch einen Ortswechsel bewirkt. Abgesehen davon, dass der Ausdruck »die Natur eines X« zu haben etwas unglücklich gewählt zu sein scheint, ist diese Differenzierung zwischen Virtualität und Potentialität plausibel. Angewendet auf den Kontext digitaler Medien könte man sagen, dass ein digitales Schriftstück virtuell ist: es ist kein Brief (X), aber hat in Wirklichkeit ein X, insofern, als dass es als ein Brief funktioniert. Dahingegen kann ein imaginierter Brief potentiell genannt werden, denn er hat zwar »die Natur« eines Briefs, aber keine Wirklichkeit, insofern, als dass er nicht als ein solcher funktionieren kann.

Das Virtuelle wird hier von Peirce also durchaus als wirklich betrachtet, während das Potentielle dem im Kontext digitaler Medien populären Verständnis der Virtuellen entspricht und etwas Nicht-Wirkliches, nur Scheinbares ist. Aus dieser Verwechselung von Virtualität und Potentialität resultierte die Verwirrung des ausgehenden 20. Jahrhunderts angesichts von digital erzeugter Virtualität.

Angewendet auf Mobile Medien kann behauptet werden, dass ein Anrufer mit seiner Stimme virtuell an einem anderen Ort als dem seines Körpers anwesend ist, und das ist wirklich. Potentiell ist die Stimme eines anderen in der Vorstellung eines Menschen anwesend, dies ist jedoch nicht im eigentlichen Sinne, sondern nur als Wahn, Vorstellung oder Traum wirklich.

Im selben Band findet sich eine schlüssige Unterscheidung der häufig als Komplementärbegriffe zum Virtuellen angeführten Ausdrücke »real« (zu Deutsch »real«) und »actual« (zu Deutsch »wirklich«). »Real« wird:

»universally employed to denote that a thing is both (a) an existent and (b) true [...]. Reality is thus properly opposed to both (a) to things in the conception of which existence is included but which do not truly exist, (b) to subjects of non-existential propositions, and (c) to what is neither true not false.«[95]

---

94 Baldwin 1901, S. 763. Übersetzung und Hinweis nach einer Fußnote hier: Charles Sanders Peirce: Schriften 1. Zur Entstehung des Pragmatismus. Mit einer Einführung herausgegeben von Karl-Otto Apel. Frankfurt am Main: Suhrkamp Verlag, 1967. S. 228.
95 Baldwin 1901, S. 420.

Die in diesem Lexikoneintrag herausgearbeitete Übereinstimmung der verschiedenen Autoren, die sich mit Realität befasst haben, besteht also darin, dass dasjenige, welches real ist, zugleich existent und wahr sein muss. Damit sind Dinge, die nicht wahrhaftig existieren, in deren Konzept aber Existenz eingeschlossen ist (ein Beispiel hierfür könnten Bauskizzen oder Flugsimulationen sein), nicht real und ebenso wenig sind es die Subjekte nicht-existierender Propositionen (z.B. alle Zyklopen sind einäugige Riesenmenschen) oder etwas, das weder wahr, noch falsch ist (beispielsweise, dass der Turm von Pisa sich horizontal neigt). Wahrheit und Existenz sind also Kriterien für Realität. »Existenz« (Deutsch: »Dasein«) wird hierbei ebenso wie »Sein« im Folgenden als ein Begriff aufgefasst, der »strictly undefinable«[96] ist.

»It denotes determinate being, or ›giveness‹, in a context by which its meaning is largely determined (note the *da* of Dasein).

Das Sein ist also nicht begrifflich zu fassen, sondern ermisst sich an einem Vorhandensein in einem Kontext. Hingegen ist Realität:

»determined being, but not being determined as ›what‹. For to determine being as ›what‹ is to circumscribe and relate it in a universe of existence which denies its universality.«[97]

Realität ist also bestimmtes Sein, das jedoch nicht im Sinne eines »Was« bestimmt ist, da dies die Universalität des Begriffs verleugnen würde. Realität und Existenz sind nicht das gleiche, greifen jedoch ineinander über.

Anders hingegen steht es um das Aktuelle (»the actual«), das hier als »Wirkliches« übersetzt und wie folgt verstanden wird:

»Actual, like real, implies both truth and existence; but, in accordance with its original opposition to ›potential‹ or ›implicit‹, it throws more emphasis on existence, and particularly present and presented existence. As denoting the degree, it always has a depreciatory sense; things are ›merely‹, i.e. relatively, actual. But as denoting the kind, i.e. immediacy or direct presentation, its claim is high.«[98]

Das Aktuelle oder Wirkliche ist bezogen auf den Grad also minderwertiger als das Reale, bezogen auf die Unmittelbarkeit ist sein Anspruch jedoch hoch. Zwar setzt das Aktuelle wie das Reale ebenfalls

---

96 Baldwin 1901, S. 421.
97 Baldwin 1901, S. 420.
98 Baldwin 1901, S. 420.

Wahrheit und Existenz voraus, jedoch betont es dabei die gegenwärtige Existenz, was aus seiner Entgegenstellung zum Potentiellen oder Impliziten resultiert. Das Aktuelle steht hier also nicht dem Virtuellen gegenüber, sondern dem Potentiellen, das nicht mit dem Möglichen zu verwechseln sein kann. Das Schema Virtuell-Aktuell-Möglich-Wirklich (Real) wird um die Komponente des Potentiellen bereichert, sowie auch mit derjenigen der Wahrheit und der Existenz angereichert.

Diese Vorstellung des Aktuellen als Komplementärbegriff nicht zum Virtuellen, sondern zu dem von diesem und auch vom Möglichen abzugegrenzenden Potentiellen stellt eine Differenzierung dar, die im Hinblick auf die Betrachtung von Virtualität im Kontext mobiler Medientechnologien wenig produktiv ist. Die Bestimmung des Virtuellen und des Aktuellen als solches lassen sich jedoch auf die mit digitalen und mobilen Medientechnologien entstehenden Phänomene übertragen und schließen sich an die bisher angeführten Überlegungen zur Natur oder Funktionsweise des Virtuellen an. Es verwundert, dass jene lexikalische Definition des Virtuellen in den späten Medientheorien des 20. Jahrhunderts nicht berücksichtigt wurde.

Während zu beobachten ist, dass sich die Philosophie zu Beginn des 20. Jahrhunderts zwar mit dem Virtuellen, jedoch nicht explizit mit den neu entstandenen drahtlosen Medientechnologien befasst hat, scheinen die Erfinder, Entdecker und Anwender jener Medientechnologie diese zum Teil reflektiert zu haben. Im folgenden Kapitel wird verfolgt, welche Beobachtungen angesichts des neuen Mediums auftraten ob seine Entwickler und Kommentatoren die mit ihm einhergehenden medialen Veränderungen von Realität mit Virtualität in Zusammenhang gebracht haben.

9. Wireless und portables Radio

Nachdem um die Jahrhundertwende zum 20. Jahrhundert vermeintlich die erste Nachricht, oder vielmehr der erste Buchstabe, drahtlos den Atlantik überquert hatte, kursierten diverse Mutmaßungen über die Zukunft von Wireless oder »Radio«. Bis Wireless in Form des Polizeifunks in den 1920er Jahren in den Alltag integriert wurde und der Rundfunk zum Massenmedium wurde, blieb das drahtlose Medium in der Praxis eine Ausnahmeerscheinung. Die sich allmählich ausbreitende Medientechnologie war jedoch Anlaß für Vermutungen über ihre Zukunft. Zunächst wurde die Radio-Technologie insbesondere in den Populärmedien von optimistischen Berichten begleitet. Die Überwindung großer räumlicher Distanzen via Radiowellen erschien dem damaligen Zeitgeist an Magie grenzend und spektakulär. So häuften sich Mutmaßungen über den zukünftigen Gebrauch von Wireless in der persönlichen Kommunikation sowohl in Zeitungen als auch in Romanen oder technischen Fachzeitschriften. Während einige voraussagten, dass bereits in naher Zukunft portable Telekommunikationsgeräte im Taschenformat zugegen sein werden, waren andere skeptischer und vermuteten, dass Wireless die kabelgebundenen Kommunikationsmethoden kaum beeinflussen werde, die weiterhin das primäre Kommunikationsnetzwerk bilden werde.

9.1 Faszinosum Wireless

1901 prophezeite ein Korrespondent des »London Spectator«: »Some day men and women will carry wireless telephones as today we carry a card case or camera.«[1] Bekanntlich wurde diese Weissagung

---

1 O.V.: The Wireless Age. In: Los Angeles Times, 4.11.1901. S. 6. (http://earlyradiohistory.us/1901age.htm) Dort heißt es: »We shall switch ourselves on to the underground radiations through the medium of our walking sticks or boots, and then tune up our receiver to say tone No. 39,451, and tone No. 39,451 will go about his business undisturbed by other tones. For military purposes it soon will be no longer necessary to carry cumbrous coils of wire, which are always at the mercy of an enemy. The staff officer and the scout each will drive a wireless apparatus into the

erfüllt, wenngleich in einer anderen Weise als imaginiert. Damals stellte man sich vor, dass Gehstöcke oder Stiefel ein geeignetes Empfangsmedium seien, da durch sie bestimmte Frequenzen störungsfrei empfangen werden könnten. Zudem müsse dank des Morse-Codes noch nicht mal auf die einwandfreie Übertragung der menschlichen Stimme gewartet werden, sondern es werde einen Apparat geben, der den telefonischen Klang verstärke, so die Vermutung. Deutlich wird, dass elektronische Medientechnologien bereits zu Beginn des 20. Jahrhunderts als am Körper bzw. in die Kleidung integrierte Technologien gedacht wurden, die mittels Batterien und Radiowellen an etwas Abwesendes, an ein Anderes »virtuell« angeschlossen werden konnten. Diese frühen »Wearables« wurden allerdings nur als Einzelexemplare realisiert. Beispielsweise berichtete das Magazin »Popular Science« 1933 von einem Gehstock, der als Radioempfänger funktionierte und an den ein Kopfhörer zum Hören des Radioprogramms angeschlossen war.[2] Ein Deutscher namens Alfred Mintus hatte diesen »Radio-Spazierstock« erfunden, der jedoch nur bedingt ein Mobiles Medium ist, da während des Empfangs nicht spaziert werden konnte, sondern stillgestanden werden musste. Im Juli 1948 beschrieb ein Artikel in der Zeitschrift »Popular Mechanics« die Integration eines Miniatur-Zwei-Wege-Radios in das Haar von Schauspielerinnen. Anstatt mittels eines Megaphons sollten ihnen am Set mit dieser an den Körper angebundenen mobilen Medientechnologie die Instruktionen direkt und ohne verwirrende Lärmbelästigung für die anderen Anwesenden zugerufen werden. Dieses Ein-Weg-Mobile bestand aus einem kleinen Ohrstecker und einer Antenne, die in ihrem langen Haar versteckt werden sollte.[3] Diese Ideen bezüglich portablem Wireless, das nicht per Transportmittel, sondern wie Kleidung am Körper getragen wird, haben sich auch Jahrzehnte später nicht in der Alltagspraxis realisiert: Mobile Medien sind noch heute weniger integrierte Be-

---

    ground and await the magic touch of the sympathetic tone. Thanks to the Morse code, it will not even be necessary to await perfection in the conveyance of the human voice. A kindred apparatus will magnify the telephonic sound, and some day the mouse for which we shall set a telephonic trap, will be able to roar like a bull.«

2 O.V.: Walker Can Tune in With Radio in Cane. In: Popular Science, März 1933. (http://blog.modernmechanix.com/2007/02/14/walker-can-tune-in-with-radio-in-cane/)

3 O.V.: Radios in Your Hair. In: Popular Machnics, Juli 1948. S. 213. (http://blog.modernmechanix.com/2006/06/15/radios-in-your-hair) Der Autor verspricht sich weitere sinnvolle Nutzungszusammenhänge beispielsweise bei Magiern.

standteile von Kleidung und Körperschmuck als vielmehr eigenständige Supplements des Körpers.

Die Kombination von Sendern und Empfängern in einem transportfähigen Gerät stellte zu Beginn des 20. Jahrhunderts ein Problem dar, ihre Trennung schien nicht überbrückbar. Folglich waren jene frühen drahtlosen Medientechnologien entweder Radios oder »Zwei-Wege-Radios«. Obwohl das gleichzeitige Senden und Empfangen von Radiowellen in einem Gerät zunächst nur in sperrigen Formaten realisiert werden konnte, hielt sich im öffentlichen Diskurs bis in die 1920er Jahre hinein die Hoffnung, dass schon sehr bald mit Zwei-Wege-Radios im Taschenformat zu rechnen sei. Realisiert wurde in transportablen Formaten zunächst jedoch nur einseitiges Wireless, nämlich Transistor-Radiogeräte. An den optimistischen Spekulationen zu den Möglichkeiten von »pocket wireless«, von Zwei-Wege-Radios in Miniaturform oder im Taschenformat, zeigt sich, dass neuartige Medientechnologien, oder auch nur ein Phantom von ihnen, eine grundlegende epistemologische Konfusion auslösen können.

Ein signifikantes Beispiel für diese Überforderung des Denkens durch medientechnologische Ermöglichungen ist der mit dem Telegraphen, Telefon und vor allem auch mit dem Radio einhergehende Glaube, dass nun, da ferne Stimmen via Kabel oder Funk aus der Ferne an einem anderen Ort anwesend gemacht werden konnten, nicht nur mit den Lebenden über Distanzen hinweg kommuniziert werden könne, sondern es durch diese Medien auch einen Draht zum Reich der Toten geben müsse.[4] Mit den Toten durch spirituelle Medien und Klopfzeichen zu verkehren, schien nur geringfügig wundersamer als mit den Lebenden durch Morsezeichen zu kommunizieren oder Radiosignale zu empfangen. Der Zusammenhang von Elektrizität und Spiritismus schien auf der Hand zu liegen,

---

4 Vgl.: John Durham Peters: Speaking into the Air. A History of the Idea of Communication. Chicago und London: University of Chicago Press, 1999. Dort insbesondere Kapitel 4: Phantasms of the Living, Dialogues with the Dead, S. 137 ff. Hier wird die Trennung von Kommunikation und geteiltem Raum und das damit verbundene anwesende Abwesende, das als eine Art »Parallel-Universum« aufgefasst wird und dadurch diverse Spekulationen über die Kommunikation mit anderen reinen Geistern auslöst, thematisiert. Auch Friedrich Kittler befasst sich unter Anbetracht des Phonographen und des Telefons mit den telepathischen und Geister-Potentialen des neuen Mediums, vgl.: Friedrich A. Kittler: Grammophon, Film, Typewriter. Berlin: Brinkmann und Bose, 1986. S. 22. An anderer Stelle schreibt er, dass zwischen okkulten und technischen Medien kein Unterschied bestehe, da »ihre Wahrheit [...] die Fatalität, ihr Feld das Unbewusste« ist. Vgl.: Friedrich Kittler: Aufschreibesysteme 1800/1900. München: Wilhelm Fink Verlag 1985. S. 235.

wenngleich sich die Suche nach einer Methode, um zwischen diesen beiden Welten zu vermitteln, schwierig gestaltete bzw. als unmöglich herausstellte.[5] Das leere Rauschen der Kommunikationskanäle wurde insbesondere in den Anfangstagen des Radios oft als ein Zeichen entfernter Welten oder des Reichs der Toten interpretiert.[6]

DAS IMAGINIERTE DRAHTLOSE TELEFON

Einem Autor von »The Aerogram«, einer von der United Wireless Telegraph Company herausgegebenen Zeitschrift, stockte 1908 der Atem angesichts »der Aktualität des drahtlosen Telefonierens«. Für ihn war diese fast unverständlich und ein »mentales Durcheinander«, das kaum begriffen werden könne, weil es derart viel direkt auszudrücken erlaube.[7] Faszinierend war vor allem die durch seine Geschwindigkeit bewirkte Masse des Informationsaustauschs. Vorteilhaft sei die neue Technologie vor allem deswegen, weil ihre Installationskosten gering seien und hiermit nicht nur das Festland durchzogen werden könne. Ein Problem sah der Autor jedoch darin, dass die verschiedenen Sprachnachrichten, die durch den Äther gehen, miteinander vermischt werden könnten und sie aufgrund der nicht vorhandenen Gerichtetheit der Übertragung nicht ihren Adressaten erreichen. Doch er vertraute darauf, dass die Forscher mit etwas mehr Wissen über die »Ätherströme« auch dieses Problem lösen könnten. Dann werde das »wireless phone« genau so wie das kabelgebundene Telefon sowohl für geschäftliche als auch private Zwecke verwendet werden. Um mit jemandem verbunden zu werden, müsse der Benutzer also auch hier die Zentrale anrufen, wobei es wahrscheinlich ein »automatic central« geben werde.[8] Orientiert am Modell des frühen Telefons, das als Übertragungsinstrument beispielsweise für Konzerte verwendet wurde, nahm auch dieser Autor an, dass es einen Dienst geben werde, mit dem per Wireless beispielsweise Nachrichten, Börsenkurse, Vorlesungen, Musik oder Werbung in die Stuben gesendet werden können. Das »wireless

---

5   Jeffrey Sconce: Haunted Media. Electronic Presence from Telegraphy to Television. Durham und London: Duke University Press, 2000. S. 28, S. 84; im Bezug auf kabellose Technologien vgl. S. 62.
6   Peters 1999, S. 212. Ende des 19. Jahrhunderts nahm unter anderem Mark Twain die Möglichkeit eines »Mentalen Telegraphen« an. Vgl. auch: Joseph Jastrow: The Logic of Mental Telegraphy. In: Scribner's Magazine, November 1895.
7   R. Burt: The Wireless Telephone. In: The Aerogram, November 1908. S. 139-141. (http://earlyradiohistory.us/1908uwwt.htm)
8   1923 wurde dieses in Deutschland für Ferngespräche realisiert, vgl. Sarkar 2006. S. 117.

phone« wurde gleich des drahtgebundenen Telefons als um eine Zentrale herum aufgebaute Rundfunktechnologie begriffen.

»But remember! The wireless telephone is in its early infancy and that there is a considerable difference and lapse of time between having a wireless telephone that merely operates, and having an established wireless telephone system that produces a net profit revenue from actual commercial use.«[9]

Auch das drahtlose Telefon ist also keine Individual- sondern eine Netzwerk-Technologie. Ein solches Mobilfunknetz entstand erst rund 40 Jahre später und ermöglichte Mobile Medien graduell in ihrer heutigen Form.

1910 zeigte sich ein Autor des »World Technical Magazin« begeistert von den spezifischen Vorzügen der drahtlosen Telephonie. Unter anderem bestünden diese darin, dass beim kabellosen Telefon keine Klangverluste proportional zur Länge der Leitung zu erwarten seien und die Sprachqualität auch über die größten von der Antenne überbrückbaren Distanzen »klar und deutlich« sein werde. Der Grund hierfür sei folgender:

»This is because the message is sent through ether, a medium which does not require to be electrically charged and which consequently does not distort the wave forms representing the voice. It would seem, therefore, that the wireless is the natural way for the transmission of messages while the wire line is the artificial way.«[10]

Aus dieser Perspektive wäre die Entwicklung der Telekommunikation im 19. Jahrhundert als Umweg zu betrachten. Daneben imaginiert dieser Autor die später tatsächlich realisierte Abschaffung der Zentrale und die Einführung von Wählscheiben:

»Another advantage the wireless phone has over the ordinary system is in calling. Instead of asking an operator at central to get a certain number for him the lucky possessor of a wireless 'phone can ring up his man instantaneously and talk directly with him. By means of disks with numbers on the edge, something like those used for the combinations of safes, the caller can tune his 'phone with a certain number in much the same way that the subscribers to the automatic telephone system in Chicago and elsewhere call a number through electrical selectors. By turning the disk to a certain number the particular 'phone wanted will respond, and no other. Finally, the wireless is cheaper to

---

9   R. Burt: The Wireless Telephone. In: The Aerogram, November 1908, S. 139-141. Zitiert nach http://earlyradiohistory.us/1908uwwt.htm
10 Winston R. Farwell: Wireless Telephone Wizardry. In: Technical World Magazine, Mai 1910, S. 257-264. (http://earlyradiohistory.us/1910wtp.htm)

install and, maintain, for there is no costly copper wire and cedar poles to buy and set up and replace every time there is a little storm.«[11]

Das Prinzip der Telefonnummer, also die Adressierung des gewünschten, an eine Person oder einen Haushalt gekoppelten Telefonapparates mittels einer Nummer und einer automatischen Schaltung statt eines Menschen, der die Leitungen in der Zentrale manuell umsteckt, wird hier zusammen gedacht mit der Neuerung des drahtlosen Telefonierens. Von Mobilität ist bei diesem drahtlosen Telefon jedoch nicht die Rede.

Auch H. M. Ayrton[12] vertraute um 1907 auf Wireless und die damit möglich werdende »elektrische Stimme«, die an jeden Ort rufen kann und auch von jedem antworten kann (wie so genannte Funklöcher noch im 21. Jahrhundert unterstreichen, sollte dies eine Utopie bleiben):

»Einst wird kommen der Tag, wenn wir alle vergessen sind, wenn Kupferdrähte, Guttaperchahüllen und Eisenband nur noch im Museum ruhen, dann wird das Menschenkind, das mit dem Freunde zu sprechen wünscht, und nicht weiss, wo er sich befindet, mit elektrischer Stimme rufen, welche allein nur jener hört, der das gleichgestimmte elektrische Ohr besitzt. Er wird rufen: Wo bist du? und die Antwort wird in sein Ohr klingen: Ich bin in der Tiefe des Bergwerkes, auf dem Gipfel der Anden oder auf dem weiten Ozean. Oder vielleicht wird keine Stimme antworten, und er weiss dann, dass sein Freund tot ist.«[13]

Diese Vision erinnert aufgrund der angenommenen »Gleichgestimmtheit« von Ohr und elektrischer Stimme an den magnetischen Sympathie-Telegraphen und assoziiert das Antworten mit dem Leben, also die Erreichbarkeit mit dem Vorhandensein. Eine ähnliche Kopplung von Existenz und Präsenz im Netzwerk wird es im 21. Jahrhundert in digitalen Netzwerken geben.

Für Paul Fischer, Autor des 1925 erschienenen Buchs »Die drahtlose Telegraphie und Telephonie« vereint die Radiotechnik im Kontext von »Relativitätsprinzip und Atomtheorie« »den Reiz gründlicher Wissenschaft mit dem Zauber mystischer Romantik«. Über den »drahtlosen Wahnsinn«, der sich zu jener Zeit ausbreitet, zeigt er sich höchst fasziniert:

»Ist es nicht eine wunderbare Tatsache, dass sich in jedem Raume nicht nur die Schallwellen fortpflanzen, die an unser Ohr schlagen, und die Lichtwellen, die unsere Sehnerven reizen, sondern auch noch hunderte von elektrischen Wellen? [...] Wir wissen, dass die Spieler der Brahmsmusik, die wir in unserem stil-

---

11 Farwell 1910, S. 257-264.
12 Vermutlich die britische Mathematikerin Hertha Marks Ayrton.
13 Ruhmer 1907, S. 142.

len Stübchen hören, Hunderte von Kilometern von uns entfernt in dem Empfangsraum eines Rundfunksenders sitzen. Und dazwischen fahren Eisenbahnen und Autos, sausen Winde und Sturm, spielt sich das gewohnte lärmende Alltagsleben ab! Wir hören von alledem nichts, auch nichts von dem, was die übrigen elektrischen Wellen bringen, die unsere Empfangsantenne streifen, – sondern nur die Musik des Senders, auf den wir im Augenblick eingestellt haben. Eine kurze Drehung am Apparat: Brahms verstummt und wir sitzen weit, weit entfernt in einem englischen Lustspiel und hören das Lachen des Publikums. – Ja, die Stimmen aus dem Äthermeer durchdringen jede Wand, durchfluten jeden Raum! Und obgleich wir Menschen keinen elektrischen Sinn haben, können wir sie überall erkennen, überall den von ihnen getragenen Inhalt vernehmen, wo wir den geeigneten Empfangsapparat aufstellen.«[14]

Dennoch geht er davon aus, dass die drahtlose Telegraphie die drahtgebundene nicht ablösen wird, sondern

»[...] die Linien mit und ohne Draht nebeneinander bestehen bleiben werden, ebenso wie die Eisenbahn, die auf Schienen läuft, neben den freibeweglichen Autos. Auch die Zeitungen werden durch den Rundfunk keine Einbuße erleiden, ebenso wenig wie der Telegraph und das Telephon den Briefverkehr überflüssig gemacht haben.«[15]

Das neue Medium – der Rundfunk – löst aus dieser Perspektive also nicht das vorhergehende ab, sondern ergänzt dieses, welches dann mit einer anderen Funktion neben ihm bestehen bleibt.[16]

In einem Buch über »Drahtlose Telegraphie und Telephonie« resümierte ein Autor namens Frank Kiebitz 1924 die Vor- und Nachteile der drahtlosen Telephonie und Telegraphie. Ihren hauptsächlichen Vorteil sah er in der Möglichkeit der Kommunikation »mit bewegten Stationen«, den Nachteil hingegen darin, dass das Spektrum begrenzt ist und die Frequenzen nicht exakt getrennt werden konnten, der Empfang also oft von Störungen begleitet war.[17] Der Hauptanwendungsbereich von Wireless bestehe im Rundfunk d.h. Radio oder Fernsehen, diese ist technisch begründet:

»Insofern als der drahtlose Verkehr auf eine begrenzte Zahl von Stationen beschränkt werden muß, ist ein Massenverkehr von Telegrammen und Gesprächen, die von einer Person an eine andere gerichtet sind, in einem ähnlichen Umfang wie wir ihn im Verkehr auf Leitungen gewohnt sind, völlig ausge-

---

14 Paul Fischer: Die drahtlose Telegraphie und Telephonie. Ihr Grundlagen und Entwicklung. Leipzig und Berlin: B. G. Teubner, 1925, S. 8-9.
15 Fischer 1925, S. 104.
16 Vgl. Bolter und Grusin 1999, Gitelman 2006 u.a.
17 Frank Kiebitz: Drahtlose Telegraphie und Telephonie. Bielefeld und Leipzig: Verlag von Belahgen und Klasing, 1924. S. 70.

schlossen. Dagegen ist eine andere Form des Massenverkehrs in der Natur der Funkerei begründet, nämlich die Übermittlung von Nachrichten, die von einer Stelle ausgehen, und für eine unbegrenzte Zahl von Teilnehmern bestimmt sind.«[18]

Zunächst war es genau jene zentrale Ausstrahlung, die via Wireless als Radio realisiert wurde. Erst als Sender und Empfänger kombiniert, die Stromversorgung minimiert und das Netzwerk digitalisiert und damit seine Kapazität vervielfacht worden war, wurde dezentrales Wireless d.h. Mobile Medien möglich.

Auch Kurt Riemenschneider zufolge kann Wireless vor allem deswegen nicht die drahtgebundene Telekommunikation ablösen, weil »nur ein verhältnismäßig schmales Band störungsfreier Wellen vorhanden«[19] sei, mit denen der »Bedarf der internationalen Verkehrsbeziehungen« nicht gedeckt werden könne, weswegen sie sich zunächst »gegenseitig wirkungsvoll [...] ergänzen«[20] würden. Die Anwendung der Funktechnik sei nicht nur im Nachrichtenverkehr sinnvoll, sondern darüber hinaus auch im Funkpeildienst, Seenotmeldedienst, Funkdienst für die Luftfahrt, Zeitzeichendienst sowie dem besonderen Nachrichtendienst wie dem Unterhaltungsrundfunk u.v.a. Wie bei den kombinatorischen Eisenbahnsystemen scheint Wireless vor allem in Bezug auf die Koordination des Transports von Menschen und Gütern sinnvoll, und nebenbei auch bezogen auf Nachrichten und Unterhaltung.

DRAHTLOSE MÖGLICHKEITEN

Arthur R. Burrows, der erste Programmdirektor der BBC, hinterfragte in einem Artikel von 1918 die Hoffnungen und Utopien, die mit dem »Wireless Age« verbunden sind und stellte zunächst Folgendes fest:

»The whole realm of nature is under wireless control. [...] Wireless, of course, makes unusual claims upon the imagination. Although on the one hand the wireless control exercised by the sun at a distance some ninety odd millions of miles produces very perceptible effects upon our personal comfort and the growth of vegetation, the etheric waves generated artificially to date for the conveyance of Morse signals over the relatively small terrestrials intervals of apparent space affects none of our known senses. For well over a decade incessant groups of vibrations, constituting recognizable signals, have been radiated from all parts of Europe, and have been passing through the bodies of

---

18 Kiebitz 1924. S. 70.
19 Riemenschneider 1925, S. 293.
20 Riemenschneider 1925, S. 295.

each one of us, yet their presence has not been felt, and few outside the world of radiographic research have even thought of their existence.«[21]

Das Neuartige an diesen künstlichen Wellen, die zunächst nur den Morse-Code trugen, ist also, dass sie im Vergleich zu anderer »wireless control«, wie sie beispielsweise durch die Sonne ausgeübt wird, künstlich erzeugt sind und ihr Vorhandensein nicht direkt durch die menschlichen Sinne wahrgenommen werden kann. Es bedarf eines zwischenzuschaltenden Apparats damit ihre Präsenz merkbar wird. Erst durch die Wissenschaft, durch die Physik und ihre Apparaturen, wird diese nicht direkt fühlbare, nicht sichtbare Präsenz der »Ätherwellen« wahrnehmbar und tritt als Effekt in der Anwendung, in der Praxis in Erscheinung. Anders formuliert könnte man sagen, dass diese Radiowellen virtuell sind und erst durch ihre Aktualisierung, durch eine Übertragung oder Manifestation wahrnehmbar werden.

Bezüglich der gewohnten kabelgebundenen Telegraphie vermutete Burrows, dass sie noch vor Kriegsende von Wireless übernommen oder gar überholt werde. Nicht nur weil sie günstiger ist, sondern auch weil mittels Funk abgelegene Gegenden zu geringeren Kosten an das Kommunikationsnetz angeschlossen werden. Zudem konnte bereits 1917 ein »wireless operator« in Neuseeland Nachrichten aus Paris hören und auf einer Schreibmaschine niederschreiben.[22] Burrows war der Auffassung, dass der Krieg die Entwicklung drahtloser Telephonie möglicherweise aufgehalten habe, erinnerte jedoch daran, dass sie sogar zu einem transatlantischen Ausmaß bereits erreicht wurde und dass die hierbei übertragene Sprache fast die technische Qualität einer ›direkten Konversation‹ hatte, womit er leicht übertrieb. Interessanterweise stellte sich auch Burrows die Zukunft des drahtlosen Telefons als ein Übertragungs- bzw. Massenmedium ähnlich der Presse oder dem Rundfunk vor, das also weniger zu interpersonellen als vielmehr zu allgemeinen informativen Zwecken genutzt wird, als eine Art individuelle Massenmedium. Konkret hatte er die Übertragung von Parlamentsreden via Mikrofon und Wireless in die Büros aller Zeitungen des Vereinigten Königreichs im Sinn. Empfangen werden würden diese von den jeweiligen Reportern mittels Kopfhörern:

»Each newspaper office would have its own aerial, receiving gear and telephones, which would be worn by the reporter detailed to make the notes. The

---

21 Arthur R. Burrows: Wireless Possibilities. In: George Shiers (Hg.): The Development of Wireless to 1920. New York: Arno Press, (1918) 1977. S. 952-953.
22 Burrows 1918, S. 956.

receiving 'phones could be duplicated in order to avoid any break in continuity during the relays. – The field of the wireless telephone, however, is by no means restricted to newspaper work. The same idea might be extended to make possible the correct reproduction in all private residences of Albert Hall or Queen's hall concerts or the important recitals at the lesser rendezvous of the musical world. That the suggestions are no mere flights of imagination is revealed in the fact that on one occasion at least within the last twelve months a dance was held in the United States to the strains of music transmitted by wireless from an orchestra several miles away.«[23]

In solchen Übertragungen sah Burrows bereits 1918 die Gefahr einer akustischen Beeinträchtigung durch »audible advertisements«, welche später als Radiowerbung tatsächlich verwirklicht wurden. Als einen der entscheidenden Faktoren bei der Popularisierung von Wireless betrachtete Burrows die Portabilität der Geräte, die seiner Ansicht nach mit rund 15 Pfund zwar vergleichsweise gut tragbar seien, jedoch noch so schwer, dass »pocket wireless« derzeit eine Fiktion sei. Schon bald könnte es jedoch eingeführt werden und eine Reihe sinnvoller Zwecke erfüllen:

»One of the great factors that will materially assist to popularize wireless for pioneering, prospecting, or even Polar exploration is the wonderful degree of portability now reached by the employment of more sensitive receiving gear. Apparatus capable of reliably transmitting from 50 to 75 miles has been constructed with a total weight of no more than 10 lbs., whilst practical sets suitable for transmitting messages from 10 to 20 miles have been produced, having a total weight of 5 lbs. Pocket wireless only exists so far in the minds of the writers of thrilling spy stories, but the day is very near at hand light portable sets might be introduced for a variety of useful purposes.«[24]

Als Beispiel für diese nützlichen Zwecke führte Burrows an, dass in Südkalifornien die Straßen in der Regensaison oft von Unwettern verwüstet werden. Durch drahtlose portable Telefonsets könnten Patrouillen (»trouble hunters«) die Zentrale über Straßenschäden informieren und diese sogleich reparieren. Im urbanen Bereich sei mobiles Wireless ebenfalls von Vorteil, da hierdurch beispielsweise die New Yorker Polizei mittels Auto oder Schiff mit der Zentrale in konstantem Kontakt bleiben könne, was sich trotz seiner Effektivität in Großbritannien noch nicht durchgesetzt habe.[25] »Pocket wireless« oder Mobile Medien werden also zunächst als Rundfunk gedacht: Ausgehend von einer Zentrale kann mit den Teilnehmern kommuniziert werden, diese können über ihr Zwei-Weg-Radio zu-

---

23 Burrows 1918, S. 958.
24 Burrows 1918, S. 960.
25 Burrows 1918, S. 960.

rückfunken, jedoch nur an die Zentrale, nicht aber direkt an die anderen Teilnehmer. Anstatt eines Netzwerkes realisiert frühes Wireless technisch eine Punktkommunikation.[26]

»POCKET WIRELESS«

1919 erklärte Godfrey Issacs, Direktor der britischen Marconi Company, dass er bereits zu Beginn des nächsten Jahres mit einem kommerziellen Dienst für drahtlose Telephonie in New York und London rechne. Er prophezeite, dass in naher Zukunft von Wireless-Telefonen im Taschenformat auf breiter Ebene Gebrauch gemacht werde. Beispielsweise solle der Sekretär eines Geschäftsmannes beim Laufen auf der Straße ein Läuten in seiner Hosentasche hören können, daraufhin einen Empfänger an sein Ohr halten und schließlich die Stimme seines Vorgesetzten hören, der ihm womöglich aus einem sich in Hunderten von Meilen Entfernung befindenden Flugzeug Anweisungen gebe.[27] Die Vorstellung, dass vor allem Flugzeuge mit solchen Telegraphen und Telefonen ausgestattet werden, zeigt zum wiederholten Male die Kopplung von Transporttechnologien wie der Eisenbahn, dem Schiffverkehr und dem Automobil mit den durch sie mobil werdenden Kommunikationstechnologien wie dem Telegraphen, dem Telefon und drahtlosen Technologien.[28] Im Gegensatz zur Telegraphie im Zug, die Ende des 19. Jahrhunderts auch zunächst für Geschäftsmänner vorgesehen war und aufgrund mangelnden Interesses scheiterte, bestand ab Mitte des 20. Jahrhunderts ein sehr großer Bedarf nach mobiler Kommunikation.

Auch in Romanen der 1920er Jahre, als die ersten nationalen Radiostationen entstanden[29], wurde über portables Wireless spekuliert, beispielsweise in Margaret Penroses Roman »The Radio Girls of Roselawn« von 1922. Zwei »Radio-Girls«, Jessie und Amie, unterhalten sich über Wireless und über mobiles Video-Telefonieren:

---

26 Burrows zufolge wäre drahtloses Fernsehen nur von fraglicher Popularität. «The nightmare of wireless television is unlikely to become a reality for some time.« Vgl. Burrows 1918, S. 961.
27 O.V.: Pocket Wireless Soon, Predicts Marconi Official. In: Electrical Experimenter, August 1919. S. 372. (http://earlyradiohistory.us/1919bwtp.htm)
28 Zur Kopplung von Medien- und Mobilitätstechnologien vgl. Pierre Lévy: Cyberculture. Minneapolis: University of Minnesota Press, 2001. S. 195; sowie Glenn Jessop: A Brief History of Mobile Telephony. The Story of Phones and Cars. In: Gerard Goggin and Julian Thomas (Hg.): Mobile Histories. Special Issue of Southern Review, 2006. S. 43-60.
29 Z.B. die National Broadcasting Company (NBC) in den USA und die British Broadcasting Company (BBC) in Großbritannien, vgl. Hartmann 2006, S. 134.

»»And it is going to be wonderful--just *wonderful*--before long. They say moving pictures will be transmitted by radio; and there will be machines so that people can speak directly back and forth, and you'll have a picture before you of the person you are speaking to.‹ She began to laugh again. ›You know what Amy says? She says she always powders her nose before she goes to the telephone. You never know who you may have to speak to! So she is ready for the new invention.‹«[30]

Mobile Medien, die in der Tasche getragen werden können, werden dort wie folgt imaginiert:

»›Won't it be great if they ever get pocket radios?‹ ›Pocket radios!‹ exclaimed Jessie. ›I mean what the man said in the magazine article we read in the first place. Don't you remember? About carrying some kind of a condensed receiving set in one's pocket--a receiving and a broadcasting set, too.‹ ›Oh! But that is a dream.‹ ›I don't know,‹ rejoined Amy, who had become a thorough radio convert by this time. »It is not so far in advance, perhaps. I see one man has invented an umbrella aerial-receiving thing – what-you-may-call-it.‹ ›An umbrella!‹ gasped Jessie. ›Honest. He opens it and points the ferrule in the direction of the broadcasting station he is tuned to. Then he connects the little radio set, clamps on his head harness, and listens in.‹ ›It sounds almost impossible.‹ ›Of course, he doesn't get the sounds very loud. But he *hears*. He can go off in his automobile and take it all with him.‹«[31]

Die Möglichkeiten drahtloser Telephonie und Telegraphie führten zu diversen Vorstellungen darüber, wie diese Medien in Zukunft gebraucht werden. Im Mittelpunkt standen hierbei die allzeit mögliche mediale Anwesenheit anderer Menschen und die Übertragung von kulturell relevanten Ereignissen oder Vorführungen per Wireless.

Kritische Stimmen

Neben jenen eher enthusiastischen Ideen von drahtloser Stimmübertragungen der Zukunft gab es auch kritische Stimmen.

Im Dezember 1906 berichtete die New York Times von dem Wunder, welches die kabellose Telephonie darstelle und spekulierte, dass in naher Zukunft wohl weder kabelgebundene noch kabellose Telephonie rund um die Welt möglich sein werde, denn diese sei anders als die gewohnte drahtlose Telegraphie:

»Wireless telegraphy remains a wonder, but already it is a familiar wonder, and we are quite ready to believe any assertion of its possibilities. Wireless teleph-

---

30 Margaret Penrose: The Radio Girls of Roselawn: Or, a Strange Message from the Air. New York: Cupples & Leon, 1922. S. 55/56. (http://earlyradiohistory.us/1922rg1.htm)

31 Penrose 1922, S. 58-59.

ony is another matter [...] for again the »operator« will be not a specially trained person doing things that common people can't, but anybody who can talk! That brings the miracle closer home and adds vastly to its impressiveness. [...] Wireless telephony [...] will not be a thing of to-morrow or next day. [...] most of us will be rather gray-headed before anybody rings us up from China, either with or without a wire.«[32]

Die Ursache hierfür liege im altmodischen Postsystem und den Problemen in der praktischen Realisierung. Die neue Medientechnologie war gängigerweise von einem Staunen begleitet.

Auch der US-amerikanische Erfinder Lee De Forest hielt die populäre Idee, dass »portable personal telephones« bald verfügbar sein würden, für wenig wahrscheinlich, wie er in einer Rede vom Februar 1907 ausführte. Zwar markiere der Kristalldetektor, der später zum Transistor weiterentwickelt wurde, einen deutlichen Fortschritt in der Möglichkeit, Funksignale zu empfangen. Bis eine Art Radio-Telefon-System entwickelt werden würde, werde aus technischen Gründen jedoch noch einige Zeit verstreichen. De Forest erwähnte einen Kristalldetektor aus Silikon, der das Empfangen von Audio-Signalen in portablen Geräten ermöglichen könne:

»This class of receivers is certainly the simplest and least costly imaginable, and marks an approach towards that Utopian state of affairs so much heralded by the popular press when each of us will carry a responder in his vest pocket, a telephone on his head and with steel-rod umbrella in his hand, and lead soles upon his shoes, shall be within telephone reach of every other unfortunate similarly equipped!«[33]

Der Entwicklung von mobilen, portablen Funktelefonen standen also vor allem die technischen Realisierungsmöglichkeiten entgegen. Es gab zwar offensichtlich eine Aufnahmebereitschaft der Menschen für eine derartige Technologie, denen die Idee der »universellen Kommunikation« verlockend erschien, bloß war mit den bisherigen Einzelerfindungen weder das Senden über weite Reichweiten möglich, noch waren die Empfänger und Stromquellen so klein, dass sie tatsächlich in eine Hemdtasche gepasst hätten.

Die noch zu realisierende neue Medientechnologie wurde von den ersten »Wireless«-Erfindern unidirektional, am Modell des Radios orientiert, gedacht. Man nahm an, dass man mittels des auf Funkwellen basierenden Telefons analog zu seinem auf Draht ba-

---

32 O.V.: A Triumph But Still a Terror. In: New York Times, 17. Dezember 1906. S. 10. (http://earlyradiohistory.us/1906triu.htm)
33 Lee De Forest: Recent Developments in Wireless Telegraphy. In: Journal of the Franklin Institute, June, 1907. S. 464. (http://www.earlyradiohistory.us/1907devl.htm)

sierenden Vorgänger Konzerte oder Nachrichten hören könne. Als ein Medium für Individual-Plaudereien kam es nicht in Frage, auch wenn es zu dieser Zeit bereits gang und gäbe war, dass sich die Telefonvermittler in den nicht belegten Leitungen während Pausenzeiten miteinander unterhielten oder Spiele spielten. Da »Wireless« von einer Quelle aus mehrere Empfänger erreichen konnte, wurde es zunächst in zentralistischer Weise konzipiert. Erst die Entwicklung eines dezentralen Netzwerks ließ Wireless als Individualtechnologie, als mobile Medientechnologie realisierbar werden.

9.2 Portables Radio, erste Mobiltelefone

Portable Radios, Geräte, mit denen elektrische Wellen empfangen werden konnten, gab es schon früh in immer kleiner werdendem Format. 1924 wurde ein portables »Urlaubs-Radio« mit eingebautem Lautsprecher und einem Gewicht von etwas über neun Kilogramm als eine sensationelle Neuerung im Bereich mobiler Medientechnologien wahrgenommen.[34] 1935 stellte eine Britische Radio-Ausstellung das zur damaligen Zeit kleinste Radio der Welt aus. Es war in eine Zigarettendose eingebaut und ließ in dieser sogar noch Platz für Zigaretten, auch weil für das Empfangen von Radiowellen nur wenig Strom und damit nur kleine Batterien benötigt wurden.[35] 1934 war die Rede von einem Radio in einem Bleistift, verbunden mit Kopfhörern.[36] Das Radio wurde aufgrund verkleinerter Batterien und Empfänger also immer kompakter und damit mobil im Sinne einer verbesserten Portabilität.

Bezüglich portabler Zwei-Wege-Radios, den Vorläufern von Mobiltelefonen und Mobilen Medien, gestaltete sich die Miniaturisierung und Mobilisierung zwar schwieriger, dennoch gab es auch diese Virtualitäts-Generatoren bereits in der ersten Hälfte des 20. Jahrhunderts. »Pocket Wireless« blieb zunächst eine Fiktion, jedoch konnte noch vor dem zweiten Weltkrieg mittels Auto oder Spazierstock Sprache gesendet und empfangen werden.

Ebenso wie der Telegraph dem Telefon vorausging, entstanden zunächst mobile Telegraphen und erst danach mobile Telefone.

---

34 O.V.: Vacation Sets are Compact and Efficient. In: Modern Mechanix, Oktober 1924. S. 673. (http://blog.modernmechanix.com/2007/03/30/vacaton-sets-are-compact-and-efficient/)

35 O.V.: Tiny Radio Built in Cigarette Case. In: Popular Science, November 1935. (http://blog.modernmechanix.com/2007/08/20/tiny-radio-built-in-cigarette-case/)

36 O.V.: Pencil Forms Midget Radio Set. In: Modern Mechnix, September 1934. (http://blog.modernmechanix.com/2007/04/11/pencil-forms-midget-radio-set/)

Wireless und portables Radio

Im Juli 1901 bildete der »Western Electrician« Marconis »portable outfit for wireless telegraphy« ab. Es handelte sich um ein Automobil der britischen Marke Thorncroft, das so umgebaut worden war, dass der hintere Teil des Fahrzeuges als Operationsraum verwendet werden konnte, in dem die benötigten Instrumente und Batterien aufbewahrt wurden. Dieses »portable outfit« war für den zweiten Burenkrieg in Südafrika entwickelt, also für militärische Zwecke erdacht worden. Auf dem Dach des Autos befand sich ein ausgeklappt fast acht Meter hoher Metallzylinder, der als Empfänger diente. An ihn wurden die Instrumente per Draht angeschlossen. Während der Verwendung wurde der Zylinder vertikal hochgeklappt, während des Transports lag er flach auf dem Dach des Autos auf. Mit diesem fahrbaren Telegraphen konnte über eine Distanz von bis zu 32 Metern kommuniziert werden. Für militärische Zwecke schien diese Entfernung zunächst ausreichend, wenngleich Marconis eigentliche Antenne eine größere Reichweite besaß als dieser transportierbare Zylinder. Besonders an der Konstruktion war zudem, dass die Funkverbindung aufrechterhalten werden konnte während das Fahrzeug in Bewegung war.[37] Es ist allerdings fraglich, welche Geschwindigkeit dieses Fahrzeug mit einem acht Meter hohen Zylinder auf dem Dach tatsächlich beibehalten konnte. Zehn Jahre nach Marconis Erstvorführung jenes Mobiltelegraphen sendete ein Elektroingenieur in L.A. per Morsecode einen Funkruf aus einem Auto über eine auf diesem angebrachte vier Meter hohe Stahlantenne. Damit wollte er demonstrieren, dass man sich »fast überall hin« bewegen und dennoch in Verbindung mit dem Zuhause bleiben konnte.[38] Das Auto wurde vor allem deswegen als Basis jener Medien verwendet, weil sein Motor eine zuverlässige Stromversorgungsquelle darstellte.

Der Schwede Lars Magnus Ericsson betrieb ab 1876 die wohl erste Firma, die Telegraphen und später auch Telefone reparierte. Im 20. Jahrhundert war sie neben der US-Amerikanischen Firma Motorola, die allerdings erst 1928 bei Chicago gegründet wurde, maßgeblich an der Entwicklung mobiler Telephonie beteiligt. Aufgrund seiner Arbeit beschäftigte sich Ericsson intensiv mit Telekommunikationsgeräten und baute 1910 ein Telefon in das Automobil seiner Frau Hilda ein. Dieses erste Automobiltelefon war zwar »mobil«, da es in einem Fahrzeug transportierbar war, es funktionierte jedoch nicht durch Funk: Um es zu benutzen, musste das Auto angehalten und das Telefon per Mast und Kabel in die überir-

---

37 O.V.: Military Automobile for Wireless Telegraphy. In: Western Electrician, 27.07.1901. S. 51. (http://earlyradiohistory.us/1901auto.htm)
38 Charles Gleason: Electric Auto As Wireless Station. In: Technical World Magazine, Juli 1911. S. 545. (http://earlyradiohistory.us/1911auto.htm)

dische Telefontrasse im ländlichen Schweden eingeklinkt werden. Auch wenn diese vermeintlich mobile Medientechnologie also relativ ortsungebunden war, musste für ihren Gebrauch eine Drahtverbindung zur Land-Telefonlinie hergestellt werden. Daher muss das Auto zum Telefonieren stehen bleiben.[39]

Das wahrscheinlich erste auf Funk basierende Autotelefon erfand ein etwa 20-jähriger Kalifornier namens William Dubilier, der Assistent von Archie Frederick Collins, welcher 1899 ein drahtloses Telefon-System erarbeitet hatte.[40] Dubilier dachte das Auto und das Telefon als mobile Medientechnologie zusammen und schrieb 1908 in einem Artikel in der Zeitschrift »Modern Electrics«:

»It (wireless telephony) will enter a new field by making it possible to telephone from automobiles to the garage when help is needed. There are thousands of automobiles in the United States, [...] a breakdown several miles from a garage or other repair shop is not conducive to pleasure. [...] Mr. Collins proposes to eliminate this decidedly adverse feature of automobiling by employing the wireless telephone. Consequently every garage or shop will be equipped with the wireless telephone, [...], and this latter day telephone will always be set up ready for use. Likewise, every auto will be provided with a portable wireless telephone. Then in the event of the inevitable accident the 'phone can be taken out, set up ready for use and communication established with the nearest garage, and an auto with men and needful mechanism sent post-haste to the scene to repair it.«[41]

Als Anreiz für diese Erfindung diente also die Optimierung eines durch die Mobilität des Autofahrens aufgetretenen Zustands. Für Dubilier verdeutlicht das Autotelefon, dass die drahtlose Telephonie nicht nur eine Ergänzung und Ersetzung bisheriger Kommunikationsmethoden darstellt, sondern einen eigenen Bereich bildet. Sein Radiotelefon funktionierte allerdings wie dasjenige Ericssons nicht im fahrenden, sondern nur im stillstehenden Automobil. Wie das »Technical Magazine« 1912 ausführte, bestand die relevante Neuerung an Dubiliers Wireless-Telefon vor allem darin, dass das Gerät

---

39 Jon Agar: Constant Touch. A Global History of the Mobile Phone. Cambridge: Icon Books, 2004. S. 9.
40 Frederick Collins: The Collins Wireless Telephone. In: Scientific American, 19.07.1902. S. 37-38. (http://earlyradiohistory.us/1902col.htm). 1905 schreibt Collins in der März-Ausgabe von «The Technical World« über die fotoelektrischen bzw. auf Induktion beruhenden Systeme, die er, Bell und Ernst Ruhmer entworfen haben, vgl. Frederick Collins: Wireless Telephony. In: The Technical World, März 1905. S. 71. (http://earlyradiohistory.us/1905col.htm)
41 William Dubilier: The Collins Wireless Phone. In: Modern Electrics, August 1908. S. 151. (http://earlyradiohistory.us/1908auto.htm)

wesentlich kompakter war als die ihm vorhergehenden Apparate und damit im Auto transportiert werden konnte.[42] Im selben Jahr zeigte sich Arthur B. Smith begeistert von Dubiliers kompaktem Mobiltelefon. Er sah die Vorteile dieses Telefons vor allem in:

»[...] its great simplicity, its cheapness, the possibility of accurate tuning and its great freedom from interference with statics. It is not necessary that the operator should have a high degree of training. The apparatus is noiseless in operation. In cost there is hardly any comparison with the telegraph, for, instead of the large transformer, the oscillator can be built for one tenth the price and the inductances and capacity for less than that. The machine described here does not cost more than $75.00 all in all, and can be made to operate up to 100 miles under favourable conditions, and at the same time it can also be used for telegraphic purposes.«[43]

Neben den technischen sind es also vor allem ökonomische Faktoren, die das mobile Wireless-Telefon als ein fortschrittliches und sinnvolles Gerät erscheinen lassen und zusammen mit dem zellularen System in den 1980er Jahren zu seiner Popularisierung führen. Dass es in Zukunft möglich sein werde mit mobilen Apparaten Sprache und ein bewegtes Bild des Gesprächspartners zu transportieren, war zu jener Zeit eine Fiktion.

WIRELESS UND TRANSPORTMITTEL

Die ersten mobilen und zugleich elektronischen Medientechnologien wuchsen also an das seit dem ausgehenden 19. Jahrhundert entwickelte Automobil an. Portable, »mobile« Medien waren schon länger existent, beispielsweise das Buch, die Zeitung oder die Schallplatte. Im Gegensatz zum Mobiltelefon waren sie bereits bei ihrer Entstehung so klein, dass sie ohne größere Mühe am Körper transportiert werden konnten. Zudem sind sie konträr zum Telegraphen und Telefon an kein elektronisches Netzwerk gebunden.

In den 1920er Jahren gab es die ersten Autoradios in den USA, später sollten Radios auch auf Fahrrädern und Motorrollern montiert werden. Die Detroiter Polizei war 1921 die erste Einheit, die Autos zur Kommunikation in Form von »mobiler Telefonie« verwendete, allerdings in einer ähnlich zeitraubenden und umständlichen Weise wie Ericsson 1910 in Schweden: Die Streifenwagen mussten anhalten, um sich per Kabel manuell in das Landlinientelefonnetz

---

42 Vgl.: William T. Prosser: Wireless Telephone for Everybody. In: Technical World Magazine, April 1912, S. 329-331. (http://earlyradiohistory.us/1912dub.htm)

43 Arthur Bessey Smith: Modern American Telephony in all its Branches. Chicago: Frederick J. Drake & Co., 1912. S. 690-691.

einzuklinken. Sie konnten während des Fahrens zwar den Ruf der Zentrale empfangen, jedoch nicht antworten, das wurde erst ab 1928 durch ein »fully voice-based mobile radio system« möglich. Die entsprechenden Geräte wurden als »Motorola Radios« bezeichnet und von der Galvin Manufacturing Company produziert. Diese wurde 1947 aufgrund der Popularität des Namens ihres Hauptproduktes – Autoradios – in »Motorola« umbenannt.[44] »Motorola« stand hierbei für rollendes oder motorisiertes Audio, denn »-ola« war damals eine beliebte Endung für auf Klang Bezogenes. In den 1930er Jahren wurden Ein-Weg-Radios in den Polizeiautos in Chicago installiert und das erste Zwei-Wege-Radio von Motorola wurde in Steifenwagen im US-Bundesstaat Kentucky installiert.

»By then Motorola was gearing up for wartime production. The ›Handie-Talkie‹ two-way radio was developed for the US Army Signal Corps that year, followed two years later by the ›Walkie-Talkie‹. This backpack radio, designed by Daniel E. Noble, worked by frequency rather than amplitude modulation, thereby reducing weight and size while improving performance. Motorola's 35-pound Walkie-Talkie made mobile radio communication practical in the jungles of West Pacific islands or the farmland of Normandy.«[45]

Mit Motorolas neuer Technologie konnte Sprache zwar sowohl gesendet als auch empfangen werden, dennoch waren die erste »Motorolas« bzw. »Walkie-Talkies« Radios und keine Telefone: Das gleichzeitige Sprechen war nicht möglich und die Verbindungen waren nicht gerichtet. Daher musste man sich auf einen Kommunikationskanal einigen und hoffen, dass man ohne Interferenzen von anderen Funkenden auf dem entsprechenden Kanal abwechselnd unterhalten konnte. Wie der Name »Walkie-Talkie« veranschaulicht, konnte man mit diesen Geräten gleichzeitig laufen und fernsprechen. Das Handie-Talkie wurde von der Galvin Manufacturing Company 1941 optimiert und wog dann nur circa 2,25 kg. Es funktionierte in einem Umkreis von einer Meile stabil, in einem von drei Meilen potentiell und bestand aus einem Aluminium-Gehäuse, das die Batterien und die Antenne beinhaltete. 1945 benutzte die US-Army und andere verbündete Armeen 100.000 von diesen Zwei-Wege-AM-Radios, sie dienten Soldaten dazu Angaben über ihre Position zu machen oder Hilfe anzufragen.[46]

Die öffentliche Meinung über jene neuen Medien scheint von Verwunderung und enthusiastischem Zukunftsglauben geprägt gewesen zu sein. Beispielsweise beschrieb 1920 ein Artikel mit dem

---

44 Agar 2004, S. 35.
45 Agar 2004, S. 34.
46 Thompson 2005, S. 110-111.

Titel »Talking by Wireless as You Travel by Train or Motor« in der Boston Sunday Post, dass es für Geschäftsmänner (bis in das Zeitalter der »Blackberries«[47] hinein die Zielgruppe mobiler Technologien) nun möglich sei von dem sich bewegenden Fahrzeug aus zu sprechen. Der hierfür entwickelte Apparat sei so klein, dass er in einem Koffer aufbewahrt werden könne.[48]

1922 wurde in den »L-Trains« in Chicago das Radio-Telefon eingeführt, durch das in den Wagons Musik gehört und sich unterhalten werden konnte.[49] Ab 1926 wurde in allen D-Zügen auf der Strecke Hamburg-Berlin die Zug-Telephonie per Funk eingeführt.[50] Der Bedarf, unterwegs, beispielsweise während des Zugfahrens, zu kommunizieren schien nun vorhanden zu sein und verstärkte sich mit den Jahren. Als Alternative zu in Autos montierten Telefonen oder Zwei-Wege-Radios wurden 1957 in Chicago drei öffentliche »Drive-In-Telefone« installiert, Münzsprecher, die aus dem Seitenfenster eines Autos heraus bedient werden konnten.[51]

PORTABLE ZWEI-WEG-RADIOS

Vor dem zweiten Weltkrieg häuften sich Einzelerfindungen im Bereich mobiler Medientechnoloien. Diese wurden hauptsächlich für Kriegszwecke oder für Reporter des damals erstarkenden Presse- und Radiowesens entwickelt. Im November 1937 berichtete die Zeitschrift »Modern Mechanix« von einem portablem »field radio transmitting and receiving set« der Britischen Armee. Es sollte mitsamt seiner kringelförmigen Antenne wie ein Rucksack auf dem Rücken getragen werden können und eine Stromversorgung sowie einen Kopfhörer und ein Handmikrofon beinhalten.[52] Bereits im Februar desselben Jahres konnte man in derselben Publikation von einem »Tiny Walking Radio« lesen. Es bestand aus einem Gehstock mit integrierter Antenne und integriertem Oszillator sowie aus einem Armband-Mikrofon. Die Batterien wurden in einem Gürtel aufbe-

---

47 Die eigens für Brusttaschen von Männerhemden gestaltet wurden, Frauen wurden nicht als potentielle Zielgruppe für diese Medien wahrgenommen.
48 John T. Brady: Talking by Wireless as You Travel by Train or Motor. In: Boston Sunday Post, Woman's Section, 07.11.1920. (http://www.earlyradiohistory.us/1920powr.htm)
49 O.V.: Radiophoning to and from »L« Trains. In: Science and Invention, März 1922. S. 1043. (http://earlyradiohistory.us/1922trn.htm)
50 Gold 2000, S. 77.
51 O.V.: Drive-In Phone. In: Mechanix Illustrated, August 1957. (http://blog.modernmechanix.com/2006/08/05/drive-in-phone/)
52 O.V.: Portable Army Radio Tested. In: Modern Mechanix, November 1937. (http://blog.modernmechanix.com/2006/05/22/portable-army-radio-tested/)

wahrt, der Verstärker und der Modulator in einer Umhängetasche. Mit diesem Gerät sollten die Reporter der Columbia Broadcasting unterwegs Interviews aussenden können.[53] Im Januar 1938 wurde von einem »Auto Radio De Luxe« berichtet, das die National Broadcasting Company in Chicago für ihre Außenkorrespondenten einrichten ließ und das mit zwei Sendern und drei Empfängern ausgestattet war. Da anstatt Batterien ein Generator eingebaut worden war, war diese »mobile unit« vergleichsweise leicht und vor allem konnte während des Fahrens mit ihr gesendet werden.[54]

1947 schrieb die Zeitschrift »Popular Science« von einem »Carryphone«, das Eisenbahn-Ingenieuren der Pennsylvania Railroad dabei helfen sollte, in »constant touch« mit ihrer Mannschaft zu bleiben. Hierfür sollten die Zuggleise oder -drähte als Kommunikationskanäle verwendet werden und per Induktion durch eine große Metallschlaufe Sprachnachrichten gesendet und empfangen werden.[55] Ein halbes Jahr später berichtete dasselbe Magazin von einem Armbanduhr-Radio, das vom U.S. Bureau of Standards entwickelt worden war und Kurzwellen sowohl senden, als auch empfangen konnte. Es war vor allem für militärische Zwecke gedacht und wurde durch einen Drähte ersetzenden »silver chlorid circuit« auf einem Stück Plastik ermöglicht. Seine Produktion sollte jedoch solange pausiert werden bis eine Batterie, die klein genug sei um »den Zwerg« mit Strom zu versorgen, entwickelt war.[56] Da das Senden von Nachrichten mehr Energie verbraucht als das Empfangen, waren auch mit der neuen Batterietechnologie noch kein »pocket wireless« oder gar Armband-Telefone möglich, wenngleich der fiktive Cartoon-Detektiv Dick Tracy ab 1946 mit einem solchen »2-Way Wrist Radio« ausgestattet war.[57]

1940 erschien die sensationelle Meldung, dass es ein portables Zwei-Wege-Radio gäbe, das nur fünf Pfund wiege. Es konnte mittels Bändern, die über den Schultern und um die Hüfte lagen und dieses sensationell leichte, Batterie-betriebene System hielten sogar unter einem Mantel getragen werden. Das Mikrofon befand sich in

---

53 O.V.: »Tiny« Walking Radio. In: Modern Mechanix, Februar 1937. (http://blog.modernmechanix.com/2006/01/30/tiny-walking-radio/)
54 O.V.: Auto Radio »De Luxe«. In: Modern Mechanix, Januar 1938. S. 51. (http://blog.modernmechanix.com/2006/04/11/auto-radio-de-luxe/)
55 O.V.: Carryphone Aids Trainmen. In: Popular Science, April 1947. (http://blog.modernmechanix.com/2006/07/05/carryphone-aids-trainmen/)
56 O.V.: Tiniest Tube Paves Way for Wrist Watch Radio. In: Popular Science, November 1947. (http://blog.modernmechanix.com/2006/06/15/tiniest-tube-paves-way-for-wrist-watch-radio/)
57 1969 wurde dieses Gadget zum 2-Way Wrist TV, und 1987 zum 2-Way Wrist Computer, der zugleich ein Lügendetektor war.

der Weste und getestet wurde es zunächst von der New Yorker Polizei.[58] Wie die meisten dieser frühen »portable Wireless«-Erfindungen war es ein Einzelstück.

Bis in die 1940er Jahre hinein blieb das Radio also die verglichen mit dem Telegraphen und dem Telefon mobilere elektronische Medientechnologie. Zwar waren Polizeiautos in den USA bereits mit »Mobiltelefonen« versehen, diese waren jedoch umständlich zu bedienende und nicht-gerichtete Zwei-Weg-Radios. Als solche waren sie kaum mit dem Festnetztelefon vergleichbar, in dessen Netz sie sich vorerst einklinken mussten. Die vorhandenen tragbaren Telefon- bzw. Zwei-Weg-Radio-Apparate waren vor allem aufgrund der benötigten Stromversorgung relativ groß, also unhandlich und nicht für eine Massenproduktion geeignet. Entscheidenderweise fehlte zudem eine Methode, um nicht bloß Radioausstrahlungen, sondern Telephonie per Funk realisieren zu können. Ein Funknetz, das gerichtete Gespräche während des Bewegens im Raum ermöglichte, gab es nicht.

---

58 O.V.: Portable Two-Way Radio Weighs Five Pounds. In: Popular Science, März 1940. (http://blog.modernmechanix.com/2006/08/22/portable-two-way-radio-weighs-five-pounds/)

10. Mobile Medien

10.1 Das Mobiltelefon

Nach dem zweiten Weltkrieg, in dem Motorolas »Handie-Talkie« und das im Rucksack transportierbare »Walkie-Talkie« vom US-amerikanischen Militär weitgehend erfolgreich eingesetzt worden war, wurde ein kommerzielles Mobilfunksystem entwickelt. Die 1940er Jahre waren nicht nur ein Wendepunkt für den Mobilfunk, sondern auch für die hiermit eng verbundene Computertechnologie. Beispielsweise wurde während jenes Jahrzehnts Konrad Zuses »Z3«-Digitalcomputer gebaut, ab 1942 wurde der erste elektronische Digitalrechner, der ENIAC (Electronic Numerical Integrator and Computer), entwickelt, die USA bildeten angesichts des Kalten Kriegs ein Forschungszentrum (ARPA), aus dem später die Technologie des Internets hervorging, die »Macy-Konferenzen« begannen, die mathematische Kommunikationstheorie entstand, etc. Im technologischen Umfeld Mobiler Medien gab es also zahlreiche Entdeckungen. Die Steuerung und Kontrolle der menschlichen Welt mittels Technologien vor allem digitalelektronischer Art wurde erfolgreich erforscht.

An einem Mobilfunknetz und optimierten Telefonapparaten wurde nach dem zweiten Weltkrieg vor allem in den USA gearbeitet. Bereits 1947 entstand die Idee eines zellularen, also verglichen mit dem Telefonnetz dezentralen Systems für den Mobilfunk. Das erste portable »Handy« wurde 1973 von Motorola aufgrund eines Konkurrenzkampfes um die Vergabe von Frequenzen konstruiert. In den 1990er Jahren setzte sich die neuartige Technologie, die auf die Erkenntnisse der Computertechnologie angewiesen war, durch.

Im Folgenden wird die Entstehungsgeschichte des »Mobiltelefons« rekonstruiert, wobei der Fokus einerseits auf den USA, da dort viele der entscheidenden Erst-Entwicklungen stattfanden, und andererseits auf Deutschland liegt. Es werden am Rande jedoch auch andere europäische und asiatische Zusammenhänge miteinbezogen. Zudem wird die Entwicklung des Laptops, eines der Geräte, mit denen Mobile Medien abgesehen von Radios am engsten verschwistert sind, dargelegt und die Entstehung der SMS (des »Short Messaging Sevice«), die gängigerweise als ein kontingentes Nebenprodukt der eigentlichen Technologie betrachtet wird, berücksichtigt. Aufgegriffen wird auch die technische Verknüpfung des Mobilfunknetzes und des Internets, die hinsichtlich ihres Virtualitätspotentials relevant ist. Es wird also verfolgt, wie die Urahnen heutiger mobiler Medientechnologien – das zellulare System und das portable Funktelefon – entstanden sind. Mit dem ab 1984 kommerziell verfügbaren System existierte erstmals ein Mobilfunknetz, das mit dem Festnetz kompatibel war. Es konnten also Telefongespräche zwischen Festnetz und Mobilfunknetz geführt werden. Vorherige Mobilfunknetze wie der Polizeifunk, der CB-Funk (»citizens' band radio«) oder das IMTS (»Improved Mobile Telephone System«) waren geschlossene Netzwerke. Heute bilden das Mobilfunknetz, das Festnetz und das Internet eine interkompatible Netzwerk-Einheit.

MOBILE TELEPHONE SERVICE

Das erste kommerzielle Mobilfunksystem entstand 1946 in den USA. In diesem Jahr erteilte die Federal Communication Commission (FCC) den Telekommunikationsfirmen Southwestern Bell und AT&T eine Lizenz für ein Mobiltelefon-System.[1] Sein Name war schlicht »Mobile Telephone Service« (MTS) und es wurde im Juni 1946 in St. Louis im US-Bundesstaat Missouri von AT&T in Betrieb genommen. Von dort aus breitete sich dieser Service bald auf 24 andere Städte aus.[2] Als erstes Mobilfunksystem verband er das Funksystem mit dem regulären Telefonnetz.[3] Der MTS operierte auf der Frequenz von 160 MHz und die Kanäle waren 60 MHz breit. Es gab insgesamt nur sechs Kanäle, später aufgrund von Interferenzen nur noch drei. Man musste also Glück haben bzw. lange warten um eine Verbindung, einen freien Kanal zu erhalten. Trotz dieser Defizite gab es Wartelisten in allen Städten, in denen der MTS neu installiert wurde.[4] Gesendet wurde mittels einer zentralen Sendeantenne und die »mobilen« Auto-»Radios« von Motorola funkten zu mehreren in der Stadt verteilten Empfängern.[5] Die ersten Teilnehmer des Systems waren eine Chemiefirma und eine Baufirma, also Unternehmer, für die sich eine mobile Erreichbarkeit trotz der damit verbun-

---

1 Bereits am 28.07.1945 hatte es einen Vorschlag für ein funkbasiertes Autotelefon-System gegeben wie in dem Artikel »Phone Me By Air« der Saturday Evening Post ersichtlich wird, vgl.: Tom Farley: Mobile Telephone History. In: Telektronikk 3, April 2005. S. 22-34. S. 22.
2 Agar 2004, S. 36.
3 Hiebel u.a. 1999, S. 720.
4 Tom Farley: The Cell-Phone Revolution. In: Invention & Technology Magazine, Volume 22, Issue 3, Winter 2007. (http://www.americanheritage.com/events/articles/web/20070110-cell-phone-att-mobile-phone-motorola-federal-communications-commission-cdma-tdma-gsm.shtml)
5 Farley 2005, S. 23.

denen Kosten rentierte. Bis das zellulare System in den 1980er Jahren breitflächig realisiert wurde, war der MTS das dominante Mobilfunksystem für Privatkunden, auch wenn es aus heutiger Sicht umständlich und schwerfällig wirkt.

Zum damaligen Zeitpunkt bedurfte es einer Menge Optimismus, um Mobiltelephonie als zukünftigen Massenmarkt zu sehen: Die Telefone waren riesig, teuer und umständlich zu bedienen, die Gespräche kaum privat und nur ein kleiner Teil des elektromagnetischen Wellenspektrums war für diesen Service reserviert. Die tatsächliche Möglichkeit eines Gesprächs war also gering. Während das kabelgebundene Telefon in den 1940er Jahren aufgrund von Erfindungen wie dem 1941 eingeführten Tasten-Telefon, welches das Wählen beschleunigte,[6] und aufgrund von Design-Optimierungen ein nahezu elegantes Haushaltsgerät geworden war, waren die frühen Autotelefone alles andere als formschön oder einfach zu bedienen. Bei diesen Telefonen nahm man nicht einfach den Hörer ab und wählte eine Rufnummer per Tastendruck oder Drehen der Wählscheibe. Das Gerät wurde zunächst eingeschaltet und seine Aufwärmphase abgewartet. Dann wurde per Drehen des Kanalauswahl-Knopfes nach einer freien Frequenz gesucht. Wenn man dann beispielsweise auf Kanal 2 niemanden sprechen hörte, drückte man den »talk«-Knopf des Mikrofons und wurde mit der Vermittlung verbunden. Dieser gab man seine eigene Mobiltelefonnummer und die Nummer desjenigen Anschlusses, den man anrufen wollte. Die Telefonistin stellte dann die Verbindung her, diese vollzog sich für alle anderen MTS-Nutzer frei zugänglich und offen auf jenem Kanal. Es konnte immer nur einer der beiden Telefonierenden sprechen. Denn wenn der eine sprach, so hörte er den anderen nicht, was daran lag, dass nur eine und nicht zwei Frequenzen verwendet wurden.[7] Zudem konnten diese ersten an das Telefonnetz angeschlossenen Autotelefone nur während des Fahrens betrieben werden. Denn sie waren nicht nur rund 36 kg schwer, sondern verbrauchten auch so viel Strom, dass sie ohne gleichzeitiges Fahren die Autobatterie geleert hätten. Während ihres Betriebs schienen sogar die Scheinwerfer schwächer. Obgleich auch die Kosten immens waren, war der Bedarf nach dem MTS groß, vermutlich weil es die einzige Möglichkeit darstellte, unterwegs mit Abwesenden in Echtzeit zu kommunizieren.

Technisch gesehen war das Problem am MTS, dass es auf sehr hohen Masten, die möglichst viel Strom aussendeten, beruhte. Dies

---

6   Werner Faulstich und Corinna Rückert: Mediengeschichte im tabellarischen Überblick von den Anfängen bis heute. Teil II: Geschichte von Einzelmedien. Bardowick: Wissenschaftlicher Verlag, 1993. S. 505.

7   Farley 2007.

führte zwar dazu, dass mehrere Meilen per Funk überwunden werden konnten, jedoch war der Kanal, auf dem gesendet wurde, während des Gebrauchs monopolisiert. Und da es nur wenige Kanäle gab, die der Mobiltelephonie – neben den konkurrierenden Diensten des Radios und Fernsehens, des CB-Funks, verschiedener Notdienste, des Flugzeugfunk usw. – zugeteilt worden waren, war diese Methode wenig effektiv, auch weil das Equipment die Signale so aussendete, dass es dafür eigentlich unnötige 60 kHz an Bandbreite verbrauchte. Zudem sah die FCC keinen Grund dafür, einem derart teuren und für das Gemeinwesen unbrauchbaren Dienst wie dem privaten Mobiltelefonieren mehr Bandbreite einzuräumen. Daher kam es teilweise zu immensen Wartezeiten, denn keines der MTS konnte mehr als 250 Benutzer tragen.[8] Aus dieser nicht ausreichenden Kapazität entwickelte sich bald eine Methode, um mobile Telephonie zu optimieren.

FREQUENZSPRUNGVERFAHREN

Wäre das 1942 von der Schauspielerin Hedy Lamarr und dem Pianisten George Antheil angemeldete Patent zum Frequenzsprungverfahren ernst genommen worden, hätten die Kapazitätsprobleme des frühen Mobilfunks behoben werden können. Jedoch wurde dieser technischen Erfindung von Nicht-Ingenieuren misstraut. Die geborene Österreicherin und Alliierten-Sympathisantin Lamarr war in den 1930er Jahre mit einem Rüstungsfabrikanten verheiratet, der ihr das Schauspielen untersagte und sie stattdessen dazu motivierte, ihn zu seinen geschäftlichen Treffen zu begleiten. Hierdurch bekam sie Einblick in die Fernsteuerungsproblematik bei Torpedos. Das Hauptproblem bestand darin, dass wenn der Steuerungsbefehl über eine Frequenz ging, der Feind diese leicht abhören und orten konnte. Aus diesem Grund verfehlten viele Torpedos ihr Ziel. Lamarrs Optimierungsidee bestand darin, das Steuerungssignal der Torpedos nicht auf einer Frequenz auszusenden, sondern verteilt über mehrere. Aufgrund der Schnelligkeit des Frequenzwechsels, in Sekundenbruchteilen, sollte der Feind die Frequenz nicht mehr orten, abhören oder stören können. Das Torpedo würde sein Ziel also mit höherer Wahrscheinlichkeit erreichen.

Um das Frequenzsprungmuster des Senders und des Empfängers zu synchronisieren, griff Lamarr auf Antheils Idee aus seinem Film »Ballet mécanique« zurück. In diesem hatte Antheil in den 1920er Jahren sechzehn mechanische Klaviere mittels gelochter Papierrollen (ähnlich einer Drehorgel, mit 88 Schlitzen analog zu den 88 Tasten eines Klaviers) zentral gesteuert. Sender und Empfänger des Torpedos wurden also mit identisch gelochten Papier-

---

8 Farley 2007.

streifen ausgestattet, die synchron durchliefen und damit simultan und permanent einen Frequenzwechsel initiierten. Dieser lief innerhalb eines Bruchteils von Sekunden ab, weshalb der Gegner kaum die Möglichkeit bekam, den Funkkontakt abzuhören oder zu stören. Die Torpedos trafen nun öfter ihr Ziel.[9]

Lamarrs und Antheils System war zwar für abhörsichere, ausschließende Kommunikation entwickelt worden, in den 1980er Jahren wurde ihre Methode jedoch dazu eingesetzt, das Spektrum für Mobiltelephonie effektiver zu nutzen. Die 1982 gegründete »Groupe spécial mobile« (GSM) verwendete eben jenes Schema des Frequenzspringens auf digitaler Basis und steigerte hiermit die Kapazität des Systems. Zu diesem Zeitpunkt war das Patent von Lamarr und Antheil allerdings bereits abgelaufen.[10]

ZELLULARES SYSTEM

Der MTS war permanent überlastet, funktionierte weniger als optimal und dennoch stieg die Nachfrage nach ihm. Es gab also gute Gründe für die Bell Laboratories von AT&T, nach einer Optimierung des Systems zu forschen. Bereits im Dezember 1947 erdachte sich Donald H. Ring in einem internen Memorandum der Bell Labs ein Konzept, um die zugeteilten Frequenzen effektiver nutzen zu können. Bislang hatte der MTS eine zentrale Sendeantenne und mehrere kleinere Empfangsantennen verwendet und konnte daher das zugeteilte Spektrum nicht besonders effektiv nutzen.[11] Ring schlug vor, eine Stadt in mehrere Gebiete zu unterteilen, von denen jedes eine eigene Sende- und Empfangsantenne hat. Diese später als Zellen bezeichneten Gebiete sollten hexagonal sein:

»[...] the best general arrangement of frequency assignments for the minimum interference and with a minimum number of frequencies is a hexagonal layout in which each station is surrounded by six equidistant adjacent stations.«[12]

Um Interferenzen zu vermeiden, sollte in jeder benachbarten Zelle eine andere Frequenz verwendet werden, wobei Zellen, die nicht aneinander grenzten, die gleichen Frequenzen verwenden könnten.

---

9   Hedy Kiesler Markey und Georg Antheil: Secret Communication System. United States Patent Nr. 2,292,387. Beantragt am 10.06.1942, bewilligt am 11.08.1942. (http://www.pat2pdf.org/patents/pat2292387.pdf)
10 Ausführlicher zu FH (Frequency Hopping) und FHMA (Frequency Hopping for Multiple Acess) vgl.: Andreas F. Molisch: Wireless Communications. West Sussex: John Wiley & Sons, 2005. S. 369-372.
11 Farley 2007.
12 Donald H. Ring: Mobile Telephony – Wide Area Coverage – Case 20564. Bell Telephone Laboratories Technical Memorandum, 11.12.1947. S. 3.

»[...] frequency discrimination is used to avoid interference between adjacent primary areas, and amplitude discrimination due to attenuation with distance is used to avoid interference between like primary frequencies in adjacent secondary areas.«[13]

Mit dieser Methode sollten auch großflächige Gebiete mit einem Mobiltelefonservice abgedeckt werden können. Das Problem der ausfransenden Abdeckung an den Randbereichen der Antennenreichweite sollte behoben und durch das Hinzufügen neuer Zellen sollte das System leicht expandierbar werden. Da es zudem auf mehreren kleineren, schwächeren Antennen beruhte, würde es mit weniger Energie auskommen.

Ein anderer Mitarbeiter der Bell Labs, Philip T. Porter, befand es für vorteilhaft die Antennen nicht jeweils in der Mitte einer Zelle zu platzieren, sondern an der geografischen Stelle, an der drei Hexagonale zusammentreffen. Von dort aus sollte in drei Richtungen auf drei Frequenzen gesendet werden. Auf diesen beiden 1947 erdachten Prinzipien baut auch das heutige digitale Mobilfunksystem auf.

Die Idee des in den 1970-80er Jahren realisierten zellularen Systems gab es also bereits lange Zeit zuvor. Sie konnte allerdings noch nicht verwirklicht werden, da die Rechenleistung von Computern Ende der 1940er Jahre noch sehr gering war und selbst AT&T, damals der Schaltungs-Experte schlechthin, die für das Funktionieren eines solchen Systems erforderlichen Schaltungen nicht bewältigen hätte können. Denn um ein Telefongespräch im zellularen System aufrecht zu erhalten, muss das Gespräch einerseits unmerklich von einer Frequenz auf eine andere (»Handover«) und andererseits zum nächsten Empfänger geschaltet werden. Damit dies unbemerkt von statten geht, ist eine große und schnelle Rechenleistung erforderlich, die in den 1940er Jahren nicht vorhanden war. Die Entwicklung des zellularen Systems war also auf Fortschritte in der Computertechnologie angewiesen. Besonders prägend war die 1959 von Jack Kilby und Robert Noyce parallel entwickelte integrierte Schaltkreistechnik, die Transistoren minimierte, sie auf kleinen Silikonchips unterbrachte und später zu Mikroprozessoren führte.[14]

Noch bevor Paul Baran von der RAND Corporation der US-Amerikanischen Luftwaffe in seinem Aufsatz »On Distributed Communications Networks« von verteilten Kommunikationsnetzwerken schrieb, wie sie später durch das Arpanet und Internet realisiert wurden, hatte Donald Ring das bislang um eine Zentrale herum angeordnete Telefonsystem in ein dezentrales System verwandelt, also

---

13 Ring 1947, S. 2.
14 Vgl. Flichy 1991, S. 226.

einen ersten theoretischen Schritt im Hinblick auf ein nichtzentrales Kommunikationssystem unternommen. 1962 schrieb Baran vor dem Hintergrund des kalten Krieges, dass es unvorteilhaft wäre, digitale Kommunikationssysteme der Struktur des Telefonsystems nachzuempfinden, da dieses zentral und damit sehr störungsanfällig sei. Er schlug die Struktur eines verteilten Netzwerkes vor, mit dem auch nach einem feindlichen Angriff noch kommuniziert werden könne.[15] Wenngleich das zellulare System für Mobilfunk jenem Netzwerk ähnlicher ist als dem zentralistischen Telefonnetz und es heute technologisch mit dem Internet verschmilzt, konnte es zum damaligen Zeitpunkt noch nicht breitflächig realisiert werden. Erst durch entsprechende Miniaturisierung der Geräte und durch die Automatisierung und Beschleunigung der Schaltungen wurde zellulare Mobiltelephonie ermöglicht.[16]

Die Bell Labs entwickelten zwar 1947 einen Transistor, durch welchen mit im Vergleich zu röhrenbasierten Geräten weniger Strom funktionierende Mobile Medien wie Transistorradios, also portable Radiogeräte konstruiert werden konnten, zur Realisierung des zellularen Systems fehlte es trotzdem an Technologie. Dennoch entwickelten die Bell Labs das System bereits so weit, dass es, sobald genügend Rechenleistung vorhanden war und ein ausreichend großes Spektrum zugeteilt worden war, in Betrieb genommen werden konnte. Sie beantragten 1958 bei der FCC 75 MHz Spektrum im 800-MHz-Band, womit Tausende von Anrufen hätten operiert werden können. Der Antrag wurde jedoch erst rund zehn Jahre später bewilligt, da die FCC die Notwendigkeit einer solchen Zuteilung Ende der 1950er Jahre nicht sah und den Bedarf nach jenem Medium als sehr gering einschätzte.[17]

DAS TELEFON VON MORGEN

Das weltweit erste landesweite Mobilfunksystem wurde 1949 in den Niederlanden in Betrieb genommen, Schweden entwickelte 1951-56 sein »MTA« und in Deutschland wurde 1958 das erste öffentliche Mobilfunknetz (das A-Netz) eingeführt, mit dem über Röhrengeräte

---

15 Baul Baran: On Distributed Communications Networks: 1. Introduction to Distributed Communication Networks. RAND Memorandum, RM-3420-PR, August 1964. The Rand Corporation: Santa Monica, 1964. Sowie Stewart Brand: Founding Father. Interview with Paul Baran. In: Wired, Ausgabe 9.03, März 2001. (http://www.wired.com/ wired/archive/9.03/baran.html)
16 Vgl.: R. A. Chaney: Automatic Mobile Radio Telephone Switching System. United States Patent Nr. 3,355,556. Beantragt am 18.05.1964, bewilligt am 28.11.1967. (http://www.pat2pdf.org/patents/pat3355556.pdf)
17 Farley 2007.

handvermittelt telefoniert werden konnte.[18] Die 1950er Jahre waren ebenfalls die Epoche des CB-Funks, der in den 1960er Jahren vor allem bei Lastwagenfahrern in den USA sehr populär wurde und als eine dezentrale Opposition zur zentralisierten Staatsgewalt begriffen wurde.[19]

Große Popularität gewann das von Motorola entwickelte Handie-Talkie, das um 1956 vor allem in Fabriken, aber auch in Büros eingesetzt wurde, da durch es das Personal direkt und individuell erreicht werden konnte.[20] Mit einem Gewicht von etwa viereinhalb Kilogramm und einer Größe von »einem Paket King-Size-Zigaretten«[21] konnte das Gerät nicht nur am Körper getragen werden, sondern in einem relativ großen Umkreis mehrere hundert anderer Geräte erreichen. 1962 erhielt es als Handie-Talkie HT2000 ein Upgrade und wog fortan nur rund ein Kilogramm und trug daher auch den Beinamen »the brick«.[22]

Die 1950er Jahre boten – vermutlich vor dem Hintergrund der zu jener Zeit erstarkten Ausstattung von Haushalten mit neuartigen Medientechnologien wie Fernsehern, aber auch Haushaltstechnologien wie Staubsaugern und dergleichen – Anlass für aus heutiger Sicht übertriebene Spekulationen über »das Telefon von Morgen«. Beispielsweise schrieb die Zeitschrift »Mechanix Illustrated« 1956, dass jenes Telefon der Zukunft ein portables, kreisförmiges Miniatur-Bildtelefon mit Tastaturwahl und direkten Verbindungen ohne Zwischenschaltung der Zentrale sein werde. Als Anwendungsmöglichkeit wurde sich eine Situation erdacht, in der jemand, der in San Fransisco die Straße herunter laufe, einen Freund in Rom mobil kontaktieren könne:

»Reaching into his pocket, he will pull out a watch-size disc with a set of buttons on one side. He will punch ten times. Turning the device over, he will hear his friend's voice and see his face on a tiny screen, in color and 3-D. At the same moment his friend in Rome will see and hear him. – The disc will be a telephone, a miniature model equipped for both audio and video service.«[23]

---

18 Hiebel u.a. 1999, S. 737.
19 Agar 2004, S. 131.
20 O.V.: Pocket Sized Radio Used in Private Paging System. In: Popular Electronics, April 1956. (http://blog.modernmechanix.com/2006/04/04/pocket-sized-radio-used-in-private-paging-system/)
21 Zigarettenschachtel waren seit den 1920er Jahren ein beliebtes Vergleichsobjekt in Bezug auf kleine Größen.
22 Thomas Farely: Privateline.com's Telephone History. (http://www.privateline.com/mt_telecomhistory/)
23 Robert G. Beason: Your Telephone of Tomorrow. In: Mechanix Illustrated, September 1956. S. 70-73, 160, 181. S. 71. (http://blog.modernmechanix.com/2006/08/31/your-telephone-of-tomorrow/)

Im Gegensatz zu »Taschen-Wireless« war Video-Telephonie noch in den 1990er Jahren ein nicht-realisierter Dienst. Anfang des 21. Jahrhunderts ist sie zwar möglich, wird jedoch nur selten genutzt.[24] Der Hintergrund jener enthusiastischen Technik-Phantasien war zum einen die Tatsache, dass ein transatlantisches Gespräch 1920 vierzehn Minuten Vermittlungszeit benötigt hatte, 1953 waren es 90 Sekunden und zur Zeit des Artikels nur noch sechs. Es ging also darum, Telefonieren schneller und den Aufbau der Verbindung unmerklicher zu machen, wobei man sich von der Abschaffung der Wählscheibe zugunsten des Tastentelefons viel versprach. Zudem hatte man erlebt wie das Radio von einem stationären zu einem tragbaren Gerät geworden war, und vermutete daher, dass selbiges auch beim Telefon schon sehr bald möglich sein müsse.

»The radio got smaller and became portable and the phone is likely to take the same path, perhaps coming down to pocket-size. In several U.S. cities there is a little-known service where a customer is given a number and a hand-size receiver. As he walks along the street he holds the instrument to his ear. If he hears his number he knows someone is calling him, although he has to go to a regular telephone to talk to him. That set may lead to one with transmitter and receiver in a box you hold in your palm.«[25]

Es gab jedoch auch weitaus technikgläubigere Spekulationen als jenes kreisförmige Video-Telefon oder diese Antizipation des »Pagers«. Beispielsweise soll Harold S. Osborne, der Chefingenieur von AT&T, 1952 vorausgesehen haben, dass in Zukunft jedes Neugeborene mit einer Telefonnummer versehen werde, die ihm zusammen mit seinem »Lilliputian phone« sein ganzes Leben lang erhalten bleibe. Wenn man jemanden anrufe und denjenigen nicht hören oder sehen könne, so zeuge dies davon, dass er tot sei, so Osborne.[26] Das Nicht-Antworten wird hier also, ähnlich wie bei Ayrtons Vorstellung der »elektrischen Stimme« Anfang des Jahrhunderts, mit Nicht-Existieren gleichgesetzt.

Die Individualisierung von Medientechnologien hatte Vannevar Bush schon 1945 in seinem Aufsatz »As We May Think« in der Zeitschrift »Atlantic« geschildert. Er glaubte, dass die arithmetische Maschine der Zukunft elektrisch sei, wesentlich mehr als Rechnen und

---

24 In den 1960er und 1970er Jahren gab AT&T über 500 Millionen Dollar aus, um ein Videotelefon zu erarbeiten und zu vermarkten. 1973, zwei Jahre nach seinem Start gab es allerdings nur 100 Abonnenten. Trotz dieser offensichtlichen Fehleinschätzung des Bedarfs nach Videotelefonen wurden sie weiterentwickelt, z.B. stellte Mitsubishi 1987 ein visuelles Telefon vor, das »VisiTel«. Es scheiterte ebenfalls, vgl. Brown 2002, S. 9.
25 Beason 1956, S. 181.
26 Beason 1956, S. 71.

sowohl speichern als auch schnell prozessieren können werde. Kontrolliert werde sie durch Befehle. Diese imaginäre Maschine nannte Bush den »Memex«, und stellte sie sich als eine Gedächtnishilfe vor, eine externe Erweiterung des menschlichen Gehirns:

»Consider a future device for individual use which is a sort of mechanized private file and library. [...] A MEMEX is a device in which an individual stores all his books, records and communications, and which is mechanized so that it may be consulted with exceeding speed and flexibility. It is an enlarged intimate supplement to his memory. – It consists of a desk, and while it can presumably be operated from a distance, it is primarily the piece of furniture at which he works. On the top are translucent screens, on which material can be projected for convenient reading. There is a keyboard and sets of buttons and levers. Otherwise it looks like an ordinary desk.«[27]

Die Medientechnologie des Memex ist also nicht mobil, sondern lediglich eine stationäre Memorierungshilfe. Dennoch ähnelt sie deutlich heutigen Mobilen Medien, da diese ebenso als Gedächtnisstütze und Schreibtisch funktionieren, wenngleich sie dabei mobil und netzwerkfähig sind.

Insgesamt waren die ersten Nachkriegsjahrzehnte von so einschneidenden Medien-Ereignissen geprägt, wie der Lancierung des ersten Satelliten durch die Sowjetunion 1957, des »Sputnik«, und des damit einhergehenden Beginns der Satellitenkommunikation sowie der grundlegenden Entwicklungen in der Computertechnik, der Massenverbreitung von Transistorradios, der Popularisierung des Fernsehens etc.[28] Auch die Bilder des ersten sich extraterrestrisch, auf dem Mond bewegenden Menschen wurden durch elektromagnetische Wellen übermittelt. Das technisch generierte Virtuelle spannte seine Netze aus.

IMPROVED MOBILE TELEPHONE SERVICE

1964 wurde der MTS zum IMTS »Improved Mobile Telephone Service« aufgerüstet. Diese letzte Optimierung vor Inbetriebnahme des zellularen Systems betraf vor allem die Automatisierung des Switchings. In Zusammenarbeit mit weiteren Telefonfirmen ermöglichten AT&T/Bell im IMTS erstmalig mobiles Telefonieren, das nicht durch eine Zentrale vermittelt werden musste. Eigenständiges Wäh-

---

27 Vannevar Bush: As We May Think. In: Zenon W. Phylyshyn (Hg.): Perspectives on the Computer Revolution. Englewood Cliffs, N.J.: Prentice-Hall, 1970. S. 47-59. S. 55.
28 Vgl. Hartmann 2006, S. 231.

len war nun möglich.[29] Zudem wurden die Kanäle automatisch selektiert, die pro Anruf benötigte Bandbreite verringert und die Telefone auf ein Gewicht von nur 9 kg reduziert.[30]

In den 1960er Jahren stieg die Anzahl der Mobiltelefonnutzer in den USA so stark an (1964 waren es knapp 1,5 Millionen)[31], dass die drei Frequenzbereiche, die die FCC der Mobil- bzw. Autotelephonie zugeteilt hatte (35-43 MHz, 152-158 MHz, und ab 1964 auch 454-459 MHz) konstant mehr als ausgelastet waren. Da die Frequenzen relativ niedrig waren, war ihre Reichweite zwar groß, es fanden jedoch nur wenige Kanäle in dem zur Verfügung stehenden Spektrum Platz. AT&T hatte bereits 1958 einen Antrag auf mehr Spektrum und höhere Frequenzen gestellt, der 1964 teilweise bewilligt wurde, jedoch erst 1974 wesentlich – allerdings anders als von AT&T vorgesehen – berücksichtigt wurde. Das erste kommerzielle zellulare Mobiltelefonsystem wurde erst im November 1983 freigeschaltet.[32] In den 1960er Jahren betrachtete die FCC Mobiltelephonie noch als einen Luxusservice und befürchtete zugleich, dass in Zukunft jeder, der es sich leisten könne, ein Autotelefon haben und damit unnötigerweise eine nicht expandierbare Ressource verbrauchen werde: das elektromagnetische Spektrum.

Obgleich dieses nicht expandiert werden kann, konnte es zumindest effektiver genutzt werden, zum Beispiel durch die Realisierung des von Ring 1947 erfundenen zellularen Systems. Dieses wurde im Januar 1969 auf der Zugstrecke des »Penn Metro Liners« zwischen New York City und Washington erstmalig installiert. Die Zugstrecke wurde in neun Abschnitte, so genannte Zellen, unterteilt, die je eine andere Frequenz verwendeten als die nächste benachbarte Zelle, insgesamt gab es sechs Kanäle. Wenn die Grenze einer Zelle erreicht war, berührte der Zug einen Sensor auf den Schienen, so dass ein Signal zum computerisierten Kontrollzentrum in Philadelphia gesendet wurde. Dort wurde dann das Telefonsignal bzw. das Gespräch an die nächste Zelle weitergeschaltet und dabei die Frequenz gewechselt. Der Verbindungsaufbau vollzog sich recht schnell, es mussten maximal ein paar Minuten auf einen freien Ka-

---

29 Bereits im März 1948 nahm der erste vollautomatische Mobilfunkdienst seinen Betrieb im US-Bundesstat Indiana auf. Der amerikanische Mobilfunkmarkt war damals jedoch recht zersplittert. Es gab neben AT&T zwar mehrere kleine Mobilfunkfirmen, die teilweise innovativ und zuverlässig in ihrer Zone waren, aus wirtschaftlichen Gründen waren sie aber nicht in der Lage ein flächendeckendes System zu entwickeln. Vgl. Farley 2005, S. 23.
30 Farley 2007.
31 Huurdeman 2003, S. 519.
32 Brown 2002, S. 8; sowie Penelope Stetz: The Cell Phone Handbook. Newport, RI: Aegis Publishing Group, 2002. S. 11.

nal zum Telefonieren gewartet werden.[33] Auch bei der ersten Realisierung des für Mobile Medien elementaren zellularen Systems gab es also zunächst eine Kopplung an eine Transporttechnologie. Es wurde im Metro Liner installiert um diesen und den Gebrauch von Zügen statt Autos besser bewerben zu können, gleichzeitig jedoch auch um ein schlagkräftiges Argument zu haben, das die FCC dazu bewegen sollte das Spektrum für Mobiltelephonie zu vergrößern.

Und dies gelang: Nach jener erfolgreichen Erprobung eines Zellensystems teilte die FCC AT&T mit, dass sie der Mobiltelephonie mehr Spektrum zuteilen würde, wenn es ein solches Zellensystem innerhalb der nächsten zwei Jahre auch für Autotelefone gäbe. Ein Anfang 1970 angefertigter technischer Report von AT&T sah vor, dass sie an den Ferngesprächen verdienen würden und Motorola die benötigten Apparate anfertigte.

Im selben Jahr wurde Rings Erfindung von 1947 patentiert. Am 21.12.1970 beantragte Amos Edward Joel Jr. für die AT&T Bell Labs ein Patent für ein »Mobile Communication System«, mit dem die Kommunikation zwischen mobilen Stationen und mobilen und unbeweglichen Stationen zwischen verschiedenen Zellen aufrecht erhalten werden konnte:

»A high capacity cellular mobile communication system arranged to establish and maintain continuity of communication paths to mobile stations passing from the coverage of one radio transmitter into the coverage of another radio transmitter. A control center determines mobile station locations and enables a switching center to control dual access trunk circuitry to transfer an existing mobile station communication path from a formerly occupied cell to a new cell location. The switching center subsequently enables the dual access trunk to release the call connection to the formerly occupied cell.«[34]

Hiermit war das zellulare System für Mobilfunk als Patent verewigt. Durch die simultane Verwendung der gleichen Frequenz in nicht benachbarten Zellen konnte das durch die FCC zugeteilte Spektrum effektiver genutzt werden. Ein digitales Schaltzentrum sollte Gesprächsunterbrechungen beim Wechsel der Zellen verhindern:

»In such a system a given radio frequency spectrum assigned to a first base station of one cell area may be assigned to a second base station of another cell area provided that there is sufficient separation between the two cells assigned the same radio frequency spectrum to prevent interference. The reuse of a radio frequency spectrum within a metropolitan center will permit the re-

---

33 Farley 2007.
34 Amos Edward Joel, Jr.: Mobile Communication System. United States Patent Nr. 3,663,672. Beantragt am 21.12. 1979, bewilligt am 16.05.1972. (http://www.pat2pdf.org/patents/pat3663762.pdf)

use of available radio channels to serve more mobile stations than heretofore possible with the present mobile communication systems. In such a system the cell areas may be quite small and mobile stations may traverse several cell areas during the course of a single conversation thereby requiring that communication paths established to mobile stations be transferred from one base station to another without loss of conversation.«[35]

Gedacht war das System für mobile Telephonie in Autos. Problematisch an ihm war, dass hierfür Hunderte von Frequenzen benötigt wurden und die FCC bislang eher sparsam in der Zuteilung der Frequenzen für die kommerzielle Mobiltelephonie gewesen war. Es vergingen weitere vier Jahre, bis das erste umfangreiche zellulare Mobilfunksystem in den USA tatsächlich in Betrieb genommen wurde. Ausschlaggebend hierfür war ein Konkurrenzkampf zwischen Motorola und AT&T, der sich aus dem neu entdeckten Markt ergeben hatte und mit dem die Entwicklung des ersten vollständig in der Hand tragbaren Telefons, des »DYNA T-A-C«s von Motorola, einherging. Nachdem Intel im November 1971 den ersten Mikroprozessor gebaut hatte, wurden neben schnelleren, kompakteren Rechenanlagen und optimierten Personalcomputern auch in der Hand haltbare, portable Mobilgeräte möglich. Durch diese neuartige Digitaltechnik veränderte sich die Mobiltelephonie grundlegend.

DAS DYNATAC

Das erste in der Hand haltbare (»handheld«) Funktelefon wurde am 3. April 1973 von den Ingenieuren und Vizepräsidenten von Motorola Martin Cooper und John Mitchell auf einer Pressekonferenz in New York vorgestellt.[36] Anders als die ersten drahtlosen Telegraphen und Telefone entsprang es nicht primär wissenschaftlichen, sondern wirtschaftlichen Interessen. 1968 hatte die FCC das Radiospektrum um 800 MHz für den Mobilfunk geöffnet, allerdings verbunden mit der Auflage, dass ein System mit größtem öffentlichem Nutzen entwickelt werde.[37] Motorola strebte danach, AT&Ts Monopol als Telefonnetzbetreiber zu brechen und einen Mobilfunkmarkt zu schaffen.[38] Aus diesen Gründen wurde dieses erste »Handy« oder »handheld telephone« vergleichsweise schnell, nämlich innerhalb knapp eines Jahres, entwickelt.

---

35 Joel 1972.
36 Pressemeldung Motorola Inc. Chicago, 3. April 1973.
37 Chuck Segstock u.a.: The Cellular Telephone Concept -- An Overview. Press Information von Motorola Inc. 10. September 1984. S. 2.
38 Steward Wolpin: Hold the Phone. In: Invention & Technology Magazine, Volume 22, Issue 3, Winter 2007. (http://www.americanheritage.com/articles/magazine/it/2007/3/2007_3_20.shtml)

Durch das erste in der Hand haltbare Telefon bekam Mobiltelephonie eine neue Bedeutung: Um das benötigte Sendegerät zu verstauen war nicht mehr eine Transporttechnologie wie das Auto oder der Zug nötig, auch musste sich kein schwerer Apparat um den Rücken geschnallt werden – das »Handy« konnte tatsächlich in der Hand gehalten werden. Es waren keine zusätzlichen Apparate mitzuführen um damit telefonieren zu können. Wie zuvor Radio- und Fernsehgeräte mit der Hand tragbar geworden waren, war nun auch das Telefon miniaturisiert und mobil geworden. Dies erschien auch deshalb nahezu revolutionär, da mit ihm nicht nur Ausstrahlungen empfangen werden konnten, sondern auch individuell gesendet werden konnte. In den 1970er Jahren sah man jedoch keinen wirklichen Bedarf nach einem derartigen Telefon, denn es gab ausreichend öffentliche Münzfernsprecher, die den Kommunikationsbedarf unterwegs gut zu decken schienen.[39] Zudem waren schon Autotelefone extrem teuer, sie kosteten zur damaligen Zeit 1000 USD und ihre monatliche Gebühr 100 USD. Es war also anzunehmen, dass der persönliche portable Mobilfunk ebenso teuer wäre und daher kein Massenmarkt dafür entstehen könnte. Einen Bedarf nach einem in der Hand haltbaren, personalisierten Telefon sah daher auch die staatliche Kommunikationsbehörde nicht.

1968 hatte AT&T bei der FCC zum wiederholten Mal Spektrum für den kommerziellen Mobilfunk beantragt, diesmal im geräumigeren und effektiveren Band um 800 MHz, und nicht für den IMTS, sondern für ein zellulares System, das anstatt auf einer gigantischen Antenne auf mehreren kleineren Antennen in einem Mosaik aus neun hexagonalen geografischen Zellen basierte. Denn ab den 1950er Jahren waren Fortschritte in der digitalen Rechentechnologie gemacht worden, die einen automatischen und unmerklichen Wechsel zwischen den einzelnen Zellen realisierbar werden ließen (siehe »Metro Liner«). AT&T, Betreiber der Bell Laboratories, ging davon aus, dass ihre Monopol-Stellung durch die Realisierung des zellularen Systems untermauert werden würde. Verständlicherweise hatte Motorola, der Geräte-Hersteller, dem AT&T eine dauerhafte Zulieferer-Position zuweisen wollte, kein Interesse an einem solchen Monopol. Während bezüglich der Autotelephonie eine Monopolstellung AT&Ts auch auf dem Gebiet der Geräte durch Regulierungen verhindert worden war, schien ihrer Vormachtstellung in einem zellularen System zunächst nichts entgegen zu stehen, zumal die Idee dieses Systems ihrem Forschungslabor entsprungen war.

Motorola wollte die FCC davon überzeugen die Mobilfunklizenzen nicht komplett an AT&T zu geben – wie es im Falle der Festnetztelephonie geschehen war, bei der das Monopol allerdings förderlich

---

39 Vgl. Wolpin 2007.

für den Ausbau des Systems gewesen war – sondern den Markt für mehrere konkurrierende Systeme zu öffnen. Um dieses Ziel zu erreichen, tat sich Motorola mit anderen Telekommunikationsunternehmen wie General Electric, Radio Corporation of America und Electronic Industries Association zusammen. Motorola fürchtete insbesondere ihr primäres Geschäft, die Herstellung von mobilen Telekommunikationsgeräten, zu verlieren wenn AT&T besagtes Monopol gewährt bekäme. Daher erdachten sie sich ein auf 900 MHz basierendes Zellen-System, das mit AT&Ts auf 800 MHz basierenden System konkurrieren können sollte. Beide Firmen betrieben Mitte 1972 funktionierende zellulare Systeme in Test-Umgebungen (Motorola bei und in Chicago, AT&T in New Jersey).[40] Dasjenige von Motorola musste jedoch besonders gut und auch unter Nicht-Test-Konditionen einwandfrei funktionieren um die FCC davon zu überzeugen, dass nicht nur Monopole ein stabiles System hervorbringen können, AT&T also nicht den alleinigen Auftrag erhalten sollte.

Ende Oktober 1972 drang es zu Motorola durch, dass ihr Konkurrent AT&T im Rahmen des zellularen Systems an einem »personal (i.e., portable) telephone«[41] arbeitete. Das spornte Motorola an, mit einem spektakulären Schachzug zu kontern und das zu bauen, »was die Welt wirklich braucht«, nämlich ein »hand-held portable phone.« Auf ein solches Telefon war durch die Größenreduzierung der Autoradios von Motorola schon seit Beginn hingearbeitet worden, sowie seit ein paar Jahren auf ein Gerät, das um 900 MHz herum funktionieren würde, damals noch basierend auf einem Automobil als Telefonträger. Die neuen Entwicklungen wie integrierte Schaltkreise, Halbleiterchips und der Transistor waren bereits seit den spätern 1960er Jahren für kleinere und effizientere Autotelefone eingesetzt worden. Da die FCC für Mai 1973 eine neue Anhörung bezüglich der Frequenzvergabe für Mobiltelephonie angesetzt hatte, war der Zeitraum, in dem das neue Produkt entwickelt und getestet werden musste, sehr eng, Motorola musste sich also beeilen.

Am 4. Dezember 1972 beauftragte Motorola seine Forschungsabteilung damit innerhalb von sechs Woche ein portables Telefon anzufertigen. Das Telefon sollte weniger als eineinhalb Kilogramm wiegen, so dass es in der Hand gehalten werden konnte. Dies war aus mehreren Gründen eine Herausforderung. Zum einen war an eine Tragbarkeit bislang nicht zu denken gewesen da die Kontrolleinheit der Telefone sehr sperrig war. Ab 1971 versuchte man, sie durch zwei integrierte Schaltkreise zu ersetzen, mit Erfolg. Zudem wurden neuartige Vollduplex-Filter zur Vermeidung der Interferenzen zwischen den gesendeten und empfangenen Signalen gebaut.

---

40 Wolpin 2007.
41 Wolpin 2007.

Außerdem wurde der Tuner dank eines Frequenz-Synthesizers, der später durch einen integrierten Schaltkreis ersetzt wurde, so umgestaltet, dass weniger Bandbreite und weniger Strom verbraucht wurden. Auch das Mikrofon wurde umgearbeitet. Problematisch bei der Konstruktion des ersten in der Hand haltbaren Mobiltelefons war zudem der Anwendungskontext des Geräts. Bisher hatte Motorola Funktelefone für Autos hergestellt, die in der Stadt immer auf einer Höhe, nämlich der Straße, blieben. Ein in der Hand haltbares Funktelefon müsste jedoch auch in den verschiedenen Stockwerken eines Gebäudes funktionieren, also durch Stahl- und Betonmauern hindurch senden und empfangen können.

Im Namen dieses neuen, mobilen Telefons sollten sich seine Funktionen widerspiegeln: Da es dynamisch, adaptiv und in der gesamten Umgebung des zellularen Systems verwendbar war, fiel die Namenswahl auf »Dyna T.A.C.« oder »Dynatac«, was für »Dynamic Adaptive Total Area Coverage« stand.[42] Das Design sah ein langes und dünnes Telefon vor, denn, so die Annahme, wenn das Telefon breiter als zehn Zentimeter sei, könne es nicht mehr komfortabel in der Hand gehalten werden. Aufgrund dieser Maxime waren die Tasten des Dynatac ungewöhnlich angeordnet: Anstatt in drei vertikalen und vier horizontalen, waren sie in zwei vertikalen Linien mit je sechs Tasten angeordnet. Die unteren beiden Tasten waren grün, für »send«, und rot, für »end«. Farblich fiel die Wahl für das erste Handy auf weiß (Motorolas Standardfarbe war beige). Oben links auf dem Telefon befand sich eine Antenne. Essentiell für das Funktionieren des Dynatacs und des es bedingenden zellularen Systems war Computertechnik, wie Motorola in einem Aufsatz von 1984 zusammenfasste:

»Computer control systems are the keys to efficient operation of a cellular system. Computers at a telephone switching office activate computers in each cell and, through these, the computers in the cellular mobile or portable phones.«[43]

Die Mobiletelefone werden hier »portables« (Tragbare) genannt. Weiter heißt es:

»For example, the heart of the Motorola Inc.'s DYNA T-A-C cellular system is called an Electronic Mobile Exchange (EMX). The EMX computerized switching systems keep track of each cellular mobile or portable telephone, selects one of a network of cell cites dovering a city and interconnects it into the wire-line telephone network. The cell cites send the conversation to the user's phone, and return the conversation from the user's phone. As a user moves about a

---

42 Wolpin 2007.
43 Segstock u.a. (Motorola) 1984, S. 3.

cellular system while talking, the EMX automatically and instantaneously switches the conversation from cell to cell.«[44]

Das Dynatac, von dem zunächst zwei Prototypen angefertigt wurden, war etwa 5 cm breit, fast 9 cm tief und ohne Antenne fast 23 cm hoch. Es wog rund 1,3 kg. Die wiederaufladbare Nickel-Kadmium-Batterie hatte eine Standby-Zeit von zwölf Stunden. Zwölf Anrufe à drei Minuten konnten mit ihr gemacht werden. Im Gegensatz zu heutigen Telefonen bestand dieses Mobiltelefon von 1973 aus tausenden und nicht aus hunderten von Kleinteilen.

Getestet wurde das erste Handy zusammen mit einer Basisstation, die für das 900-MHz-System konstruiert worden war und nach circa vier Tagen funktionierte es. Die ersten Handy-Gespräche waren mit weitaus weniger Dramatik versehen als Bells »Watson, come here, I need you!«-Ausruf, der als das erste Telefongespräch in die Geschichte eingegangen ist.[45] Die Ingenieure, welche die Tests durchführen riefen naheliegenderweise entweder bei ihrem Forschungsdirektor oder Zuhause an. Externe, die das Gerät testen durften, riefen hingegen meistens in ihren Büros an und sprachen mit ihren Sekretärinnen.[46]

Für die öffentliche Vorführung des Dynatacs am 3. April 1973 in New York wurde neben den beiden Mobiltelefon-Prototypen eine 1,80 Meter große transportable Basisstation gebaut, die in der Sixth Avenue, nahe der 54. Straße, aufgestellt wurde. Vor etwa 50 Journalisten wurde zunächst das Konzept eines tragbaren Telefons und des zellularen Systems erläutert sowie das Zukunftspotential tragbarer Telefone dargestellt, das aus strategischen Gründen und aufgrund der hohen Nachfrage nach Autotelefonen als äußerst hoch eingeschätzt wurde. Anschließend wurde ein Telefongespräch zwischen den beiden Dynatacs vorgeführt. Die Reporter konnten das neuartige Telefon eigenhändig ausprobieren und bis auf, dass keine Resonanz zu hören war, schien der Klang der fernen Stimme klar und deutlich. Einer der Ingenieure lief die Straße herunter, um mit dem neuen Dynatac neben einer nun altmodisch wirkenden Telefonzelle fotografiert zu werden. Die Passanten schienen alle äußerst erstaunt darüber zu sein, einen Mann auf offener Straße per Funk telefonieren zu sehen, die Presse reagierte begeistert.

---

44 Segstock u.a. (Motorola) 1984, S. 3-4.
45 Ronell liest diesen Ausruf mit Lacan als den Wunsch nach etwas Abwesendem, der am Anfang des Telefons steht. Vgl.: Avital Ronell: The Telephone Book. Technology – Schizophrenia – Electric Speech. Lincoln und London: University of Nebraska Press, 1989. S. 228; ebenso Peters 1999, S. 180.
46 Wolpin 2007.

Mobile Medien

Im Oktober desselben Jahres meldeten Martin Cooper und andere im Namen von Motorola ein Patent für das »Radio Telephone System« an, das durch die Störungsminimierung bei Doppelnutzung einer Frequenz und die insgesamt effektivere Nutzung des Frequenzspektrums auf ein vollautomatisches tragbares Telefonsystem zielte. In dem Patent wird die Beschaffenheit jenes zellularen Systems näher ausgeführt:

»In accordance with a preferred embodiment of the invention, the geographic area over which communications is to be provided is divided into a series of base station cells, and each cell is further subdivided into a series of sub-cells. A base station transmitter is located within each cell and transmits to portable receivers within the cell. The transmission range of the portable transmitters is deliberately reduced to allow less precise location of the portable units without causing interferences between the portable units. A network of satellite base station receivers, one base station receiver being located in each sub-cell, is employed to receive signals from the portable transmitters. A different set of incoming and outgoing frequencies are employed in each cell to avoid interference between units in adjacent or closely spaced cells. [...] – Because the range of each portable unit is less than the range of a base station transmitter, the frequencies at which the portable unit operates may be chosen to assure that the portable unit is receiving the best signal, regardless of whether it is actually operating within the particular cells to which those frequencies have been assigned. The aforementioned feature assures that the best possible communications link is provided, eliminates the need for precise geographic location of each individual portable unit and makes more efficient use of the radio frequency spectrum.«[47]

Und tatsächlich erwiesen sich das von Motorola überarbeitete zellulare System und die entsprechenden Telefonapparate als längerfristig brauchbar und ausbaufähig.

Realisierter Zellularfunk

Es ist ungewiss ob jene Pressevorführung des Dynatac den gewünschten Effekt hatte die FCC zur Erweiterung des Mobilfunkspektrums im Hinblick auf die Öffnung eines Mobilfunkmarkts zu bewegen und hierbei die neuen Frequenzen nicht nur dem bisherigen Telefonmonopol-Inhaber AT&T zu geben. Fakt ist jedoch, dass die FCC ein Jahr später, 1974, AT&Ts Gesuch nach einem Monopol auf den zellularen Mobilfunk ablehnte. Es dauerte noch einige Jahre bis die Rechtsstreitigkeiten geklärt waren. Am 21. Mai 1981 fand

---

47 Martin Cooper, Richard W. Dronsuth u.a. (Motorola Inc, Chicago): Radio Telephone System. United States Patent 3,906,166. Beantragt am 17.10.1973, bewilligt am 16.09.1975. S. 2. (http://www.pat2pdf.org/patents/pat3906166.pdf)

Mobile Medien

die letzte Anhörung bezüglich des Mobilfunkspektrums statt, bei der zwei 20 MHz Spektrumbänder (825-845 MHz und 870-890 MHz) dem zellularen Telefondienst zugewiesen wurden. Es fanden also zwei konkurrierende Systeme – von AT&T und von Motorola – Platz. Bei ihrer Entscheidung gab die FCC Motorolas Begründung, dass zwei Anbieter per Markt den Wettbewerb und damit neue Verwendungsweisen von Radio fördern würden, Recht. Ihre Entscheidung beruhte jedoch nicht auf dem bevorstehenden potentiellen Konsumentenmarkt für Mobile Medien, denn: »We do not foresee the widespread availability of such inexpensive units for some time.«[48] Nach dieser Frequenz-Freigabe durch die FCC entwickelte sich das zellulare Mobilfunksystem breitflächig.

Anfang der 1980er Jahre war die Nachfrage nach (Auto-)Mobiltelefonen in den USA noch immer groß. Im April 1980 waren mindestens 25.000 Menschen auf einer Warteliste, einige davon bereits seit zehn Jahren.[49] Im selben Jahr wurde bei McKinsey ein Report in Auftrag gegeben um den Bedarf an Mobiltelefonen im Jahr 2000 zu bestimmen. Dieser sah 900.000 Abonnenten voraus und lag damit weit daneben – es wurden 109 Millionen. Man ging also davon aus, dass der Bedarf nach jener portablen und vergleichsweise teuren Medientechnologie gering sein werde. Dies dürfte einer der Gründe dafür gewesen sein, dass AT&T bei ihrer Aufteilung im August 1982 das Mobilfunkgeschäft bereitwillig an lokale Telefonanbieter abgab – und es später zu deutlich höheren Preisen wieder zurückkaufte.

Im Oktober 1983 nahm AT&T den Betrieb des »Advanced Mobile Phone Service« (AMPS) in Chicago auf, das sie bereits seit 1978 in den Vororten Chicagos getestet hatten. Seit 1969 hatten sie an diesem zellularen System geforscht, auch wenn sie aufgrund mangelnder Geräte aus Japan importierte Autotelefone für die Tests verwenden mussten.[50] Die Forschungs- und Entwicklungskosten für den AMPS waren mit etwa 110 Millionen Dollar mehr als sieben Mal so hoch wie diejenigen Motorolas. Motorolas Mobilfunksystem wurde wie ihr Mobiltelefon »Dynatac« genannt und nahm im November 1983 in Washington, D.C. und Baltimore seinen Betrieb auf.[51]

---

48 Vgl.: Wolpin 2007.
49 Zu dieser Zeit gab es nur 56 Kanäle, deren Kapazitäten mehr als ausgelastet waren. In New York City gab es zwölf Kanäle und 799 Radiotelefone, eins pro 10.000 Einwohner. Insgesamt gab es in den USA zu diesem Zeitpunkt 120.000 Mobiltelefone, vgl.: Farley 2007.
50 Das System bestand zunächst aus zehn Zellen von je einer Meile Durchmesser. Heutige Zellen sind mehr als dreimal so groß, vgl.: Farley 2007.
51 Farley 2007.

Es waren also im Wesentlichen drei Faktoren, die die Entstehung des kommerziellen Mobilfunks mit portablen Apparaten ermöglicht haben: die Zuweisung von elektromagnetischem Spektrum durch die staatliche Kommunikationsbehörde (FCC), die Entwicklung des zellularen Systems durch Ring – erstmals realisiert im Metro Liner, später weiterentwickelt von Motorola und auch von den Bell Labs – sowie Fortschritte in der Elektrotechnik, die kleinere Transistoren sowie leistungsfähigere Batterien, Sender und Empfänger hervorbrachten, so dass ein Gerät gebaut werden konnte, das klein genug war um in der Hand gehalten zu werden. Der Konkurrenzkampf zwischen Motorola und AT&T war hierbei ebenso impulsgebend wie die Entwicklungen in der Computertechnik, die dazu führten, dass das »Handoff« unmerklich in den Schaltungszentralen vonstatten gehen konnte.

»Just as the pocket watch required fixed institutions of agreed protocols and time standards in order that time could be told on the move, so a massive fixed infrastructure of wires, switches and agreements needed to be in place for mobile conversation. Mobility, strangely, depends on fixture.«[52]

Die Mobilität des portablen Mobiltelefons ist also immer relativ zu den fest verankerten Stationen des Systems, den Antennen und der Schaltungszentrale. Das Netzwerk selbst ist immobil, das Gerät ebenfalls. Mobil im Sinne der Beweglichkeit ist der Träger des Mobilen Mediums. Als der Mobilfunk hauptsächlich im Flugverkehr, im Seefunk oder in Polizeiautos eingesetzt wurde, lag die Mobilität auf der Seite der Transporttechnologien. Mobilfunk ist abhängig von den jeweiligen in Lizenzen verankerten ökonomischen und politischen Interessen sowie den technischen Möglichkeiten und den Standorten der Hardware. »Mobil« sind Mobile Medien immer nur innerhalb des Rahmens eines immobilen Netzwerks.

10.2 Mobilfunk in Deutschland

Mit der für viele medientechnische Entwicklungen üblichen Verzögerung entstand das erste öffentliche Mobilfunknetz in Deutschland zwölf Jahre später als in den USA, nämlich 1958. Es nannte sich »öffentliches bewegtes Landfunknetz A«, oder auch »A-Netz« und wurde per Hand geschaltet.[53] Das A-Netz basierte auf Röhrengeräten, die beinahe den gesamten Kofferraum ausfüllten und während des Gebrauchs extrem viel Hitze entwickelten da sie sehr viel Strom

---

52 Agar 2004, S. 22.
53 Hiebel u.a.1999, S. 737. Nicht-öffentliche bewegte Funknetze gab es ebenfalls, beispielsweise im Schifffunk oder bei der Polizei.

verbrauchten. Bereits fünf Jahre zuvor hatte der damalige Postminister auf der Deutschen Verkehrsausstellung in München das erste Mobilfunk-Telefonat aus einem VW-Käfer heraus geführt. Das hierbei verwendete Telefon, das »B72« von der Firma TeKaDe, wog 16 kg und war mit einem Preis 8.000-16.000 DM teurer als der VW-Käfer, in dessen Kofferraum es eingebaut war, dieser kostete nur 5.000 DM.[54]

Bereits 1926 gab es in Deutschland Mobiltelephonie, in zehn Zügen, die zwischen Berlin und Hamburg fuhren. Auch im Seeverkehr wurde Funktechnologie zu Kommunikationszwecken eingesetzt. Allerdings befand sich Deutschland Ende der 1920er Jahre in einer schweren Wirtschaftskrise und hatte zudem Reparationsschulden bei den Siegermächten des ersten Weltkrieges, »Telefonieren war unter diesen Umständen ein Privileg der Reichen.«[55] Mit dem zweiten Weltkrieg wurde die Entwicklung des Mobilfunks in Deutschland unterbrochen, er diente nun primär militärischen Interessen. Nach dem zweiten Weltkrieg waren die meisten Vermittlungsstellen und Fertigungsstätten zerstört und zudem reichte der von den Alliierten zugeteilte Mittelwellen-Frequenzbereich nicht aus um ein flächendeckendes Mobilfunknetz aufzubauen. Daher wich man in den UKW-Bereich aus und es entstanden zunächst mehrere lokale Funktelefonnetze.[56]

Das A-Netz hatte eine Kapazität für bis zu 10.500 Geräte, arbeitete im Frequenzbereich um 150 MHz und deckte 1968 rund 80 Prozent der Fläche der Bundesrepublik Deutschland ab. Die monatliche Grundgebühr für die Nutzung des Dienstes betrug bis zu 270 DM.[57] Die Verbindungen wurden über die Zentrale in Düsseldorf handvermittelt. Sobald der Funkbereich einer Landfunkstelle, die eine Reichweite von jeweils circa 30 Kilometern hatten, verlassen wurde, brach die Verbindung ab und musste im nächsten Funkbereich neu aufgenommen werden. Um jemanden mobil erreichen zu können, musste man in etwa wissen, wo er sich befand, damit die Telefonistinnen die entsprechende Funkstation anwählen konnten. Aufgrund dieser Defizite war das erste Mobil- bzw. Autotelefon eine hauptsächlich von Berufsgruppen wie Politikern oder Unternehmern genutzte Medientechnologie.

---

54 Detlef Borchers: 50 Jahre Mobilfunk in Deutschland. In: Heise Mobil, 20.06.2003. (http://www.heise.de/mobil/newsticker/meldung/37855)
55 Rüdiger Grave: Überall erreichbar – die Entwicklung des Mobiltelefons. In: Post- und Telekommunikationsgeschichte, Heft 1999. S. 81-86. S. 81.
56 Grave 1999, S. 82.
57 Handy Seiten: Geschichte. (http://www.handy-seiten.de/10-Geschichte/10-geschichte.html)

Dies änderte sich 1972 mit der Einführung des B-Netzes kaum. Neu am B-Netz war, dass das »Fräulein vom Amt« sich nun nicht mehr zwischenschalten musste. Das Netz war vollautomatisch, man konnte also direkt wählen. Dennoch musste der Anrufer den Standort des Angerufenen kennen um die entsprechende Vorwahl einer der 150 Zonen in der BRD eingeben zu können.[58] 1977 wurde das A-Netz abgeschaltet. Seine Kanäle wurden aufgrund der Überlastung des B-Netzes jedoch weiterhin verwendet. Es gab nun 38 statt fünfzehn Kanälen, im 1980 eingeführten B2-Netz dann 75, und man konnte sogar im Ausland (Österreich, Niederlande, Luxemburg) damit telefonieren. 1986 war das Funknetz mit 270.000 Teilnehmern ausgelastet, 1994 wurde es eingestellt.[59]

Das C-Netz wurde am 1. September 1985 eingeführt und zeichnete sich nicht nur dadurch aus, dass es auf einer höheren Frequenz (um 450 und 460 MHz) sendete, sondern war zudem nicht mehr komplett analog. Die Sprachübertragung basierte zwar noch immer auf analoger Funktechnik, die Vermittlungs- und Steuerinformationen wurden aber bereits digital übermittelt.[60] Für einen Anruf war der Standort des Angerufenen nun irrelevant, es gab eine einheitliche Vorwahl für den Mobilfunk des C-Netzes (0161). Das C-Netz war zudem auch zum so genannten Handover in der Lage, zur Weitergabe des Gesprächs beim Verlassen einer der Funkzellen. Eine weitere entscheidende Neuerung war, dass nun auch in der Hand haltbare Geräte (angefertigt von Motorola oder dem finnischen Unternehmen Nokia, dem damaligen Marktführer) im System genutzt werden konnten (beispielsweise »Pocky«, das 1989 eingeführt wurde).[61] Insgesamt hatte das C-Netz eine Kapazität von bis zu 850.000 Teilnehmern. Es war das erste Netz, in dem nicht das Gerät die Identifizierungsquelle war, dem eine Rufnummer zugeordnet wurde, sondern eine scheckkartengroße Magnetkarte, die in das »Phony« gesteckt wurde – die Vorläuferin der heutigen SIM-Karte (Subscriber Identity Module).[62] Zur Zeit des C-Netzes kamen auch die ersten tragbaren Mobilfunkkoffer auf den Markt. Die Gespräche des zellularen C-Netzes wurden in einer Zentrale weitergeschaltet, in dieser wurden auch die Daten gespeichert. Die Telefongespräche konnten noch immer durch das Einklinken in die entsprechende Frequenz bzw. einen der insgesamt 222 Kanäle von Externen mitgehört werden. Das C-Netz wurde 2000 eingestellt.

---

58 Grave 1999, S. 83.
59 Faulstich und Rückert 1993, S. 466.
60 Informationszentrum Mobilfunk: Wie entwickelte sich der moderne Mobilfunk in Deutschland? (http://www.izmf.de/html/de/705_p.html)
61 Grave 1999, S. 83.
62 Agar 2003, S. 137; Grave 1999, S. 84.

GLOBAL SYSTEM FOR MOBILE COMMUNICATION

Bereits 1991 wurde das D-Netz in Deutschland eingeführt und damit »2G«, die zweite Generation des Mobilfunks, realisiert. Das D-Netz war wie das C-Netz zellular, und darüber hinaus komplett digital. Es realisierte den europäischen Mobilfunkstandard GSM, »Global System for Mobile Communication«, und operierte im Frequenzbereich um 900 MHz. Im Dezember 1982 hatten die europäischen Staaten in Stockholm die »Groupe Spécial Mobile« gegründet, die 1988 in »European Telecommunications Standard Institute«, ETSI, umbenannt wurde. Sie beschlossen einen gemeinsamen Mobilfunkstandard durchzusetzen, der nicht nur problemlos funktionieren und neben Sprache auch Daten übermitteln sollte, sondern zudem durch beispielsweise innereuropäisches Roaming sowohl politisch als auch wirtschaftlich gegenüber den USA und Asien Einheit demonstrierten sollte – GSM.[63] Wie in einem Bericht der Europäischen Kommission beschrieben wurde, sollte dieses »materielle technologische System« dem »gespensterartigen Dasein« Europas Substanz geben.[64] Die Materialität des virtuellen Telekommunikationssystems sollte also dazu dienen eine wiederum virtuelle Einheit zu demonstrieren.

1991 wurde GSM, zunächst sehr fehlerbelastet, dann aber schnell mit wachsendem, auch außereuropäischem Erfolg eingeführt und zum ersten großen Mobilfunkstandard schlechthin. GSM zeichnete sich dadurch aus, dass es digital, besser verschlüsselt und dadurch relativ abhörsicher war. Es beinhaltete Textnachrichten und die Telefonnummer wurde nicht mehr einem Gerät, sondern einer SIM-Karte zugewiesen. Im Februar 2004 hatte GSM eine Milliarde Kunden.[65] In den frühen 1990er Jahren war Europa somit für eine kurze Zeit federführend in der Mobiltechnologie. In den USA funktionierte das analoge Netzwerk aufgrund der großen Fläche des Landes noch ohne Kapazitätsengpässe, dort gab es also noch keinen Bedarf nach einem neuen Standard.

Der technologische Standard, auf dem GSM seit 1987 beruhte, nannte sich TDMA (Time Division Multiple Access). Hierbei wird der zur Verfügung stehende Frequenzbereich in verschiedene Zeit-Slots aufgespalten, so dass mehrere User gleichzeitig dieselbe Frequenz nutzen können, ohne dass die Frequenzunterbrechungen bemerkt werden (eine Technologie, die sich bereits Lamarr ausgedacht hatte. Als auch in den USA Ende der 1980er Jahre das Problem des überfüllten Spektrums aufkam, überlegte man sich verschiedene Lösun-

---

63 Agar 2003, S. 56 ff.
64 »Europe, an otherwise rather ghostly entity, would be given substance by building material technological systems.« Vgl. Agar 2003, S. 60.
65 Farley 2005, S. 31.

gen, die mit GSM konkurrieren sollten. Beispielsweise Frequency Division Multiple Access (FDMA), das die Frequenz in kleine Teile aufspaltet, oder Code Division Multie Access (CDMA), bei der die Frequenz durch eine Änderung des Codes effektiver genutzt werden kann. Ab 1989 wurde das amerikanische Netz digital und TDMA wurde zunächst zum Standard. Ab 1994 gab es GSM auch in den USA,[66] ab 1995 wurde dort das effektivere CDMA eingesetzt.[67]

Die Lizenzen für das deutsche D-Netz besaßen zunächst die Telekom und Mannesmann/Vodafone, später wurde der Markt geöffnet und es traten 1994 E-Plus sowie 1998 Viag Interkom/O2 hinzu. Das E-Netz, das um den Frequenzbereich von 1800 MHz operiert, entstand. Anfang der 1990er Jahre herrschte in Deutschland bezüglich der zur Verfügung stehenden Mobiltelefone noch ein Mangel, ab Herbst 1991 gab es die ersten portablen Geräte.[68]

Wie verlief die Entwicklung des Mobilfunks in den anderen europäischen Staaten und in Asien? – 1969 wurde in Skandinavien die »Nordic Mobile Telephony Group« NMT gebildet, die in Folge einen gemeinsamen offenen Mobilkommunikationsstandard entwickelt.[69] Etwa zwölf Jahre später, 1981 und 1982, führte die NMT unter der Feder von Ericsson in Dänemark, Schweden, Finnland und Norwegen das erste multinationale zellulare Mobilfunksystem ein. Das Switching war digital, das Senden analog, die verwendete Frequenz betrug 450 MHz.[70] Saudi Arabien, Spanien, Italien und andere Länder führten NTM zeitgleich oder bald nach Skandinavien ein. Auch bezüglich der Realisierung des GSM-Standards war Skandinavien anderen Regionen zeitlich voraus: Im Juli 1991 realisierte Finnland das erste kommerzielle GSM-Netz. Es nannte sich »Radiolinja« und gehörte einer Privatfirma, die Geräte wurden von Nokia angefertigt.

NMT war insgesamt sogar erfolgreicher als der japanische Dienst von NTT (»Nippon Telegraph and Telephone«). NTT wurde 1979 in Osaka gegründet und hatte bis Ende 1988 ein Monopol auf den Mobilfunk in Japan. Erst nach seiner Auflösung sowie der Umbenennung in NTT DoCoMo (»Mobile Communications Network«) 1992 und der kompletten Deregulierung der Telekommunikation in Japan 1994 florierte der japanische Mobilfunkmarkt und ein neuartiges zellulares System im Bereich um 800 MHz und 1,5 GHz ent-

---

66 Farley 2005, S. 32.
67 Farley 2007.
68 Informationszentrum Mobilfunk: Wie entwickelte sich der moderne Mobilfunk in Deutschland? (http://www.izmf.de/html/de/705_p.html)
69 Jeffrey L. Funk: Global Competition Between and Within Standards. The Case of Mobile Phones. New York: Palgrave, 2002. S. 54.
70 Molisch 2005, S. 5.

stand.⁷¹ 1995 stellte die »NTT Personal Communications Network Group« zusammen mit der »DDI Pocket Telephone Group« das »PHS«, das »Personal Handyphone System« vor. Es operierte um 1900 MHz und konnte sowohl zuhause als Festnetzanschluss als auch unterwegs in der Stadt als Mobiltelefon genutzt werden.⁷² Japan wurde Ende der 1990er Jahre durch »i-mode« federführend in Bezug auf mobiles Internet. In Korea wurde 1984 die staatliche »Korea Mobile Telecommunication Company« (KMT) gegründet. Nachdem man dort bereits seit den späten 1960er Jahren ein IMTS-System von Motorola operierte, nahm man nun den Betrieb eines AMPS-Services auf, also einer Kopie des Vorläufers aus den USA.⁷³ In Süd-Korea entstand zudem »Tandy«, eine Firma, die zusammen mit Nokia den US-Markt belieferte, bis 1992 hatte jede der beiden Firmen etwa 850.000 Geräte dorthin verkauft.⁷⁴

Der Mobiltelefonmarkt entwickelte sich seit den 1980er Jahren immer rasanter. Anfang der 1980er Jahre waren Mobiltelefone zwar mobil, aber noch nicht in der Hand tragbar. Sie wurden hauptsächlich per Auto transportiert und in den meisten Sprachen schlicht »carphones« genannt. Zum Ende des Jahrzehnts waren sie tatsächlich mobil, besaßen eine gute Sprachqualität und eine akzeptable Batterie-Laufzeit.⁷⁵ – 1986 stellte Motorola das »Transportable« vor, ein Mobiltelefon, das mit einer Aktentasche verbunden war. Diese enthielt zwar eine Batterie, wurde gängigerweise jedoch durch den Zigarettenanzünder an die Batterie des Autos angeschlossen. 1987 entwickelte die finnische Firma Nokia zusammen mit dem Autotelefonhersteller Mobira das »Cityman«, das zu jener Zeit abgesehen vom Dynatac einzige in der Hand haltbare Telefon. 1988 stellte der Dänische Hersteller Dancall ein tragbares GSM-Telefon vor, das an eine Hartplastikbox angeschlossen war, die man entweder an einem Henkel in der Hand tragen oder sich an einem Riemen um die Schulter hängen konnte.⁷⁶

Zwischen 1946 und den 1980er Jahren entstanden also die ersten Mobilfunk-Netzwerke, das zellulare System und der Prototyp des ersten in der Hand tragbare Mobiltelefons sowie weitere transportable Geräte. Drahtlose Telekommunikation wurde durch Computertechnologie erweitert und neuerfunden.

---

71 Farley 2005, S. 30.
72 Farley 2005, S. 32.
73 Farley 2005, S. 29.
74 Für eine ausführliche Darstellung der Entwicklung früher Mobilfunkstandards im internationalen Vergleich vgl. Funk 2002.
75 Molisch 2005, S. 6.
76 Thompson 2005, S. 115-118.

10.3 Tragbare Computer

In den 1990er Jahren entwickelte sich das Mobiltelefon von einem Geschäftsapparat und Prestigeobjekt zu einem Alltagsgegenstand und Massengut. Ende des 20. Jahrhunderts war aus dem ehemaligen »Mobiltelefon« oder »carphone« ein am Körper transportierbarer Miniaturcomputer geworden. Parallel hierzu entstand das World Wide Web, das 1989 am CERN (»Europäische Organisation für Kernforschung«) entwickelt worden war und auf dem Protokoll Http, der Sprache Html und URLs als Adressen basiert. Ab 1994 wurde das WWW durch grafische Browser wie Mosaic und Netscape populär. Das Internet basiert auf dem von der ARPA entwickelten TCP/IP-Netzwerkprotokoll, das sich dadurch auszeichnet, Daten temporär in kleinere Datenpakete zu spalten, sie über ein verteiltes Netzwerk zu verschicken und an der Zieladresse wieder zusammenzusetzen. Ende der 1990er Jahre nahm sich das zellulare Mobilfunksystem dieser Methode an um schnell und weitgehend störungssicher Daten zu verschicken. GPRS, »General Packet Radio Service«, und Bluetooth (für kurze Distanzen) sowie alle Systeme ab 3G funktionieren ähnlich.[77] Zugleich wurden Computer[78] kleiner:

> »Until the middle of the 1960s, computers were large, monolithic constructions, dedicated to the service of serious organizations, usually from a single, expensive computer-room facility. In 1964, though, IBM broke this mould with the launch of the System/360.«[79]

Besonders an diesem war, dass die Hardware und später auch die Software modular waren, und dass der Computer immer leichter zu bedienen, oder auch »benutzerfreundlicher«[80] wurde. Die »Mensch-Maschine-Schnittstelle« wurde optimiert, Betriebssysteme, die es auch Laien per Kommandozeile gestatteten einen PC zu benutzen, entstanden. Der erste wirkliche PC kam im Januar 1975 auf den Markt, der Altair 8800, der für einen Preis von circa 400 USD erworben werden konnte. Dieser »Elektronikbaukasten«[81] musste selbst zusammengebaut werden und war preislich so erschwinglich, dass theoretisch tatsächlich fast jeder einen Computer hätte haben

---

77 Farley 2005, S. 33.
78 Zur Entwicklung des Digitalcomputers vgl. z.B.: Pierre Lévy: Die Erfindung des Computers. In: Michel Serres (Hg.): Elemente einer Geschichte der Wissenschaften. Frankfurt am Main: Suhrkamp, 1994. S. 905-944.
79 Neil Barrett: The Binary Revolution. The Development of the Computer. London: Wiedenfeld & Nicolson, 2006. S. 49.
80 Woolley 1994, S. 155.
81 Woolley 1994, S. 38.

können. In den Folgejahren entwickelte sich der Computer von einer »hobby machine« zu einem Konsumgut.[82]

1979 wurde ein Patent für die erste portable Computer-Anlage, die gleich einer Schreibmaschine in einem Koffer transportiert werden konnte, von der kalifornischen Firma GM Research beantragt:

»The present invention permits use of a single enclosure which satisfies the needs of portability as it is closeable into a suitcase-style cabinet with a traceable carrying handle. Specifically, the keyboard enclosure is hinged to the main frame enclosure in such a manner that it is possible to fold the keyboard up against the main frame and to latch the two together. – It is, therefore, an object of the present invention to provide for a computer housed in a closeable, suitcase-style cabinet.«[83]

Das Gerät nannte sich »Micro Star« und später »The Small One«. Es wurde bereits 1977 produziert und ab 1979 von der US-amerikanischen Regierung verwendet.

Den ersten massenproduzierten Computer gab es ab 1981, den »Osborne 1«, der etwas über 10 kg wog und ein 13 cm großes Display hatte.[84] Er ähnelte den ab 1976 von Xerox PARC produzierten zehn Prototypen eines portablen Computers namens »Xerox Note Taker«. Dieser war 22 kg schwer und zu teuer um in großen Mengen produziert zu werden. Anfang 1983 kam der »Compaq Portable« von IBM auf den Markt. Auch er befand sich gleich einer Schreib- oder Nähmaschine in einem Koffer, wog etwa 12,5 kg und kostete fast 4.000 USD. Eine kanadische Firma brachte etwa zur gleichen Zeit den »Hyperion« auf den Markt, der zwar nur zwei Drittel des Compaqs wog, jedoch nicht zuverlässig funktionierte und daher nach zwei Jahren aus der Produktion genommen wurde. Ebenfalls im Januar 1983 wurde der erste portable Computer mit einem Farbdisplay, der Commodore SX-64 angekündigt und ein Jahr später veröffentlicht. Er wog 10,5 kg, wurde auch »Executive 64« genannt und war die tragbare Version des Commodore-64-Heimcomputers, verkaufte sich jedoch nicht gut. Diese frühen tragbaren Computer unterscheiden sich grundlegend von heutigen Laptops, da sie nicht mittels Batterien betrieben wurden, sondern konstant eine Stromversorgung benötigten. Zudem besaßen sie wesentlich weniger Speicherplatz und Rechengeschwindigkeit und waren weit-

---

82 Vgl. Martin Campbell-Kelly und William Aspray: Computer. A History of the Information Machine. Cambridge, Westview/Perseus 2004. S. 214, 216.

83 James D. Murez (GM Research, Cartson, Calif.): Portable Computer Enclosure United States Patent Nr. 4,294,496. Beantragt am 03.08.1979, bewilligt am 13.10.1981. (http://www.pat2pdf.org/patents/pat4294496.pdf)

84 Zur Entwicklung des Computers aus dem Geist des formalisierten Rechnens vgl. z.B. Campbell-Kelly und Aspray 2004.

gehend nicht netzwerkfähig. Ungleich Mobiltelefonen konnten sie also nicht während der Bewegung bedient werden, waren also in diesem Sinne noch keine Mobilen Medien.

Das erste wirkliche Laptop wurde 1982 veröffentlicht und nannte sich »GRiD Compass 1101«. Er besaß bereits jenes »Clamshell«-Design, das Laptops bis heute prägt. Das Display wurde auf die Tastatur geschlossen. Der GRiD-Compass wog fünf Kilogramm, befand sich in einem Koffer und bezog seinen Strom von Batterien. Zwar war sein Display vergleichsweise hochauflösend und sein Speicher vergleichsweise groß, allerdings war er nicht mit den produkten von IBM kompatibel und kostete über 8.000 USD. Auch er war also noch keine allgegenwärtige mobile Medientechnologie.[85]

Bereits in den frühen 1980er Jahren waren die Mobilfunk- und Computerindustrie eng gekoppelt. Beispielsweise stellte Motorola Mikroprozessoren für Apple-Rechner her.[86] Ab Mitte der 1990er Jahre kehrte sich das Verhältnis um: PC-Hersteller wurden nicht mehr von Mobiltelefonherstellern beliefert, sondern Mobiltelefone wurden selbst zu Computern. Aufgrund der beinhalteten Digitaltechnologie besaßen diese Mobilen Medien nun deutlich mehr Funktionen als die eines Telefonapparats. Dies wird an Produkten wie Nokias »Communicator« (1996) und Apples »iPhone« (2007) ersichtlich.

Die Entwicklung Mobiler Medien verlief von fahrbaren Geräten zu an Henkeln gleich eines Koffers transportierbaren Apparaten bis hin zu in der Hand haltbaren Medientechnologien. Laptops können als »nomadische Medien« zwar an einen anderen Ort getragen werden, während ihrer Verwendung werden sie jedoch nicht in der Hand gehalten, sondern als »Fenster zur Welt« auf einem Tisch oder dem eigenen Körper platziert. Mobiltelefone hingegen werden während ihrer Verwendung in der Hand gehalten und sich durch den Raum bewegt, sie sind also tatsächlich »mobile« Medien.

Ubiquitous Computing

Von Großrechenanlagen, die in Arbeitskontexten wie Fabriken und später Büros eingesetzt wurden, hat sich der Computer über das Zuhause, als meist von einem Haushalt gemeinsam genutzter »Persönlicher Computer«, hin zu einem zunächst tragbaren, »portablen«, Computer, der wie ein Koffer oder in einer Tasche getragen werden konnte, und schließlich zu einem »handheld« oder in Kleidung eingewobenem Computer, einem personifizierten mobilen Medium

---

85 Eric Klein: My Collection of Vintage Machines. (http://www.vintage-computer.com/)
86 Vgl. Barrett 2006, S. 57.

entwickelt.[87] Es ist zu erwarten, dass aufgrund der technischen Entwicklung von Prozessoren und vor allem von Displays in Zukunft statt eines Laptops und eines Handys nur ein Gerät, das mit einem optional aufrollbarem Display und einer ebensolchen Tastatur ausgestattet ist und sowohl für Mobilfunknetze als auch für das Internet kompatibel ist, am Körper mitgeführt werden wird, vom Gewicht kaum merkbar und nur in seiner Anwendung, seinem Funktionieren wahrnehmbar.

Die Vision des Verschwindens der Computertechnologie formulierte Mark Weiser, Informatiker am PARC (Palo Alto Research Centre), bereits 1991 in seinem Aufsatz »The Computer for the 21st Century«, in dem er den Begriff des »Ubiquitous Computing«, des ubiquitären Rechnens, prägte. Dort heißt es:

»The most profound technologies are those that disappear. They weave themselves into the fabric of everyday life until they are indistinguishable from it.«[88]

Weiser zufolge besteht hierin der Defizit des PCs: Er verschwindet nicht hinter seinen Funktionen und macht das Computing noch nicht zu einem »integral, invisible part of the way people live their lives.«[89] Genau dies soll das ubiquitäre Computing leisten. Es soll aus den drei Computer-Formen »tabs, pads and boards« bestehen, die sich in die (Arbeits-)Umgebung des Menschen integrieren und mittels eines Wireless Networks – »based on digital cellular telephone principles«[90] – interagieren. Ubiquitous Computing steht Weiser zufolge der zur damaligen Zeit populären Idee der »Virtuellen Realität« diametral gegenüber:

»virtual reality is only a map, not a territory. It excludes desks, offices, other people not wearing goggles and body suits, [...] and in general the infinite richness of the universe. Virtual reality focuses an enormous apparatus on simulating the world rather than on invisibly enhancing the world that already exists.«[91]

---

87 Beispielsweise stellte NTT DoCoMo 2003 eine Armbanduhr vor, die gleichzeitig ein Mobiltelefon mit E-Mail-Funktion war. Im selben Jahr kündigte Samsung ein GPRS-Armbanduhr-Mobiltelefon an. Vgl.: Adriana de Souza e Silva 2006, S. 27. Bekanntlich hat das Mobile die Armbanduhr verdrängt und wurde nicht in diese integriert.
88 Mark Weiser: The Computer for the 21st Century In: Scientific American, Vol. 265, Nr. 3. September 1991. S. 94-104. Hier zitiert nach der Wiederveröffentlichung in: Mobile Computing and Communications Review, vol. 3, Nr. 3, Juli 1999. S. 3-11. S. 3.
89 Weiser 1999, S. 3.
90 Weiser 1999, S. 8.
91 Weiser 1999, S. 3.

Genau hierin, in der Bereicherung der Welt, besteht der Zweck des Ubiquitous Computing bzw. der »embodied virtuality«[92] oder der »real virtuality«[93] Die Maschine selbst, der Computer, wird also transparent werden und hinter den von ihr ausgeführten Funktionen zurücktreten. Sie wird nicht mehr ablenken und beschweren, sondern verfügbar sein und sich den Erfordernissen der Menschen, die durch Ubiquitous Computing wieder in den Mittelpunkt rücken, gleich eines Werkzeuges fügen.

Weisers Vision hat sich fast zwanzig Jahre später zwar nicht erfüllt, allerdings ist deutlich geworden, dass sich Computertechnologie in Form von Mobilen Medien diverser Art (Handys, PDAs, Laptops, Wearables, RFID-Chips u.v.m.) zunehmend nahtlos in den Alltag integrieren und nur in ihren Funktionen sichtbar werden, hinter denen der Umstand, dass sie Computer sind, zurücktritt. Mobile Medien sind keine transparenten Technologien, sie zeigen eine neuartige Form des Virtuellen, einen Informationsraum, der sich potentiell an alle Orten innerhalb des technischen Netzwerks entfalten kann. Deutlich wird dies zum Beispiel durch lokalisationsbezogene Programme wie »Sociallight« oder »Semapedia«, die den Realraum mit dem Informationsraum des Internet verknüpfen.[94]

Short Message Service

Durch die Digitalisierung der Netze und Apparate wurde das »Mobiltelefon« Anfang der 1990er Jahre allmählich zur »Mobilen Medium«, mit dem neben Sprache auch andere Datenformen ausgetauscht werden kann. Das erste in dieser Hinsicht bedeutsame Nebenprodukt des GSM war der »Short Message Service«, SMS. Er verdeutlichte erstmalig, dass das »Mobiltelefon« nicht länger bloß ein transportables oder portables Telefon war, sondern darüber hinaus ein digitales Medium, ein Computer, der Funktionen wie die eines Adressbuchs, einer Schreibmaschine, eines Fotoapparats etc. übernehmen können würde. Das Hauptanliegen des GSM war zwar, Sprache besser und schneller via Funk an mobile Endgeräte zu übermitteln und internationales Roaming in Europa zu ermöglichen, als Seiteneffekte befand man jedoch auch »Mailboxes« für Sprachnachrichten – falls sich das Telefon temporär in einem Funkloch befand – und auch das Verschicken von kurzen Textnachrichten, beispielsweise um über Störungen im Netzwerk zu informieren, als sinnvoll.

Mobile Medien, an die Kurzinformationen gesendet werden konnten, waren bereits Ende der 1980er Jahre präsent, genannt

---

92 Weiser 1999, S. 5.
93 Castells 1996, S. 372.
94 Vgl. Völker 2007.

wurden sie »Beeper« oder »Pager«.[95] Diese portablen Geräte, die durch ein »Piepen« oder Vibrieren auf den Eingang einer Nachricht aufmerksam machten und auf einem kleinen Display eine Telefonnummer anzeigten, entstanden bereits 1949. Ihr Erfinder, Al Gross, schlug einem Krankenhaus in Philadelphia ihre Verwendung vor, jedoch ohne Erfolg, da befürchtet wurde, dass sie den Krankenhausalltag stören würden. Ein Jahr später, 1950, installierte das Jewish Hospital in New York das System, weitere Krankenhäuser folgten. 1958 erteilte die FCC eine offizielle Erlaubnis für die Nutzung des Frequenzspektrums zum Betrieb solcher »Pager«. Damit war der Startschuss für die Massenproduktion gegeben. Der Name »Pager« leitet sich von einem der ersten kommerziellen Modelle ab, Motorola's »Pageboy I«, das 1974 eingeführt wurde und noch kein Display für die Rufnummernanzeige besaß.[96] Im Vergleich zu den Pagern, die ähnlich wie Radios reine Ein-Weg-Medien waren, ist das Verschicken von SMS per Handy avancierter, da längere Sprachnachrichten empfangen und zugleich versendet werden können.

Noch bevor GSM 1991 realisiert wurde, erarbeiteten die GSM-Staaten und beteiligten Industrien den »Short Message Service« als relevanten Datendienst des neuen, digitalen Netzwerks. Entwickelt wurde er von einer niederländischen Informationstechnologie-Firma namens CMG. Zunächst wurde er hauptsächlich dazu verwendet um Mitarbeitern wichtige Informationen wie Probleme im Netzwerk schnell und unkompliziert zukommen zu lassen.[97] Auf einer Telekommunikations-Konferenz von 1990 wird der Short Message Service wie folgt dargestellt:

»This (SMS) service allows the transmission of messages up to 160 alphanumeric characters to be sent to a subscriber. This can be seen as an advanced form of paging, but has a number of advantages. If the phone is switched off, or out of the area covered by GSM, the message is stored and offered to the subscriber when he reappears. This gives a much greater confidence that it has been received. Also, the user needs only one piece of equipment (the mobile phone) and the caller needs to know only one number (the mobile phone number) for telephony and paging. Some phones will even be equipped for originat-

---

95 Bevor es Pager gab, reichten Menschen Gesprächswünsche beispielsweise per Zettel weiter, vgl. Reinhold Eberhardt: Mobilfunknetze: Technik, Systeme, Anwendungen. Braunschweig und Wiesbaden: Vieweg, 1993. S. 73.
96 Fraser Smith: Who invented that bleeping thing? In: British Medical Journal. 27.09.2003, 327. S. 719). (http://www.bmj.com/cgi/content/full/327/7417/719)
97 Emily Turrettini: SMS Celebrates 10th Birthday. Textually.org, 15.02.2003. (http://www.textually.org/textually/archives/2003/02/000040.htm)

ing these messages, but it is expected that generally telephony will be used to call an operator who types in the message at a Service Centre.«[98]

Vorteilhaft am SMS erschien also, dass mit einem einzigen Gerät, dem Mobiltelefon, zugleich Telefongespräche geführt und Kurznachrichten verschickt werden konnten und vor allem, dass diese Nachrichten anders als bei Pagern auch dann den Adressaten erreichte wenn das empfangende Gerät zum Zeitpunkt des Verschickens ausgeschaltet war. Ebenso wie das Telefon zunächst als »harmonischer Telegraph«, also modelliert an einem bereits existenten Medium, gedacht wurde, dachte man das Mobiltelefon auch anhand bereits existenter Medientechnologien. Interessanterweise ging man zunächst davon aus, dass nicht der Nutzer der Technologie eine solche Textnachricht in sein Mobiltelefon eintippen, sondern er eine Telefonzentrale anrufen würde, in der eine zwischengeschaltete Telefonistin die Nachricht von gesprochener Sprache in digitalen und damit verschickbaren Text übersetzen würde. Sie sollte also als Medium des Mediums funktionieren und fügten der technologisch basierten Kommunikation zwischen zwei Menschen damit eine potentielle Fehlerquelle hinzu. Diese Idee des Zwischenschaltens der Telefonzentrale, die dem Paging entnommen ist, bei dem es keine andere Möglichkeit des »Zurückschreibens« gab, wurde bald verworfen. Das SMSC, »Short Message Service Centre«, über das SMS versendet werden, funktioniert ohne zwischengeschaltete Übersetzer.

In Norwegen wurde Mitte der 1980er Jahre in der Forschungs- und Entwicklungsabteilung des Telekommunikations-Konzerns Telenor sogar eine Spezialgruppe (»Mobilt spesialnett«) eingerichtet, die das Potential mobiler Kommunikation für andere Services als die Telephonie erforschen sollte.[99] Diese Gruppe stellte fest, dass Textkommunikation in Verbindung mit Mobiltelephonie gerade dann besonders sinnvoll sei, wenn der Besitzer des Mobiltelefons temporär nicht zu erreichen sei, da die Nachricht via des SMSC auch zeitverzögert noch zugestellt werden konnte, und dass solche Textnachrichten wohl vor allem auf dem Massenmarkt, und nicht im Geschäftsbereich, für den die meisten Mobildienste bislang zugeschnitten worden waren, Anklang finden würden.

Die erste SMS wurde im Dezember 1992 von Neil Papworth, einem Ingenieur bei der britischen Firma Vodafone, von einem Com-

---

98 Alex S. Taylor und Jane Vincent: An SMS History. In: Lynn Hamill und Amparo Lasen (Hg.): Mobile World. Past, Present, Future. Surrey: Springer, 2005. S. 81.
99 Collette Snowden: Cstng A pwr4l spLL: D evOLshn f SMS. (Casting a Powerfull Spell: The Evolution of SMS). In: Kavoori und Arceneaux 2006. S. 107-124. S. 111.

puter aus an das Mobiltelefon seines Kollegen Richard Jarvis verschickt und lautete »MERRY CHRISTMAS«.[100] Seit 1995 die ersten SMS-fähigen Mobiltelefone auf den Markt kamen, können Textnachrichten mittels des auf der Zahlen-Tastatur des Mobiltelefons angebrachten lateinischen Alphabets eingegeben und auf dem Display gelesen werden. Eine SMS kann 140 Bytes beinhalten, das sind entweder 160 lateinische Buchstaben oder beispielsweise 70 chinesische oder japanische Schriftzeichen.[101]

Zunächst war unklar, wie der Short Message Service abgerechnet werden sollte. Anfangs wurde er als kostenloses oder sehr preiswertes Nebenprodukt des Mobiltelefons angeboten.[102] Diese Preispolitik entstand dadurch, dass man das Verschicken einer Kurznachricht per Mobiltelefon als minderwertig betrachtete: Das Display war klein, die Nachricht musste eigenständig und etwas umständlich über eine mehrfach belegte Miniaturtastatur eingetippt werden, die Kommunikation war asynchron und insgesamt befand man Sprachkommunikation als wertvoller.[103] Nach der Einführung dieses Dienstes zeigte sich jedoch, dass er von den Mobilfunkteilnehmern umfangreich genutzt wurde. Zusammen mit den vorbezahlten »Pre-Pay«-Paketen und der Einigung der verschiedenen Provider, SMS nun auch außerhalb des jeweiligen Netzwerks zuzulassen, wurde der SMS kostenpflichtig und zum meistgenutzten Datendienst des Mobiltelefons.[104]

Das Senden und Empfangen von Textnachrichten per Mobiltelefon ist also keine »zufällige«, durch Nutzer entdeckte, während des Gebrauchs entstandene Anwendung der Mobiltelephonie, sondern wurde beim Wechsel von analogen zu digitalen Standards durch GSM eindeutig von der Industrie geplant. Der Mythos, die SMS sei ein Zufallsprodukt, ist jedoch weit verbreitet.[105] Das ist verwunderlich, da mit einer Technologie auf einer Massenbasis in den meisten Fällen nur das gemacht werden kann, was in ihr angelegt ist. Wenn Mobiltelefone keine Funktion für das Verschicken von Kurznachrichten haben, sie also in die Geräte nicht bereits eingeschrieben

---

100 Snowden 2006, S. 107; Agar 2004, S. 177 geht davon aus, dass die erste SMS 1993 von dem bei Nokia als Student arbeitenden angehenden Ingenieur Riku Pihkonen verschickt wurde. – Die SMS ist eine der wenigen Erfindungen im Bereich mobiler Medien, die nicht patentiert wurde.
101 Rheingold 2002, S. 15.
102 Sie wurde jedoch von Anfang an als »essential« eingestuft, auf einer Skala von »e1« bis »e3« allerdings nur als »e3«. Vgl.: Eberhardt 1993, S. 50.
103 Snowden 2005. S. 112.
104 1998 gelang dies in Großbritannien, vgl. Taylor und Vincent 2005, S. 82.
105 Taylor und Vincent 2005, S. 79; sowie Agar 2004, S. 171; Rheingold 2002 u.a.

und einprogrammiert ist, so kann mit ihnen keine Textnachricht gesendet werden. Nicht determinierbar ist allerdings, in welcher Weise und in welchem Umfang eine vorhandene Technologie genutzt wird. Im Falle der SMS war ihre Popularität völlig unerwartet, da ihre Entwickler sie als einen im Vergleich zu Gesprächen minderwertigen Dienst betrachteten.[106] Ebenso ist die Verwendung von Klingeltönen als Zeichen eine Umgangsweise mit Mobilfunktechnologie, die über die von ihren Entwicklern festgelegten Anwendungsszenarien hinausgeht, sich also durch den alltagspraktischen Gebrauch der Technologie entwickelt hat.

Im Zusammenhang mit Handys erinnert Steve Woolgar daran, dass Technologie kontingent ist, und sich nicht durch vorangegangene Technologien erklären lässt:

»the particular form of a technology, its technical capacity and effects are historically and socially contingent. The form and capacity are not given, and, in particular, they cannot be straightforwardly extrapolated from preceding technologies. They are, instead, the upshot of processes of social construction. In short, the technology *could be otherwise.*«[107]

An der SMS zeigt sich, dass zwar die Art und Weise, in der Menschen mit einer Technologie umgehen, sich bestimmend auf deren weitere Entwicklung und Regulierung auswirken kann. Ob eine Technologie tatsächlich entwickelt wird, ist jedoch von einem komplexen Zusammenspiel aus ökonomischen, politischen und sozialen Interessen verbunden mit den durch die Technologie vorgegebenen Möglichkeiten abhängig. Welche konkrete Form sich dabei durchsetzt, ist historisch kontingent, wie Trevor Pinch und Wiebe Bijker eindrucksvoll am Beispiel der Form des Fahrrads, für die sich Ende des 19. Jahrhunderts ein Standard durchsetzte, verdeutlicht haben.[108] Innovation in einem (medien-)technischen Feld kommt vor

---

106 »Far from being accidental, the inclusion of SMS in the digital mobile communications system was planned and deliberate. The scale of its success was, however, unexpected.« Vgl. Snowden 2006, S. 109.
107 Steve Woolgar: Mobiles back to front: Uncertainty in the theory-technology relation. In: Rich Ling and P.E. Pedderson (Hg.): Mobile Communications: Re-negotiation of the Social Sphere. London: Springer, 2005. S. 23-44. S. 27.
108 Trevor Pich und Wiebe Bijker: The Social Constrction of Facts and Artifacts: Or How the Sociology of Science and the Sociology of Technology Might Benefit Each Other. In: W. Bijker, T. Hughes and T. Pinch (Hg.): The Social Construction of Technological Systems. Cambridge: MIT Press, 1995. S. 17-50.

allem dadurch zustande, dass die Flexibilität der industriell gesetzten Standards erprobt und umgestaltet wird.[109]

Wie Amparo Lasen durch einen Vergleich zwischen der Einführung des Festnetz- und des Mobiltelefons herausfand, gleichen sich die beiden Technologien insofern, als dass ihre Erfinder oder Vermarkter zunächst einen etwas anderen Markt und eine andere Anwendungsweise voraussahen, als diejenige, die tatsächlich eintrat. Beispielsweise gingen die frühen Telefongesellschaften davon aus, dass das Telefon ein Unterhaltungsmedium im Sinne eines unidirektionalen Ausstrahlungsmediums für höhere Gesellschaftsschichten sein werde und daneben auch Geschäftsmännern für wichtige Konversationen dienen könne. Es entpuppte sich jedoch als Medium, das vor allem von Frauen dazu genutzt wurde Besuche zu koordinieren und sich über vergleichsweise unwichtige Dinge auszutauschen. In Folge entstanden so genannte »Party-Lines« und das Telefon wurde zu einem interpersonellen Unterhaltungsmedium. Ähnlich war es beim Mobiltelefon, das zu Anfang auch an Geschäftsmänner vermarktet wurde.

»the promoters of a technology do not necessarily know or decide its final uses. Consumers develop new uses and ultimately decide which will predominate. These vendors and marketers are constrained not only by technical and economical attributes, but also by an interpretation of its uses that is shaped by their histories.«[110]

In Bezug auf das Mobiltelefon hatten wohl weder die Erfinder noch die Entwickler der Technologie geahnt, dass Mobile Medien zu massenkulturellen Unterhaltungsmedien werden würden, mit denen in einigen Ländern sogar Zahlungsgeschäfte getätigt werden.[111]

ENTWICKLUNGEN DES MOBILFUNKS

In den 1990er Jahren wurden nicht nur der Internetfähige PC und Digitaltechnologie popularisiert, sondern gegen Ende jener Dekade auch »mobiles Internet« via WAP (Wireless Application Protocol«), ein für i-mode-Kunden in Japan längst bekannter Service.[112] Schnurlose Telefone begannen ihre kabelgebundenen Vorgänger in den Haushalten zu ersetzen, Mobiltelefone wurden konstant kleiner und zu in die Hosentasche steckbaren PCs. Im August 1996 brachte Nokia den »Communicator« auf den Markt, ein GSM-Mobiltelefon, das gleichzeitig ein mobiler Computer war, der mit einer QWERTY-

---

109 Vgl. Snowden 2006, S. 114.
110 Lasen 2005, S. 33.
111 Zu den »beep calls« vgl. z.B. Thompson 2005, S. 44.
112 Zu iMode vgl. Agar 2002, S. 99 f.; zu WAP vgl. Thompson 2005, S. 104.

Mobile Medien

Tastatur ausgestattet war und sowohl einen Kalender als auch ein E-Mail-Programm, ein Textverarbeitungsprogramm und einen Browser enthielt.[113] Da die bestehenden Netzwerke für die Übertragung von Sprachdaten optimiert waren, konnten jedoch nicht alle seine Funktionen tatsächlich verwendet werden. Ab 1999 gab es die »T9«-Spracherkennung,[114] Ende 2000 produzierte Sharp in Japan das erste integrierte Kamera-Mobiltelephon, das »J-SH04«[115], zu Beginn des neuen Jahrtausends wurden in Mobiltelefone integrierte Kameras zum Standard und es entstanden W-LAN kompatible Mobile Medien wie Apples »iPhone«.

Gleichzeitig mit der Annährung des Mobilfunknetzwerks an das Internet wurde in den 1990er Jahren auch die satellitenbasierte Telekommunikation optimiert. Schon früh hatte Ideen gegeben um mittels extraterrestrischer Objekte mit Informationen versehene elektrische Wellen zu »spiegeln« und sie dadurch an einen anderen Ort auf der Erde als den Sendeort empfangbar werden zu lassen. Bevor so genannte aktive Satelliten im All platziert wurden, verwendete man in den 1940er und -50er Jahren den Mond als passiven Reflektor für Telekommunikation, meist im Mikrowellen-Bereich zwischen 1 und 10 GHz, und in den 1960er Jahren dann auch mit Aluminium verkleidete Ballons.[116] Der erste Satellit, »Sputnik«, wurde im Herbst 1957 unter der Flagge der Sowjetunion in die Erdumlaufbahn geschossen. Die USA zogen kurze Zeit darauf nach. Pläne hierfür hatte es bereits seit 1950 gegeben, und ab 1958 gab es mit »Score« den ersten Kommunikations-Satelliten im All.[117] Im Juli 1962 nahm der US-amerikanische Satellit »Telstar 1« seine Arbeit auf, er ermöglichte vor allem transatlantische Fernsehübertragungen.[118] 1964 wurde der erste funktionierende »synchrone Kommunikationssatellit«, der »Synchron II« mit einem symbolischen Telefongespräch zwischen dem nigerianischen Premierminister und dem US-amerikanischen Präsidenten in Betrieb genommen. Die ersten Kommunikationssatelliten wurden primär für Breitband- und Fernseh-Übertragungen verwenden. Mit der Möglichkeit von Glasfaserkabeln in den späten 1970er Jahren änderte sich das jedoch, gleichzeitig entstanden mehrere Satellitensysteme.[119] Ab 1998 ver-

---

113 Thompson 2005, S. 264; Farley 2005, S. 32.
114 Das Nokia 3210 war das erste Nokia-Handy, das mit T9-Spracherkennung ausgestattet war, vgl. Agar 2004, S. 121.
115 Farley 2005, S. 33.
116 Huurdeman 2003, S. 410.
117 Huurdeman 2003, S. 412-413.
118 Huurdeman 2003, S. 416.
119 Zu den ab 1970 international entstehenden Satellitensystemen vgl. Huurdeman 2003, S. 428 ff.

wendete die USA Satellitenkommunikation für einen Mobilfunkdienst namens »Iridium«. Dieser vor allem von Motorola finanzierte Dienst operierte mittels 66 Satelliten und ging zwei Jahre nach seiner Einführung bankrott. Da er in Folge großzügig vom US-amerikanischen Verteidigungsministerium finanziell unterstützt wurde, ist er noch heute in Betrieb. Verglichen mit dem herkömmlichen auf Zellen beruhenden terrestrischen Mobilfunksystem besitzt er den offensichtlichen Vorteil der globalen Netzwerkabdeckung.[120]

Noch bevor das erste Telefongespräch über die zweite Generation Mobilfunknetze überhaupt geführt wurde, waren 1986 in Vancouver Pläne für eine dritte Generation geschmiedet worden. Während die Vision für diese neue Generation des Mobilfunks sehr simpel war, nämlich ein Handy im Taschenformat zu entwickeln, das überall auf der Welt verwendet werden kann, war der damalige Name für diese Idee umso umständlicher: »Future Public Land Mobile Telephone System«, abgekürzt FPLMTS, später »3G«, 3. Generation des Mobilfunks, genannt, oder auch »3. Generation Universal Mobile Telecommunications System«, UMTS. Als Standard einigte man sich auf »International Mobile Telecommunications 2000« (IMT-2000), worunter so verschiedene Anwendungen wie TDMA, FDMA und CDMA (Time, Frequency und Code Division Multiple Access) zusammengefasst wurden. Das Hauptziel bestand in an ISDN heranreichende schnelle Datenverbindungen mittels eines einzigen Geräts mit neuen Anwendungsbereichen. Bereits Anfang der 1990er Jahre war man bestrebt, Informationen durch Mobilkommunikation »jederzeit, an jedem Ort und mit höchster Vertraulichkeit verfügbar«[121] zu machen. Bevor 3G realisiert wird, müssen allerdings erst einmal die 2,5te und 2,75te Generation des Mobilfunks umgesetzt werden.

Zur 2,5ten Generation gehören GSM-Erweiterungen wie GPRS (General Packet Radio Service). GPRS basiert auf GSM-Netzwerken und ermöglicht eine paketbasierte Datenübertragung, so dass ein Kanal nicht mehr dauerhaft für einen Teilnehmer reserviert bleiben muss, sondern aufgrund des Versands der Daten in einzelnen Paketen – gleich dem Internet – effizienter ausgenutzt werden kann.[122] Der Vorteil von GPRS besteht darin, dass der Provider nach Datenvolumen statt Onlinezeit abrechnen kann, man also tendenziell »immer online« sein kann, sich nicht für jede Verbindung neu ein-

---

120 Zur Satellitenkommunikation vgl. Eberhardt 1993, S. 38-41.
121 Eberhardt 1993, S. 114.
122 Beispielsweise wäre bei GSM auch während eine Website gelesen wird der Kanal blockiert, vgl.: Martin Sauter: Grundkurs Mobile Kommunikationssysteme. Von UMTS; GSM und GPRS zu Wireless LAN und Bluetooth Piconetzen. Wiesbaden: Vieweg, 2006. S. 88 f.

wählen muss. Eigentlich wurde GPRS für die Übertragung von verschiedenen paketorientierten Protokollen entworfen, aufgrund des Erfolgs des Internets überträgt es nun jedoch ausschließlich das paketorientierte Internet Protokoll (IP).[123] Die Mobilfunknetze der dritten Generation fusionieren auf technischer Ebene immer mehr mit dem Internet und erlauben damit Dienste, die noch vor zwanzig Jahren nahezu unvorstellbar waren, beispielsweise TV-Übertragungen in Echtzeit, Videotelephonie und konstante Online-Präsenz mittels »Mobiltelefon«.[124]

Eine weitere Optimierung von GSM ist das ebenfalls leitungsbasierte HSCSD (High-Speed Circuit-Switched Data), das zwar bessere und gleichmäßige Übertragungsraten garantiert, ansonsten aber kaum von Vorteil ist.[125] Zur 2,75ten Generation zählen Technologien wie EDGE (Enhanced Data Rates for GSM Evolution) und CDMA. EDGE erweitert GPRS um eine neue Modulationsart und erreicht höhere Übertragungsgeschwindigkeiten, wird jedoch aufgrund des UMTS-Ausbaus nicht von allen Netzwerkbetreibern nachgerüstet. CDMA hingegen wurde bereits 1995 eingeführt und als Standard für 3G-Systeme bestimmt, »CDMA2000 1xEV-DO for Faster Data« erreicht DSL-vergleichbare Down- und Uploadgeschwindigkeiten.

UMTS, die 3. Generation des Mobilfunks, vereint das leitungsvermittelte Sprachnetzwerk mit dem paketvermittelnden Datennetzwerk und basiert auf gegenüber GSM neu entwickelten Zugangsnetzwerk (»UMTS Terrestrial Radio Network«, UTRAN) mit Wideband Code Division Multiple Access (W-CDMA), das die Benutzer nicht nach Frequenz- oder Zeitduplex, sondern nach einem individuellen Code unterscheidet.[126] UMTS beruht wie GSM auf Basisstationen, liegt aber im sehr hohen Frequenzbereich um 2 GHz. Durch Technologien wie HSDPA (»High-Speed Downlink Packet Access«) und HSUPA (»High-Speed Uplink Packet Access«) werden mit DSL vergleichbare Down- und Upload-Geschwindigkeiten möglich. Die Vorteile gegenüber GSM bestehen vor allem in der größeren Bandbreite, der kürzeren Verzögerungszeit, der Möglichkeit von Streaming u.a., allerdings war und ist die Einführung von UMTS insbesondere in Deutschland von organisatorischen Problemen begleitet.[127] Gewiss ist jedoch, dass die 4. Generation des Mobilfunks nur noch paketbasiert operieren wird und dadurch das zur Verfügung

---

123 Vgl. Sauter 2006, S. 92.
124 Vgl. Clara Völker: Immer Online. Mobile Selbstinszenierung in Echtzeit. In: De:Bug 116, Berlin 2007. S. 36.
125 Informationszentrum Mobilfunk: Wie entwickelte sich der moderne Mobilfunk in Deutschland? http://www.izmf.de/html/de/705_p.html
126 Sauter 2006, S. 151.
127 Zu den Problemen von 3G vgl. auch Thompson 2005, S. 270 ff.

stehende Spektrum besser ausgenutzt und sehr schnelle Datenverbindungen zu geringeren Kosten möglich werden.[128] Hierdurch wird »mobiles Internet« d.h. eine Daten-Verbindung, die nicht an ein W-LAN-Netzwerk gebunden ist, möglich.[129]

Das Mobilfunknetz entwickelte sich also von einem dem Landliniennetz nachempfundenen, zentral strukturierten Netzwerk zu einem zellularen, verteilten Netzwerk, das zwar noch immer eine Schaltungszentrale besitzt, jedoch aufgrund von Frequenznutzungsverfahren wie TDMA oder CDMA und der zellularen Struktur des Netzwerkes (in Hexagonale unterteilte geografische Abschnitte) weitgehend verteilt und modular operiert.[130] In den 1990er Jahren verbreiteten sich nicht nur auf vielfältige Weise netzwerkfähige, tragbare PCs, sondern auch Mobiltelefone, die dem PC immer ähnlicher und zu Mobilen Medien wurden.[131] Während bis in die 1990er Jahre hinein der limitierende und bestimmende Faktor für die Größe eines Mobiltelefons die Größe der elektronischen Bauteile war, sind heute neben ökonomischen Faktoren das Display und die Tastatur, also anwendungsbezogene Faktoren, bestimmend. Nicht nur Telefone sind mobil und netzwerkfähig geworden, auch Spielkonsolen sind zu Taschentechnologien geworden. Mobilkommunikation wird konstant superlativiert und das, was einst ein Mobiltelefon war, beinhaltet nun als Mobiles Medium sowohl das Telefon als auch das Adressbuch, die Spielkonsole, den PC, die Kamera und vieles mehr – es ist zu einer mobilen Medientechnologie, die prinzipiell offen und vor allem netzwerkfähig ist, geworden. Durch die mit Mobilen Medien innerhalb des fast flächendeckenden Netzwerkes jederzeit möglich gewordene Entfaltung von digitalen Informations- und Kommunikationsräumen wird Virtualität auf neuartige Weise in der Welt präsent – nicht als eine Bedrohung, sondern als eine Bereicherung, die diese verändert.

---

128 Zu UMTS vgl. Sauter 2006, S. 149-253.
129 WLAN (»Wireless Local Area Network«) ist lokal beschränkt, UMTS von der Datenrate her zwar (noch) langsamer, dafür jedoch tendenziell überall verfügbar, vgl.: Sauter 2005, S. 255-297; ein Vergleich zwischen W-Lan und UMTS ebd. ab S. 290.
130 Für Jon Agar reflektieren Technologien wie das Handy oder das Internet Umschwünge in Modellen des Regierens, die seiner Auffassung durch eine Schwächung zentralisierter Hierarchien gekennzeichnet sind, vgl.: Agar 2004, S. 110.
131 Motorolas Mobiltelefone entwickeln sich von »the bag« zu »the brick« und »the flip«, vgl. Thomas Farely: Privateline.com's Telephone History. http://www.privateline.com/mt_telecomhistory/

11. Digitale Virtualität

Wie wurde Virtualität im 20. Jahrhundert nach und während der Entwicklung der für Mobile Medien entscheidenden Technologien gedacht? Exemplarisch werden im Folgenden Niklas Luhmanns in den 1980er Jahren entwickelte systemtheoretische Konzeption von Virtualität und Aktualität, sowie die in den späten 1960er Jahren von Gilles Deleuze (und Félix Guattari) erarbeitete Idee des Virtuellen und ihre Weiterführung durch Pierre Lévy aufgegriffen. Anschließend werden verschiedene Positionen zu »digitaler Virtualität« thematisiert, beispielsweise von Elena Esposito, Michel Serres, Jacques Derrida und Brian Massumi. Abschließend werden die in der vorliegenden Studie thematisierten Vorstellungen von Virtualität und die nachgezeichneten Entwicklungslinien von »mobilen Medientechnologien« hinsichtlich der Verschiebungen im Ideen- und Medienverständnis miteinander verknüpft.

11.1 Luhmann – reale Unterscheidung

Niklas Luhmanns systemtheoretische Überlegungen sind für die Frage nach Virtualität und Realität im Zusammenhang mit Mobilen Medien relevant da in seiner Theorie Realität nicht per se gegeben ist. Zudem spielen Möglichkeit und Aktualisierung beziehungsweise Virtualität und Aktualität eine zentrale Rolle in seiner Begriffsbildung, insbesondere im Kontext der Differenzierung zwischen »Medium« und »Form« sowie in der Autopoiesis von »Sinn« innerhalb der funktionalen Gesellschaftsdifferenzierung. Im Folgenden soll es primär um Luhmanns Vorstellungen von »Realität« und hiermit verbunden von »Medium« und »Form« bzw. Möglichkeit und Aktualisierung und in diesem Kontext um Virtualität gehen.[1]

---

1   Zur näheren Diskussion von Luhmanns Medium-Form-Unterscheidung vgl. Jörg Brauns (Hg.): Form und Medium. Weimar: Verlag und Datenbank für Geisteswissenschaften, 2002. Sowie Sybille Krämer: Form als Vollzug oder: Was gewinnen wir mit Niklas Luhmanns Unterscheidung von Medium und Form? In: Rechtshistorisches Journal 17, 1998. S. 558-573. (http://userpage.fu-berlin.de/~sybkram/medium/kraemer2.html)

Realität

Im Denken Luhmanns gibt es keine externe Realität, die objektiv und unabhängig von einem Beobachter existiert und daher abgebildet und modifiziert werden könnte. Realität ist das Erkennen selber. Dieses ist bei Luhmann das Treffen von Unterscheidungen und damit das fortwährende Prozessieren und Produzieren von Sinn.[2] Real ist also vor allem der Vollzug der Beobachtung. Der Beobachter unterscheidet und bezeichnet das Unterschiedene, er ist ein durch Sinn operierendes System. Realität wird damit durch das die Realität beobachtende System, durch einen externen Beobachter mittels bezeichnender Unterscheidungen prozessual konstruiert.[3] Die Art und Weise der Differenzierung ist der »blinde Fleck« des Beobachtens. Erst durch eine zweite Beobachtung, durch die Kontrastierung von symbolischer Welt und »Sachwelt« bildet sich »eine neue, eine emergente Differenz, nämlich die von realer Realität und semiotischer Realität« heraus.[4] Die »reale Realität« wird also erst durch eine kontingente Unterscheidung der »semiotischen Realität« gegenübergestellt. Bezogen auf semiotische Realitäten wie die durch Mobile Medien oder andere Computerformen produzierten, hieße das, dass sich die »reale Realität« erst durch die beobachterabhängige Unterscheidung zwischen ihr und der Zeichen-Realität ergibt. Sie ist also nicht per se realer, sondern scheint in Abgrenzung zu der durch Zeichen vollzogenen, aus der ersten Beobachtung resultierenden Abstraktion realer. Die reale Realität entsteht also erst aus jener Perspektive und der damit einhergehenden Unterscheidung heraus und hat daher keine universale Gültigkeit.

Medium und Form

Medien setzen Luhmann zufolge an den Bruchstellen der Kommunikation an und dienen dazu Unwahrscheinliches in Wahrscheinliches zu transformieren. Entsprechend der von Luhmann beobachteten drei Arten der Unwahrscheinlichkeit von Kommunikation gibt es drei Medienarten, denen je eine eigene Funktion innerhalb des Systems zukommt: Sprache, Verbreitungsmedien und symbolisch

---

2   »Auf der Ebene der Beobachtung erster Ordnung, die nie ganz aufgegeben werden kann, kann zwischen Realität und Realitätsillusion nicht unterschieden werden.« Vgl. Niklas Luhmann: Die Gesellschaft der Gesellschaft. Band 1. Frankfurt am Main: Suhrkamp, 1997. S. 93.
3   Vgl. Luhmann 1996, S. 18 f.
4   »[...] erst dann kann es überhaupt eine reale Welt geben, weil es erst dann eine Position geben kann, von der aus die reale Realität als Realität bezeichnet, das heißt unterschieden werden kann.« Vgl. Luhmann 1997, S. 218.

generalisierte Kommunikationsmedien.[5] Zudem ist »Sinn«[6] als eine vierte Medienform anzusehen. Sinn ist das »allgemeinste Medium, das psychische und soziale Systeme ermöglicht und für sie unhintergehbar ist«. Er wird durch die Unterscheidung von Aktualität und Potentialität, von Wirklichkeit »in ihrer momentanen Gegebenheit« und Möglichkeit erzeugt.[7]

Von diesem Vorverständnis aus charakterisiert Luhmann ein Medium als »eine große Masse lose miteinander verbundener Elemente, die für Form empfänglich ist.«[8] Ein Medium existiert also nur im Zusammenhang mit mindestens einer Form, wobei der Form die Funktion zukommt die Elemente des Mediums zu »strikter Kopplung«[9] zusammenzufügen. Form ist eine temporäre, medienabhängige Erscheinung, die in der verräumlichten Zeit durch Differenz, durch die Bezugnahme auf die jeweils nicht aktualisierten Formen, also auf ausgeschlossene Möglichkeiten, entsteht.[10] Medien werden durch Formen nicht verbraucht, sondern können für neue Formbildungen verwendet werden, Luhmann nennt das die »virtualisierende Fähigkeit der Wirklichkeit« bzw. »Potentialisierung«.[11] Medien sind »nur an der Kontingenz der Formbildungen erkennbar [sind], die sie ermöglichen.«[12] Nur in seiner Aktualisierung in der flüchtigen Form wird das Medium also wahrnehmbar, denn es ist »reine Virtualität«.[13] Das heißt, dass sich erst durch die Form zeigt, was jeweils im Vergleich zu ihr ein Medium ist. Daher ist die Potentialisierung an sich wohl als virtuell zu begreifen. Medium und Form sind

---

5   Niklas Luhmann: Soziale Systeme. Grundriß einer allgemeinen Theorie. Frankfurt am Main: Suhrkamp, 1984. S. 220 ff.
6   Für Luhmann gibt es drei Medientypen: Sprache, Verbreitungsmedien und symbolisch generalisierte Kommunikationsmedien, zudem das »Universalmedium« Sinn, vgl. Luhmann 1997, S. 249 ff.
7   Niklas Luhmann: Die Kunst der Gesellschaft. Frankfurt am Main: Suhrkamp, 1995. S. 174.
8   Niklas Luhmann: Die Form der Schrift. In: Hans Ulrich Gumbrecht; K. Ludwig Pfeiffer (Hg.): Schrift. München: Wilhelm Fink Verlag, 1993. S. 349-366. S. 355.
9   Luhmann 1997, S. 198.
10 »Die Form der Schrift [...] ist die Unterscheidung von mündlicher und schriftlicher Kommunikation.« Vgl. Luhmann 1993, S. 352.
11 Luhmann 1993, S. 356.
12 Luhmann 1995, S. 168.
13 Formen sind »vorläufig, sie bilden und lösen sich auf, erscheinen und verschwinden als Geräusche und Dinge in ihrem jeweiligen Wahrnehmungsfeld.« Vgl. Luhmann 1993, S. 356.

korrelativ, ihre Unterscheidung ist zeitlich.[14] Dabei schließt jede Wiederholung eine Veränderung mit ein.[15] Denn durch die nichtaktualisierten Möglichkeiten in Zusammenhang mit der jeweils als Realität verwirklichten entstehen mittels einer »Re-Virtualisierung« neue Möglichkeiten oder Potenzen im jeweiligen Medium. Was jeweils Medium oder Form ist, hängt von der Beobachterperspektive ab. Beispielsweise sind Wörter eine Form des Medium Sprache, und ein Satz eine Form des Mediums Wörter.[16] Indem das Medium Möglichkeiten bereitstellt, prägt es das, was in ihm zur Erscheinung kommt, seine Form.[17] Medium und Form ist etwas immer nur in Bezug auf etwas anderes, es gibt nichts, das an sich nur Medium ist und aus einer anderen Beobachterperspektive nicht Form sein könnte.

Die Unterscheidung zwischen Medium und Form führt Luhmann in Anlehnung an Fritz Heider vor allem deshalb ein, um »die Unterscheidung Substanz/Akzidenz oder Ding/Eigenschaft«[18], das »dingontologische Konzept« zu ersetzen. Bedeutsam ist also die Unterscheidung von Medium und Form, und nicht dasjenige, welches aus einer bestimmten Beobachterperspektive ein Medium ist. Es handelt sich um zwei Seiten, »die nicht voneinander gelöst, nicht gegeneinander isoliert gedacht werden können.«[19] Hierdurch entsteht dieser sehr flexible Medienbegriff.

Medien sind bei Luhmann virtuelle Möglichkeiten, eine große Masse lose gekoppelter Elemente, die für Formbildungen zur Verfügung stehen, also abhängig vom Beobachter verschiedene Formen zulassen. Während die Form entkoppelbar, instabil ist, ist das Medium beständig. Es ist ein Reservoir für mögliche Formkoppelungen, die sich verwirklichen können, aber nicht müssen. Das Medium ist pure Potentialität und Möglichkeit – »reine Virtualität«[20] – und schreibt sich daher in dasjenige, welches es bestimmt ein. Das Generative ist ihm intrinsisch und es verändert sich in der Wiederholung. Das Medium ist nicht neutral, sondern steht in einer nicht auflösbaren, korrelativen Beziehung zu dem mit ihm Vermittelten.

---

14 »Ohne Medium keine Form, und ohne Form kein Medium, und in der Zeit ist es möglich, diese Differenz ständig zu reproduzieren.« Vgl. Luhmann 1997, S. 199.
15 Anders als für Derrida ist diese Veränderung in der Wiederholung hier durch »Evolution« bedingt, vgl. Luhmann 1993, S. 359.
16 Vgl. Luhmann 1997, S. 201.
17 Luhmann 1993, S. 355.
18 Luhmann 1995, S. 165.
19 Luhmann 1995, S. 169.
20 Luhmann 1993, S. 356.

VIRTUALITÄT

Das Wirkliche, das Jetzige oder derzeit Präsente, das Aktuelle oder »die Realität« – diese Begriffe bezeichnen bei Luhmann von einer anderen Perspektive aus je das Gleiche – trägt also Spuren seiner Ermöglichung, dem Virtuellen, das gleichzeitig mit ihm existiert. So, wie es ohne Medium keine Form gibt, gibt es ohne Möglichkeit – ohne Virtualität – keine Wirklichkeit, keine Aktualität. Im Kontext seiner Erörterung von »Sinn« wirft Luhmann etwas Klarheit auf die Begriffspaare von Möglichkeit und Aktualität, sowie, quer hierzu, von Differenz und Identität. Sinn ist instabil und fängt diese Instabilität durch »die Verwendung von Differenzen für anschließende Informationsverarbeitung« auf und prozessiert sie hierdurch. Konkret heißt es:

»Das Sinnprozessieren ist vielmehr ein ständiges Neuformieren der sinnkonstitutiven Differenz von Aktualität und Möglichkeit. Sinn ist ein laufendes Aktualisieren von Möglichkeiten. Da Sinn aber nur als Differenz von gerade Aktuellem und Möglichkeitshorizont Sinn sein kann, führt jede Aktualisierung immer auch zu einer Virtualisierung der daraufhin anschließbaren Möglichkeiten. Die Instabilität des Sinnes liegt in der Unhaltbarkeit seines Aktualitätskerns; die Restabilisierbarkeit ist dadurch gegeben, dass alles Aktuelle nur im Horizont von Möglichkeitsanzeigen Sinn hat. Und Sinn haben heißt eben: dass eine der anschließbaren Möglichkeiten als Nachfolgeaktualität gewählt werden kann und gewählt werden muss, sobald das jeweils Aktuelle verblasst, ausdünnt, seine Aktualität aus eigener Instabilität selbst aufgibt. Die Differenz von Aktualität und Möglichkeit erlaubt mithin eine zeitlich versetzte Handhabung und damit ein Prozessieren der jeweiligen Aktualität entlang von Möglichkeitsanzeigen. Sinn ist somit die Einheit von Aktualisierung und Virtualisierung, Re-Aktualisierung und Re-Virtualisierung als ein sich selbst propellierender (durch Systeme konditionierbarer) Prozeß.«[21]

Sinn aktualisiert also Möglichkeiten und virtualisiert damit gleichzeitig die jeweils nicht in die Aktualität hinübergeführten Möglichkeiten. Damit wirkt er seiner eigenen Instabilität entgegen, denn diese fortlaufende Selektion und Differenzierung garantiert das Fortbestehen von Sinn. Dadurch wird Sinn zur Einheit aus Aktualisierung und darauf folgender Virtualisierung, und einer ständigen Umformierung dessen. Auch bei Luhmann ist das Virtuelle also, im Sinn, an das Aktuelle gekoppelt, und beinahe synonym mit dem Möglichen, von dem es sich kaum abgrenzt, da das Ins-Werksetzende Moment nicht im Virtuellen, sondern im beide erzeugenden Dritten, im Sinn zu finden ist.

Luhmann zufolge muss zum Verständnis der Operationen von Sinn im Anschluss an Spencer Brown die Unterscheidung zwischen

---

21 Luhmann 1984, S. 100.

Unterscheidung und Bezeichnung, zwischen Differenz und Identität, mit in Betracht gezogen werden. Diese wird quer zur Differenz von Aktualität und Möglichkeit eingesetzt, um sie »in den Operationen zu kontrollieren«.

»Das Mögliche wird als Differenz verschiedener Möglichkeiten (einschließlich derjenigen, die aktualisiert ist und auf die man zurückkommen kann) aufgefasst, und die zu aktualisierende Möglichkeit wird dann in ihrer Identität als dies-und-nicht-anderes bezeichnet. Diese Bezeichnung eliminiert das Nichtzuaktualisierende nicht, aber sie versetzt es in den Zustand momentaner Inaktualität. Es kann im Zuge der Re-Virtualisierung als Möglichkeit erhalten und in neue Horizonte mitübernommen werden.«[22]

Nur auf die aktualisierte Möglichkeit kann also zurückgegangen werden, die anderen Möglichkeiten sind zeitlich gebunden und damit als solche mit der Aktualisierung vergangen. Sie können jedoch als Möglichkeiten durch »Re-Virtualisierung« erhalten und damit virtuell bestehen bleiben, auch wenn sie sich nicht als Aktualisierung realisiert haben. Sinn ist damit ein Prozessieren anhand von Differenzen, die als solche im Verlauf operativ gesetzt werden. Sinn ist ein Inbegriff der Autopoiesis. Indem die nicht aktualisierten Möglichkeiten »re-virtualisiert« werden, bleiben sie als Möglichkeiten, als Virtualitäten, die etwas ins Werk setzen können, erhalten. Dadurch verweist Sinn immer auf andere, zum gegenwärtigen Zeitpunkt nicht aktualisierte Möglichkeiten, die in der jeweiligen Aktualität als zur Re-Virtualisierung bereitstehende, nicht aktualisierte Möglichkeiten erkennbar werden.

»Sinn besagt, dass an allem, was aktuell bezeichnet wird, Verweisungen auf andere Möglichkeiten mitgemeint und miterfasst sind. Jeder bestimmte Sinn meint also sich selbst und anderes.«[23]

Die »Sinnform« hat also zwei Seiten, nämlich das Begriffspaar von »Wirklichkeit« und »Möglichkeit« bzw. in anderer Hinsicht »Aktualität« und »Potentialität«, wobei diese Potentialität hier als Virtualität zu begreifen ist:

»*Wirklichkeit* und *Möglichkeit*; oder im Vorausblick auf ihren operativen Gebrauch formuliert: *Aktualität* und *Potentialität*. Es ist diese Unterscheidung, die es ermöglicht, den Selektionszwang der Komplexität [...] in sinnprozessierenden Systemen zu repräsentieren. Jede Aktualisierung von Sinn potentialisiert andere Möglichkeiten. Wer etwas Bestimmtes erlebt, wird durch diese Bestimmtheit auf anderes hingewiesen, das er ebenfalls aktualisieren oder wie-

---

22 Luhmann 1984, S. 100-101.
23 Luhmann 1997, S. 48.

derum nur potentialisieren kann. Dadurch wird die Selektivität (oder, modaltheoretisch gesprochen: die Kontingenz) aller Operationen zur unvermeidbaren Notwendigkeit: zur Notwendigkeit dieser Form von Autopoiesis.«[24]

Aus dem Fundus an vorhandenen Möglichkeiten muss eine ausgewählt werden, die aktualisiert wird und die sich dann im Kontrast zu ihrer sie bedingenden Virtualität, der einzelnen Möglichkeit, befindet. Sie kann nun von den nicht-selektierten Möglichkeiten abgegrenzt werden, die jedoch nicht verloren gehen, sondern im Gegenteil durch Re-Virtualisierung potenziert werden. Dieses Verständnis von Virtualität als Potentialität, als eine Seite der durch Sinn zu treffenden Unterscheidung zwischen Möglichkeit und Realität, ist zwar in der zweiten Hälfte des 20. Jahrhunderts entstanden, koppelt das Virtuelle interessanterweise jedoch nicht ausschließlich an digitale Medien.

TECHNISCHE MEDIEN

Dennoch sind auch technische und digitale Medien Gegenstand von Luhmanns Überlegungen, und auch hier bietet sich sein systemtheoretischer Differenz-Blick an. Die technisch ermöglichte Nutzung von Elektrizität hat Luhmann zufolge dazu geführt, dass die Kommunikationsmöglichkeiten erweitert worden sind und die Schranken derjenigen Kommunikation, die auf dem Organismus des Menschen beruhen, abgebaut wurden. Zur Folge hat dies, dass das Kommunikationssystem Gesellschaft immer abhängiger wird von auf Technologie basierenden strukturellen Kopplungen mit seiner Umwelt, woraus eine gestiegene Anfälligkeit für Störungen resultiert. Für Luhmann lässt Telekommunikation »die noch bestehenden räumlichen (also zeitlichen) Beschränkungen der Kommunikation gegen Null tendieren.«[25] Insofern stellt Telekommunikation nicht andere Formen der Kommunikation (mündliche oder schriftliche) in Frage, sondern sie »eröffnet ihr nur zusätzliche Anwendungsmöglichkeiten«[26], mit denen jedoch Einschränkungen einhergehen, beispielsweise aufgrund des Mehraufwands an Wartungsenergie, der durch die Störungsanfälligkeit entsteht. Generell ist nun mehr Kommunikation möglich als es ohne diese Medien möglich war. Die technischen und digitalen Medien des 20. Jahrhunderts sind Potentialisierungen von Möglichkeiten – und damit von Virtualität – wodurch das Selektionsproblem verstärkt wird:

---

24 Luhmann 1997, S. 142.
25 Luhmann 1997, S. 302.
26 Luhmann 1997, S. 303.

»Die neuen Medien dieses Jahrhunderts haben die weltweiten Kommunikationsmöglichkeiten nochmals beträchtlich erweitert. Sie verschärfen damit die Diskrepanz zwischen möglicher und aktuell stattfindender Kommunikation. Sie verschärfen damit das Selektionsproblem, woraufhin die Gesellschaft auf der einen Seite mit Organisation, auf der anderen mit Individualisierung der Selektion reagiert.«[27]

Die dadurch bedingte Auflösung der Einheit der Kommunikation gibt der Differenz von Medium und Form eine gesteigerte Bedeutung. Zudem scheint die tatsächlich verwirklichte Kommunikation im Vergleich zu der nur möglichen an Relevanz zu gewinnen, da sich die Möglichkeiten nun potenziert haben.

Im Bezug auf Bildtechnologien wie dem Fernsehen stellt Luhmann fest, dass diese dazu führen, »dass die gesamte Welt kommunikabel wird« und daher die Kommunikation das Sein ablöst.[28] Die hauptsächliche Neuordnung, die sich durch jene Medien vollzieht, besteht darin, dass aufgrund der – Luhmann zufolge nur im Telefon nicht gegebenen – Einseitigkeit der Kommunikation sich das Selektionsgeschehen auf beiden Seiten der Apparatur verändert: »Man seligiert nicht mehr in der Kommunikation, man seligiert *für* die Kommunikation.«[29] Damit kann Kommunikation zwar sowohl beim »Sender«, als auch beim »Empfänger« selektiert werden, es bietet sich jedoch keine Möglichkeit der Korrektur. Zudem, und das scheint wichtiger, wird durch diese Medien Sinn, das Unterscheiden und Auswählen, im Hinblick auf Kommunikation vollzogen. Zugespitzt könnte man sagen, dass Medien in dieser Hinsicht Sinn ablösen, denn sie sind der Maßstab der Differenzierungen und der Anschluss-Kommunikation.

Luhmann zufolge hat es wenig Sinn, die in Computern verborgenen »unsichtbaren Maschinen« als »anwesend« zu bezeichnen, denn sie werden

»erst durch zeitlich und lokal situierte Anfragen dazu gebracht, Informationen sichtbar zu machen, die dann im Anfragekontext ihre eigene Differenz von Vergangenheit und Zukunft erzeugen. Die Bruchlinie zwischen den unsichtbaren und unvorstellbaren Rechenvorgängen der Maschine und dem gelegentlichen, interessensbedingten Erscheinenlassen ihrer Zustände könnte auf dem Weg sein, die alten Unterscheidungen von aeternitas und temous und von Anwesenheit und Abwesenheit vom ersten Rang der Weltkonstruktion zu verdrängen. Man spricht mit Bezug darauf bereits von ›virtueller Realität‹ [...]«[30]

---

27 Luhmann 1997, S. 311.
28 Luhmann 1997, S. 306.
29 Luhmann 1997, S. 308.
30 Niklas Luhmann: Die Gesellschaft der Gesellschaft. Band 2. Frankfurt am Main: Suhrkamp, 1997. S. 1147.

In diesem Kontext stellt sich Luhmann die Frage nach der postmodernen Moderne. Interessanterweise merkt er in einer Fußnote zur »Virtuellen Realität« an, dass dieser Begriff meist »jargonhaft und ohne Klärung der Frage, welche virtus denn das bloß Mögliche in etwas Virtuelles transformiert« verwendet wird. Seiner Vorstellung von der im Sinn prozessierten virtuellen Möglichkeit scheint sie jedenfalls entgegenzustehen. Dennoch wird aus seiner Perspektive das Virtuelle – in Form der Potentialisierung von Möglichkeiten der Kommunikation – durch technische Medien vermehrt.

Fazit

Virtualität wird hier zwar mit Medien, aber nicht im Speziellen mit digitalen oder gar mobilen Medientechnologien in Verbindungen gebracht. Diese können zwar auch als Medium im Sinne von virtuellen Potentialen, die zu Formbildungen fähig sind, begriffen werden, jedoch nicht ausschließlich, sondern auch als Form. Das Virtuelle, verstanden als ein Potential, also etwas, das zu etwas anderem fähig ist, ist vielmehr eine allgemeine Seite einer Differenzierung, die Teil jeglicher systembildender Prozesse ist. Das Virtuelle ist bei Luhmann jedoch anders als bei Leibniz, Bergson und Deleuze eng verbunden bis bedeutungsgleich mit dem Möglichen.

Luhmanns Medium ist ein virtuelles Davor und Während. Es ist zugleich virtuell und Möglichkeits-bereitstellend, denn »aktuell kann nur sein, was auch möglich ist.«[31] Was aktuell ist, geht jedoch von etwas Virtuellem aus, in welchem die Möglichkeit eben jener Aktualität angelegt ist. In jener Aktualität, in der Form, wird die vorausgegangene Virtualität wahrnehmbar. Das Medium ist also ein Potential, die Form eine Aktualisierung. Die im Aktuellen sichtbare Spur des Virtuellen, das sich durch die Aktualisierung wandelt, ist eine Ermöglichung, die außerhalb der Präsenz als ein Gesamtes, dessen ersetzbarer Teil sie ist, weiter fortbesteht.

Die Unterscheidung zwischen Virtualität und Aktualität ist notwendig für die Autopoiesis und damit für den Selbsterhalt jedes Systems. Die Verbreitung von digitalen und mobilen Medien führt zwar zu einer Vermehrung der Potentialitäten, sie erfindet diese jedoch nicht neu. Elementar ist, dass jene Differenzierung zwischen Potentiellem/Virtuellem und Aktuellem durch das Prozessieren von Sinn, durch etwas Drittes wie einen Beobachter zustande kommt, und dass zudem jede Beobachtung und damit Realität als solche von Virtualitäten durchzogen ist. Virtualität ist hier also Teil einer selbstregulierenden Operation, eine Hälfte der Unterscheidung und Bezeichnung durch Sinn.

---

31 Luhmann 1995, S. 174.

11.2 Deleuze – Virtuelles und Aktuelles

Gilles Deleuzes Philosophie baut sich um eine Idee des Virtuellen auf, die – obgleich sie Mitte des 20. Jahrhunderts und damit in einer von Medientechnologien wie dem die Populärkultur prägenden Kino, dem omnipräsenten Rundfunk und Fernsehen, sowie dem Computer beeinflussten Epoche entstanden ist – weder an Medientechnologien gekoppelt noch »Realität« gegenübergesetzt ist. Das Virtuelle ist für Deleuze eine äußerst grundlegende Idee seiner Philosophie, um das insbesondere sein 1968 veröffentlichtes Hauptwerk »Differenz und Wiederholung« kreist. Auch wenn Deleuze »Virtualität« im Rahmen eines doppelten Dualismus entwickelt, verfängt er sich hierbei weder in einer Zweiteilung des Seins wie Leibniz und andere, noch befasst er sich wie Martin Heidegger mit dem »Sein des Seienden« und sucht damit trotz anderer Ambitionen nach Statik in etwas sich Veränderndem. Für Deleuze geht es um das Entstehen an sich und damit um Prozessualität, um das Werden des Vergangenen, um das immer schon zeitlich Folgende und Vorangegangene, welches im durch das Jetzt entstandenen Vorher gespiegelt und manifestiert wird, womit eine Bewegung der Verschiebung einhergeht.

Die Idee – das Virtuelle – ist also die Triebkraft desjenigen, welches ist, wobei dieses Sein als ebenso Temporäres zu verstehen ist wie das Virtuelle als sich Wandelndes. Einer der Hauptreferenzlinien ist für Deleuze neben der vergleichsweise empirischen Prozessualphilosophie Alfred N. Whiteheads und den Gedanken von Spinoza, Leibniz und Kant die Philosophie Henri Bergsons wie sie vor allem in »Denken und schöpferisches Werden« sowie »Gedächtnis und Materie« entwickelt wurde. An sie knüpft er an, um den sich wandelnden Zustand des Virtuellen und seine Gleichzeitigkeit, die keine Vorgängigkeit sein kann, zu erläutern. Den Seinsdualismus umgeht Deleuze, indem er zusammen mit Felix Guattari zwecks Welterläuterung vier »ontologische Funktionen«[32] entwickelt: das Reale und das Mögliche, sowie das Aktuelle und das Virtuelle. Das Virtuelle wird damit nicht mit dem Realen unvereinbar, sondern mit dem Möglichen; an Stelle eines Seinsdualismus steht ein doppelter Dualismus, der damit zu einem dreifachen wird, sowie eine sich auf die werdende abschweifende Wiederholung und das generative Moment konzentrierende Philosophie.

---

32 Félix Guattari: Chaosmosis. An Ethico-Aesthetic Paradigm. Sydney: Power Publications, 1995. S. 60

Der Begriff

Für Deleuze ist Philosophie die Theorie von Vielheiten, von denen jede einzelne aus aktuellen und virtuellen Elementen besteht. Wie Deleuze und Guattari in ihrem Band »Was ist Philosophie?« dargelegt haben, besteht die von ihnen ausgeführte Disziplin in der Erschaffung von Begriffen.[33] Philosophie handelt immer davon, Begriffe zu konstruieren und zu konstituieren und damit Probleme zu stellen. Begriffe sind an sich virtuell, zugleich jedoch abhängig von den ihnen vorhergehenden und sie begleitenden Aktualisierungen und von den anderen Begriffen, in Relation zu denen und deren Inkarnationen sie sich formieren und damit potentiell immer auch transformieren. Da der Begriff also eine Virtualität ist, wird die Philosophie hier wie von Leibniz gefordert zu einer Wissenschaft des Virtuellen, von Begriffen, auch wenn sie nicht explizit so genannt wird.

Ein Begriff ist niemals einfach, sondern ist immer eine Mannigfaltigkeit, die aus Komponenten besteht, die oft auch aus anderen Begriffen stammen, also auf andere Probleme geantwortet haben, und selber auch als Begriffe aufgefasst werden können, in jenem Begriff jedoch unzertrennlich werden.[34] Begriffe haben »ein Werden«, denn sie passen sich den anderen Begriffen auf derselben Ebene an. Sie ändern sich also fortwährend. Obgleich der Begriff sich in den Körpern inkarniert, ist er nicht körperlich und kann auch nicht aktuell sein, wohl aber real:

> »Der Begriff ist ein Unkörperliches, obwohl er sich in den Körpern inkarniert oder verwirklicht. Aber er verschmilzt eben nicht in dem Sachverhalt, in dem er sich verwirklicht. Er besitzt keine raum-zeitlichen Koordinaten, sondern nur intensive Ordinaten. Er besitzt keine Energie, sondern nur Intensitäten, er ist anergetisch.«[35]

Der Begriff ist ein Denkakt, der fragmentarisch und zu seinen Komponenten sowie den anderen Begriffen relativ ist. Absolut wird er durch die Verdichtungen, die er in seinem Ort und den durch ihnen dem Problem zugewiesenen Bedingungen besitzt.[36] Der Begriff ist: »Real, ohne aktuell zu sein, ideal, ohne abstrakt zu sein...«[37] Damit ist er virtuell. Der Begriff definiert sich zwar durch seine Konsistenz, ist jedoch »selbstreferentiell, er setzt sich selbst und setzt

---

33 Gilles Deleuze und Felix Guattari: Was ist Philosophie? Frankfurt am Main: Suhrkamp Verlag, 2000. S. 9.
34 Deleuze und Guattari 2000, S. 21, 24, 25.
35 Deleuze und Guattari 2000, S. 27.
36 Deleuze und Guattari 2000, S. 28.
37 Deleuze und Guattari 2000, S. 29, 182.

seinen Gegenstand gleichzeitig mit seiner Erschaffung.«[38] Damit werden die Begriffe zu nicht-diskursiven »Schwingungszentren«[39], die von den sie umgebenden Begriffen abhängen und Umrisse, Konfigurationen und Konstellationen zukünftiger Ereignisse sind.[40] Begriffe sind Virtualitäten, die zwar real, an sich aber nicht aktuell sind, sondern in Verkörperungen als Virtuelles eine Aktualität erhalten.

Daher ist der Begriff des Virtuellen in doppelter Weise virtuell, denn der Begriff selbst ist das, was er aussagen soll. Diese Zirkularität führt dazu, dass eine »Begriffsdefinition« des Virtuellen, gleich eines mathematischen Axioms, kaum zu erstellen ist, denn das Problem ändert sich mit seiner Erschaffung, Ableitung und Rekonstruktion fortwährend. Dennoch kann sich dem Virtuellen als Funktionsprinzip, als etwas Systembildendem und Weltgenerierendem genähert werden.

DAS VIRTUELLE

Diese Annäherung an das Virtuelle vollzieht Deleuze vor allem in »Differenz und Wiederholung«, in der Textskizze »Das Aktuelle und das Virtuelle«, aber auch in seinen Büchern zum Kino und zur Philosophie im Allgemeinen. Dort wird das Virtuelle am Beispiel des Begriffs und des Ereignisses gedacht.[41]

»Jede Ereigniskomponente *aktualisiert oder verwirklicht sich* in einem Augenblick, und das Ereignis entsprechend in der Zeit, die zwischen diesen Augenblicken vergeht; nichts aber geschieht in der *Virtualität*, deren Komponenten nur Zwischen-Zeiten sind und deren zusammengesetztes Werden ein Ereignis ist. Hier geschieht nichts, alles aber wird, so dass das Ereignis das Privileg besitzt, wieder zu beginnen, wenn die Zeit vergangen ist. [...] Ein *Begriff* erfasst das Ereignis, sein Werden, seine untrennbaren Variationen [...]. In seiner Produktion und Reproduktion hat der Begriff die Realität eine Virtuellen, eines Unkörperlichen, eines Fühllosen, im Gegensatz zu den Funktionen des aktuellen Sachverhalts, zu den Funktionen des Körpers und des Erlebens.«[42]

Das Ereignis ist somit etwas Zeitliches, das sich zwischen den in einzelnen Augenblicken aktualisierten Ereigniskomponenten vollzieht, also durch und nicht in der Virtualität, oder vielmehr in ih-

---

38 Deleuze und Guattari 2000, S. 29.
39 Deleuze und Guattari 2000, S. 30
40 »Der Begriff ist der Umriß, die Konfiguration, die Konstellation eines künftigen Ereignisses.« Vgl. Deleuze und Guattari 2000, S. 41.
41 Zum Begriff des Ereignisses bei Deleuze vgl.: Marc Rölli (Hg.): Ereignis auf Französisch. Von Bergson bis Deleuze. München: Wilhelm Fink Verlag, 2004.
42 Deleuze und Guattari 2000, S. 185. (Kursiv im Original)

rem »zusammengesetzten Werden«. Der Begriff erfasst einerseits das Werden und die Variationen des Ereignisses, andererseits stellt er sich selbst als Problem. Virtuell ist der Begriff im Gegensatz zum aktuellen Sachverhalt, im Kontrast zu dem er unkörperlich und »fühllos« erscheint. Das Unkörperliche ist jedoch nicht das Hauptcharakteristikum des Virtuellen, vielmehr ist es seine Referenz- und Konsistenzlosigkeit, seine Folgenlosigkeit, die es aber nicht daran hindert, im Aktuellen aufzutauchen und sogleich wieder anders geartet in einem nebulösen Zustand zu verschwinden. Es ist also die unkörperliche Inkarnation des Wandels, der unendlichen Differenziation, der wiederholten Veränderung.

Die Beziehung zwischen Virtuellem und Aktuellem ist daher nie als ein symmetrischer Austausch gleich einer Reproduktion, die als solche auch zu einem zeitlich versetzten Augenblick in gleicher Weise sich vollziehen könnte, zu verstehen. Beide Momente sind miteinander verwoben und somit nicht voneinander zu isolieren, auch wenn die Fäden vom einen zum anderen anderer Art sind als die vom anderen zum einen:

»Man steigt vom Virtuellen zu den aktuellen Sachverhalten herab, man steigt von den Sachverhalten zum Virtuellen empor, ohne dass man sie voneinander isolieren könnte. Aufstieg und Abstieg aber zeichnen nicht dieselbe Linie: Die Aktualisierung und die Gegen-Verwirklichung sind nicht zwei Segmente derselben Linie, sondern verschiedene Linien.«[43]

Und eben diese Linien sind Gegenstand der Philosophie, die sich – im Gegensatz zur Wissenschaft, gegenüber der sich die Philosophie noch immer positionieren muss – damit befasst, das Unendliche zu bewahren. Deleuze und Guattari zufolge geschieht dies gerade nicht auf einer Referenzebene wie in den Wissenschaften, sondern auf einer Ebene der Immanenz und Konsistenz:

»Die wissenschaftliche Funktion bestimmt einen Sachverhalt, ein Ding oder einen Körper, die das Virtuelle auf einer Referenzebene und in einem Koordinatensystem aktualisieren; der philosophische Begriff drückt ein Ereignis aus, das dem Virtuellen eine Konsistenz auf einer Immanenzebene und eine geordnete Form verleiht.«[44]

Gemeint ist hiermit wohl, dass das Virtuelle sich nicht auf der Seite der empirischen Wissenschaften finden lässt, also kein körperlicher Gegenstand ist, wenngleich es sich in diesem aktualisiert (und damit wahrnehmbar wird). Diese dingliche oder körperliche Ebene

---

43 Deleuze und Guattari 2000, S. 187.
44 Deleuze und Guattari 2000, S. 156.

wird damit zur Referenzlinie, die auf das Virtuelle verweist. Dieses findet sich in konsistenter und geordneter Form in einem durch einen Begriff ausgedrückten Ereignis, und damit auf einer Immanenzebene, denn es verweist nicht auf etwas, sondern wird durch einen philosophischen Begriff als Ereignis ausgedrückt. Die auf der Ding-Ebene stattfindende Aktualisierung schöpft aus dem Virtuellen, auf das sie sich beruft, ein Potential, das sie sich aneignet.[45] Die Philosophie ist damit reinste Arbeit am Virtuellen und seine Bestätigung. Die Wissenschaft aktualisiert dahingegen das Virtuelle durch Funktionen und verleiht ihm damit eine Referenz, und in gewisser Weise Zugänglichkeit:

»Die Philosophie, die das Unendliche bewahrt, verleiht dem Virtuellen Konsistenz durch Begriffe; die Wissenschaft, die auf das Unendliche verzichtet, verleiht dem Virtuellen eine Referenz, die es aktualisiert, und zwar durch Funktionen.«[46]

Das Virtuelle ist also nicht nur für Medienphilosophie zentral, sondern für Philosophie als solche, als Arbeit an Begriffen und Ergründung der Welt, die diese wieder spiegelt.

DIFFERENZ UND WIEDERHOLUNG

Abstrakter, nämlich ohne Bezugnahme auf den Begriff als Beispiel für das Virtuelle, entwickelt Deleuze in »Differenz und Wiederholung« seine Idee des Virtuellen und geht hierbei näher auf die doppelte ontologische Differenz ein, die aufgrund der Prozessualität des Ewigen im eigentlichen Sinn keine solche mehr ist. Einerseits werden Virtualität und Möglichkeit voneinander abgegrenzt, andererseits wird das Virtuelle als nicht dem Realen, sondern dem Aktuellen gegenüberstehend konzipiert:

»Das Virtuelle steht nicht dem Realen, sondern bloß dem Aktuellen gegenüber. *Das Virtuelle besitzt volle Realität, als Virtuelles*. Vom Virtuellen muss genau das gesagt werden, was Proust von den Resonanzzuständen sagte: Sie seien ›real ohne aktuell zu sein, ideal ohne abstrakt zu sein‹; und symbolisch ohne fiktiv zu sein. Das Virtuelle muss selber als ein strikt dem Realobjekt zugehöriger Teil definiert werden [...]. Die Struktur ist die Realität des Virtuellen.«[47]

Deutlich ist, dass Deleuze Virtualität nicht als Konträrbegriff zu Realität konzipiert. Das Virtuelle ist vollständig bestimmt, obgleich

---

45 Deleuze und Guattari 2000, S. 141.
46 Deleuze und Guattari 2000, S. 136.
47 Gilles Deleuze: Differenz und Wiederholung. München: Wilhelm Fink Verlag, (1969) 1997. S. 264.

es nur ein Teil des Objekts wie beispielsweise des Kunstwerks ist. Geklärt ist auch, dass es nicht außerhalb des Realen steht, sondern ein Teil von ihm, vom »Realobjekt« ist. Seine Struktur ist seine Realität. Hierbei spielt die Temporalität des Virtuellen eine besondere Rolle. In Anlehnung an der von Bergson in »Materie und Gedächtnis« unternommenen Trennung von Welt in zwei Zentren, einem realen und einem virtuellen, und damit einhergehend der Abgrenzung von »Wahrnehmungsbildern« und »Erinnerungsbildern« charakterisiert Deleuze das virtuelle Objekt wie folgt:

»Das virtuelle Objekt ist wesentlich vergangen. [...] Das virtuelle Objekt ist keine frühere Gegenwart; [...] Die reine Vergangenheit aber [...]: die gleichzeitig zu ihrer eigenen Gegenwart, präexistent gegenüber der vorübergehenden Gegenwart ist und jede Gegenwart vorübergehen lässt – diese reine Vergangenheit qualifiziert das virtuelle Objekt. Das virtuelle Objekt ist ein Fetzen reiner Vergangenheit.«[48]

Das virtuelle Objekt ist vergangen »insofern es gleichzeitig zur Gegenwart ist, die es ist, in einer geronnenen Gegenwart«[49]. Es existiert damit nur als Fragment seiner selbst, nur als Verlorenes wird es gefunden, nur als Wiedergefundenes ist es. Es ist immer verschoben und deplatziert, auch wenn es sich an seinem Ort befindet; ihm fehlt immer etwas, das es zugleich ist – das virtuelle Objekt befindet sich also stets in einem Zwischenzustand, der dem des »Mediums« aufgrund seines Oszillierens nicht unähnlich ist.

Durch dieses Sein als reine Vergangenheit wird das Virtuelle zu einem sich ständig in Abgrenzung zu seinen Aktualisierungen neu schöpfendem Moment. Aktualisierung bedeutet für das Virtuelle Differenzierung. Das Virtuelle ist das Fundament des Objekts, daher darf und kann es nicht außerhalb von ihm gedacht werden. Ebenso kann aus einer anderen Perspektive das Aktuelle nicht ohne das Virtuelle gedacht werden, wie Deleuze in einer sehr kurz gehaltenen späten Textskizze namens »Das Aktuelle und das Virtuelle« metaphorisch dargelegt hat. Ein Gegenstand muss immer beides zugleich sein:

»Es gibt keinen rein aktuellen Gegenstand. Jedes Aktuelle umgibt sich mit einem Nebel von virtuellen Bildern. Dieser Nebel steigt von mehr oder weniger weitläufigen, koexistierenden Kreisläufen auf, in denen sich die virtuellen Bilder ausbreiten und zirkulieren. [...] Jedes Aktuelle umgibt sich mit Kreisen von sich immer erneuernden Virtualitäten, von denen ein jeder einen anderen Kreis ausstrahlt und dabei alle das Aktuelle umgeben und auf es reagieren. [...] – Die virtuellen Bilder sind auch ebenso wenig ablösbar vom aktuellen Gegenstand,

---

48 Deleuze 1997. S. 136.
49 Deleuze 1997, S. 137.

wie es dieser von jenen ist. Die virtuellen Bilden wirken daher auf das Aktuelle ein.«[50]

Dieses Bild der virtuellen Bilder als Nebel ist einer Stelle aus Bergsons »Materie und Gedächtnis« entnommen. Dort erörtert dieser, wie das Bewusstsein das Gedächtnis analysiert. Um eine Erinnerung wachzurufen, begibt man sich Bergson zufolge zunächst ganz allgemein in die Vergangenheit, um dort durch Umhertasten die gewünschte Erinnerung wiederzuerwecken,

»ähnlich wie beim Einstellen eines photographischen Apparates. Unsere Erinnerung bleibt aber dabei noch virtuell; wir machen uns lediglich geschickt, sie zu empfangen, indem wir die geeignete Haltung einnehmen. Nach und nach erscheint sie wie ein dichter werdender Nebel; vom virtuellen geht sie in den aktuellen Zustand über; und je schärfer ihre Umrisse, je fertiger ihre Oberflächen werden, um so mehr neigt sie, die Wahrnehmung nachzuahmen. Aber sie bleibt der Vergangenheit durch die Wurzeln in der Tiefe verhaftet, und wenn sie, einmal realisiert, nicht das Gepräge ihrer ursprünglichen Virtualität behielte, wenn sie nicht, obgleich ein gegenwärtiger Zustand, etwas wäre, was grell gegen die Gegenwart absticht, würden wir sie niemals als in Erinnerung erkennen.«[51]

Das Virtuelle als solches verwandelt sich also nicht in Aktuelles und verpufft zugleich, sondern es bleibt als – nun modifiziertes – Virtuelles bestehen. Der Vergleich mit dem Fotoapparat verdeutlicht, dass reproduktive Medien mit der Möglichkeit von mehr Virtualität einhergehen. Interessant ist, dass die Erinnerung virtuell bleibt, durch das Erinnern, durch ihre Aktualisierung, jedoch »empfangen« werden kann. Bergsons Terminologie ist weniger scharf als die Deleuzes, denn bei ihm realisiert sich die Virtualität in ihrer Aktualisierung, dies impliziert, dass sie nicht an sich real ist. »Real« und »aktuell« oder »wirklich« werden also noch nicht genau voneinander getrennt.

Für Deleuze wandeln sich die »virtuellen Bilder« in Abhängigkeit von den durch andere Virtualitäten »ausgestrahlten« Kreisen und vor allem den mit ihm initiierten aktuellen Gegenstand. Während er das Prozessuale des Aktuellen, die Aktualisierung, von ihrem Produkt, dem Aktuellen, unterscheidet, scheint es einen Prozess der

---

50 Gilles Deleuze: Das Aktuelle und das Virtuelle. In: Peter Gente und Peter Weibel (Hg.): Deleuze und die Künste. Frankfurt am Main: Suhrkamp, 2007. S. 249-253. S. 249. Siehe: »Purely actual objects do not exist. Every actual surrounds itself with a cloud of virtual images.« Vgl. Gilles Deleuze: The actual and the virtual. In: Gilles Deleuze and Claire Parnet: Dialogues II. New York: Columbia University Press, 2002. S. 148-152. S. 8.
51 Bergson 1964, S. 151.

Virtualisierung entweder nicht zu geben, oder aber er ist so minderwertig, dass er keinerlei Abgrenzung von seinem Produkt, dem Virtuellen, braucht. Dies könnte als eine Priorisierung des ineinandergewobenen Dualismus zwischen Virtuellem und Aktuellem verstanden werden, nämlich des Virtuellen, das als an sich vorgängig und nicht erst gleichzeitig mit dem Aktuellen entstehend erscheint, wenngleich es sich in Referenz zu ihm und den anderen Virtualitäten stets neu erfindet und befindet.

»Das Aktuelle ist die Ergänzung oder das Produkt, der Gegenstand der Aktualisierung, deren Subjekt aber nur das Virtuelle ist. Die Aktualisierung gehört zum Virtuellen. Die Aktualisierung des Virtuellen ist die Singularität, während das Aktuelle selbst die konstituierte Individualität ist. Das Aktuelle fällt aus der Ebene als Frucht heraus, während die Aktualisierung es auf die Ebene wie auch auf das verweist, was das Objekt in ein Subjekt zurückverwandelt.«[52]

Als Prozess befindet sich die Aktualisierung also noch auf der Seite des Virtuellen, da sie sich in der Manifestation befindet, Virtuelles und Aktuelles zusammenschnürt, jedoch noch nicht als aktuelle Seite des realen Gegenstands, als konstituiertes Aktuelles angekommen ist. Signifikant in dieser Konzeption des Virtuellen ist, dass es sich ebenso wandelt, wie sich der Gegenstand, das aktuell Gewordene, im Bezug zu anderem Aktualisierten differenziert. Hierbei liegt der Wandel allerdings mehr auf der Seite des Virtuellen, noch in der Aktualisierung inbegriffen, als im Aktuellen selbst.

Das Virtuelle bildet sich also mit der Aktualisierung und im Aktuellen. Analog hierzu bildet sich für Bergson die Erinnerung nicht nach dem Wahrnehmungsgegenstand, sondern mit ihm. Sie ist ein virtuelles Bild, das gleichzeitig mit dem wahrgenommenen Gegenstand existent wird. Damit wird die Erinnerung zum Spiegelbild des aktuellen Gegenstands der Wahrnehmung. Zwischen virtuellem Bild und aktuellem Gegenstand findet ein Flimmern, ein fortwährender Austausch statt. Das virtuelle Bild wird für Deleuze wie in einem Spiegel unaufhörlich aktuell.

Auch hinsichtlich des Zusammenhangs von Aktualität und Virtualität greift Deleuze auf Bergsons Idee der Gegenwart, welche die Vergangenheit erst entstehen lässt und damit auf seine Vorstellung der voranschreitenden Zeit, die eine Aufspaltung in zwei Richtungen mit sich bringt, zurück.

»Es ist die vergehende Gegenwart, die das Aktuelle bestimmt. Aber das Virtuelle erscheint seinerseits in einer kürzeren Zeit als diejenige, die das Bewe-

---

52 Deleuze 2007, S. 250.

gungsminimum in einer einzigen Richtung misst. Deshalb ist das Virtuelle ›ephemer‹.«[53]

Das Virtuelle ist also vergänglich da es sich nur kurze Zeit zeigt. Gleichzeitig bewahrt nicht nur das Aktuelle, sondern auch das Virtuelle die Aktualisierung auf, insofern, als dass es sich unentwegt fortsetzt als eine nun veränderte Mannigfaltigkeit. Das Aktuelle entspricht der vorübergehenden Gegenwart und das Virtuelle der Vergangenheit, die sich aufbewahrt. Beide tauschen sich fortwährend aus und sind untrennbar voneinander, zusammen bilden sie Deleuze zufolge ein Kristall. Das bedeutet, dass das Aktuelle und das Virtuelle koexistieren und in einen Kreislauf des gegenseitigen Verweisens eintreten, wodurch sich »die reine Virtualität« nicht notwendigerweise mehr aktualisieren muss, denn ihr Aktuelles verweist ja bereits auf sie.

VIRTUALITÄT ODER MÖGLICHKEIT

Das so als abhängig vom Aktuellen definierte Virtuelle, dem als solches volle Realität zukommt, ist wesentlich vom Möglichen zu trennen. Dieses Anliegen teilt Deleuze nicht nur mit Bergson, sondern auch mit Leibniz, der Deleuze zufolge jedoch in fataler Weise Möglichkeit und Virtualität miteinander verwechselte und damit die Realität des Virtuellen aufhob. Deleuze behauptet hingegen, dass das Mögliche an sich im Gegensatz zum Virtuellen gar nicht real ist, denn es muss sich erst realisieren, damit ihm Realität zukommen kann. Das Virtuelle hingegen mag zwar keine Aktualität haben, Realität hat es allerdings in jedem Fall.

»Die einzige Gefahr bei all dem liegt darin, das Virtuelle mit dem Möglichen zu verwechseln. Denn das Mögliche steht dem Realen entgegen; der Prozeß des Möglichen ist also eine ›Realisierung‹. Demgegenüber steht das Virtuelle dem Realen nicht entgegen; es besitzt volle Realität durch sich selbst. Sein Prozeß ist die Aktualisierung. [...] Es geht um die Existenz selbst.«[54]

Für Deleuze hat damit die Virtualität der Idee absolut nichts mit einer Möglichkeit zu tun, denn sie ist nicht abhängig von einer Realisierung, und kann nicht als etwas in einem Vorher/Nachher und einem Jetzt Identisches verstanden werden.[55] Das Virtuelle ist im Gegensatz zum Möglichen das Kennzeichen der Idee. Gemäß einer Raum-Zeit, die der Idee bereits immanent ist, bringt das Virtuelle

---

53 Deleuze 2007, S. 252.
54 Deleuze 2007, S. 267.
55 Deleuze 1997, S. 244.

durch seine Realität die Existenz hervor. Die Aktualisierung des Virtuellen vollzieht sich ungleich des Möglichen:

»stets über Differenz, Divergenz oder Differenzierung. Die Aktualisierung bricht mit der Ähnlichkeit als Prozeß ebenso wie mit der Identität als Prinzip. Niemals ähneln die aktuellen Terme der Virtualität, die sie aktualisieren: Die Qualitäten und Arten ähneln nicht den Differentialverhältnissen, die sie verkörpern; die Teile ähneln nicht den Singularitäten, die sie verkörpern. Die Aktualisierung, die Differenzierung ist in diesem Sinne stets eine wirkliche Schöpfung.«[56]

Während sich Möglichkeit und Realität ähnlich sind, sind Virtualität und Aktualität einander nicht ähnlich, sondern verweisen aufeinander oder entsprechen einander.[57] Das Aktuelle ist hierbei zugleich Verkörperung, Differenzierung der Mannigfaltigkeit und immer »wirkliche Schöpfung«. Es handelt sich bei der Aktualisierung also nicht einfach um die Beschränkung einer präexistenten Möglichkeit, wie es bei der Realisierung der Fall ist.

»Sich aktualisieren bedeutet für ein Potential oder ein Virtuelles stets die Schaffung divergenter Linien, die ohne Ähnlichkeit der virtuellen Mannigfaltigkeit entsprechen. Das Virtuelle besitzt die Realität einer zu erfüllenden Aufgabe, nämlich eines zu lösenden Problems; das Problem ist es, das die Lösungen ausrichtet, bedingt, erzeugt, diese aber ähneln nicht den Bedingungen des Problems.«[58]

Im Anschluss an Bergson merkt Deleuze an, dass selbst im Falle von Ähnlichkeiten Differenzierungen zu Grunde liegen. Das Ähnliche setzt parallel zur Wiederholung also Heterogenität voraus. Die Aktualisierung des (mnemotischen) Virtuellen erscheint damit als »Erschaffung divergenter Linien«[59], die als Arten der Lösung des vom Virtuellen gestellten Problems auftreten und dieses als Differenzierung verkörpern. Damit verweist das Virtuelle immer als ein zu lösendes Problem in die Zukunft, in zeitlich folgende Lösungen seiner Fragestellung.

Die Idee ist »reine Virtualität«, denn sie verfügt über keine Aktualität.[60] Diese besitzt sie erst in der Aktualisierung durch einen Begriff, der sie widerspiegelt. An sich ist die Idee real, nicht aktuell,

---

56 Deleuze 1997, S. 268.
57 Deleuze 1997, S. 348.
58 Deleuze 1997, S. 268.
59 Deleuze 1997, S. 269.
60 Deleuze 1997, S. 348.

unterliegt der Differentiation (und nicht der Differenzierung) und ist komplett, »ohne ganz zu sein.«[61]

»Die Idee ist eine aus differentiellen Elementen zusammengesetzte Mannigfaltigkeit, die sich aus den Differentialverhältnisses der Elemente untereinander bildet, sowie aus den Singularitäten, die jenen Verhältnissen entsprechen, also den Aktualisierungen. Von diesen Singularitäten aus bilden sich Reihen, die sich über das System hinweg zu einer anderen Singularität hin fortsetzen und mit deren Reihe konvergieren oder divergieren.«[62]

Durch Differenzierung aktualisiert sich die Idee, obgleich sie selber völlig undifferenziert ist, ist Aktualisierung für sie gleichbedeutend mit Differenzierung.

»In diesem Sinn ist das Virtuelle nicht im geringsten ein vager Begriff; es besitzt volle objektive Realität; es lässt sich keineswegs mit dem Möglichen verwechseln, dem es an Realität mangelt; daher ist das Mögliche der Modus der Identität des Begriffs in der Repräsentation, während das Virtuelle die Modalität des Differentiellen im Inneren der Idee ist.«[63]

Es zeigt sich also eine aus vier Elementen bestehende Konstellation. Möglichkeit und Realität, sowie Virtualität und Aktualität. Während das Mögliche nicht real und nicht virtuell ist, kann es aktuell sein. Das Virtuelle hingegen ist real und damit nicht möglich. Es kann nicht aktuell sein.

Fazit

Das von Deleuze entwickelte Verständnis des Virtuellen ist das wohl folgenträchtigste des 20. Jahrhunderts. Dennoch gibt es außer Pierre Lévy kaum Autoren, die sich mit dieser Idee von Virtualität in Zusammenhang mit digitalen oder gar mobilen Medien befasst haben. Dabei liegt in Deleuzes deutlich an Bergson und Proust angelehnter Vorstellung des Virtuellen als Teil einer doppelten Differenzierung, aus der sich die Welt in der Zeit und mit deren Mannigfaltig-Werdungen bildet, ein hilfreicher Schlüssel um sich den durch diese Medien entstehenden Formen der abwesenden Anwesenheit zu nähern. Wie also wird Virtualität sich hier vorgestellt?

Die Philosophie besteht als Wissenschaft in dem Erzeugen von Begriffen. Diese reflektieren Ideen, und die Idee ist »reine Virtualität«. Insofern handelt es sich bei der Philosophie um die Wissenschaft des Virtuellen. Virtuelles ist »[r]eal, ohne aktuell zu sein, ide-

---

61 Deleuze 1997, S. 270, 271.
62 Deleuze 1997, S. 347.
63 Deleuze 1997, S. 348.

al, ohne abstrakt zu sein...«[64], es steht also dem Aktuellen gegenüber, zu dem es sich allerdings in wechselseitiger Referenz befindet. Das Virtuelle wandelt sich permanent und besteht aus Mannigfaltigkeiten, die sich in Absetzung von ihren Aktualisierungen, und deren Co-Aktualisierungen, wandeln. Das Virtuelle inkarniert sich in seiner Aktualisierung, verschmilzt jedoch nicht mit ihr, sondern besteht in modifizierten Formen fort. Dahingegen ist das Mögliche etwas völlig anderes als das Virtuelle, denn zum einen ist es nicht real, zum anderen bedarf es des Prozesses der Realisierung, um Realität zu werden, womit es gleichsam nur noch als Spur der Vergangenheit eine Existenz führt. Das Mögliche besitzt nicht dasselbe Potential wie das Virtuelle, nämlich fortwährend zu bestehen und wirklich Neues zu erschaffen. – Wie lassen sich diese Ideen in Zusammenhang mit digitalen Medien ausformulieren?

11.3 Lévy – Virtualität und digitale Medien

Etwa dreißig Jahre nach der Veröffentlichung von »Differenz und Wiederholung« und zur Zeit der ersten Internet-Browser und Mobiltelefone fragt sich der französische Philosoph Pierre Lévy 1998, ausgehend von der insbesondere durch elektronische und digitale Kommunikationstechnologien (dem »Cyberspace«) bewirkten »Virtualisierung« oder »Informatisierung«, was das Virtuelle ist. In seinem Buch »Qu'est ce que le virtuel?« gelangt er ebenfalls zu dem Schluss, dass es keinesfalls in Opposition zur Realität steht:

»Le virtuel n'est pas du tout l'opposé du réel. C'est au contraire un mode d'être fécond et puissant, qui donne du jeu aux processus de création, ouvre des avenirs, creuse de puits de sens sous la platitude de la présence physique immédiate.«[65]

Dem Virtuellen kommt also ein generatives Potential zu. Es untergräbt die Flachheit der unmittelbaren physischen Präsenz durch sein kreatives Potential und ist zugleich kraftvoll und ergebnisreich. Im Anschluss an Gilles Deleuze ist das Virtuelle für Lévy einer von vier Bausteinen, aus denen sich Welt zusammensetzt[66] und unter Bezug auf Alfred North Whitehead möchte er nicht nur, wie in der Philosophiegeschichte üblich, die Linie des Übergangs des Virtuellen in das Aktuelle, sondern andersherum das (Wieder-)Werden des Virtuellen betrachten. Auch Lévy stellt fest, dass in zeitgenössi-

---

64 Deleuze und Guattari 2000, S. 29.
65 Pierre Lévy: Qu'est ce que le virtuel? Paris: La Découverte, 1998. S. 10.
66 Lévy übernimmt ohne Referenz die hier skizzierte Struktur: Guattari 1995, S. 60.

schen Theorien der 1990er Jahre das Wort »virtuell« irreführenderweise dafür verwendet wird, die Abwesenheit von Existenz zu bezeichnen.[67] Für ihn hingegen ist Virtualisierung immer etwas Heterogenes, ein Anders-Werden, ein Prozess des Empfangens von Andersartigkeit.[68] Er konstatiert drei Formen der Virtualisierung, durch die sich der Mensch konstituiert hat: die Entwicklung der Sprachen, das Entstehen der Technik, und die zunehmende Komplexität der Institutionen.[69] Damit ist das Virtuelle schon immer Teil des menschlichen Daseins gewesen, als eine Kraft oder ein Vermögen, die äußeren (und inneren) Begebenheiten zu meistern.

Lévy zufolge haben die menschlichen Sprachen die »reale Zeit«, die materiellen Dinge, die aktuellen Ereignisse und den Gang der Dinge virtualisiert. Technologie hingegen virtualisiert nicht nur die Handlungen und die Körper, sondern auch die Dinge. Beispielsweise wird Feuer (das hier als Beispiel für ein Ding herhalten muss) durch Streichhölzer zu einem virtuell anwesenden Feuer.[70] Zum anderen virtualisiert eine intellektuelle Technologie fast immer eine kognitive Funktion oder eine mentale Aktivität. Beispielsweise organisiert die Schrift durch ihre Virtualisierung des Gedächtnisses die intellektuelle Ökonomie oder Ökologie um und verändert hierdurch rückwirkend das Gedächtnis.[71] Virtualität ist also in Lévys Konzeption nie eine unidirektional wirkende Kraft, sondern wandelt sich immer mit ihrer Aktualisierung. Ein Paradebeispiel für das Virtuelle ist Information. Sie muss allein deshalb virtuell sein, weil sie durch ihren Konsum nicht zerstört wird und von einem spezifischen »Hier und Jetzt« abgekoppelt ist.[72] Daher ist der »Cyberspace«, das WWW, für Lévy virtueller Art, zumindest solange sich die Informationen nicht aktualisiert haben:

»Avant sa lecture, l'information qui coule dans le cyberespace n'est pas potentielle mais virtuelle, dans la mesure où elle peut prendre des significations différentes et imprévisibles selon qu'elle s'insère dans tel hyperdocument ou dans tel autre. Virtuelle, parce que son enjeu n'est pas la réalisation (copie, impression, etc.) mais l'actualisation, la lecture, c'est-à-dire la signification indissociable de la participation délibérée d'au moins un être humain conscient.

---

67 »Dans l'usage courant, le mot virtuel s'emploie souvent pour signifier la pure et simple absence d'existence, la ›réalité‹ supposant une effectuation matérielle, und présence tangible.« Vgl. Lévy 1998, S. 13.
68 Lévy 1998, S. 23.
69 Lévy 1998, S. 69.
70 Lévy 1998, S. 73.
71 Lévy 1998, S. 36.
72 Lévy 1998, S. 56.

[...] Dans le cyberespace, le document devient aussi impalpable et virtuel que les informations et les idées elles-mêmes.«[73]

Das Virtuelle wird einerseits daran festgemacht, dass es »nichtmaterieller« Art ist, es vollzieht sich im Bewusstsein eines Menschen. Andererseits steht es im Gegensatz zum »Möglichen« oder »Potentiellen«, denn es ist vergleichsweise individueller und sich wandelnder als jenes, das sich in einer Vorauswahl erschöpft.

Wie für Deleuze und Guattari bilden für Lévy das Reale, das Mögliche, das Aktuelle und das Virtuelle eine »vier-polige Dialektik«[74], ein ontologisches Quadrivium, das sich optimal zur Weltbeschreibung zu eignen scheint. Jeder der vier Pole ist also eine eigene Seinsweise:

»Le réel, la substance, la chose, *substitute* ou résiste. Le possible recèle des formes non manifestées, encore dormantes: cachées au-dedans, ces déterminations *insistent*. Le virtuel [...] n'est pas là, son essence est dans la sortie: il *existe*. Enfin, manifestation d'un événement, l'actuel *arrive*, son opération est l'*occurance*.«[75]

Das Reale birgt also Resistenz, das Mögliche insistiert, beide befinden sich auf einer Ebene der Substanz, wohingegen das Virtuelle existiert und das Aktuelle ankommt, also wird, und dieser Dualismus sich auf der Ebene des Ereignisses befindet.

Dem Virtuellen und dem Möglichen ist gemeinsam, dass beide latent, unterschwellig sind. Im Gegensatz zum Realen und zum Aktuellen sind sie also nicht manifestiert. Dieser Umstand trägt Lévy zufolge dazu bei, dass beide oft verwechselt werden. Das Reale ähnelt jedoch dem Möglichen, während das Aktuelle dem Virtuellen nicht ähnelt, sondern auf es antwortet, wie Lévy in Anlehnung an Deleuze feststellt.[76] Genauer:

»D'essence problématique, le virtuel est comme une situation subjective, une configuration dynamique de tendances, de forces, de finalités et de contraintes que résout une actualisation. L'actualisation est un *événement*, au sens fort du terme. Un acte s'accomplit qui n'était nulle part prédéfini et qui modifie en retour la configuration dynamique dans laquelle il prend une signification. L'articulation du virtuel et de l'actuel anime la dialectique même de l'événement, du processus, de l'*être comme création*. – En revanche, la réalisation sélectionne parmi des possibles prédéterminés, déjà définis. On pourrait

---

73 Lévy 1998, S. 64.
74 Lévy 1998, S. 134.
75 Lévy 1998, S. 135.
76 »Le réel ressemble au possible; en revanche, l'actuel ne ressemble en rien au virtuel: *il lui répond.*« Vgl. Lévy 1998, S. 15.

dire que le possible est une *forme* à laquelle une réalisation confère une *matière*. Cette articulation de la forme et de la matière charactérise un pole de la *substance*, opposé au pole de l'événement.[77]

Im Gegensatz zum Möglichen ist das Virtuelle also eine sich in einem Ereignis der Aktualisierung manifestierende Mannigfaltigkeit. Das Mögliche hingegen ist etwas, dem seine Realisierung ein materielles Dasein hinzufügt. Daher bestimmt das Mögliche seine Realisierung vollständig und muss als Möglichkeit durch sie zu existieren aufhören. Da das Virtuelle als Problem und das Aktuelle als Lösung verstanden werden kann, ist die Aktualisierung keine Zerstörung, sondern eine erfinderische Produktion, ein kreativer Akt. Wenn das Virtuelle als ein Problem verstanden werden kann, wie Lévy es vorschlägt, dann kann die Aktualisierung als eine Lösung verstanden werden, die aus dem Problem etwas Neues schafft oder es anders als zuvor stellt. Die Lösung eliminiert das Problem nicht, sondern stellt sich als Lösungsform dar, die sich dem sich wandelnden virtuellen Problem anpasst.

»L'actualisation invente une solution au problème posé par le virtuel. Ce faisant, elle ne se contente pas de reconstituer des ressources, ni de mettre une forme à la disposition d'un mécanisme de réalisation. Non : l'actualisation *invente une forme*. Elle crée une information radicalement nouvelle. [...] La temporalité de l'actualisation est celle du *processus*.«[78]

Die Aktualisierung ist also generativ, denn sie erfindet eine Form und erschafft eine »radikal neue« Information. Die Virtualisierung hingegen zielt auf die Ewigkeit und ist die Quelle der Zeit, des Prozesses und der Geschichte, aus ihr entstehen die Aktualisierungen, jedoch ohne von ihr determiniert zu sein.[79] Der Virtualität wird hier vollkommenes schöpferisches Potential unterstellt, wobei der eigentliche kreative Akt, das Erschaffen, auf der Seite der Aktualisierung liegt: »L'actualisation est création, invention d'une forme à partir d'une configuration dynamique de forces et de finalités.«[80] Lévy zufolge ist diese Konzeption notwendig, da das Schöpferische als ausschließlich im Virtuellen liegend zu denken bedeuten würde, in eine Mischung aus Platonismus und aristotelischem Denken zurückzufallen. Dennoch bildet das Virtuelle den Ausgangspunkt des Aktuel-

---

77 Lévy 1998, S. 135.
78 Lévy 1998, S. 137.
79 »La virtualisation sort du temps pour enricher l'éternité. Elle est source des temps, des processus, des histoires, puisqu'elle commande, sans les déterminer, les actualisations.« Vgl. Lévy 1998, S. 138.
80 Lévy 1998, S. 15.

len, als ein dynamisches Kräftefeld, aus dem die Aktualisierung sich als Form herauskristallisiert.

Wie Lévy 2001 in seinem Buch »Cyberculture« herausarbeitet, hat das Wort »virtuell« für ihn mindestens drei Bedeutungen: eine technische, assoziiert mit Informationstechnologie, eine zeitgenössische, und eine philosophische. Für ihn gründet sich unsere Faszination mit virtueller Realität vor allem auf einer Verwechslung dieser drei Bedeutungen. Während das Virtuelle im philosophischen Sinn dasjenige ist, »which exists potentially rather than actually, the field of forces and problems that is resolved through actualization« (gemeint ist damit beispielsweise die Vorstellung, dass der Baum bereits im Samen vorhanden ist, also seiner Aktualisierung oder Konkretisierung zeitlich vorausgeht), wird es in seinem zeitgenössischen Gebrauch oft als Nicht-Realität aufgefasst, wobei als Realität dasjenige verstanden wird, welches eine materielle Verkörperung, eine handfeste Präsenz hat.[81] Für Lévy ist das Virtuelle – das in einer von dieser »philosophischen« Bedeutung abgewandelten Weise zu verstehen ist – jedoch immer, neben dem Aktuellen, eine Modus von Realität, wobei das Aktuelle niemals vollständig vom Virtuellen determiniert ist. Das Virtuelle ist eine unendliche Quelle für Aktualisierungen, die existiert ohne einen konkreten Ort zu haben.

Daher sind für Lévy Computer-Codes, die auf Festplatten oder Speichermedien geschrieben werden »quasi-virtuell«, denn sie sind unabhängig von diesen jeweiligen spatio-temporalen Koordinaten. Diese Medientechnologien sind für ihn ein weiterer Schritt hin zur Virtualisierung, auf die bereits durch Technologien wie die Schrift, Aufnahmetechniken für Bild und Ton, das Radio, das Fernsehen und das Telefon zugeschritten wurde.[82] Es ist also Information per se, die eine Virtualität darstellt, denn sie kann aktualisiert werden, muss es aber nicht und differenziert sich durch ihre Aktualisierung weiter aus. Das Telefon, als interaktives Telepräsenz-Medium, und die Post, die asynchrone Kommunikation ermöglicht, gehen dem »Cyberspace« nicht nur zeitlich, sondern auch logisch voraus, da hier das ihm eigene »geteilte Gedächtnis«, das unabhängig von spezifischer geografischer Verteilung und verschiedenen Zeitzonen sich aufspaltet und zusammenfügt, in ihren Grundzügen, wenn auch nicht technischer Art, vorweggenommen wurden. Digitale Informationen können als virtuell bezeichnet werden, da sie nur mittels ihrer Aktualisierung in einer anderen Form und über eine Verkörperung in beispielsweise einem Display als solche wahrnehmbar werden und mit ihnen interagiert werden kann. Ein digital erzeugtes

---

81 Lévy 2001, S. 29.
82 Lévy 2001, S. 30-31.

Bild ist für Lévy umso virtueller, je weniger von ihm fest gespeichert und je mehr prozessual erzeugt, also nur im Arbeitsspeicher temporär festgehalten wird.[83]

Mit der durch die Ausbreitung von Digitalmedien bewirkten zunehmenden Informatisierung der Welt geht keine »Dematerialisierung« von Information einher, denn digitale Informationen beanspruchen schlicht eine andere, möglicherweise platzsparendere Version eines physikalischen Trägers, auf dem sie dennoch beruhen.[84] Neu ist jedoch die hierdurch entstandene »virtuelle Welt«, deren Kennzeichen darin besteht, Informationen in einem kontinuierlichen Raum und nicht in einem Netzwerk zu arrangieren, und diese je nach Gesichtspunkt desjenigen, der die Informationen abruft, aufzubereiten, beispielsweise in einem Videospiel, und zugleich auch die »Informationsströme«.[85] Für Lévy ist der Cyberspace der durch jegliche Art von Digitaltechnologie entstehende Kommunikationsraum.[86]

Sinnvoll an Lévys Konzeption ist die doppelte Unterscheidung zwischen Virtuellem und Aktuellem sowie Möglichem und Realem, die allerdings auf Deleuze und Guattari zurückzuführen ist. Lévys Projektion dieser Idee auf die digitale Informatisierung oder Virtualisierung ist produktiv, da hierdurch deutlich wird, dass nicht erst digitale Medien oder der »Cyberspace« virtuell sind, sondern das Konzept des Virtuellen eine wesentlich umfassendere Geschichte und Bedeutung hat. Insofern ist der Lärm um die zunehmende, bedrohliche Virtualisierung ab circa 1950 und vor allem ab 1980/89 irreführend, denn eine »Virtualisierung« im Sinne einer Maximierung von Virtualitäten durch technische, produzierende oder reproduzierbare Aktualisierungen trug bereits vor der Emergenz von Digitalmedien dazu bei, dass Virtualität ein Wirklichkeits-beeinflussendes Phänomen geworden ist. Dennoch scheint sich durch digitale Medien und insbesondere durch mobile Medientechnologie die Durchdringung von Welt durch Virtualität in besonderem Maße maximiert zu haben.

11.4 Virtualitätsfiktionen

Wie bereits in der Einleitung geschildert, finden sich insbesondere in den 1980er und 1990er Jahren diverse Mutmaßungen bezüglich der Virtualitäts-Effekte digitaler Medien. Die meisten von ihnen schätzen aus einer heutigen Perspektive betrachtet die Effekte digi-

---

83 Lévy 2001, S. 54.
84 Lévy 2001, S. 35.
85 Lévy 2001, S. 43.
86 Lévy 2001, S. 74.

taler Medien falsch ein und konzipieren einen Dualismus von Virtualität und Realität, der »digital«, »simuliert« und »virtuell« synonym verwendet und damit Virtualität als eine der materiellen Realität gegenüberstehende Immaterialität konzipiert. Häufig ist in diese Zweiteilung also pejorativ in Bezug auf Virtualität, die oft als »der Realität« gegenüberstehende, künstliche Bildwelt konzipiert wird. Beispielsweise definiert Dirk Vaihinger 1997 in einem Sammelband zu »Virtuellen Realitäten« Virtualität wie folgt:

»Virtualität ist die Objektwelt, die Wirklichkeit zu sein verspricht, ohne sie sein zu müssen. [...] Virtualität besteht aus Bildern, aber in einer Art, die den Schein des Bildseins verneint, nämlich so, dass der Betrachter meinen soll, es seien nicht nur die Bilder, sondern die Dinge selbst, die die Bilder meinen.«[87]

Hier wird »Virtualität« mit »Simulation« oder »Virtueller Realität« verwechselt und auf Digitalmedien beschränkt. Aus dieser Perspektive ist Virtualität eine durch den Menschen erzeugte »neue, steuerbare Wirklichkeit«. »Virtualität und Realität sind komplementär« und generell ist Virtualität, die hier ausschließlich als »Virtuelle Realität« gedacht wird, ein »Feld der Möglichkeiten *gegenüber* dem Wirklichen«.[88] Wirklichkeit oder Realität werden durch diese neuartige Welt bedroht. Auch Benjamin Wooley, der sich mit »Virtuellen Realitäten« befasst, gelangt zu dem eigenartigen Schluss, dass physikalische und virtuelle Welt einander gegenüberstehen und sich Realität durch digitale Medientechnologien verschoben hat: »Die Realität hat die physikalische Welt verlassen und sich in die virtuelle begeben.«[89]

Diese Kontrastierung von Realität und Virtualität zieht sich durch verschiedene Theorien und wird dementsprechend divers ausformuliert. Beispielsweise ist für Wolfgang Welsch »Wirklichkeit« durch elektronische Medien, durch »Simulation« und »Virtualität«, »problematisch« geworden, denn zu diesen steht sie mit ihrer Körperlichkeit im Kontrast und wird »in einem elektronisch unsubstituierbaren Sinn« aufgewertet.[90] »Real« ist für ihn »das, was Widerstand

---

87 Dirk Vaihinger: Virtualität und Realität – Die Fiktionalisierung der Wirklichkeit und die unendliche Information. I: Holger Krapp und Thomas Wägenbaur (Hg.): Künstliche Paradiese, Virtuelle Realitäten. Künstliche Räume in Literatur-Sozial- und Naturwissenschaften. München: Wilhelm Fink Verlag, 1997. S. 19-43. S. 21.
88 Vaihinger 1997, S. 23, 27, 25.
89 Woolley 1994, S. 249.
90 Wolfgang Welsch: »Wirklich«. Bedeutungsvarianten – Modelle – Wirklichkeit und Virtualität. In: Krämer 1998. S. 169-212. S. 196.

bietet, ›real‹ bezeichnet den Hardware-Charakter des Wirklichen.«[91] Wirklichkeit hingegen ist nichts Objektives, sondern ein kohärentes Fiktionsgewebe, eine »kunstvolle Konstruktion« ästhetischer Art.[92] Ein paar Jahre später kommt Welsch, nachdem er Virtualitätsvorstellungen der Antike, Scholastik, Neuzeit usw. kurz anreißt, zu dem Schluss, dass Realität schon immer virtuell gewesen ist.[93] Diese Theorie bleibt dennoch etwas bruchstückhaft.

Villem Flusser hingegen schlägt ausgehend von den für ihn unbefriedigenden Definitionen von Virtualität als »für alle praktischen Zwecke so viel wie wirklich« und »der Möglichkeit nach oder scheinbar« vor, unter »virtuell« das zu verstehen, »was aus dem Möglichen auftaucht und beinahe ins Wirkliche umschlägt«. Unabdingbar ist es für ihn, das Virtuelle zusammen mit dem Wirklichen zu denken. Das deutsche Wort »Wirklichkeit«, so stellt er fest, ist ein von Meister Eckehart erfundenes Kunstwort, das den lateinischen Begriff »efficencia« bzw. »gratia effieciens [...] die Gnade, die bewirkt, dass wir unsere Seele retten« übersetzt. »Efficere«, »wirken«, wurde übersetzt mit »Wirklichkeit« und im Folgenden zum Synonym für Realität.[94] Hier ist Virtualität also etwas, das aus dem Möglichen hervorgeht, aber nicht zum Wirklichen hinübergeht, sondern sich in einem Zwischenzustand zwischen Möglichem und Wirklichem bzw. Realem befindet, also nicht wirklich real ist, was unter Anbetracht der oben aufgegriffenen Theorien des Virtuellen wenig plausibel ist.

1994 greift Vladimir Cherniavsky die Bestimmung von »Virtualität« in der Informatik auf. In diesem Kontext wird sie als etwas konzipiert, das nur insofern existiert, als dass es gedacht wird, und dem im Gegensatz zu Phantasie-Objekten »Wahrheit« zukommt. Cherniavsky modifiziert diese Vorstellung, indem er Virtualität als etwas definiert, das nur im Reden, also beispielsweise in einer Programmiersprache existiert.[95] Dieses »nur«-existieren weist darauf hin, dass es im Gegensatz hierzu eine andere und vollere Existenz gibt. Virtualität kann damit als Grundbegriff der Informatik betrachtet werden, da diese sich ja mit Programmiersprachen und deren Produkten, also mit virtuellen Existenzen befasst.

---

91 Welsch 1998, S. 175.
92 Welsch 1998, S. 196-197.
93 »[...] reality was always already virtual to begin with.« Vgl. Wolfgang Welsch: Virtual to begin with? In: Mike Sandbothe und Winfried Marotzki (Hg.): Subjektivität und Öffentlichkeit. Kulturwissenschaftliche Grundlagenprobleme virtueller Welten. Köln: Herbert von Halem Verlag, 2000. S. 25-60. S. 57.
94 Flusser 1993, S. 66.
95 Vladimir Cherniavsky: Die Virtualität. Philosophische Grundlagen der logischen Relativität. Hamburg: Kovac, 1994. S. 83.

Elena Esposito betrachtet »das Modewort Virtualität« angesichts der Relation von Fiktion und Realität und im Bezug zum Modalbegriff der Kontingenz. Sie beobachtet, dass das Feld der Virtualität innerhalb der Kontingenz durch die »nicht-aktualisierten Möglichkeiten«[96] gebildet wird, wodurch der Virtualität eine wesentlich reichhaltigere Absicht zukommt als der Simulation, auf die sie oft beschränkt wird. Denn während die Simulation etwas Reales durch Zeichen nachkonstruiert, besteht der Zweck der Virtualität Esposito zufolge darin,

»eine alternative Realitätsdimension zu schaffen: keine falschen realen Objekte, sondern wahre virtuelle Objekte, für welche die Frage der Realität ganz und gar gleichgültig ist.«[97]

Damit steht das Virtuelle außerhalb des Realen. Für Esposito sind Daten im Internet »virtuelle Informationen«[98], die nur durch das Gesucht-Werden Realität erhalten. Generell ist das Virtuelle dasjenige, welches geschaffen wird, wenn ›vom Möglichen das Notwendige abgezogen wird‹, wodurch der Bereich des Kontingenten entsteht, in dem zwischen aktualisierten und nicht aktualisierten (hier: virtuellen) Möglichkeiten unterschieden werden muss. Fast zehn Jahre später stellt Esposito in einer weiteren Untersuchung der Differenz von Realität und Fiktion fest, dass die »reale Realität« immer undurchsichtiger wird und uns die Begriffe fehlen, mit denen wir uns in dieser (von digitalen Medientechnologien geprägten) Welt orientieren können. Ein Beispiel hierfür sei die »konfuse Debatte« über die Virtualität, die den Begriff noch weitgehend ungeklärt hinterlassen hat.[99] Klar sei aus systemtheoretischer Sicht aber, dass es sich nicht um ein Entweder-Oder, sondern um die Einheit der Differenz drehen müsse, wie bei der Unterscheidung zwischen Fiktion und Realität.

Dieser Spur folgt beispielsweise Goedart Palm, der von einem positiven Dualismus zwischen Virtualität und Realität ausgeht. Realität entsteht für ihn erst dadurch, dass es etwas gibt, das im Gegensatz zu ihr »Nicht-Realität« ist.

»Erst die Virtualität konstruiert die Wirklichkeit. [...] Ohne Virtualität gäbe es nicht nur keine zukünftige Wirklichkeit, die aus Ideen und Vorstellungen er-

---

96 Elena Esposito: Fiktion und Virtualität. In: Krämer 1998. S. 269-296. S. 269.
97 Esposito 1998, S. 270.
98 Esposito 1998, S. 292.
99 Elena Esposito: Die Fiktion der wahrscheinlichen Realität. Frankfurt am Main: Suhrkamp, 2007. S. 119.

wächst, sondern auch keine gegenwärtige, die im Bewusstsein erst vorproduziert werden muss, wenn wir verständig handeln wollen.«[100]

Für Palm wird Virtualität damit zu einer »schöpferischen Schnittstelle«[101] zwischen Möglichem bzw. Geistigem und ihrer Verstofflichung oder Handlungspraxis. Für ihn sind auch »Bewusstsein« und »Einbildungskraft« virtuelle Apparate, die es bereits seit langer Zeit vor den technisch konstruierten Virtualitäten gibt. Durch digitale Medien ist Virtualität, »als Möglichkeitsraum des Realen« jedoch nun »technisch aufgerüstet« und damit plausiblerweise umfassender in der Realität anwesend.[102]

N. Katherine Hayles zufolge haben zwei wesentliche Schritte in die Virtualität geführt, was für sie gleichbedeutend damit ist, dass Menschen ›postmenschlich‹, geworden sind: Zunächst musste »Information ihren Körper verlieren« und zudem der Cyborg in der Nachkriegszeit als ein technisches Artefakt und ein kulturelles Icon entwickelt werden.[103] Hierdurch wurden wir mit Technologien verwoben, eigentlich aber sind wir für Hayles im Latourschen Sinn nicht nur nie modern, sondern schon immer posthuman gewesen.[104] Virtualität definiert sie wie folgt:

»*Virtuality is a cultural perception that material objects are interpenetrated by information patterns.* The definition plays off the duality at the heart of the condition of virtuality – materiality on the one hand, information on the other. [...] The perception of virtuality facilitates the development of virtual technologies, and the technologies reinforce the perception.«[105]

Hayles zufolge ist die Betrachtung von Welt als einem Zusammenspiel aus Informations-Mustern und materiellen Objekten eine historische Konstruktion, die nach dem zweiten Weltkrieg entstanden ist.[106] Produktiv ist dieser Ansatz da er darauf hinweist, dass der Dualismus zwischen Materialität und Information, wie er mit der Informationstheorie im 20. Jahrhundert entstanden ist, für die ontologische Abgrenzung von Virtualität und Realität angesichts digitaler Informationstechnologien wegbereitend war.

Produktiv an dem Pseudo-Diskurs, der angesichts des Computers und Internets zum Begriff des Virtuellen stattfand, ist vor al-

---

100 Goedart Palm: Cyber Medien Wirklichkeit. Virtuelle Welterschließungen. Hannover: Heise, 2004. S. 19.
101 Palm 2004, S. 30.
102 Palm 2004, S. 182, 229.
103 Hayles 1999, S. 2.
104 Hayles 1999. S. 291.
105 Hayles 1999, S. 13-14.
106 Hayles 1999, S. 14.

lem, dass er in den meisten Teilen derart stark von gehaltlosen Mutmaßungen und logischen Fehlschlüssen geprägt war, dass eine Abgrenzung und damit eine Neuklärung des Virtuellen und zugleich der Veränderungen, die unsere Welt und unser Denken durch Digitaltechnologien (und vor allem durch mobile digitale Netzwerktechnologien) erfahren, auf der Hand liegt.[107] Die systemtheoretische Sichtweise von Virtualität als einem Konzept, dass sich in Abgrenzung zu einem anderen Konzept (beispielsweise der Aktualisierung) erst herausbildet und wahrnehmbar wird, scheint jedoch auch angesichts von Mobile Medien sinnvoll.

11.5 Digitale Virtualität

Im Folgenden sollen weitere Versuche digitale Virtualität zu denken, aufgegriffen werden um daran anschließend zu resümieren, wie sich der Begriff des Virtuellen im Zusammenhang mit Mobilen Medien verändert hat.

»VIRTUS« UND »ACTUS«

Zunächst zur Etymologie des Virtuellen. Da das Deutsche auf dem Lateinischen gründet, ist hierzu ein Blick auf die Lateinische Bedeutung der Wörter »virtus« und »potentia« sinnvoll. Das »Handbuch der Lateinischen Sprache« von 1879 übersetzt »potentia« mit »Vermögen, Kraft, Macht, Wirksamkeit, Gewalt, Einfluß.«[108] »Virtus« hingegen ist:

»die Eigenschaft des Mannes, der Inbegriff aller männlichen Eigenschaften, aller Vorzüge des Mannes, das heißt der Mannheit, Tüchtigkeit, Bravheit, Vorzüglichkeit, Tugend, Talente [...] moralische Vollkommenheit, [...] Wohltat, Wirksamkeit, Hülfe, [...] militärische Tüchtigkeit, Tapferkeit, Muth, Herzhaftigkeit«[109]

Ein Schulwörterbuch von 1917 übersetzt »Virtus«, den Wortstamm des Virtuellen, in sehr ähnlicher Weise:

---

107 Zu Virtualitäts-Konzeptionen, die aus dem philosophischen Spannungsfeld von «Sein« und «Schein« in Zusammenhang mit dem physikalischen Verständnis von «virtuell« als «so funktionieren, als ob« hervorgehen, vgl.: Herbert Hrachovec: Virtualität. Aktuelle Orientierungspunkte. Allgemeine Zeitschrift für Philosophie, 27 (3) 2002. S. 241-256.
108 Handwörterbuch der Lateinischen Sprache. Hg. von Reinhold Klotz. Zweiter Band. Braunschweig: Druck und Verlag von George Westermann, 1879. S. 845.
109 Handwörterbuch der Lateinischen Sprache 1879, S. 1817-1818.

»1) a) Mannheit, Mannhaftigkeit, des Mannes Tüchtigkeit [...], b) kriegerischer Mut, Tapferkeit [...], c) Entschlossenheit, Tatkraft [...], 2) im erweiterten Sinne: a) Tüchtigkeit, Vorzüglichkeit, Güte, Wert [...], b) Tugend, Sittlichkeit [...] c) verkörpert als Göttin [...]«[110]

Es lässt sich also zusammen fassen, dass das »Virtuelle« im Lateinischen als das Vermögen, zur Tat schreiten zu können, als »Tatkraft«, Mut und Tapferkeit bezeichnet wurde. Das Männliche ist hierbei synonym zum Virtuellen, vermutlich weil man vor über hundert Jahren annahm, dass Frauen Eigenschaften wie »Tüchtigkeit«, »Tapferkeit«, »Muth« und dergleichen nicht in vollständiger Weise zukommen. Insofern ist der Begriff des »virtus« spezifischer als der der »potentia«, die sich ja als »Vermögen« (nicht als Möglichkeit) allgemeiner Art verstehen lässt. Beide sind jedoch als ein Können konzipiert. Das Wortfeld um »actus« hingegen ist vom Handeln geprägt:

»eigentlich das Treiben, die Bewegung, Leitung oder Führung eines Gegenstands sowohl aktiv, als passiv [...] überhaupt die Ausführung, die Verrichtung, das Betreiben einer Sache«.[111]

Während diese Interpretation von 1879 »Actus« noch als sowohl aktive als auch passive Tätigkeit im Sinne einer Leitung, aber auch einer Ausführung von etwas sieht, findet sich 1917 diese Übersetzung:

»1) a) das Treiben (des Viehes), Antrieb [...], 2) a) Bewegung [...], b) Darstellung einer Rolle [...], c) Tätigkeit, Tun«[112]

Aus dieser Wortherkunft von »Virtualität« und »Aktualität« lässt sich schließen, dass das Aktuelle tatsächlich als eine ausführende Tätigkeit, eine Bewegung oder Leitung von etwas bereits Vorhandenem verstanden wird. Diese Ausführung kann zwar passiv oder aktiv sein, schöpferisch ist sie jedoch nicht. Die wirkliche Tätigkeit findet sich auf der Seite des Virtuellen, das entgegen der »potentia« nicht als ein allgemeines Vermögen oder eine Macht und Wirksamkeit begriffen wird, sondern, hiermit jedoch verwandt, als das Prinzip der Mannhaftigkeit, das die zur Wirksamkeit eines Vermögens notwendigen Eigenschaften (Tugend, Mut usw.) auf menschlicher Seite be-

---

110 Lateinisch-Deutsches Schulwörterbuch. Neubearbeitung. Von Heinrich Blase, Wilhelm Weeb, Otto Hoffmann. Leipzig und Berlin: B.G. Teubner, 1917. S. 927-928.
111 Handwörterbuch der Lateinischen Sprache 1879, S. 93-94.
112 Lateinisch-Deutsches Schulwörterbuch 1917, S. 15.

sitzt. Das Virtuelle steht somit zwischen dem Potentiellen und der Aktualisierung, da ohne dieses männliche Prinzip die Kraft als solche zu abstrakt wäre um in irgendeiner Weise aktualisiert werden, sich also in eine geleitete Tätigkeit umwandeln zu können.

Diese Herkunft von »Virtualität« als männlichem Prinzip hat sich ebenso wenig im alltäglichen und im wissenschaftlichen Sprachgebrauch durchgesetzt wie Peirces Definitionen des Virtuellen und Aktuellen im Baldwin's Dictionary. Vor allem zwischen dem Populärgebrauch des Wortfeldes »virtuell« und seiner Verwendung in der Philosophie klafft ein Graben. Im Folgenden werden Gedanken von Michel Serrres, Jacques Derrida, Rob Shields und Brian Massumi über digitale Virtualität oder vielmehr über medientechnisch generierte Verschiebungen in unserem Verständnis von Welt und unserer Praxis aufgegriffen.

SERRES – MEDIALE VIRTUALITÄT

Der Wissenschaftshistoriker Michel Serres stellt fest, dass wir durch Medientechnologien zunehmend in virtuellen und nicht in realen Räumen leben. Diese virtuellen Räume gleichen jedoch den bereits seit langem bekannten Übergangsräumen nomadischer Völker, sie sind also nicht neuartig, auch wenn wir beispielsweise durch das Telefon anderswo sind, »ohne einen Schritt zu tun«, wodurch das Sein »expandiert«[113]. Das 20. Jahrhundert ist Serres zufolge dadurch gekennzeichnet, dass

»die Kommunikationsnetze die einst den Träumen und Bildern überlassenen virtuellen Räume Wirklichkeit werden lassen: eine im Bau befindliche Welt, in der wir uns frei von räumlichen Grenzen orientieren und bewegen und die sich weniger von dem alten Territorium unterscheidet, als man meint, denn die einst dem Boden Verhafteten lebten gleichfalls im Virtuellen, wenn auch ohne die entsprechenden Technologien.«[114]

Auch wenn die Vorstellung, dass wir uns nun »frei von räumlichen Grenzen« bewegen absurd erscheint – nicht nur aufgrund bestehender räumlich manifestierter Grenzen wie denen zwischen Ländern, sondern auch aufgrund virtueller Grenzen wie Funklöchern und Zugangsbeschränkungen zu den Kommunikationsnetzen – ist Serres Beobachtung, dass wir uns seit je her im Virtuellen bewegen, sinnvoll, da sie darauf hinweist, dass auch beispielsweise Religion und Wissenschaft virtuell sind, wenngleich nicht von digitalen oder gar mobilen Medientechnologien abhängig. »Digital« und »virtuell« sind also keine Synonyme.

---

113 Michel Serres: Atlas. Berlin:Merve Verlag, 2005. S. 10.
114 Serres 2005, S. 13.

Beispielsweise ist für Serres auch die vorgestellte Anwesenheit von Wissenschaft, als Genre der Informationserzeugung, eine Virtualität. Sie besitzt nicht nur das Potential, die Welt zu verändern, sondern verändert diese allein durch das Wissen um dieses Wissen, durch ihre virtuelle Präsenz:

»Die Wissenschaft entwickelt ihre Theorie im Durchgang durch Beobachtung und Experiment. Auch sie tauscht Materielles gegen Logisches, und das ist ihre Technik, das ist ihre Methode. [...] Allein schon die Existenz der Wissenschaften verändert die Welt, aus der sie entsprungen sind, verändert die Welt, in die sie eintreten, durch sie hindurchgehen und aus der sie heraustreten. Anwendung ist nicht nur ein Rückfluss der Information zu jenem Beobachtbaren, aus dem sie stammt. Anwendung ist die Veränderung der Dinge durch die bloße Anwesenheit und Aktivität des Wissens.«[115]

Eine virtuelle Präsenz ist also ausreichend um die Welt als solche zu verändern, die Anwesenheit des Wissens – Virtualität – bewirkt eine Veränderung. Insofern kann das Virtuelle keinesfalls als rein Digitales, als erst durch elektronische und digitale Medientechnologien in die Welt Gelangtes begriffen werden. Dennoch steigen mit dem Verbreitungsgrad dieser Medientechnologien auch die Virtualitätsverknüpfungen und damit die verschiedenen Formen von Virtualität, durch die Welt bestimmt wird.

DERRIDA – AKTUVIRTUALITÄT

1993 spricht Jacques Derrida mit dem französischen Medientheoretiker Bernard Stiegler über die damaligen medientechnologischen Entwicklungen wie die Echtzeitübertragung und das digitale Bild und stellt fest, dass Zeit, das Merkmal von Aktualität, ein vom Mediendispositiv künstlich produziertes Artefakt ist. Aktualität ist nicht an sich gegeben, sondern, so Derrida, sie

»wird von zahllosen *künstlichen* oder *artifiziellen*, hierarchisierenden oder selektiven Dispositiven aktiv erzeugt, gesiebt, mit Bedeutung geladen und performativ gedeutet; sie steht immer im Dienste von Kräften und Interessen, die den ›Subjekten‹ und den Agenten [...] niemals hinreichend deutlich sind. Wie einzigartig, irreduzibel, eigensinnig, schmerzhaft oder tragisch die ›Realität‹ auch bleiben mag, auf die sich die ›Aktualität‹ bezieht – sie begegnet uns nur in der Art eines fiktionalen Machwerks.«[116]

---

115 Michel Serres: Der Parasit. Frankfurt am Main: Suhrkamp, 1981. S. 326-327.
116 Jacques Derrida: Artefaktualitäten. In: Jacques Derrida, Bernard Stiegler: Echographien. Fernsehgespräche. Wien: Passagen Verlag, 2006. S. 13-14.

Diese Fiktion wird durch die Medien, genauer durch die sie generierenden Akteure erschaffen. Die Realität der Medien ist damit eine fiktionale. Derrida findet zwei Merkmale, die Aktualität ausmachen. Um sie zu benennen verwendet er die Wortkreuzungen »Artefaktualität und Aktuvirtualität«[117]. Medien sind also durch künstliche Fakten und eine aktualisierte Virtualität gekennzeichnet. Neben der Künstlichkeit ist die Aktualität der elektronischen Medien durch die »Virtualität« bestimmt, die »heute bei uns anlangt und zur Aktualität gelangt«[118]. Hätte er die Zeit dafür, so Derrida, würde er auf den problematischen Begriff der »Virtualität (des virtuellen Bilds, des virtuellen Raumes und damit des virtuellen Ereignisses)«[119] genauer eingehen. Diesen Begriff kann man

»gewiss nicht mehr philosophisch unbeschwert der aktuellen Wirklichkeit gegenüberstellen [kann], so wie man früher zwischen Potenz und Akt, *dynamis* und *energeia*, der Potentialität einer Materie und der bestimmenden Form eines ›telos‹, also auch eines *Fortschritts*, unterschied. Diese Virtualität prägt unmittelbar die Struktur des hervorgebrachten Ereignisses, sie berührt die Zeit wie den Raum des Bildes, des Diskurses, der ›Information‹, kurz: all dessen, was uns mit jener Aktualität, mit der unerbitterlichen Wirklichkeit ihrer vermeintlichen Gegenwart in Beziehung setzt.«[120]

Eine Aktualisierung ist im Sinne eines Ereignisses zu verstehen, welches nicht schlicht das Eintreten von etwas bezeichnet, sondern eine Singularität, die nicht voraussehbar ist, nicht erwartet wurde, und ein absolut Anderes ist. Ein Ereignis ist »das, was immer auch nicht stattfinden kann.«[121] Es kommt aus dem Virtuellen empor, das sich erst dann also solches zeigt und grundsätzlicher jeglicher Ontologie entzieht: Das »Phantom oder der Wiedergänger ist weder anwesend noch abwesend, ist nicht und ist nicht nicht, lässt sich auch nicht dialektisch fassen«[122] Das Virtuelle tritt also auch hier als begrifflich schwer zu fassendes abwesendes Anwesendes auf, das über seine Aussprossung, die Aktualisierung, begriffen werden muss. Die Aktualität der Medien ist für Derrida ein Konglomerat aus Fiktion, die mit der eigentlich abzubilden intendierten Realität nicht mehr viel gemeinsam hat, und aktualisierter Virtualität, von Information, die eine differierende Wiederholung, als Ereignis, ermöglicht.

---

117 Derrida 2006, S. 11-40, 13.
118 Derrida 2006, S. 16.
119 Derrida 2006, S. 16-17.
120 Derrida 2006, S. 17.
121 Derrida 2006, S. 25.
122 Derrida 2006, S. 35.

SHIELDS – NICHT-GREIFBARE REALITÄT

Auch der kanadische Soziologe Rob Shields denkt über das Virtuelle im Kontext digitaler Medien nach. In seinem 2003 erschienenen Buch »The Virtual« hält er zunächst fest, dass das Virtuelle oft als eine Abwesenheit, als eine Nicht-Realität oder Nicht-Existenz gedacht wird, während das Reale als materielle Verkörperung, Präsenz und Greifbarkeit vorgestellt wird.[123] Für ihn ist das Virtuelle real, aber nicht konkret. Im Anschluss an Proust sind Träume und Erinnerungen gute Beispiele für diese Art der Virtualität. Anders als bei Deleuze stellt Shields also nicht nur das Virtuelle gegen das Mögliche und in Korrespondenz mit dem Aktuellen, sondern behandelt den Parameter der »Greifbarkeit« als entscheidend. Denn diese ist ihm zufolge das Gegenteil des Virtuellen, Virtuelles kann nicht wirklich im Sinne von »greifbar« sein. Dennoch muss es auch und gerade als Nicht-Greifbares immer als Teil von Realität begriffen werden:

> »The virtual is always real, even if it is a memory or a past event, but it is not actualized in the present except via specific human interventions, such as rituals, which make these memories or other ›virtualities‹ tangible, concrete.«[124]

An sich ist das Virtuelle also nicht materiell oder greifbar, dies kann es erst durch eine Aktualisierung werden, womit es höchste Realität erlangt.[125] Das Virtuelle ist damit als etwas nicht primär Physisches und dennoch Reales definiert. Daher ist die im Kontext digitaler Technologien geläufige Verwechslung von »virtuell« und »simuliert« für Shields falsch, denn damit werde so getan, als ob das Virtuelle eine Alternative zur Realität wäre. Das Virtuelle ist jedoch nicht primär eine unvollständige Imitation des Realen, sondern es ist ›eine andere Manifestation‹ von ihm.[126] Das Virtuelle kann als ein Raum begriffen werden: »›Virtual‹ is a space; it is places, relationships and implies values.«[127] Das Virtuelle im Kontext digitaler Medien ist vor allem ein Zwischen-Raum, wie er als virtueller auditiver Raum bereits durch das Telefon erzeugt wurde.[128] Durch Computer-

---

123 Rob Shields: The Virtual. London: Routledge, 2003. S. 19. »Still, ›virtual‹ is often meant to signify an absence, unreality or non-existence. Everyday talk in the media equates the ›real‹ with concreteness, material embodiment, tangible presence and reliability.«
124 Shields 2003, S. 39.
125 Shields 2003, S. 22.
126 Shields 2003, S. 46.
127 Shields 2003, S. 20.
128 Shields 2003, S. 48. Zur Virtualität des Telefonraums vgl. auch Bruce Sterling: The Hacker Crackdown. Law and Disorder on the Electronic Frontier.

technologie generiert, ist dieser weder eine konzeptuelle Abstraktion noch eine Aktualisierung an einem Ort, sondern steht indexikalisch dazwischen.[129] Allerdings sind »concrete techniques« des Virtuellen nicht nur Computer, sondern auch Konventionen bzw. Erkenntnisarten wie die Zentralperspektive.[130] Das Virtuelle kann also auch dieser Untersuchung zufolge nicht als ein Phänomen des 20. Jahrhunderts gelten. Virtualität selbst wird dabei als ›Anwesenheit von Abwesenheit‹[131] gedacht, die in der Aktualisierung konkret, körperlich wird. Mit den digitalen Virtualitäts-Technologien wie Computern und Mobilen Medien erlangt das Virtuelle jedoch eine zunehmende und immer sichtbarer werdende Präsenz in der Welt.

MASSUMI – VIRTUELLE MÖGLICHKEIT

Neben Shields betrachtet ein weiterer kontemporärer kanadischer Wissenschaftler das Virtuelle, und zwar im Kontext von Medien wie Fernsehen, Film und Internet und ihren Verkörperungspraktiken durch Bewegung. Für Brian Massumi sind in seinem Buch »Parables for the Virtual« Konzepte des Virtuellen nur dann interessant, wenn sie zu einem pragmatischen Verständnis von »Emergenz« beitragen. Es zählt einzig der Rand des Virtuellen, an dem es in das Aktuelle hineinragt, denn nur dort sind Potential und Veränderung anzufinden.[132] Das Virtuelle als solches ist Massumi zufolge zwar den Sinnen nicht zugänglich, dennoch kann es in seinem Effekt wahrgenommen bzw. gefühlt werden.[133] Keinesfalls sollte, wie oft geschehen, das Virtuelle mit dem Digitalen gleichgesetzt werden:

»Nothing is more destructive for the thinking and imaging of the virtual than equating it with the digital. All arts and technologies, as series of qualitative transformations [...] envelop the virtual in one way or another. Digital technologies in fact have a remarkably weak connection to the virtual, by virtue of the enormous power of their systematization of the possible.«[134]

New York u.a.: Bantam, 1993; sowie Stefan Münker: Das Verschwinden des Telefons. Ein Blick zurück in die Zukunft der Telefonie. In Lorenz Engell und Britta Neitzel (Hg.): Das Gesicht der Welt. Medien in der digitalen Kultur. München, Wilhelm Fink Verlag 2004. S. 127-138. S. 133.

129 Shields 2003, S. 49.
130 Shields 2003, S. 44.
131 Shields 2002, S. 212.
132 Brain Massumi: Parables for the Virtual. Movement, Affect, Sensation. Durham und London: Duke University Press, 2002. S. 43.
133 (Massumi hat »Mille Plateaux« ins Englische übersetzt und knüpft in seiner Vorstellung des Virtuellen eng an die Arbeiten von Deleuze und Guattari an.) – Massumi 2002, S. 133.
134 Massumi 2002, S. 137.

Kunst und Wissenschaft sind also immer schon Technologien des Virtuellen gewesen. Die Verbindung digitaler Medien zum Virtuellen ist dagegen vergleichsweise gering. Auf der Ebene der Abstraktion systematisieren digitale Medien Massumi zufolge vielmehr das Mögliche als das Virtuelle. Hiervon ausgehend wird es unlogisch, Virtualität als ein erst mit diesen Medien entstandenes ontologisches Problem zu betrachten. Diese These steht denen von Lévy und Shields, die sich ebenfalls mit dem Virtuellen im Kontext digitaler Medien beschäftigen und diese als Virtualitäts-Multiplikatoren begreifen, insofern entgegen, als dass Massumi zufolge das Digitale primär im Medium der Möglichkeit operiert, nicht in dem der Virtualität oder der Potentialität. Digitales Kodieren, eine der Voraussetzungen für digitale Medien, ist für ihn »possibilistic to the limit«[135] und hat mit dem Virtuellen kaum etwas gemeinsam. Digitale Technologien sind gerade dadurch gekennzeichnet, dass sie nur durch ›das Analoge‹ eine Verbindung zum Potentiellen und zum Virtuellen haben.[136] Ohne eine Aktualisierung und Anwendung sind digitale Medien also bloße Möglichkeitsmaschinen, ihre Virtualität tritt erst in Form einer Aktualisierung zutage. Digitales Prozessieren als solches virtualisiert oder ›vermöglicht‹ Massumi zufolge nicht, es ist höchst möglichkeitsgenerierend. Zwar kann es potentialisieren, aber nur indirekt durch die experimentellen Konkurrenzkämpfe, die die Rezeption seiner Erzeugnisse in Bewegung setzen.[137] Keine Technologie kann an sich virtuell oder virtualisierend sein[138], denn für Massumi hängt es von den Kontextualisierung, den Fluchtlinien des technologisch Generierten ab, ob Virtualisierung stattfindet.

Worin liegt die Besonderheit elektronischer und insbesondere digitaler Medien im Hinblick auf Virtualität und im Vergleich zu anderen Virtualitätsgeneratoren wie den Wissenschaften? In einem Aufsatz von 1998, in dem er über Architektur und Virtualität nachdenkt, kommt Massumi diesbezüglich zu dieser Schlussfolgerung:

> »Electronic media offer [...] an infinite connectibility of spaces. It is crucial to be clear about this: it is not the abstract informational content of what the media might connectively deliver, or even the abstract space of the ›infosphere‹ from

---

135 Massumi 2002, S. 137.
136 Massumi 2002, S. 138.
137 Massumi 2002, S. 141.
138 Brian Massumi: Sensing the Virtual, Building the Insensible. In: Stephen Perrela (Hg.): From Hypersurface Architecture, Architectural Design (Profile no. 133), vol. 68, no. 5/6, May-June 1998. S. 16-24. (http://www.brian massumi.com/textes/Sensing%20the%20Virtual.pdf)

which it is drawn, that is virtual. Although the virtual is a mode of abstraction, the converse is not true. Abstraction is not necessarily virtual.«[139]

Medien erzeugen also einen abstrakten Raum, dieser ist jedoch nicht notwendigerweise virtuell. Denn das Virtuelle ist zwar ein Modus des Abstrakten, jedoch ist die Abstraktion an sich nicht notwendigerweise virtuell. Andere Modi des Abstrakten neben dem Virtuellen sind das Mögliche und das Simulierte. Diese sind deswegen nicht virtuell, weil beim Möglichen die aktuellen Manifestationen bereits präexistent sind, und weil beim Simulierten eine fundamentale Ähnlichkeit zum Abgebildeten besteht. Es findet also keine Neuschaffung, keine Emergenz statt. Daher liegt das Virtuelle elektronischer Medien in ihren potentiell unendlichen Möglichkeiten der Verknüpfung, ihrer Verknüpfbarkeit, denn diese lässt Neuartiges entstehen:

»What is virtual is the connectibility: potential (the reality of change). It cannot be overemphasized that the virtual is less the connection itself than its -ibility. [...] If the virtual is not the informational content or its infosphere, neither is it the physical implantation of technology per se. The distinction between the virtual and technological actualization is paramount.«[140]

Das Virtuelle sollte also nicht mit ›dem technologischen Ding‹ verwechselt werden, denn dies führt zu der Fehlannahme, dass allein die zunehmende Anzahl und Varietät an Medien und damit an medialen Verbindungen zwischen Orten eine Virtualisierung konstituiert. Das Virtuelle elektronischer und insbesondere digitaler Medien liegt Massumi zufolge jedoch weder in seinem Informationsgehalt oder seiner ›Infosphäre‹, noch in der Technologie an sich, sondern in der Möglichkeit der Verknüpfung dieser Sphären sowie ihrer Aktualisierung.

Das Aktuelle ist in diesem Kontext zu verstehen als der Effekt der temporären Überschneidung des Möglichen, des Potentiellen und des Virtuellen, als ein Treffen, Mischen und Trennen. Dieses ist als Aktualisierung wahrnehmbar und flüchtig, da es sich sogleich, der Bewegung (der Zeit) folgend in Inaktualität wieder auflöst.[141] Dieses Temporäre, Vorübergehende ist das Merkmal und der Angelpunkt des Zusammenspiels von Virtuellem und Aktuellem.

Insgesamt scheint es so, als würde sich Massumi stark um eine Abgrenzung von der Virtualitäts-Konzeption von Deleuze bemühen, und diese mehr schlecht als recht darin finden, dass er den Ober-

---

139 Massumi 1998.
140 Massumi 1998.
141 Massumi 2002, S. 136.

begriff des Abstrakten für Mögliches, Simuliertes, Virtuelles und Potentielles einführt, wobei er zwischen Potentiellem und Virtuellem jedoch nur wenig plausibel differenziert. So ist das Potential für ihn ›die Spannung zwischen materiell überlagerten Möglichkeiten und der Ankunft des Neuen‹[142] oder:

»The mode in which the successive linkage events are co-present to each other on the receiving end of the digital processing is potential: a felt moreness to ongoing experience. Potential [...] appeals to an analogic virtual as its sufficient reason, as well as beckoning on the possible as its thought-extension. [...] Potential, in return, is a situating of the virtual: its remaining immanent to each and every actual conjunction in a serial unfolding, to varying effect.«[143]

Durch das Zusammenspiel des digitalen Systems des Möglichen, seiner potentialisierenden Effekte und der ›analogen‹ Aufladung von Virtualität werden neue Gedanken zu denken möglich, die zu neuen Möglichkeiten in aktuellen Situationen außerhalb der Maschine und des Screens werden können.[144] Das Potentielle situiert also das Virtuelle, das als eine Ansammlung von Tendenzen, ein Reich des Potentiellen zu verstehen ist:

»The virtual, the pressing crowd of incipiences and tendencies, is a realm of *potential*. In potential is where futurity combines, unmediated, with pastness, where outsides are infolded and sadness is happy (happy because the press to action and expression is life). The virtual is a lived paradox where what are normally opposites coexist, coalesce, and connect; where what cannot be experienced cannot but be felt – albeit reduced and contained.«[145]

Um erkennbar zu werden, muss das Virtuelle daher beispielsweise durch den Körper ausgedrückt werden, wobei es durch diesen dann nicht als sich selber, sondern in seiner Aktualisierung erkennbar wird. Nur durch das Zusammenspiel von Virtuellem, als ›Autonomie von Relationen‹, und von Aktuellem, als ›funktioneller Limitierung‹, kann Emergenz aufkommen.[146]

Interessant an Massumis Ansatz ist, dass Virtualität auch hier als kein spezifisches Phänomen digitaler Medien begriffen wird, sondern im Gegenteil als einer von drei Modi der Abstraktion, nämlich Virtualität, Möglichkeit und Potential. Etwas unklar und wenig produktiv ist jedoch die Abgrenzung dieser Begriffe der Abstraktion voneinander. Dass das Mögliche etwas anderes ist als das Virtuelle,

---

142 Massumi 2002, S. 134.
143 Massumi 2002, S. 141.
144 Massumi 2002, S. 141.
145 Massumi 2002, S. 30.
146 Massumi 2002, S. 35.

haben bereits unter anderem Leibniz und Deleuze herausgearbeitet. Für Massumi dient hierfür allerdings nicht Realität als Differenzierungskriterium, denn beide befinden sich auf der gleichen Ebene, auf derjenigen der Abstraktion, womit nichts über ihren Realitätsgehalt gesagt ist, der jedoch eigentlich erst in der Aktualisierung, als einer Antwort auf alle der drei Modi, und in ihrer ephemeren Gestalt zu liegen scheint. Mit der Feststellung, dass elektronische Medien eher durch Möglichkeit als durch Virtualität gekennzeichnet sind, ist daher nicht viel gewonnen, da zum einen ein unidirektionaler, rückblickender Begriff des Möglichen vorliegt und zum anderen das Potential digitaler Technologien unterschätzt wird und Virtualität durch diese forcierte Entkopplung von digitalen Medien nur wenig an Kontur gewinnt. Aus Massumis Perspektive wären Mobile Medien wohl zunächst möglichkeitsgenerierend, und erst durch ihre potentiellen Verknüpfungen, durch ihre Netzwerke, würden sie in der Anwendung, in der Aktualisierung als etwas Virtuelles zum Vorschein treten. Sie wären damit zwar vornehmlich möglich, zugleich aber in ihrer Anwendung auch virtuell. Insgesamt ist Massumis Konzept aufgrund seines recht willkürlichen Relativismus nur begrenzt produktiv.

Bevor es im letzten Kapitel um Schlussfolgerungen der bisherigen Untersuchungen gehen wird, wird ein letzter Aufsatz aufgegriffen, der in Bezug auf die Art und Weise, in der Mobile Medien Virtualität generieren eine interessante und schlüssige Beobachtung macht, nämlich dass digitale Medien keine virtuellen Räume erzeugen, die einem realen Raum gegenüberstehen, sondern dass es sich vielmehr um »hybride Räume« handelt, also um Mischformen aus technisch-virtuellen, analog-virtuellen und körperlich-realen Räumen.[147] Adriana de Souza e Silva betrachtet Kunst, hybride Ausstellungsräume, in denen sich zwar mit dem normalen physischen Körper bewegt wird, die jedoch gleichzeitig von Medientechnologien wie Kameras und Screens bestimmt werden und macht sich ausgehend hiervon Gedanken über jene »hybriden Räume« und damit verbunden über das Virtuelle:

»Hybrid Spaces have three main characteristics: (1) the merging of borders between physical and virtual spaces, (2) the use of nomadic and pervasive technologies as interfaces, and (3) mobility and communication in public spaces. Hybrid spaces fold the virtual as potential into nearby physical space, blurring

---

147 Das Konzept des Raums in Bezug auf Mobile Medien habe ich hier näher ausgeführt: Völker 2007. Zum »Bastard« (Hybrid) vgl. McLuhan 2003.

the borderlands where the virtual transforms into the actual, and the actual folds back into the virtual.«[148]

»Hybride Räume« zeichnen sich also dadurch aus, dass sie durch den Gebrauch nomadischer und pervasiver Technologien – durch Mobile Medien – entstehen. Denn diese überlagern die Grenzen zwischen körperlichen und virtuellen Räumen, die hier als nichtkörperliche Informationsräume gedacht werden. Hierdurch entstehen jene Mischformen von Raum, die durch ein Wechselspiel aus Aktualität und Virtualität, aus Verkörperungen und Realisierungen geprägt sind. Im Gegensatz zur »Augmented Reality«, die grafische oder akustische Informationen der Welt hinzufügt, oder »Mixed Reality«, in der zwischen medientechnisch generierter, virtueller, und nicht medial erzeugter Welt nicht mehr differenziert werden kann, sind in diesen »Hybriden Räumen« beide Realitätsformen zugleich und differenzierbar präsent.

Im Anschluss an de Souza e Silva könnte man also von einer »Hybriden Realität« sprechen, die durch Mobile Medien insofern entsteht, als dass sowohl der technisch generierte Informationsraum als auch der physikalische Realraum durch Netzwerke sozialer und informationeller Art miteinander verwoben werden und nicht mehr als deutlich getrennt voneinander zu denken sind. Deutlich wird dies beispielsweise in Kartenapplikationen für Mobile Medien, GPS-Routing etc. Virtuelle Räume digitaler Art sind bei weitem keine statischen Interface-Räume mehr, wie in den frühen Zeiten des PCs und der »Virtuellen Realität«, sondern haben sich, wie anhand von Mobilen Medien deutlich wird, zu flexiblen und sich in einem Wechselspiel aus Virtuellem und Aktualisierung wandelnden Teilen von Realität gewandelt, die in einer Reihe mit anderen Virtualitäten wie beispielsweise Religion oder Wissenschaft stehen.

---

148 Adriana de Souza e Silva: The Invisible Imaginary: Museum Spaces, Hybrid Reality and Nanotechnology. In: N. Katherine Hayles (Hg.): Nanoculture. Implications of the New Technoscience. Bristol: Intellect, 2004. S. 27-46. S. 38.

12. Fazit

Eingangs wurde die Beobachtung aufgegriffen, dass jedem Medium eine spezifische Ermöglichung und Generativität zukommt. Ein generatives Moment von mobilen digitalen Medien besteht darin, dass sie die im Sprachgebrauch und in den Medientheorien der 1990er Jahre gängige Vorstellung von Virtualität modifizieren. Denn sie lassen digitale Virtualität potentiell jederzeit und nahezu überall gegenwärtig werden. Damit verknüpfen sie digitale Virtualität und die bislang gewohnte Realität und verdeutlichen, dass Welt von Virtualität geprägt, nicht bedroht wird, und dies nicht erst seitdem es digitale Medientechnologien gibt. Die vorliegende Studie zielte darauf zu rekonstruieren, wie Mobile Medien entstanden sind und damit verbunden aufzuzeigen, wie Virtualität in verschiedenen, nicht durch digitale oder mobile Medientechnologien geprägten Epochen gedacht wurde. Hierdurch sollten Erkenntnisse hinsichtlich der Korrelation von Medientechnologien, Welterschließungen beziehungsweise -ermöglichungen und Realitäts- respektive Virtualitätsideen gewonnen werden. Es zeigte sich, dass Medientechnologien und Virtualität explizit erst in der Mitte des 20. Jahrhunderts zusammen gedacht wurden, wenngleich das Paradox und das Unerklärbare des anwesenden Abwesenden die Geschichte der Telekommunikation durchzieht. Zudem war das Virtuelle in verschiedenen Bezeichnungen seit je her ein zentrales Problem der Philosophie. Im Folgenden werden die durch die vorliegende Untersuchung gewonnenen Erkenntnisse zusammengefasst.

Antike Telekommunikation

Durch Mobile Medien wie das Mobiltelefon wird die Botschaft von ihrer Kopplung an den Boten oder einen spezifischen materiellen Träger getrennt und etwas über eine Distanz hinweg mitgeteilt. In der Antike waren Boten und Tauben die gängigsten Methoden, um etwas Abwesendes virtuell anwesend werden zu lassen. Es finden sich jedoch auch diverse Versuche Telekommunikation ohne Nutzung der zu jenem Zeitpunkt nicht bekannten elektrischen Kraft, somit ohne Kabelverbindungen, also drahtlos zu realisieren. Beispielsweise wurde der Fall Trojas durch eine Kette von Fackelträgern, die sich über die Berge der griechischen Inseln hinweg ein

Fackelsignal zuschwenkten, signalisiert. Ebenso wurden durch akustische Signale wie Trommelschläge Ereignisse codiert signalisiert. Der Informationsgehalt solcher Nachrichten war aufgrund der Binarität dieser Zeichensysteme jedoch wenig komplex. Das Bestreben, mehr als zwei Nachrichten in die Ferne kommunizieren zu können, führte zu Entwicklungen wie der des Klepsydra-Systems. Durch diesen vermutlich ersten auf Schrift basierenden drahtlosen Synchrontelegraphen konnten mehrere im Vorhinein vereinbarte Nachrichten, allerdings nur in der vorgegebenen Reihenfolge, telekommuniziert werden. Erste Versuche, Nachrichten in die Ferne zu buchstabieren, gab es ebenfalls bereits in der Antike. Verwendet wurden hierzu beispielsweise Koordinatenraster, die das griechische Alphabet darstellten, sowie Fackeln und Fernrohre. Zunächst wurden die Zeichen räumlich, später sukzessiv dargestellt. Der Morse-Code schließt technisch an diese frühen Versuche an. Trotz dieser diversen Ideen war das staatlich exklusive postalische Relaissystem die einzige Methode, die systematisch realisiert wurde. Zusammenfassend war der Nahraum der Antike nur umständlich und zeitversetzt zu überbrücken. Zwar gab es bereits Ideen, um »drahtlos« in die Ferne zu schreiben und zu lesen, diese blieben jedoch wenig entwickelt. Insofern ist es nachvollziehbar, dass weder Wirklichkeit noch Virtualität damals als durch Medien geprägt gedacht wurde.

ZWEITEILUNG DES SEINS

So standen sich in der Antike im Gegensatz zum Ende des 20. Jahrhunderts nicht eine mediale Welt und eine im Vergleich hierzu reale, materielle Welt gegenüber, sondern die Zweiteilung der Welt bezog sich auf Sinnliches und Intelligibles. Die Wertung zwischen diesen beiden Weisen des Seins, von denen eine eigentlich nicht wirklich als solche zu bezeichnen ist, fiel größtenteils umgekehrt zu der in der Medientheorie der 1990er Jahre dominanten Perspektive aus. Nicht das Sinnliche war in der damaligen Zeit realer als das Geistig-Virtuelle, sondern umgekehrt war das nicht-Materielle und auch Virtuelle von höherer Realität als das Fass- oder Greifbare.

Virtualität war in der antiken Philosophie ein zentrales Thema. Beispielsweise nahm Anaximander ein an die Welt gebundenes Jenseits, eine unendliche Masse oder einen universalen Körper, der die Erde umhüllt, an, das Apeiron. Dieses sei nicht sinnlich, sondern mittels des Geistes zu erfassen und die primäre Erstheit, der virtuelle Ursprung der Welt. Für Parmenides war die Welt gespalten in ein nicht-wirkliches Sein, das Nicht-Sein, und in das Sein, das dem Verstand zugänglich ist. Für Platon gibt es ebenfalls ein sichtbares und ein unsichtbares Seiendes, letzteres hat Priorität vor den Erscheinungen. Auch hier teilt sich die Welt also in zwei Teile, von denen einer eigentlich unwirklich und unwahr ist. Bei Aristoteles hin-

Fazit

gegen greifen verstofflichte Form und virtuelles Vermögen ineinander über. Es existiert also kein strikter Dualismus, sondern eine korrelative Abhängigkeit von Virtualität und Wirklichkeit, von Dynamis und Energeia, oder auch von Stoff und Form.

So ist der Stoff nur dem Vermögen nach ein bestimmtes Etwas, er ist also virtuell und nur in Abhängigkeit von einer Form. Erst durch das Hinzutreten einer Form wird der Stoff wirklich zu Etwas. Somit ist er im Vergleich zur Form, die sich ihm einprägt, die minderwertige Wesenheit, wenngleich er zeitlich früher als sie ist. Parallel hierzu unterscheidet Aristoteles im Bezug auf das Sein zwischen Dynamis, Vermögen, und Energeia, wirklicher Tätigkeit. Das Vermögen bezieht sich als ein veränderndes, bewegendes Prinzip auf etwas anderes. Im Vergleich zur wirklichen Tätigkeit ist es minderwertig da es nur zusammen mit dieser auf die Entelechia, die vollendete Wirklichkeit, zustreben kann. Das Vermögen ist damit virtuell. Im Gegensatz zur Möglichkeit kann es sich als etwas verwirklichen, muss es aber nicht. Die wirkliche Tätigkeit eliminiert als Bewegung, die ihr Ziel (die vollendete Wirklichkeit, Entelechia) bereits enthält, die Optionen des Vermögens, Verschiedenes werden zu können, indem sie mit ihm eines wird. Der Ursprung alles Seins liegt im Ersten Bewegenden. Dieses ist zwar stofflos, hat jedoch ein unbegrenztes Vermögen und muss wirklich sein, da Wirkliches nur aus Wirklichem entstehen kann.

Die vollendete Wirklichkeit ist also zusammengesetzt aus zwei Teilen, Dynamis, Vermögen, und Energeia, wirklicher Tätigkeit. Bis zu ihrer Zusammenfügung als Verwirklichung sind beide virtuell im Sinne eines zuvor seienden Potentials und einer gleichzeitig existierenden Kraft. Denn solange die wirkliche Tätigkeit nicht das Vermögen initiiert hat, ist sie eine reine Kraft. Es bedarf des Vermögens, damit sie sich auswirken kann und somit die wirkliche Tätigkeit entsteht. Das Vermögen ist Virtualität da es etwas werden kann, aber nicht muss. Hierzu bedarf es der wirklichen Tätigkeit. Diese ist eine Kraft, die sich jedoch nur in Zusammenhang mit dem Vermögen auswirken kann, um sich schließlich auf die vollendete Wirklichkeit hinzubewegen. Daher ist sie für Aristoteles von höherem Sein als das Vermögen.

Aus dieser Perspektive schließen sich Virtualität und Wirklichkeit bzw. Realität nicht aus, sondern greifen ineinander und bilden erst als Konglomerat die wirkliche Tätigkeit. Die virtuelle Wirklichkeit, das wahre Sein, befindet sich nicht außerhalb der Welt, sondern sie ist ein notwendiger Bestandteil von ihr. Virtualität ist eine Wesenheit, welche die Wirklich-Werdung von etwas überhaupt erst ermöglicht, und nicht die Wirklichkeit gefährdet. Damit ist Virtualität hier ein notwendiger, wenngleich minderwertiger Teil des Seins, und nicht etwas medientechnisch Hinzugefügtes.

Während in der Antike die stoffliche Erscheinung, das Vermögen, das Sinnliche und damit medial Vermittelte als minderwertiges Sein (das eigentlich ein Nicht-Sein ist) bezeichnet wurde, ist es Ende des 20. Jahrhunderts die medientechnisch generierte digitale Erscheinung, die als ein Nicht-Sein, als »Virtualität« aufgefasst wird, im Vergleich zu der jene vormals als nicht-wirklich angesehene Seinsweise nun als höchst wahrhaftig und wirklich gilt. Dabei wird jedoch nicht beachtet, dass schon in der Antike Wirklichkeit oder Realität als aus zwei Komponenten bestehend gedacht wurde, sondern dieser Dualismus als neuartig und bedrohlich rezipiert.

Auch für Thomas von Aquin setzt sich das Sein aus zwei Komponenten zusammen, nämlich aus Potenz und Akt, wobei dem Akt mehr Sein als der Potenz zukommt. Hierin spiegelt sich Aristoteles Verständnis von Vermögen und Wirklichkeit wider, da auch dort das Vermögen, die Potenz, von geringerem ontologischen Wert ist als die wirkliche Tätigkeit oder der Akt. Gott ist bei Aquin die höchste Form, das höchste Im-Akt-Sein, aus dem alles andere entsteht. Auch hier sind also Wirklichkeit und Materialität oder sinnliche Wahrnehmbarkeit keineswegs gekoppelt. Im Gegenteil, wie an der katholischen Eucharistie ersichtlich wird: Mit der Form von Etwas wandelt sich das gesamte Sein, obwohl der Stoff der gleiche bleibt. Das Virtuelle ist also dasjenige, welches das Potential hat etwas zu werden, allerdings nur durch die Kraft der Form. Diese ist nicht an sich Wirklichkeit, sondern auch sie bleibt solange virtuell, bis sie einem Stoff Wirklichkeit verleiht. Denn der Stoff ist ein Potential, das ohne Form formlos ist, ein Sein und ein Wesen erhält er erst durch das Hinzutreten der Form als Akt. Wirklich-Sein bedeutet also das Im-Akt-Sein von einer in Bewegung versetzten Potenz. Im Gegensatz zu Aristoteles kann diese Potenz oder dieses Vermögen jedoch nicht vor der Formierung existent sein und sich nur eventuell als dieses Sein verwirklichen. Denn dies würde das Wirklichsein zu einem Zustand von etwas machen, das Sein ist jedoch Substanz, nicht Akzidenz. Die aus heutiger Sicht virtuelle und aus damaliger Sicht höchst wirkliche Form bestimmt also das Was-Sein von etwas. Wirklichkeit besteht aus zwei Teilen, von denen einer primär ist.

Virtuelles Fernschreiben

Die Erkenntnisse der exakten Naturwissenschaften trugen nach dem Mittelalter dazu bei, dass Telekommunikation vor allem visuell weiterentwickelt wurde. Es entstanden Buchstabier-Systeme ähnlich derer, die aus der Antike überliefert sind, sowie auf Codes beruhende Systeme wie sie später durch den Semaphor realisiert wurden. Sogar die Idee eines Codes, der das gesamte Alphabet mittels zweier Zeichen darstellte, gab es bereits im 17. Jahrhundert. Das Teleskop spielte eine entscheidende Rolle in dem Bestreben

Abwesendes anwesend werden zu lassen, denn aus ihm entwuchs die Idee, in die Ferne Schreiben respektive aus der Ferne lesen zu können, die jedoch erst Ende des 18. Jahrhunderts systematisch realisiert wurde. Generell wurde Telekommunikation visuell gedacht. Diese Perspektive hielt bis zur Entdeckung des »sound hearing« und der Erfindung des Telefons an. Der seit dem späten Mittelalter auch in Europa verbreitete Magnetkompass war, neben der Uhr, ein weiterer Impuls, der die Entwicklung einer Methode der Fernkommunikation inspirierte. Der Magnetismus wurde als eine sich auswirkende, an sich aber unsichtbare, also virtuelle Kraft wahrgenommen.

Da diese magische Kraft genutzt werden konnte, um sich auf der Erde zu orientieren, schien es nahe liegend, eine weitere virtuelle Kraft, Sympathie, nutzen zu können um in die Ferne zu kommunizieren. So entstand das Phantasma des »sympathischen Telegraphen«: Zwei Menschen sollten in der Lage sein, einander beispielsweise durch ein ihnen in die Haut eingeritztes Zifferblatt Nachrichten über das Medium der Sympathie zu buchstabieren. Diese sich hartnäckig haltende Idee wurde erst Jahrhunderte später – im Sinne einer personalisierten Kommunikationsform über ein unsichtbares Medium – durch Mobile Medien tatsächlich realisiert.

Zwar wurden Medientechnologien und Virtualität auch hier nicht explizit zusammengedacht, es zeigt sich jedoch eine enge Verschwisterung von Medien und Virtualität. Eine sich auswirkende Kraft wird als existent wahrgenommen, obgleich sie sich wenn, dann nur in einem Effekt zeigt. Virtualität wird also nicht aus dem Bereich des Realen ausgeklammert, sondern im Gegenteil werden Magnetismus und »Sympathie« (wie später Elektrizität) als nutzbar zu machende Virtualitäten, als nur in ihrem Effekt wahrnehmbar werdende Medien begriffen, denen das Potential zukommt, Welt umgestalten zu können.

Virtuelle Welt

Auch in der Philosophie des Barock wird zwar über Virtualität nachgedacht, diese jedoch nicht explizit in Zusammenhang mit Medientechnologien gebracht. Gründe hierfür könnte gewesen sein, dass zu jener Zeit kaum andere Telekommunikations-Technologien außer der Post verbreitet und Drucktechnologien noch nicht zu Massenmedien geworden waren. Jedenfalls denken sowohl Spinoza als auch Leibniz das Virtuelle nicht anhand von Medien, sondern anhand von Gott.

Für Spinoza ist Gott Virtualität, und zwar im Sinne des lateinischen Wortes »virtus«, Kraft: er bringt hervor. Zugleich ist er aber auch von höchster Realität. Dies ist kein Paradox, da aus Spinozas Perspektive nicht zwischen Realität und Virtualität, sondern zwischen Geist und Materie ein Dualismus bzw. Parallelismus besteht. Da Spinoza mit Descartes davon ausgeht, dass der Verstand Realität erkennt, ist physische Präsenz auch in diesem Verständnis kein Indikator für Wirklichkeit. Gott ist Virtualität, das Vermögen und die Kraft etwas werden zu lassen, also notwendige Voraussetzung für Sein und Vergehen und somit für Realität. Damit wird Virtualität zur höchsten und vollkommensten Wirklichkeit, die jedoch immer nur partiell anhand der Modi ihrer beiden Attribute erkannt werden kann. Da Gott die Welt ist, ist die Welt virtuell und Virtualität notwendig.

Auch in Leibniz' Philosophie ist der Begriff des Virtuellen oder der Kraft von sehr grundlegender Bedeutung. Für ihn besteht die Welt aus Virtualitäten, aus Substanzen, die von sich aus die aktive Kraft, die ursprüngliche Wirksamkeit oder das Vermögen besitzen etwas zu werden, und auch von sich aus nach Sein streben, also nicht auf ein externes Bewegendes angewiesen sind. Dennoch gehen nur diejenigen dieser Monaden vom Zustand der Möglichkeit in den der Wirklichkeit über, die Gott zufolge zusammen das größte kompossible Sein ergeben. Diese spiegeln in ihren Perzeptionen die gesamte Welt und ihre Relation zu ihr. Die virtuellen Substanzen sind also möglich, allerdings sind sie darüber hinaus auch virtuell. Nur in ihrer jeweiligen Aktualisierung im Kontext mit den anderen Monaden lassen sich die Virtualitäten erkennen. Wie Deleuze herausgestellt hat, teilt sich Leibniz' Welt zweifach, in Virtualität und Aktualität, und in Möglichkeit und Wirklichkeit. Diese doppelte Zweiteilung geht ineinander über: Die virtuellen Monaden aktualisieren sich als Welt in den Seelen, zugleich realisiert sich die nunmehr mögliche Welt, die Monaden, in den Körpern. Die Welt an sich ist virtuell und kann nur anhand ihrer Aktualisierungen, den Monaden, erkannt werden. Diese können teilweise als Möglichkeiten in die Wirklichkeit übergeführt und damit materiell werden.

Sowohl bei Leibniz als auch bei Spinoza ist Virtualität notwendig für die Existenz von Welt. Während bei Spinoza Gott die wirkende Kraft ist, sind bei Leibniz die Monaden die Virtualitäten, aus denen die Welt verwirklicht wird. Hier stehen sich also nicht Realität und Virtualität gegenüber, sondern Virtualität ist als generatives Moment die Bedingung von Wirklichkeit. Von höchster Realität ist das sich Auswirkende, das Nicht-Fassbare, das Immaterielle, und nicht dasjenige, worin oder womit es sich ausgewirkt hat. Diese Vorstellung wandelt sich im 20. Jahrhundert angesichts digitaler Technologien. Nun wird das Temporäre, das Ephemere und sinnlich Erfassbare als das Produkt der erzeugenden Kraft, als Realität wahrgenommen, und das Digitale wird als Virtuelles verbannt.

Telegraphie

Der erste Telegraph, der tatsächlich als System realisiert wurde, war optisch, nicht elektrisch. Ende des 18. Jahrhunderts breitete sich der »Semaphor« in Europa aus. Er funktionierte mittels Flügelarmen und Teleskopen sowie einem Code, der nicht Buchstaben, sondern Wörter abbildete. Ein Dazwischen aus Codierung, Repräsentation und Decodierung war also notwendig. Dieser Telegraph war zwar ein drahtloses, jedoch vorerst kein mobiles Medium. Erst Mitte des 19. Jahrhunderts wurden die Posten als Kriegstechnologie bewegungsfähig.

Entscheidend für die weitere Entwicklung des Telegraphen und Mobiler Medien war die Entdeckung und Erklärung der Elektrizität im 19. Jahrhundert. Indem Elektrizität generiert, gespeichert und weitergeleitet werden konnte, wurde es möglich sie zur Informationsübertragung zu verwenden. Zunächst war Elektrizität ein recht phantastisches Phänomen, denn sie funktionierte, ohne dass die Gründe hierfür bekannt waren. Dies wird beispielsweise an Galvanis vermeintlicher Entdeckung der tierischen Elektrizität und der Idee, Frösche als Medien für Telegraphie zu verwenden, ersichtlich. So wurde Elektrizität dann vor allem im 18. Jahrhundert als Spektakel inszeniert. Sie war eine Virtualität, eine vermögende Kraft, die sich nur in ihrer Auswirkung als etwas zeigte. Insofern ähnelte die Idee, sie zur Fernkommunikation zu verwenden, derjenigen, mittels Sympathie zu telegraphieren.

Bereits im 18. Jahrhundert gab es erste Ideen für auf Elektrizität beruhende Telegraphen. Die meisten von ihnen bildeten Buchstaben einzeln ab, sogar die Idee, per Funken, also drahtlos elektrisch zu telegraphieren, war vorhanden. Morses auf drei Stellen beruhender Telegraphie-Code erwies sich Mitte des 19. Jahrhunderts zusammen mit seinem Telegraphen als ein sehr praktikables System. Das Besondere an diesem Code war, dass er die Zeichen zeitlich und nicht räumlich abbildete. Aus seinem Gebrauch entstand eine neue Methode des Telegraphierens, die nun nicht mehr eine rein visuelle Telekommunikationsform war. Denn durch das »sound hearing« wurde das Zeichen auch akustisch wahrgenommen und dadurch das Telegraphieren beschleunigt. Auch der Nadeltelegraph von Cooke und Wheatstone war verbreitet. Beide Telegraphen fanden besonderen Einsatz bei der Eisenbahn, also einem Transportmittel. Aus der drahtgebundenen Telegraphie entwickelten sich erste Ideen um per Wasser, Luft oder Erdboden anstatt per Draht Elektrizität und damit auch telegraphische Zeichen weiterleiten zu können. 1872 wurde das erste Patent für drahtlose Luft-Telegraphie in den USA ausgestellt.

Der elektrische Telegraph war wie jedes neue Medium zunächst Anlass für zahlreiche Verwirrungen. Einerseits trennte er materiellen Träger und Information voneinander, andererseits war der übermittelte Code nicht sichtbar und stand somit im Gegensatz zum staatlichen Telegraphiesystem der optischen Telegraphen. Dadurch unterlief dieses Medium das Paradigma des Visuellen und schien höchst virtuell: An einem anderen Ort kam durch ein Kabel etwas an. Die Übermittlung selbst konnte jedoch im Gegensatz zum optischen Telegraphen nicht gesehen und damit nicht nachvollzogen werden. Sie wurde nur in ihrem Effekt sichtbar. Grund für dieses plötzliche Anwesend-Werden von etwas Abwesendem war jene neu entdeckte, unerklärbare elektrische Kraft, die Elektrizität. Technische Virtualität wurde im 19. Jahrhundert also erstmalig in Form einer elektronischen Medientechnologie präsent. Wenngleich jene Technologie durchaus noch einen materiellen Träger hatte, entstand mit ihr ein ungreifbarer Zwischenraum, ein Dazwischen elektrischer Art, das nicht unmittelbar zugänglich war, sondern nur an etwas Anderem sichtbar, hörbar oder spürbar werden konnte.

Telefon und Radio

Nachdem der elektrische Telegraph in der ersten Hälfte des 19. Jahrhunderts erfunden und ein elektronisches Kommunikationsnetz errichtet war, wurden gegen Ende jenes Jahrhunderts wesentliche Erkenntnisse hinsichtlich der Erzeugung, des Transports und der Verwendung von Elektrizität gemacht.

Das Bemühen, Klänge und Stimmen über Distanzen hinweg weiterzureichen, gab es bereits im Altertum. Verwendet wurden hierzu vor allem Hohlräume diverser Art, aber auch Bindfäden. Beispielsweise sollte Sprache durch ihre Konservierung in einem verschlossenen Gefäß verschickt und damit an einen anderen Ort anwesend werden. Aus der Idee eines »harmonischen Telegraphen«, eines per Klang operierenden Telegraphen, der in der Lage sein sollte mehrere Nachrichten über einen Kanal zu schicken, entwickelte sich zufälligerweise das Telefon, mit dem es möglich wurde komplexe Klänge wie die menschliche Stimme in Elektrizität zu wandeln und wieder in Klang zurückzuwandeln. Anfangs stellte man sich diese Virtualitätstechnologie als ein Massen- und kein Individualmedium vor, später als ein Geschäftsmedium. Verwendet wurde es jedoch als ein Sozialmedium und entwickelte sich dementsprechend.

Ein erster Schritt in der Entwicklung eines drahtlosen (Mobil-) Telefons war Bells Photo- bzw. Radiophon, mit dem durch Selenzellen und Licht kabellose Telephonie über vergleichsweise kurze Entfernungen möglich wurde. Edison wendete drahtlose Induktionstelegraphie bei fahrenden Eisenbahnen an, bei seiner Erfindung hatte er eigentlich Schiffskommunikation im Sinn. Forscher wie Dolbear und Hughes arbeiteten an einem drahtlosen Telefon, das mittels

Fazit

Radiowellen, jedoch nur auf recht kurzen Distanzen funktionierte. Insgesamt waren die 1890er Jahre von zahlreichen Forschungen zur drahtlosen Telegraphie und Telephonie geprägt. Als Hertz 1887 die Existenz von Radiowellen praktisch bewiesen hatte, bekam die Forschung zur Nutzbarmachung jener virtuellen Kraft zwecks Telekommunikation neue Impulse. Zugleich hegte man große Hoffnungen bezüglich ihres Potentials. So erschien auch die Kontrolle des Wetters durch elektromagnetische Wellen möglich.

Für die Erfindung des Radios sind Teslas Entdeckung und Generierung von Hochfrequenz-Wechselströmen ebenso grundlegend wie Marconis Zusammenfügen seiner und anderer Ergebnisse. Der Übergang vom 19. zum 20. Jahrhundert markiert die Geburtsstunde der drahtlosen Telegraphie und des Rundfunks, 1906 gelang Fessenden die erste Rundfunkausstrahlung. Außer als Schifffunk und teilweise auch beim Militär wurde drahtlose Telephonie jedoch kaum eingesetzt, sie war zunächst eine an Transporttechnologien gekoppelte Ausnahmeerscheinung.

Elektrizität war im späten 19. Jahrhundert von einer Obskurität, die sich als Spektakel inszenieren ließ, zu einer in der Telekommunikation tatsächlich verwendeten Kraft geworden. Die meisten Telekommunikationsmethoden basierten jedoch nicht auf elektromagnetischen Wellen, sondern auf Drahtverbindungen.

Virtuelles Sein

Zu Beginn des 20. Jahrhunderts reflektierten Philosophen wie Heidegger, Bergson oder Peirce über das Virtuelle ohne es jedoch in Verbindung zu mobilen Medientechnologien zu bringen, obgleich in jener Epoche drahtlose Medien wie das Radio und Medientechnologien wie das Telefon populär wurden bzw. waren.

Bergson definiert die Virtualität, indem er sie von der Möglichkeit abgrenzt. Während das Mögliche erst durch die gegenwärtige Wirklichkeit zu existieren beginnt, und sich auf der Ebene des Materiellen finden lässt, ist das Virtuelle auf der Ebene des Geistigen anzufinden und ist vor und nach dem Jetzt. Durch seine Aktualisierung modifiziert sich das Virtuelle, es ist jedoch an sich von voller Realität. Das Virtuelle als solches kann Bergson zufolge allerdings gleich der Unmöglichkeit, einen Augenblick als isolierten Punkt in der Zeit zu erfassen nicht begriffen werden, denn es befindet sich in einem fortwährenden Zustand der Dauer, das heißt der Ausdifferenzierung und des Wandels in der Zeit. Daher kann zwar das Aktuelle, mit dem zugleich das Virtuelle in Wirklichkeit ist, gedacht werden, nicht jedoch der Prozess der Aktualisierung.

Während das Mögliche keine Realität hat, aber Aktualität haben kann, ist das Virtuelle nicht aktuell, aber als Geistiges real. Das Wirkliche realisiert das Mögliche und ähnelt ihm, das Aktuelle hingegen verkörpert das Virtuelle ohne ihm dabei zu ähneln. Das Virtuelle tritt als eine modifizierende Dynamik zutage, als eine »verborgene Kraft«, die sich im materiellen Aktuellen zeigt und sich in seiner Aktualisierung immer differenziert und damit neu erschafft. Das Virtuelle ist im Gegensatz zur materiellen Möglichkeit geistiger Art. Als solches befindet es sich auf der Seite der Dauer und ist damit wirklicher als das Materielle. Da Wirklichkeit für Bergson, ähnlich wie für Aristoteles, Bewegung ist, also ein Werden und eine Tendenz, muss sie immer durch jene verborgene Kraft, durch Virtualität geprägt sein.

Diese Vorstellung von Virtualität ist im Hinblick auf Mobile Medien sehr produktiv, denn sie hilft zu erkennen, dass zum einen Virtualität kein digitales oder rein medientechnologisches Phänomen ist, sondern seit je her Wirklichkeit bestimmt, und zum anderen, dass eine Begriffsdefinition von Virtualität nicht möglich ist, da sich dem Virtuellen nur mittels des Aktuellen, in dem es sich prozessual spiegelt, genähert werden kann.

Beim Horchen auf das Sein stellt Heidegger fest, dass die Metaphysik und auch ihre Überwindung das Sein in zwei Hälften geteilt hat, von denen die eine, das Wirkliche oder das Geistige/Sinnliche, mehr Wert hat als die zweite, das Mögliche oder das Sinnliche/Nicht-Sinnliche. Eine solche Zweiteilung ist für Heidegger nicht nachvollziehbar, da wir uns ihm zufolge von jeher im Sein befinden, welches zeitlich, als Anwesend-Sein, zu verstehen ist. Eine duale Struktur des Seins, wie sie beispielsweise Medientheoretiker der 1990er Jahre annahmen, kann es Heidegger zufolge nicht geben, da wir uns im nicht teilbaren Sein befinden und dieses etwas Nicht-Ewiges, sich in der Zeit Modifizierendes und damit weder singulär noch in Dualismen zu Fassendes ist. Durch die neuzeitliche Technik wird das Sein jedoch im Sinne einer potentiellen Neuschaffung aufgerüttelt. Das Sein und damit Wirklichkeit und Dasein werden umgestaltet. Wirklichkeit ist hier deutlich von jener Technik (heutzutage würden darunter auch Mobile Medien fallen) bestimmt und etwas Verborgenes, Virtuelles (Heidegger selbst verwendet diesen Begriff jedoch nicht), das durch ein Hin-Denken entborgen werden muss. Auch hier ist Virtualität als Sein das zugrunde liegende Prinzip von Wirklichkeit, von Dasein.

1901 definiert Peirce das Virtuelle als etwas, das zwar die Eigenschaften von etwas besitzt, jedoch nicht dasjenige ist. Es ist auch für ihn – wie für Aristoteles, Leibniz und Bergson – nicht zu verwechseln mit dem Potentiellen, das zwar die Natur von etwas hat, jedoch keine tatsächliche Wirklichkeit. Die Frage, ob das Virtuelle einen Realitätsgehalt hat, wird also auch hier deutlich positiv beantwortet.

Fazit

Erste Mobile Medien

Zu Beginn des 20. Jahrhunderts wurden diverse Methoden erdacht, um unterwegs telefonieren oder auch telegraphieren zu können. Medientechnologien sind zunächst an Transporttechnologien gekoppelt. Marconi stellte 1901 einen in einem Auto transportierbaren und aus diesem auch operierbaren Telgraphen vor, Dubilier arbeitete zur selben Zeit eine Idee für ein Autotelefon aus, und Ericsson konstruierte 1910 ein Autotelefon, mit dem sich von unterwegs in die Festnetz-Telefonleitungen eingeklinkt werden konnte. Jene Apparate blieben jedoch ebenso Einzelstücke, wie die in Folge entstehenden Radio-Spazierstöcke, Armbanduhren-Telefone und Mobiltelefon-Rucksäcke, die im Krieg, neben den per Transporttier und Fahrzeug transportierbaren Medientechnologien, tatsächlich eingesetzt wurden. Als weitere potentielle Einsatzgebiete für drahtlose Telekommunikation wurden vor allem die Koordination des Transports von Gütern oder Menschen, aber auch Notfälle gesehen.

In den 1920er Jahren wurden Polizeiautos mit Sprechfunk ausgestattet. Dieser wurde wie Radio gedacht und über eine Zentrale realisiert, so dass die Teilnehmer nicht miteinander, sondern nur zur Zentrale sprechen konnten, die wiederum mit allen Teilnehmern kommunizieren konnte. Mobilfunk war also insbesondere aus technischen Gründen am Modell des zentralistischen Radios orientiert. Das änderte sich erst später mit der Einführung des dezentralen zellularen Systems. Zur selben Zeit wurden in den USA und auch in Deutschland Züge mit »Mobiltelefonen« ausgestattet, die auch tatsächlich verwendet wurden. Mobile Medien waren vorerst in Verbindung mit einem Fahrzeug mobil, portabel wurden sie erst später.

In jener Zeit entstanden viele Mutmaßungen über die Effekte der neuartigen Medientechnologien. Beispielsweise wurden Erreichbarkeit und Existenz als gekoppelt gedacht. Es schien zudem möglich mittels Radiowellen mit dem ebenfalls virtuellen Reich der Toten kommunizieren zu können. Die Virtualität des Radiofunks verleitete, wie häufig angesichts von neuen Medientechnologien, zu ähnlich irrationalen Spekulationen wie denen, die angesichts von Magnetismus und Elektrizität entstanden.

Mobile Medientechnologien

Der MTS, das erste Mobilfunknetz, das nicht nur von bestimmten Berufsgruppen genutzt werden konnte, entstand 1946 in den USA und beruhte auf Autotelefonen. Obgleich es sehr sperrig, umständlich zu bedienen und nicht mit dem regulären Telefonnetz kompatibel war, blieb die Nachfrage nach ihm groß. Aufgrund seiner Funktionsweise und des nur geringen zur Verfügung stehenden Frequenzspektrums blieb das System jedoch beschränkter als es der Nachfrage nach hätte sein können. Bereits 1942 hatten Lamarr und

Antheil zur Torpedofernsteuerung das Frequenzsprungverfahren entwickelt. Dieses wurde zwar patentiert, jedoch erst vierzig Jahre später zur Optimierung des Mobilfunks eingesetzt. Die Idee für das zellulare System, ein dezentrales, verteiltes Netzwerk, auf dem der Mobilfunk beruht, entstand bereits 1947. Technisch realisiert werden konnte es jedoch aufgrund der für das Handover notwendigen digitalelektronischen Schalttechnik und des zugewiesenen Spektrums im umfassenden Maße erst in den 1980er Jahren, patentiert wurde es 1970.

In den 1950er Jahren wurden auch in Europa die ersten Mobilfunksysteme entwickelt. In Deutschland entstand das auf Röhrengeräten basierende A-Netz 1958. Zu dieser Zeit gab es zudem wieder einmal Phantasien über die neuen Medientechnologien, beispielsweise die Annahme, dass jedes Neugeborene mit einer Nummer und einem »Lilliputanian phone« ausgestattet werden würde, so dass Erreichbarkeit und Leben korrespondierten, oder aber die Idee eines portablen Bildtelefons. Als eines der ersten Mobiltelefone war das Handie-Talkie im Berufsleben im Einsatz. Der MTS wurde verbessert und das zellulare System 1969 auf einer Zugstrecke erstmalig eingesetzt. Das Mobilfunksystem in Deutschland entwickelte sich ab 1958, ab 1991 wurde es, dem europäischen Mobilfunkstandard GSM entsprechend, digital. Zeitgleich wurde der Mobilfunk in den nordischen Staaten und in Japan initiiert, die eine Weile in technischer Hinsicht federführend waren.

Das erste in der Hand haltbare Mobiltelefon entstand 1973 in einem Konkurrenzkampf zwischen AT&T und Motorola und aus dem Bestreben, die staatliche Kontrollbehörde davon zu überzeugen dem Mobilfunk mehr Spektrum zuzuweisen. 1983 wurde mit ihm schließlich ein offener Mobilfunkmarkt, der auf dem digital geschalteten zellularen System beruhte, realisiert. Drei Faktoren waren hinsichtlich der Entstehung des zellularen Mobilfunksystems entscheidend: die Idee des zellularen Systems, die staatliche Zuweisung von Spektrum und Fortschritte in der Digital- und Elektrotechnik, die unter anderem die Realisierung eines in der Hand tragbaren Mobiltelefons ermöglichten. Mobil sind jene Medientechnologien immer nur in Relation zu den sie umgebenden Zellen, also zu stationären Antennen. Abhängig sind sie unter anderem vom Netzzugang und der Stromversorgung.

Bedingt durch die Digitalisierung der Netze und Apparate wurde das Mobiltelefon in den 1990er Jahren zur mobilen Medientechnologie, mit der nun neben Sprache auch andere Daten drahtlos ausgetauscht werden konnten. Die 1992 entstandene SMS ist das erste Produkt der Digitalisierung der Netze und initiiert die Entwicklung von Mobiltelefonen zu Mobilen Medien. Darüber hinaus verdeutlicht sie, dass die Anwendung einer Technologie in ihr nicht angelegt ist.

Fazit

Zur Informationsübertragung mittels Mobiler Medien stehen verschiedene Methoden zur Verfügung, beispielsweise wachsen das Internet und das Mobilfunknetz zusammen. Die vierte Generation des Mobilfunks wird nur noch paketbasiert sein und damit wie das Internet operieren. Hierdurch eröffnet sich die Möglichkeit des bereits 1991 beschriebenen »Ubiquitous Computing«, der allgegenwärtigen realen digitalen Virtualität, die sich in die menschliche Welt nahtlos und nahezu unsichtbar einfügt. Hierin unterscheiden sich Mobile Medien von den ihnen vorhergehenden Digitaltechnologien, die an einen Ort gebunden waren. Insgesamt hat sich der Computer von einem riesigen Apparat über ein tragbares Laptop hin zu einem in eine Hosentasche passenden Mobilen Medium entwickelt. Entscheidend dafür war die Entwicklung des Mobilfunknetzes von einem zentralen zu einem zellularen, verteilten Netzwerk. Durch die hiermit jederzeit innerhalb der Netzwerke möglich gewordene Entfaltung von digitalen virtuellen Informationsräumen stellt sich die Frage nach der Beschaffenheit des Virtuellen. Es wird deutlich, dass Virtualität schon immer ein prägender Bestandteil von Realität war, wenngleich die durch Mobile Medien generierte medientechnische digitale Virtualität eine neue Form des Virtuellen darstellt, welche die »reale Welt« nicht bedroht oder nivelliert, sondern sie bereichert.

NOTWENDIGE VIRTUALITÄT

In den 1980er Jahren dachte Luhmann über das Virtuelle nach und brachte es zwar auch, wie jene, die »Virtualität« als Schlagwort aufgreifen, mit Medien in Verbindung, dies jedoch weit entfernt von einem wertenden Seinsdualismus. Für ihn entsteht Realität aus einer Unterscheidung zwischen ihr und beispielsweise einer Zeichen-Welt. Sie ist also eine beobachterabhängige Konstruktion. Medien, hierunter versteht Luhmann nicht nur Medientechnologien, sind reine Virtualitäten, die nur anhand ihrer Aktualisierung in einer Form wahrnehmbar werden. Die Aktualisierung von Virtualitäten, respektive die Verwirklichung von Möglichkeiten, wird durch das Universalmedium »Sinn« vorgenommen, das immer auf die zu diesem Zeitpunkt jeweils nicht aktualisierten Möglichkeiten, also über sich hinaus verweist. Virtualität ist bei Luhmann eine generative Kraft, die für jegliche, sich prinzipiell aus der Unterscheidung von Medium und Form zusammensetzende Wirklichkeit konstitutiv ist, und zugleich mit und vor ihr existiert. Was jeweils das virtuelle Moment und das im Vergleich hierzu »Reale« ist, hängt vom »Sinn«, der Beobachterperspektive, ab. Digitale Medientechnologien wie Computer oder Mobile Medien wären demnach in ihrem Virtualisierungspotential nichts Neues, sondern schlicht eine andere Form. Virtuelles und Aktuelles bedingen einander.

Für Deleuze ist die Philosophie die Wissenschaft des Virtuellen, denn sie befasst sich mit Begriffen, und diese sind Virtualitäten. Sie sind nicht aktuell, dennoch real, und können als Virtuelles in einer Verkörperung eine Aktualität erhalten. Das Virtuelle ist also einerseits dadurch gekennzeichnet, dass es real und nicht möglich ist, und andererseits dadurch, dass es nicht an sich, sondern in etwas anderem, nämlich dem Aktuellen erkannt werden kann. Dabei unterliegt es dem Werden und damit der Veränderung. Deutlich muss das Virtuelle vom Möglichen abgegrenzt werden, mit dem es nicht übereinstimmt, denn während das Mögliche realisiert werden kann, an sich aber weder virtuell noch real, eventuell jedoch aktuell ist, ist das Virtuelle real und kann aktualisiert werden. Das Reale gleicht dem Möglichen, das Aktuelle jedoch verweist auf das Virtuelle und umgekehrt. Das Virtuelle ist Deleuze zufolge also die Voraussetzung für das Werden. Denn es grenzt sich immer wieder von dem zu ihm korrespondierenden Aktuellen ab und schafft sich damit in der Zeit neu und wandelt sich. Es ist Differentiation und Kreation. Mit Bergson befindet sich das Virtuelle also auf der Ebene der Zeit und ist damit als solches durch Begriffe nicht zu fassen.

Im Anschluss an Deleuze denkt Lévy das Virtuelle anhand von elektronischen und digitalen Kommunikationstechnologien und unterstreicht, dass es schon immer Teil von Welt gewesen ist, wenngleich jene Technologien eine neue Form von ihm zeigen. Auch hier wird Virtualität nicht als eine unidirektionale Kraft gedacht, sondern wandelt sich mit ihren Aktualisierungen und bleibt nichtmanifestiert ohne Ort. Das Virtuelle ist nicht materiell, nicht manifestiert und steht im Kontrast zum Möglichen, das zwar auch latent, aber mit seiner Verwirklichung abgeschlossen ist, und sich ungleich des Virtuellen nicht weiter wandelt und wird. Das Reale ähnelt dem Möglichen, das Aktuelle antwortet auf das Virtuelle, durch das es niemals vollständig determiniert wird. Klar ist, dass das Virtuelle existiert, also durchaus real ist, wenngleich es nicht körperlich und nicht zeitlich begrenzt ist, es ereignet sich in einem Aktuellen. Information ist per se virtuell, und – hierin besteht das besondere Moment Mobiler Medien – wird nun auf vielfältige Weise nahezu jederzeit und überall verfügbar, womit das Virtuelle in einem noch stärkeren Maße zu einem determinierenden Bestandteil von Welt wird.

Digitale Virtualität

Das Wortfeld des Virtuellen entstammt dem Lateinischen und meint das männliche Vermögen zur Tat schreiten und die Kraft etwas ausführen zu können, während das Aktuelle als eine ausführende Tätigkeit im Sinne einer Bewegung oder Leitung zu begreifen ist. Diese Bedeutung hat sich im Sprachgebrauch des Alltags und der Medientheorie zwar nicht durchgesetzt, weist jedoch darauf hin, dass das Virtuelle als Vermögen einer Kraftanwendung in einem anderen Kontext als dem digitaler Medien als real begriffen wurde.

Auch für Serres entstehen durch Kommunikationsnetze virtuelle Räume, welche die im Kontrast zu diesen gedachten realen Räume zunehmend überlagern. Für grundlegend neuartig hält er sie allerdings nicht, wenngleich sie das Sein expandieren. Wissen an sich ist für ihn virtuell, woraus sich folgern lässt, dass Virtualität kein rein digitaltechnologisches Phänomen sein kann, auch wenn durch sie insbesondere in ihrer mobilen Form die Virtualitätsverknüpfungsmöglichkeiten zunehmen. Derridas Wortschöpfung der Aktuvirtualität verdeutlicht, dass Aktualitäten medial geschaffene Ereignisse sind, welche die »Beobachterperspektive«, die Virtualität des Mediums in sich tragen und daher nicht abbildend sind, sondern produzierend wirken. Für Shields ist das Virtuelle dadurch gekennzeichnet, dass es nicht greifbar ist, daher sind beispielsweise Träume und Erinnerungen virtuell. Virtualität ist aber auch ein Zwischen-Raum, der medial erzeugt ist, beispielsweise durch das Telefon oder die Zentralperspektive, also kein Phänomen des 20. Jahrhunderts oder von Computertechnologie, sondern die Anwesenheit von Abwesendem, die in ihrer Aktualisierung verkörpert wird. Und auch Massumi plädiert dafür, das Virtuelle nicht mit dem Digitalen gleichzusetzen. Ihm zufolge operieren Digitaltechnologien primär im Medium der Möglichkeit und nicht in dem der Virtualität. Ihr virtuelles Potential tritt erst in Form einer Aktualisierung, aus der sich Fluchtlinien entwickeln, in Erscheinung. Technologien sind nicht an sich virtualisierend und Medien erzeugen nicht notwendigerweise einen virtuellen, sondern einen abstrakten Raum, der virtuell sein kann, aber auch möglich oder simuliert. Das Virtuelle kommt nur dann im Abstrakten zustande wenn es ein Emergenz initiierendes Moment besitzt. Insofern besteht das Virtuelle an elektronischen Medien darin, dass sie unendlich verknüpft werden können und sich hieraus die Möglichkeit der Generierung von Neuem entwickelt. Das Virtuelle ist damit eine Ansammlung von Tendenzen, von Potentialen. Mobile Medien wären aus dieser Perspektive primär möglichkeitsgenerierend und erst durch die sie verknüpfenden Netzwerke und die damit einhergehenden Aktualisierungen oder Anwendungen virtuell. Zudem ist zu beobachten, dass sich durch Mobile Medien körperliche und Informationsräume zunehmend überlagern.

Reale digitale Virtualität

Hierin besteht das Neuartige an Mobilen Medien: Sie verdeutlichen, dass die strikte Trennung zwischen Körper und Geist, Sein und Nicht-Sein etc., jene Dualismen, die sich seit der Antike in der Philosophie und den Geisteswissenschaften entfaltet und gehalten haben, als Zweiteilung einer Form (der »vollendeten Wirklichkeit« oder des Mediums »Sinn«) zu begreifen sind, und nicht als ausschließende Prinzipien. So, wie in Luhmanns Medienbegriff die eine Seite der Form die andere erst bedingt, es also auf die Perspektive der Unterscheidung ankommt, haben wir uns noch nie ausschließlich in realen oder virtuellen Räumen befunden, sondern sind immer zugleich in virtuell-reale und aktuelle Räume eingebunden. Dies wird durch Mobile Medien sehr explizit, da sie den realen Raum zunehmend mit einem modifizierbaren virtuellen Informationsraum, der das Potential für Emergenz besitzt, durchdringen. Realität ist immer ein Hybrid aus Virtuellem und Aktuellem, aus Gedachtem und Verkörpertem.

Virtualität ist von je her ein Bestandteil der Realität gewesen, als eine Wirkkraft, die sich erst in einer Aktualisierung zeigt, als solche jedoch nicht zu fassen ist und sich permanent wandelt. Medientechnologien wie der vernetzte Computer lassen digitale Virtualität, die sich durch die Art ihrer Materialität von nicht-digitaler Virtualität wie Wissen unterscheidet, auf neuartige Weise und verstärkt anwesend werden. Sie erzeugen Zwischenräume, die nur während ihrer Aktualisierung existieren, beispielsweise während eines Telefonats. Durch die Mobilität dieser Technologien werden diese virtuellen Räume multipliziert, durch ihre Digitalität werden sie vielfältiger und durch Funknetze werden sie nahezu immer und überall möglich. Mobile Medien lassen digitale Virtualität in der gewohnten, von nicht-techno-logischer Virtualität bestimmten Realität potentiell jederzeit und überall innerhalb des Netzwerkes allgegenwärtig werden.

Digitalität ist nicht mit Virtualität zu verwechseln. Beispielsweise ist eine SMS oder eine Wegbeschreibung via GPS nicht an sich virtuell, sondern eine Aktualisierung des Virtuellen, die auf dieses hindeutet. Solche Zwischenräume des Virtuellen werden durch Mobile Medien nun in zunehmendem Maß möglich. Hierdurch zeigt sich, dass Virtualität nicht Realität gefährdet, sondern ein unabdingbarer Bestandteil von ihr ist, und, wie aus der Begriffsgeschichte des Virtuellen ersichtlich wird, dies bereits vor der Existenz von digitalen Medientechnologien war. Welt ist im Werden begriffen und damit von Virtualität bestimmt. Der reale Raum war schon immer konstitutiv von Virtualitäten durchzogen.

Literaturverzeichnis

A

Aeschylos: Agamemnon. Leipzig: B. Teubner, 1863.

Giorgio Agamben: Potentialities. Collected Essays in Philosophy. Stanford: Stanford University Press, 1999.

Jon Agar: Constant Touch. A Global History of the Mobile Phone. Cambridge: Icon Books, (2003) 2004.

Roy A. Allan: A History of the Personal Computer. The People and the Technology. London, Ontario: Allan Publishing, 2001.

Günther Anders: Die Antiquiertheit des Menschen. Band 1. Über die Seele im Zeitalter der zweiten industriellen Revolution; Band 2. Über die Zerstörung des Lebens im Zeitalter der dritten industriellen Revolution. München: Beck, 1985.

o.V.: Another Wireless Telephone. In: Modern Electrics, October 1911, S. 408. (http://earlyradiohistory.us/1911matt.htm)

Thomas von Aquin: Sein und Wesen. Wien: Thomas-Verlag, (ca. 1255) 1936.

Thomas von Aquin: Über Seiendes und Wesenheit (De Ente et Essentia). Hamburg: Felix Meiner Verlag, 1988.

Aristoteles: Metaphysik. Hamburg: Reinbek, (4. Jh. v. Chr.) 2005.

Aristoteles: Physik. Vorlesungen über Natur. Erster Halbband: Bücher I-IV. Hg. von Hans Günter Zekl. griech.-dt. Hamburg: Felix Meiner Verlag, 1987.

Ars Electronica (Hg.): Philosophien der neuen Technologien. Berlin: Merve Verlag, 1989.

Volker Aschoff: Aus der Geschichte des Telegraphen-Codes. Rheinisch-Westfälische Akademie der Wissenschaften, Vorträge, Nr. 297. Opladen: Westdeutscher Verlag, 1981 (I).

Volker Aschoff: Drei Vorschläge für nichtelektrisches Fernsprechen aus der Wende vom 18. zum 19. Jahrhundert. München: R. Oldenbourg Verlag GmbH, 1981 (II).

Volker Aschoff: Geschichte der Nachrichtentechnik. Band 1: Beiträge zur Geschichte der Nachrichtentechnik von ihren Anfängen bis zum Ende des 18. Jahrhunderts. Berlin u.a.: Springer-Verlag, 1984.

Volker ASCHOFF: Geschichte der Nachrichtentechnik. Band 2: Nachrichtentechnische Entwicklung in der ersten Hälfte des 19. Jahrhunderts. Berlin u.a.: Springer-Verlag, 1987.

O.V.: A TRIUMPH BUT STILL A TERROR. In: New York Times, 17. Dezember 190. S. 10. (http://earlyradiohistory.us/1906triu.htm)

Marc AUGE: Non-Places. Introduction to an Anthropology of Supermodernity. London: Verso, 1995.

O.V.: AUTO RADIO »DE LUXE«. In: Modern Mechanix, Januar 1938. S. 51. (http://blog.modernmechanix.com/2006/04/11/auto-radio-de-luxe/)

B

James Mark Baldwin: DICTIONARY OF PHILOSOPHY AND PSYCHOLOGY. Vol. II. Gloucester: Peter Smith, (1901) 1960.

Inge BANDAU: Vermögen und Möglichkeit in der Ontologie des Aristoteles. Köln: Gerd Wasmund Druck, 1964.

Paul BARAN: On Distributed Communications Networks: 1. Introduction to Distributed Communication Networks. RAND Memorandum, RM-3420-PR, August 1964. Santa Monica: The Rand Corporation, 1964.

Neil BARRETT: The Binary Revolution. The Development of the Computer. London: Wiedenfeld & Nicolson, 2006.

Jean BAUDRILLARD: Agonie des Realen. Berlin: Merve Verlag, 1978.

Robert G. BEASON: Your Telephone of Tomorrow. In: Mechanix Illustrated. September 1956. S. 70-73, 160, 181. (http://blog.modernmechanix.com/2006/08/31/your-telephone-of-tomorrow/)

Oskar BECKER: Untersuchungen über den Modalkalkül. Meisenheim am Glan: Westkulturverlag Anton Hain, 1952.

Alexander Graham BELL: Das Photophon. Vortrag, gehalten auf der 24. Jahresversammlung der Amerikanischen Gesellschaft zur Förderung der Wissenschaften in Boston im August 1880. Leipzig: Verlag von Quandt und Händel, 1880.

John S. BELROSE: Fessenden and Marconi: Their Differing Technologies and Transatlantic Experiments During the First Decade of this Century. Paper anlässlich der International Conference on 100 Years of Radio, 5.-7. September 1995. (http://www.ieee.ca/millennium/radio/radio_differences.html)

John S. BELROSE: The Development of Wireless Telegraphy and Telephony, and Pioneering Attempts to Achieve Transatlantic Wireless Communications. In: Tapan K. Sarkar u.a.: History of Wireless. Hoboken: John Wiley & Sons, 2006. S. 349-420.

Richard BENSON, Mark RADCLIFF, Stephen ARMSTRONG, Rob LEVINE: Exploring the Impact of 3G Mobile Phone Technology on Global Communities. Motorola, 2006. (http://direct.Motorola.com/

hello-moto/whatisrazrspeed/downloads/3G_GenerationHere_Report.pdf)

Henri BERGSON: Einführung in die Metaphysik. Jena: Eugen Diederichs, (1903) 1929.

Henri BERGSON: Denken und Schöpferisches Werden. Aufsätze und Vorträge. Meisenheim am Glan: Westkulturverlag Anton Hain, (1934) 1948.

Henri BERGSON: Einleitung (Erster Teil). In: ders.: Denken und Schöpferisches Werden. Aufsätze und Vorträge. Meisenheim am Glan: Westkulturverlag Anton Hain, (1934) 1948 (I). S. 21-41.

Henri BERGSON: Das Mögliche und das Wirkliche. In: ders.: Denken und Schöpferisches Werden. Aufsätze und Vorträge. Meisenheim am Glan, Westkulturverlag Anton Hain (1934) 1948 (II). S. 110-125.

Henri BERGSON: Einleitung (Zweiter Teil). In: ders.: Denken und Schöpferisches Werden. Aufsätze und Vorträge. Meisenheim am Glan, Westkulturverlag Anton Hain (1934) 1948 (III). S. 42-109.

Henri BERGSON: Einführung in die Metaphysik. In: Denken und Schöpferisches Werden. Aufsätze und Vorträge. Meisenheim am Glan, Westkulturverlag Anton Hain (1934) 1948 (IV). S. 120-225.

Henri BERGSON: Materie und Gedächtnis. In: ders.: Materie und Gedächtnis und andere Schriften. Frankfurt am Main: S. Fischer Verlag, (1896) 1964. S. 43-245.

Henri BERGSON: Zeit und Freiheit. Hamburg: Europäische Verlagsanstalt, (1889) 1994.

Klaus BEYER: Johann Philipp Ries – Alexander Graham Bell. Zwei Pioniere des Telefons. In: Margaret Baumann und Helmut Gold (Hg.): Mensch Telefon. Aspekte telefonischer Kommunikation. Frankfurt: Edition Braus, 2000. S. 57-74.

Wiebe E. BIJKER, Thomas P. HUGHES und Trevor J. PINCH (Hg.): The Social Construction of Technological Systems. New Directions in the Sociology and History of Technology. Cambridge und London: MIT Press, 1987.

Robert Gordon BLAINE: Aetheric or Wireless Telegraphy. London: Biggs and Sons, 1900.

John BLUCK: NASA Develops System to Computerize Silent, ›Subvocal Speech‹. NASA, 17.03.2004 (http://www.nasa.gov/centers/ames/news/releases/2004/04_18AR.html)

Jay David BOLTER und Richard GRUSIN: Remediation. Understanding New Media. Cambridge und London: The MIT Press 1999.

Detlef BORCHERS: 50 Jahre Mobilfunk in Deutschland. In: Heise Mobil, 20.06.2003. (http://www.heise.de/mobil/newsticker/meldung/37855)

John T. BRADY: Talking by Wireless as You Travel by Train or Motor. In: Boston Sunday Post, Woman's Section, 07.11.1920. (http://www.earlyradiohistory.us/1920powr.htm)

Stewart BRAND: Founding Father. Interview with Paul Baran. In: Wired, Ausgabe 9.03, März 2001. (http://www.wired.com/wired/archive/9.03/baran.html)

Jörg BRAUNS (Hg.): Form und Medium. Weimar: Verlag und Datenbank für Geisteswissenschaften, 2002.

John BRAY: Innovation and the Communications Evolution. From Victorian Pioneers to Broadband Internet. London: The Institution of Electrical Engineers, 2002.

Bertolt BRECHT: Der Rundfunk als Kommunikationsapparat. Rede über die Funktion des Rundfunks (1932). In: Claus Pias, Joseph Vogl, Lorenz Engell u.a. (Hg.): Kursbuch Medienkultur. Die maßgeblichen Theorien von Brecht bis Baudrillard. Stuttgart: DVA, 2000. S. 259-263.

Barry BROWN: Studying the Use of Mobile Technology. In: Barry Brown, Nicola Green, Richard Harper (Hg.): Wireless World. Social and Interactional Aspects of the Mobile Age. London: Springer, 2002. S. 3-16.

Barry BROWN, Nicola GREEN, Richard HARPER (Hg.): Wireless World. Social and Interactional Aspects of the Mobile Age. London: Springer, 2002

Thomas BUCHHEIM: Aristoteles. Freiburg i.B.: Herder, 1999.

Russell W. BURNS: Communications: An International History of the Formative Years. London: The Institution of Electrical Engineers, 2004.

Arthur R. BURROWS: Wireless Possibilities. In: George Shiers (Hg.): The Development of Wireless to 1920. New York: Arno Press, (1918) 1977.

R. BURT: The Wireless Telephone. In: The Aerogram, November 1908. S. 139-141. (http://earlyradiohistory.us/1908uwwt.htm)

Vannevar BUSH: As We May Think. In: Zenon W. Phylyshyn (Hg.): Perspectives on the Computer Revolution. Englewood Cliffs, N.J.: Prentice-Hall, 1970. S. 47-59.

C

Timothy C. CAMPBELL: Wireless Writing in the Age of Marconi. Minneapolis und London: University of Minnesota Press, 2006.

Martin CAMPBELL-KELLY und William ASPRAY: Computer. A History of the Information Machine. Cambridge: Westview/Perseus, 2004.

O.V.: CARRYPHONE AIDS TRAINMEN. In: Popular Science, April 1947. (http://blog.modernmechanix.com/2006/07/05/carryphone-aids-trainmen/)

Manuel CASTELLS: The Information Age. Economy, Society and Culture. Volume 1: The Rise of the Network Society. Cambridge: Blackwell, 1996.

Manuel CASTELLS und Martin INCE: Conversations with Manuel Castells. Cambridge: Polity Press, 2003.

Manuel CASTELLS u.a.: Mobile Communication and Society. A Global Perspective. Cambridge und London: MIT Press, 2007.

Michel DE CERTEAU: The Practice of Everyday Life. Berkeley: University of California Press, (1984) 1988.

R. A. CHANEY: Automatic Mobile Radio Telephone Switching System. United States Patent Nr. 3,355,556. Beantragt am 18.05.1964, bewilligt am 28.11.1967. (http://www.pat2pdf.org/patents/pat3355556.pdf)

Vladimir CHERNIAVSKY: Die Virtualität. Philosophische Grundlagen der logischen Relativität. Hamburg: Kovac, 1994.

Lewis COE: The Telegraph. A History of Morse's Invention and its Predecessors in the United States. Jefferson, N.C., und London: McFarland & Co. 1993.

Frederick COLLINS: The Collins Wireless Telephone. In: Scientific American, 19.07.1902. S. 37-38. (http://earlyradiohistory.us/1902col.htm)

Frederick COLLINS: Wireless Telephony. In: The Technical World, März 1905. S. 71. (http://earlyradiohistory.us/1905col.htm)

A. Frederick COLLINS: Manual of Wireless Telegraphy and Telephony. New York: John Wiley & Sons, 1913.

Harry COLLINS und Trevor PINCH: Der Golem der Technologie. Wie die Wissenschaft unsere Wirklichkeit konstruiert. Berlin: Berlin Verlag, 2000.

Martin COOPER, Richard W. DRONSUTH u.a. (Motorola Inc, Chicago): Radio Telephone System. United States Patent Nr. 3,906,166. Beantragt am 17.10.1973, bewilligt am 16.09.1975. (http://www.pat2pdf.org/patents/pat3906166.pdf)

William CROOKES: Some Possibilities of Electricity. In: The Fortnightly Review, Vol. 51.1., Februar 1892.

Peter CURWEN: The Future of Mobile Communications. Awaiting the Third Generation. Hampshire: Palgrave Macmillan, 2002.

D

Gilles DELEUZE: Spinoza. Praktische Philosophie. Berlin: Merve Verlag, (1981) 1988.

Gilles DELEUZE: Das Zeit-Bild. Kino 2. Frankfurt am Main: Suhrkamp, (1985) 1991.

Gilles DELEUZE: Spinoza und das Problem des Ausdrucks in der Philosophie. München: Wilhelm Fink Verlag, (1968) 1993.

Gilles DELEUZE: Unterhandlungen 1972-1990. Frankfurt am Main: Suhrkamp, 1993.
Gilles DELEUZE: Differenz und Wiederholung. München: Wilhelm Fink Verlag, (1969) 1997.
Gilles DELEUZE: Die Falte. Leibniz und der Barock. Frankfurt am Main: Suhrkamp, (1988) 2000.
Gilles DELEUZE und Felix Guattari: Was ist Philosophie? Frankfurt am Main: Suhrkamp, (1991) 2000.
Gilles DELEUZE: Henri Bergson zur Einführung. Hamburg: Junius, (1966) 2001.
Gilles DELEUZE: The actual and the virtual. In: Gilles Deleuze and Claire Parnet: Dialogues II. New York: Columbia University Press, 2002. S. 148-152.
Gilles DELEUZE: Das Aktuelle und das Virtuelle. In: Peter Gente und Peter Weibel (Hg.): Deleuze und die Künste. Frankfurt am Main: Suhrkamp, 2007. S. 249-253.
Jacques DERRIDA: Grammatologie. Frankfurt am Main: Suhrkamp, (1967) 1974.
Jacques DERRIDA: Artefactualités. In: Jacques Derrida and Bernhard Stiegler (Hg.): Échographies de la télévision- Entretiens filmés. Paris: Éditions Galilée, 1996.
Jacques DERRIDA: Artefaktualitäten. In: Jacques Derrida, Bernard Stiegler: Echographien. Fernsehgespräche. Wien: Passagen Verlag, 2006.
René DESCARTES: Die Prinzipien der Philosophie. Hamburg: Felix Meiner Verlag, (1644) 1955.
René DESCARTES: Meditationen über die Grundlagen der Philosophie mit sämtlichen Einwänden und Erwiderungen. Hamburg: Felix Meiner Verlag, (1641) 1994.
Amos Emerson DOLBEAR: Mode of Electric Communication. United States Patent Nr. 350,299. Beantragt am 24.03.1882, bewilligt am 05.10.1886. (http://www.pat2pdf.org/patents/pat350299.pdf)
Susan DOUGLAS: Listening In: Radio and the American Imagination from Amos'n Andy and Edward R. Murrow to Wolfman Jack and Howard Stern. New York: Times Books/ Random House, 1999.
Mechthild DREYER und Mary Beth INGHAM: Johannes Duns Scotus zur Einführung. Hamburg: Junius Verlag, 2003.
O.V.: DRIVE-IN PHONE. In: Mechanix Illustrated, August 1957. (http://blog.modernmechanix.com/2006/08/05/drive-in-phone/)
William DUBILIER: The Collins Wireless Phone. In: Modern Electrics, August 1908. S. 151. (http://earlyradiohistory.us/1908auto.htm)

Orrin E. DUNLAP, Jr.: Radio's 100 Men of Science. Biographical Narratives of Pathfinders in Electronics and Television. New York und London: Harper & Brothers, 1944.

E

Reinhold EBERHARDT: Mobilfunknetze: Technik, Systeme, Anwendungen. Braunschweig und Wiesbaden: Vieweg, 1993.

Abraham N. EDELCRANTZ: Avhandling om Telegrapher, och Försök Til en ny Inrättning däraf. Stockholm: Johan Pehr Lindh, 1796.

Abraham N. EDELCRANTZ: A treatise on telegraphs, and experiments with a new construction thereof. In: Gerard J. Holzmann und Björn Pehrson: The Early History of Data Networks. Los Alamitos, California: IEEE Computer Society Press, 1995. S. 132-178

Thomas Alva EDISON: Means For Transmitting Signals Electrically. United States Patent Nr. 465,971, Beantragt am 23.05.1885, bewilligt am 29.12.1891. (http://www.pat2pdf.org/patents/pat465971.pdf)

Gustav Eduard ENGEL: System der metaphysischen Grundbegriffe. Berlin: Verlag Wilhelm Hertz, 1852.

Lorenz ENGELL und Joseph VOGL (Hg.): Archiv für Mediengeschichte – Mediale Historiographien. Weimar: Universitätsverlag, 2001.

Lorenz ENGELL, Bernhard SIEGERT, Joseph VOGL (Hg.): Medien der Antike. Weimar: Universitätsverlag, 2003.

Lorenz ENGELL: Tasten, Wählen, Denken. In: Stefan Münker, Alexander Roesler, Mike Sandbothe (Hg.): Medienphilosophie. Beiträge zur Klärung eines Begriffs. Frankfurt am Main: Fischer Taschenbuch Verlag, 2003. S. 53-77.

Lorenz ENGELL und Britta NEITZEL (Hg.): Das Gesicht der Welt. Medien in der digitalen Kultur. München: Wilhelm Fink Verlag, 2004.

Wolfgang ERNST: Medien und Archive als Archäologen der Antike. In: Lorenz Engell, Bernhard Siegert, Joseph Vogl (Hg.): Medien der Antike. Weimar: Universitätsverlag Weimar, 2003.

Elena ESPOSITO: Fiktion und Virtualität. In: Sybille Krämer (Hg.): Medien – Computer – Realität. Wirklichkeitsvorstellungen und Neue Medien. Frankfurt am Main: Suhrkamp, 1998. S. 269-296.

Elena ESPOSITO: Die Fiktion der wahrscheinlichen Realität. Frankfurt am Main: Suhrkamp, 2007.

F

John J. FAHIE: A History of Wireless Telegraphy 1838-1899. London: William Blackwood and Sons, 1899.

John Joseph FAHIE: A History of Electric Telegraphy to the Year 1837. New York: Arno Press, (1884) 1974.

Tom FARLEY: Mobile Telephone History. In: Telektronikk 3, April 2005. S. 22-34.

Tom FARLEY: The Cell-Phone Revolution. In: Invention & Technology Magazine, Volume 22, Issue 3, Winter 2007. (http://www.americanheritage.com/events/articles/web/20070110-cell-phone-att-mobile-phone-motorola-federal-communications-commission-cdma-tdma-gsm.shtml)

Thomas FARELY: Privateline.com's Telephone History. (http://www.privateline.com/mt_telecomhistory/)

Winston R. FARWELL: Wireless Telephone Wizardry. In: Technical World Magazine, Mai 1910. S. 257-264. (http://earlyradiohistory.us/1910wtp.htm)

Manfred FAßLER: Netzwerke. Einführung in die Netzstrukturen, Netzkulturen und verteilte Gesellschaftlichkeit. München: Wilhelm Fink Verlag, 2001.

Werner FAULSTICH und Corinna RÜCKERT: Mediengeschichte im tabellarischen Überblick von den Anfängen bis heute. Teil II: Geschichte von Einzelmedien. Bardowick: Wissenschaftlicher Verlag, 1993

O.V.: http://www.fbipigeons.com

Maurizio FERRARIS: Where are you? Mobile Ontology. In: Kristóf Nyíri (Hg.): Mobile Understanding. The Epistomology of Ubiquitous Communication. Wien: Passagen-Verlag, 2006. S. 42-52.

Helen M. FESSENDEN: Fessenden. Builder of Tomorrows. New York: Coward-McCann Inc., 1940.

Reginald A. FESSENDEN: Wireless Signaling. United States Patent Nr. 706,742. Beantragt am 06.07.1902, bewilligt am 12.08.1902. (http://www. pat2pdf.org/patents/pat706742.pdf)

Reginald A. FESSENDEN: Wireless Signaling. United States Patent Nr. 706,740. Beantragt am 28.09.1901, bewilligt am 12.08.1902. http://www.pat2 pdf.org/patents/pat706740.pdf)

Reginald A. FESSENDEN: Wireless Telephony. A Paper Presented at the 25th Annual Convention of the American Institute of Electrical Engineers, Atlantic City, NJ, June 20, 1908. In: Transactions of the American institute of Electrical Engineers. January 1 to June 30, 1908. Vol XXVII, Part I. New York, 1908. S. 553-629.

Reginald. A. FESSENDEN: How Ether Waves Really Move. In: Popular Radio, IV, 5. November 1923. S. 337-347.

Paul FISCHER: Die drahtlose Telegraphie und Telephonie. Ihr Grundlagen und Entwicklung. Leipzig und Berlin: B. G. Teubner, 1925.

John Ambrose FLEMING: The Principles of Electric Wave Telegraphy and Telephony. London, New York, Bombay and Calcutta: Longmans, Green, and Co., 1910.

Bernd FLESSNER (Hg.): Die Welt im Bild. Die Wirklichkeit im Zeitalter der Virtualität. Freiburg i.B.: Rombach, 1997.

Patrice FLICHY: Tele. Geschichte der modernen Kommunikation. Frankfurt und New York: Campus Verlag, 1994.

Vilém FLUSSER: Die Geste des Telefonierens (1991). In: Claus PIAS, Joseph VOGL, Lorenz ENGELL u.a. (Hg.): Kursbuch Medienkultur. Die maßgeblichen Theorien von Brecht bis Baudrillard. Stuttgart: DVA, 2000. S. 185-191.

Vilém FLUSSER: Vom Virtuellen. In: Florian RÖTZER und Peter WEIBEL (Hg.): Cyberspace. Zum medialen Gesamtkunstwerk. Wien und München: Klaus Boer Verlag, 1993. S. 65-71.

Vilém FLUSSER: Medienkultur. Frankfurt am Main: Fischer, 1997.

Lee DE FOREST: Recent Developments in Wireless Telegraphy. In: Journal of the Franklin Institute, Juni 1907. S. 464. (http://www.earlyradiohistory.us/1907devl.htm)

Adalbert FRÖHLINGS: Die Begriffe Dynamis und »Energeia« bei Aristoteles und die modernen physikalischen Begriffe der Kraft und Energie. Koblenz: Görres-Druckerei, 1929.

Jeffrey L. FUNK: Global Competition Between and Within Standards. The Case of Mobile Phones. New York: Palgrave, 2002.

G

Kenneth J. GERGEN: The Challenge of Absent Presence. In: James E. Katz and Mark Aakhus (Hg.): Perpetual Contact. Mobile Communication, Private Talk, Public Performance. Cambridge: Cambridge University Press, 2002. S. 227-241.

Mieke GERRITZEN und Geert LOVINK (HG.): Mobile Minded. Amsterdam, BIS Publishers, 2002.

Michael GIESECKE: Der Buchdruck in der frühen Neuzeit. Eine historische Fallstudie über die Durchsetzung neuer Informations- und Kommunikations-technologien. Frankfurt am Main: Suhrkamp, 1991.

Olof GIGON: Der Ursprung der griechischen Philosophen. Von Hesiod bis Parmenides. Basel: Schwabe & Co, 1968.

Lisa GITELMAN: Scripts, Grooves, and Writing Machines. Stanford: Stanford University Press, 1999.

Lisa GITELMAN: Always Already New: Media, History and the Data of Culture. Cambridge: MIT Press, 2006.

Lisa GITELMAN und Geoffrey B. PINGREE (Hg.): New Media, 1740-1915. Cambridge, Massachusetts: The MIT Press, 2003.

Charles GLEASON: Electric Auto As Wireless Station. In: Technical World Magazine, Juli 1911. S. 545. (http://earlyradiohistory.us/1911auto.htm)

Peter GLOTZ, Stefan BERTSCHI, Chris LOCKE (Hg.): Thumb Culture. Bielefeld: transcript Verlag, 2005.

Gerard GOGGIN: Cell Phone Culture. Mobile Technology in Everyday Life. London: Routledge, 2006.

Gerard GOGGIN and Julian THOMAS (Hg.): Mobile Histories. Special Issue of Southern Review, 2006.

Helmut GOLD: »Hän di koi Schnur?« Die Entwicklung der Mobiltelefonie in Deutschland. In: Margaret Baumann und Helmut Gold (Hg.): Mensch Telefon. Aspekte telefonischer Kommunikation.. Frankfurt: Edition Braus, 2000. S. 77-91.

GOOGLEMAPS – http://maps.google.com

Rüdiger GRAVE: Überall erreichbar – die Entwicklung des Mobiltelefons. In: Post- und Telekommunikationsgeschichte, Heft 1999. S. 81-86.

Félix GUATTARI: Chaosmosis. An Ethico-Aesthetic Paradigm. Sydney: Power Publications, 1995.

Hans Ulrich GUMBRECHT: Production of Presence. What Meaning Cannot Convey. Standford: Stanford University Press, 2004.

C. GUTTON: Télégraphie et Téléphonie sans fil. Paris: Libraire Armand Colin, 1923.

H

Frank HAASE: Mythos Fackeltelegraph – Über die medientheoretischen Grundlagen antiker Nachrichtentechnnik. In: Lorenz Engell, Bernhard Siegert, Joseph Vogl (Hg.): Medien der Antike. Weimar: Universitätsverlag Weimar 2003. S. 181-191.

Ian HACKING: Genres of Communication, Genres of Information. In: Kristóf Nyíri (Hg.): Mobile Understanding. The Epistomology of Ubiquitous Communication. Wien: Passagen-Verlag, 2006. S. 20-30.

Wolfgang HAGEN: Zur medialen Genealogie der Elektrizität. In: Rudolf Maresch und Niels Werber: Kommunikation – Medien – Macht. Frankfurt am Main: Suhrkamp, 1999. S. 133-173.

Wolfgang HAGEN: Das Radio. Zur Geschichte und Theorie des Hörfunks – Deutschland/USA. München: Wilhelm Fink Verlag, 2005.

Lynn HAMILL und Amparo LASEN (Hg.): Mobile World. Past, Present, Future. Surrey: Springer, 2005.

HANDWÖRTERBUCH DER LATEINISCHEN SPRACHE. Hg. von Reinhold Klotz. Zweiter Band. Braunschweig: Druck und Verlag von George Westermann, 1879.

HANDY SEITEN: Geschichte. (http://www.handy-seiten.de/10-Geschichte/10-geschichte.html)

Frank HARTMANN: Medienphilosophie. Wien: WUV, 2000.

Frank HARTMANN: Globale Medienkultur. Technik, Geschichte, Theorien. Wien: Facultas, 2006.

Nicolai HARTMANN: Möglichkeit und Wirklichkeit. Berlin: De Gruyter, (1937) 1966.

Ellison HAWKS: Pioneers of Wireless. London: Methuen & Co, 1927.

James HAY and Jeremy PACKER: Crossing the Media(-n): Auto-Mobility, the Transported Self and Technologies of Freedom. In: Nich Couldry and Anna McCarthy (Hg.): Mediaspace. Place, Scale and Culture in a Media Age. New York: Routledge, 2004. S. 209-232.

N. Katherine HAYLES: How We Became Posthuman. Virtual Bodies in Cybernetics, Literature, and Informatics. Chicago und London: University of Chicago Press, 1999.

N. Katherine HAYLES (Hg.): Nanoculture. Implications of the New Technoscience. Bristol: Intellect, 2004.

Georg Wilhelm Friedrich HEGEL: Vorlesungen über die Geschichte der Philosophie III. Frankfurt am Main: Suhrkamp, (1832-1845) 1971.

Martin HEIDEGGER: Das Ding. In: ders.: Vorträge und Aufsätze. Tübingen: Neske, 1959. S. 163-185.

Martin HEIDEGGER: Die Metaphysik als Geschichte des Seins. In: ders: Nietzsche. Zweiter Band der Gesamtausgabe, 1. Abteilung: Veröffentlichte Schriften 1910-1976, Band 6.2. Frankfurt am Main: Vittorio Klostermann, 1997. S. 363-416.

Martin HEIDEGGER: Die Technik und die Kehre. Stuttgart: Klett Cotta, (1962) 2002.

Martin HEIDEGGER: Hölderlins Hymne »Der Ister«. In: Gesamtausgabe. Band 53: 2. Abteilung: Vorlesungen 1923-1944. Frankfurt am Main: Vittorio Klostermann, 2000 (I).

Martin HEIDEGGER: Spiegel-Gespräch mit Martin Heidegger (23. September 1966). In: Gesamtausgabe, Band 16: Reden und andere Zeugnisse eines Lebensweges. 1910-1976. Frankfurt am Main: Vittorio Klostermann, 2000 (II). S. 650-683.

Martin HEIDEGGER: Sein und Zeit. Tübingen: Max Niemeyer Verlag, (1927) 2001.

Martin HEIDEGGER: Was heißt Denken? Vorlesung Wintersemester 1951/52. Stuttgart: Philipp Reclam jun., 1992.

Martin HEIDEGGER: Was ist Metaphysik? Frankfurt am Main: Vittorio Klostermann, 1949.

Günter HELMES und Werner KÖSTER: Texte zur Medientheorie. Stuttgart: Philipp Reclam jun., 2002.

Joseph HENRY: On the Production of Currents and Sparks of Electricity from Magnetism. In: The Amercian Journal of Science and Arts. Vol. XXII, Juli 1832. S. 403-408.

Richard HENNING: Die älteste Entwickelung der Telegraphie und Telephonie. Leipzig: Verlag von Johann Ambrosius Barth, 1908.

Hans HIEBEL: Kleine Medienchronik. Von den ersten Schriftzeichen zum Mikrochip. München: Beck, 1997.

Hans H. HIEBEL, Heinz HIEBLER, Karl KOGLER, Herwig WALITSCH: Große Medienchronik. München: Wilhelm Fink Verlag, 1999.

Joachim Ritter, Karlfried Gründer und Gottfried Gabriel (Hg.): HISTORISCHES WÖRTERBUCH DER PHILOSOPHIE. Band 11: U-V. Darmstadt: Wissenschaftliche Buchgesellschaft, 2001.

Otfried HÖFFE (Hg): Aristoteles-Lexikon. Stuttgart: Kröner, 2005.

Joachim R. HÖFLICH und Julian GEBHARDT (Hg.): Mobile Kommunikation. Perspektiven und Forschungsfelder. Frankfurt am Main: Peter Lang, 2005.

Gerard J. HOLZMANN und Björn PEHRSON: The Early History of Data Networks. Los Alamitos, California: IEEE Computer Society Press, 1995.

Sungook HONG: Wireless. From Marconi's Black-Box to the Audion. Cambridge: MIT Press, 2001.

Max HORKHEIMER und Theodor W. ADORNO: Dialektik der Aufklärung. Philosophische Fragmente. Frankfurt am Main: Fischer Taschenbuch Verlag, (1944) 1998.

Robert HOOKE: A Description of Helioscopes and Some Other Instruments Made by Robert Hooke, Fellow of the Royal Society. London: Royal Society, 1676.

Heather A. HORST und Daniel MILLER: The Cell Phone. An Anthropology of Communication. Oxford und New York: Berg, 2006.

Herbert HRACHOVEC: Virtualität. Aktuelle Orientierungspunkte. Allgemeine Zeitschrift für Philosophie, 27 (3) 2002. S. 241-256. (http://sammelpunkt.philo.at: 8080/71/1/virtualitaet.pdf)

Anton A. HUURDEMAN: The Worldwide History of Telecommunications. Hoboken, New Jersey: John Wiley & Sons, 2003.

I

INFORMATIONSZENTRUM MOBILFUNK: Wie entwickelte sich der moderne Mobilfunk in Deutschland? (http://www.izmf.de/html/de/705_p.html)

Mizuko ITO, Daisuke OKABE, Misa MATSUDA: Personal, Portable, Pedestrian. Mobile Phones in Japanese Life. Cambridge und London: MIT Press, 2005.

J

Barry JAMES: Elite French Army Squad Aflutter as It Assumes Civilian Plumage. In: International Herald Tibune, 18.03.1993. (http://www.iht.com/articles/ 1993/03/18/bird_0.php)

Joseph JASTROW: The Logic of Mental Telegraphy. In: Scribner's Magazine, November 1895.

Glenn JESSOP: A Brief History of Mobile Telephony. The Story of Phones and Cars. In: Gerard Goggin and Julian Thomas (Hg.): Mobile Histories. Special Issue of Southern Review, 2006. S. 43-60.

Amos Edward JOEL, Jr.: Mobile Communication System. United States Patent Nr. 3,663,672. Beantragt am 21.12. 1979, bewilligt am 16.05.1972. (http://www.pat2pdf.org/patents/pat3663762.pdf)

Steve JONES: A Sense of Space: Virtual Reality, Authenticity and the Aural. In: Critical Studies in Mass Communication 10, Nr. 3, September 1993. S. 238-252.

K

James E. KATZ and Mark AAKHUS (Hg): Perpetual Contact. Mobile Communication, Private Talk, Public Performance. Cambridge: Cambridge University Press, 2002.

Mark KATZ: Listening in Cyberspace. In: ders.: Capturing Sound: How Technology Has Changed Music. Berkeley: University of California Press 2004. S. 158-187.

Anandam KAVOORI und Noah ARCENEAUX (Hg.): The Cell Phone Reader. New York: Peter Lang, 2006.

Aharan KELLERMAN: Personal Mobilities. London and New York: Routledge, 2006.

John B. KENNEDY: When Woman is Boss. An Interview with Nikola Tesla. In: Colliers, 30.01.1926. (http://www.tfcbooks.com/tesla/1926-01-30.htm)

Anthony KENNY: Thomas Von Aquin. Freiburg i.Br.: Herder, 2004.

Frank KIEBITZ: Drahtlose Telegraphie und Telephonie. Bielefeld und Leipzig: Verlag von Belahgen und Klasing, 1924.

Friedrich A. KITTLER: Grammophon, Film, Typewriter. Berlin: Brinkmann und Bose, 1986.

Friedrich KITTLER: Aufschreibesysteme 1800/1900. München: Wilhelm Fink Verlag, 1985.

Friedrich KITTLER (Hg.): Dracula's Vermächtnis. Technische Schriften. Leipzig: Reclam, 1993.

Eric KLEIN: My Collection of Vintage Machines. (http://www.vintage-computer.com/)

Wolfgang KLUXEN: Thomas von Aquin: Das Seiende und seine Prinzipien. In: Josef Speck (Hg.): Philosophie des Altertums und des Mittelalters. Göttingen: Vandenhoeck & Ruprecht, 1978. S. 171-214.

Sybille KRÄMER: Form als Vollzug oder: Was gewinnen wir mit Niklas Luhmanns Unterscheidung von Medium und Form? In: Rechtshistorisches Journal 17, 1998. S. 558-573. (http://userpage.fu-berlin. de/~sybkram/medium/kraemer2.html)

Sybille KRÄMER (Hg.): Medien – Computer – Realität. Wirklichkeitsvorstellungen und Neue Medien. Frankfurt am Main, Suhrkamp 1998.

L

Alice LAGAAY und David LAUER (Hg.): Medientheorien. Eine philosophische Einführung. Frankfurt/New York: Campus, 2004.

Amparo LASEN: History Repeating? A Comparison of the Launch and Uses of Fixed and Mobile Phones. In: Lynee Hamill und Amparo Lasen (Hg.): Mobile World. Past, Present and Future. New York: Springer, 2005. S. 29-60.

LATEINISCH-DEUTSCHES SCHULWÖRTER-BUCH. Neubearbeitung. Von Heinrich Blase, Wilhelm Weeb, Otto Hoffmann. Leipzig und Berlin: B.G. Teubner, 1917.

Bruno LATOUR: Der Berliner Schlüssel. Erkundungen eines Liebhabers der Wissenschaften. Berlin: Akademie Verlag, 1996.

Henri LEFÈBVRE: The Prodution of Space. Malden: Blackwell Publishing, (1974) 1991.

Gottfried W. LEIBNIZ: Elementa Juris Naturalis. In: ders.: Philosophische Schriften. Darmstadt: Otto Reichl Verlag, 1930.

Gottfried W. LEIBNIZ: Die Theodizee. Von der Güte Gottes, der Freiheit des Menschen und dem Ursprung des Übels. Vorwort, Abhandlung, erster und zweiter Teil. In: ders.: Philosophische Schriften. Band II, erste Hälfte. Darmstadt: Wissenschaftliche Buchgesellschaft, (1710) 1985 (I).

Gottfried W. LEIBNIZ: Die Sache Gottes, sichergestellt durch die Versöhnung seiner Gerechtigkeit mit seinen übrigen Vollkommenheiten und allen seinen Handlungen. In: ders.: Die Theodizee. Von der Güte Gottes, der Freiheit des Menschen und dem Ursprung des Übels. Vorwort, Abhandlung, erster und zweiter Teil. In: ders.: Philosophische Schriften. Band II, zweite Hälfte. Darmstadt, Wissenschaftliche Buchgesellschaft (1710) 1985 (II). S. 316-383.

Gottfried W. LEIBNIZ: Briefe von besonderem philosophischen Interesse. Zweite Hälfte: Die Briefe der zweiten Schaffensperiode. Darmstadt: Wissenschaftliche Buchgesellschaft, 1989. S. 121-217.

Gottfried W. LEIBNIZ: Fünf Schriften zur Logik und Metaphysik. Übersetzt und herausgegeben von Herbert Herring. Stuttgart: Philipp Reclam jun., 1995

Gottfried W. LEIBNIZ: Über die Verbesserung der ersten Philosophie und den Begriff der Substanz. In: ders.: Fünf Schriften zur Logik und Metaphysik. Übersetzt und herausgegeben von Herbert Herring. Stuttgart: Philipp Reclam jun., (1694) 1995 (I). S. 17-20.

Gottfried W. LEIBNIZ: Über den ersten Ursprung der Dinge. In: ders.: Fünf Schriften zur Logik und Metaphysik. Übersetzt und herausgegeben von Herbert Herring. Stuttgart: Philipp Reclam jun., (1697) 1995 (II). S. 35-45.

Gottfried W. LEIBNIZ: Kleine Schriften zur Metaphysik. Philosophische Schriften Band 1, Französisch und Deutsch. Herausgegeben und übersetzt von Hans Heinz Holz. Frankfurt am Main: Suhrkamp, 1996.

Gottfried W. LEIBNIZ: Specimen der Dynamik. Zur Aufdeckung der bewundernswerten Gesetze der Natur bezüglich der Kräfte und der wechselseitigen Aktionen der Körper und zu deren Rückführung auf ihre Körper. In: Peter Sloterdijk (Hg.): Leibniz. Ausgewählt und vorgestellt von Thomas Leinkauf. München: Deutscher Taschenbuch Verlag, (1695) 1996 (I). S. 241-270.

Gottfried W. LEIBNIZ: In der Vernunft begründete Prinzipien der Natur und Gnade. In: ders.: Kleine Schriften zur Metaphysik. Philosophische Schriften Band 1, Französisch und Deutsch. Herausgegeben und übersetzt von Hans Heinz Holz. Frankfurt am Main: Suhrkamp, (1714) 1996 (II). S. 415-439.

Gottfried W. LEIBNIZ: Neues System der Natur und des Verkehrs der Substanzen sowie der Verbindung, die es zwischen Seele und Körper gibt. In: ders.: Kleine Schriften zur Metaphysik. Philosophische Schriften Band 1, Französisch und Deutsch. Herausgegeben und übersetzt von Hans Heinz Holz. Frankfurt am Main: Suhrkamp, (1694) 1996 (III). S. 201-227.

Gottfried W. LEIBNIZ: Monadologie. In: ders.: Kleine Schriften zur Metaphysik. Philosophische Schriften Band 1, Französisch und Deutsch. Herausgegeben und übersetzt von Hans Heinz Holz. Frankfurt am Main: Suhrkamp, (1714) 1996 (IV). S. 439-483.

Gottfried W. LEIBNIZ: Über die ersten Wahrheiten. In: Gottfried Wilhelm LEIBNIZ: Kleine Schriften zur Metaphysik. Philosophische Schriften Band 1, Französisch und Deutsch. Herausgegeben und übersetzt von Hans Heinz Holz. Frankfurt am Main: Suhrkamp, (1686/1689) 1996 (V). S. 177-179.

Gottfried W. LEIBNIZ: Über die Kontingenz. In: Gottfried Wilhelm LEIBNIZ: Kleine Schriften zur Metaphysik. Philosophische Schriften Band 1, Französisch und Deutsch. Herausgegeben und übersetzt von Hans Heinz Holz. Frankfurt am Main: Suhrkamp, (1686/1689) 1996 (VI). S. 179-187.

Gottfried W. LEIBNIZ: Metaphysische Abhandlung. In: ders.: Kleine Schriften zur Metaphysik. Philosophische Schriften Band 1, Französisch und Deutsch. Herausgegeben und übersetzt von Hans Heinz Holz. Frankfurt am Main: Suhrkamp, (1684) 1996 (VII). S. 57-172.

Gottfried W. LEIBNIZ: Frühe Schriften zum Naturrecht. Hamburg: Felix Meiner Verlag, 2003.

Lawrence LESSIG: Future of Ideas. New York: Random House, 2001.

Carl LEVENSON and Jonathan WESTPHAL (Hg.): Reality. Indianapolis/Cambridge: Hackett Publishing Company, 1994.

Paul LEVINSON: Cellphone. The Story of the World's Most Mobile Medium and How It Has Transformed Everything! New York: Palgrave, 2004.

Pierre LÉVY: Die Erfindung des Computers. In: Michel Serres (Hg.): Elemente einer Geschichte der Wissenschaften. Frankfurt am Main: Suhrkamp, 1994.

Pierre LEVY: Qu'est ce que le virtuel? Paris: La Découverte, 1998.

Pierre LEVY: Cyberculture. Minneapolis: University of Minnesota Press, 2001.

I. V. LINDELL: Wireless before Marconi. In: Tapan K. Sarkar u.a.: History of Wireless. Hoboken: John Wiley & Sons, 2006. S. 247-266.

Rich LING: The Mobile Connection. The Cell Phone's Impact On Society. San Francisco: Morgan Kaufmann, 2004.

Mahlon LOOMIS: Improvement in Telegraphing. United States Patent Nr. 129,971. Bewilligt am 30.07.1872. (http://www.pat2pdf.org/patents/pat129971.pdf)

Niklas LUHMANN: Soziale Systeme. Grundriß einer allgemeinen Theorie. Frankfurt am Main: Suhrkamp, 1984.

Niklas LUHMANN: Die Form der Schrift. In: Hans Ulrich Gumbrecht; K. Ludwig Pfeiffer (Hg.): Schrift. München: Wilhelm Fink Verlag, 1993. S. 349-366.

Niklas LUHMANN: Die Kunst der Gesellschaft. Frankfurt am Main: Suhrkamp, 1995.

Niklas LUHMANN: Die Realität der Massenmedien. Opladen: Westdeutscher Verlag, 1996.

Niklas LUHMANN: Die Gesellschaft der Gesellschaft. Frankfurt am Main: Suhrkamp, 1997. Band 1 u. Band 2.

Friedrich LÜTZE: Über das Apeiron Anaximanders. Ein Beitrag zur richtigen Auffassung desselben als materiellen Prinzips. Leipzig: Verlag Julius Klinkhardt. 1878.

M

Lev MANOVICH: Black Box – White Cube. Berlin: Merve, 2005.

Guigliemo MARCONI: Apparatus for Wireless Telegraphy. United States Patent Nr. 763,772. Beantragt am 10.11.1900, bewilligt am 28.06.1904. (http://www.pat2pdf.org/patents/pat763772.pdf)

Herbert MARCUSE: One-Dimensional Man. Boston: Beacon Press, (1964) 1991.

Hedy Kiesler MARKEY und Georg ANTHEIL: Secret Communication System United States Patent Nr. 2,292,387. Beantragt am 10.06.1942, bewilligt am 11.08.1942. (http://www.pat2pdf.org/patents/pat2292387.pdf)

Reinhard MARGREITER: Medienphilosophie. Eine Einführung. Berlin: Parerga, 2001.

Michéle MARTIN: Hello, Central? Gender, Technology and Culture in the Formation of the Telephone Systems. Montreal: McGill-Queen's University Press, 1991. S. 140-166.

Brain MASSUMI: Parables for the Virtual. Movement, Affect, Sensation. Durham und London: Duke University Press, 2002.

Brian MASSUMI: Sensing the Virtual, Building the Insensible. In: Stephen Perrela (Hg.): From Hypersurface Architecture, Architectural Design (Profile no. 133), vol. 68, no. 5/6, May-June 1998. S. 16-24. (http://www.brianmassumi.com/textes/Sensing%20the%20Virtual.pdf

Marshall MCLUHAN: Understanding Media. The Extensions of Man. Corte Madera: Gingko Press, (1964) 2003.

Dieter MERSCH: Medientheorien zur Einführung. Hamburg: Junius, 2006.

O.V.: MILITARY AUTOMOBILE FOR WIRELESS TELEGRAPHY. In: Western Electrician, 27.07.1901. S. 51. (http://earlyradiohistory.us/1901auto.htm)

Andreas F. MOLISCH: Wireless Communications. West Sussex: John Wiley & Sons, 2005.

Margaret MORSE: An Ontology Of Everyday Distraction. The Freeway, the Mall, and Television. In: Patricia Mellencamp (Hg.): Logics Of Television. Essays in Cultural Criticism. Bloomington and Indianapolis: Indiana University Press, 1990.

Margaret MORSE: Virtualities. Television, Media Art, and Cyberculture. Bloomington: Indiana University Press, 1998.

Peter MORVILLE: Ambient Findability. What We Find Changes Who We Become. Sebastopol, CA: O'Reilly Media, 2005.

Stefan MÜNKER und Alexander ROESLER (Hg.): Telefonbuch. Beiträge zu einer Kulturgeschichte des Telefons. Frankfurt am Main: Suhrkamp, 2000.

Stefan MÜNKER: Die Wirklichkeit aus der Perspektive ihrer digitalen Produzierbarkeit. Vorbereitende Skizze zu einer philosophischen Ästhetik virtueller Realitäten. In: Kruck, Günter und Schlör, Veronika (Hg.): Medienphilosophie Medienethik. Zwei Tagungen eine Dokumentation. Frankfurt a.M.: Peter Lang, 2001. S. 29-45.

Stefan MÜNKER, Alexander ROESLER, Mike SANDBOTHE (Hg.): Medienphilosophie. Beiträge zur Klärung eines Begriffs. Frankfurt am Main: Fischer Taschenbuch Verlag, 2003.

Stefan MÜNKER: Das Verschwinden des Telefons. Ein Blick zurück in die Zukunft der Telephonie. In: Engell, Lorenz; Neitzel, Britta (Hg.): Das Gesicht der Welt. Medien in der digitalen Kultur. München: Wilhelm Fink Verlag, 2004. S. 127-138.

Lewis MUMFORD: Technics and Civilization. Harcourt Brace and World, 1934.

James D. MUREZ (GM Research, Cartson, Calif.): Portable Computer Enclosure United States Patent Nr. 4,294,496. Beantragt am 03.08.1979, bewilligt am 13.10.1981. (http://www.pat2pdf.org/patents/pat4294496.pdf)

N

Nicholas NEGROPONTE: Being Digital. New York: Vintage Books, 1995.

Friedrich NIETZSCHE: Briefwechsel. In: Giorgio Colli und Mazzino Montinari (Hg.): Kritische Gesamtausgabe. Dritte Abteilung. Erster Band: Briefe Januar 1880-Dezember 1884. Berlin und New York: Walter Gruyter, 1981.

Friedrich NIETZSCHE: Die fröhliche Wissenschaft. Frankfurt am Main: Insel, 1982.

Kristóf NYÍRI (Hg.): A Sense of Place. The Global and the Local in Mobile Communication. Wien: Passagen Verlag, 2005.

Kristóf NYÍRI (Hg.): Mobile Understanding. The Epistomology of Ubiquitous Communication. Wien: Passagen Verlag, 2006.

O

José ORTEGA Y GASSET: Betrachtungen über die Technik/Der Intellektuelle und der Andere. Stuttgart: Deutsche Verlags-Anstalt, 1949.

ONLINE CONFERENCES LTD (Hg.): Mobile Communications. Development & Regulations. Proceedings of the 1984 International Conference. Pinner, U.K.: Online Publications, 1984.

P

Goedart PALM: Cyber Medien Wirklichkeit. Virtuelle Welterschließungen. Hannover: Heise, 2004.

PARMENIDES: Vom Wesen des Seienden. Frankfurt a. M.: Suhrkamp, (5. Jh. V. Chr.) 1986.

Trevor PINCH und Wiebe BIJKER: The Social Construction of Facts and Artifacts: Or How the Sociology of Science and the Sociology of Technology Might Benefit Each Other. In: W. Bijker, T. Hughes and T. PINCH (Hg.): The Social Construction of Technological Systems. Cambridge: MIT Press, 1995. S. 17-50.

Charles Sanders PEIRCE: Schriften 1. Zur Entstehung des Pragmatismus. Mit einer Einführung herausgegeben von Karl-Otto Apel. Frankfurt am Main: Suhrkamp Verlag, 1967.

O.V.: PENCIL FORMS MIDGET RADIO Set. In: Modern Mechnix, September 1934. (http://blog.modernmechanix.com/2007/04/11/pencil-forms-midget-radio-set/)

Margaret PENROSE: The Radio Girls of Roselawn: Or, a Strange Message from the Air. New York: Cupples & Leon, 1922. S. 55/56. (http://earlyradiohistory. us/1922rg1.htm)

James Hugh PERRY (Hg.): An Explanation of the Construction and Method of Working the Magnetic Needle Telegraph. Herausgegeben von The Wireless Press LTD. London: Brentwood, 1846.

John Durham PETERS: Speaking into the Air. A History of the Idea of Communication. Chicago and London: University of Chicago Press, 1999.

PLAZES – http://www.plazes.com

Claus PIAS, Joseph VOGL, Lorenz ENGELL u.a. (Hg.): Kursbuch Medienkultur. Die maßgeblichen Theorien von Brecht bis Baudrillard. Stuttgart: DVA, 2000.

Claus PIAS (Hg.): Cybernetics – Kybernetik. The Macy-Conferences 1946-1953. Bd. 1 Transactions / Protokolle. Zürich und Berlin: diaphanes, 2003.

Sadie PLANT: Nullen und Einsen. Digitale Frauen und die Kultur der neuen Technologien. Berlin: Berlin Verlag, 1998.

Sadie PLANT: On the Mobile. The effects of mobile telephones on social and individual life. Motorola, 2002. (www.motorola.com/mot/doc/0/234_MotDoc.pdf)

PLATON: Phaidon. In: Gunther Eigler (Hg.): Platon. Werke in acht Bänden, Dritter Band. Darmstadt: Wissenschaftliche Buchgesellschaft, 1974.

O.V.: POCKET SIZED RADIO USED IN PRIVATE PAGING SYSTEM. In: Popular Electronics, April 1956. (http://blog.modernmechanix.com/2006/04/04/pocket-sized-radio-used-in-private-paging-system)

O.V.: POCKET WIRELESS SOON, PREDICTS MARCONI OFFICIAL. In: Electrical Experimenter, August 1919. S. 372. (http://earlyradio-history.us/1919bwtp.htm)

POLYBIOS: Geschichte. Gesamtausgabe in zwei Bänden. Erster Band. Zürich: Artemis-Verlag, (2. Jh. v. Chr.) 1961.

O.V.: PORTABLE ARMY RADIO TESTED. In: Modern Mechanix, November 1937. (http://blog.modernmechanix.com/2006/05/22/portable-army-radio-tested/)

O.V.: PORTABLE TWO-WAY RADIO WEIGHS FIVE POUNDS. In: Popular Science, März 1940. (http://blog.modernmechanix.com/2006/08/22/portable-two-way-radio-weighs-five-pounds/)

William Henry PREECE: The Telephone. In: Sir Eric Eastwood (Hg.): Wireless Telegraphy. New York, Toronto: Halsted Press, (1878) 1974.

William T. PROSSER: Wireless Telephone for Everybody. In: Technical World Magazine, April 1912, S. 329-331. (http://earlyradiohistory.us/1912dub.htm)

R

O.V.: RADIO IS BETTER WITH BATTERY POWER. In: Popular Science Oktober 1927. S. 111. (http://blog.modern mechanix.com/2006/05/27/radio-is-better-with-battery-power-2/)

O.V.: RADIOPHONING TO AND FROM »L« TRAINS. In: Science and Invention, März 1922. S. 1043. (http://earlyradiohistory.us/1922trn.htm)

O.V.: RADIOS IN YOUR HAIR. In: Popular Mechnaics, Juli 1948. S. 213. (http://blog.modernmechanix.com/2006/06/15/radios-in-your-hair)

Augusto RIGHI und Bernhard DESSAU: Die Telegraphie ohne Draht. Braunschweig: Vieweg und Sohn, 1907.

Hans-Jörg RHEINBERGER: Epistemologie des Konkreten. Studien zur Geschichte der modernen Biologie. Suhrkamp: Frankfurt am Main, 2006.

Howard RHEINGOLD: Smart Mobs. The Next Social Revolution. Cambridge: Basic Books, 2002.

Stefan RIEGER: Kybernetische Anthropologie. Eine Geschichte der Virtualität. Frankfurt am Main: Suhrkamp, 2003

Kurt RIEMENSCHNEIDER: Drahtlose Telegraphie und Telephonie. Ihre geschichtliche Entwicklung vom Feuertelegraphen bis zur Hochfrequenzmaschine. Berlin: Richard Carl Schmidt & Co, 1925.

Wolfgang RIEPL: Das Nachrichtenwesen des Altertums. Mit besonderer Rücksicht auf die Römer. Hildesheim und New York: Georg Olms Verlag, (1913) 1972.

Donald H. RING: Mobile Telephony – Wide Area Coverage – Case 20564. Bell Telephone Laboratories Technical Memorandum, 11.12.1947.

Marc RÖLLI (Hg.): Ereignis auf Französisch. Von Bergson bis Deleuze. München: Wilhelm Fink Verlag, 2004.

Alexander ROESLER: Medienphilosophie des Telefons. In: Mike Sandbothe und Ludwig Nagl (Hg.): Systematische Medienphilosophie. Deutsche Zeitschrift für Philosophie. Zweimonatsschrift der internationalen philosophischen Forschung. Sonderband 7. Berlin: Akademie Verlag, 2005.

Florian RÖTZER (Hg.): Digitaler Schein. Ästhetik der elektronischen Medien. Frankfurt am Main: Suhrkamp, 1991.

Florian RÖTZER und Peter WEIBEL (Hg.): Strategien des Scheins. Kunst Computer Medien. München: Klaus Boer Verlag, 1991,

Florian RÖTZER und Peter WEIBEL (Hg.): Cyberspace. Zum medialen Gesamtkunstwerk. Wien und München: Klaus Boer Verlag, 1993.

Avital RONELL: The Telephone Book. Technology – Schizophrenia – Electric Speech. Lincoln und London: University of Nebraska Press, 1989.

Peter ROTH, Stefan SCHREIBER und Stefan SIEMONS (Hg.): Die Anwesenheit des Abwesenden. Theologische Annäherungen an Begriff und Phänomene von Virtualität. Augsburg: Wissner, 2000.

Ernst RUHMER: Drahtlose Telephonie. Berlin: im Selbstverlage des Verfassers, 1907.

Ernst RÜPPEL: Unbekanntes Erkennen. Das Erfassen der Wirklichkeit nach dem hl. Thomas von Aquin. Würzburg: Konrad Triltsch Verlag, 1971.

S

Tapan K. SARKAR u.a.: History of Wireless. Hoboken: John Wiley & Sons, 2006.

Martin SAUTER: Grundkurs Mobile Kommunikationssysteme. Von UMTS; GSM und GPRS zu Wireless LAN und Bluetooth Piconetzen. Wiesbaden: Vieweg, 2006.

Ralf SCHÖNBERGER: Thomas von Aquin zur Einführung. Hamburg: Junius, 1998.

Gustav SCHWAB: Sagen des Klassischen Altertums. Berlin und Darmstadt: Wissenschaftliche Buchgesellschaft, 1957.

Jeffrey SCONCE: Haunted Media. Electronic Presence from Telegraphy to Television. Durham und London: Duke University Press, 2000.

Chuck SEGSTOCK u.a.: The Cellular Telephone Concept -- An Overview. Press Information von Motorola Inc. 10. September 1984.

SEMAPEDIA – http://www.semapedia.org

Michel SERRES: Der Parasit. Frankfurt am Main: Suhrkamp, 1981.

Michel SERRES: Die fünf Sinne. Eine Philosophie der Gemenge und Gemische. Frankfurt a.M.: Suhrkamp, 1998.

Michel SERRES (Hg.): Elemente einer Geschichte der Wissenschaften. Frankfurt am Main: Suhrkamp, 1994.

Michel SERRES with Bruno Latour: Conversations on Science, Culture, and Time. Ann Arbor: The University of Michigan Press, 1995.

Michel SERRES: Atlas. Berlin: Merve Verlag, 2005.

Claude E. SHANNON und Warren WEAVER: The Mathematical Theory of Communication. Urbana, Chicago, London: University of Illinois Press, 1949.

Rob SHIELDS: The Virtual. London: Routledge, 2003.

George SHIERS (Hg.): The Development of Wireless to 1920. New York: Arno Press, (1918) 1977.

Bernhard SIEGERT: Translatio Imperii: Der cursus publicus im römischen Kaiserreich In: Lorenz Engell, Bernhard Siegert, Joseph Vogl (Hg.): Medien der Antike. Weimar: Universitätsverlag Weimar, 2003. S. 41-59.

Elliot N. SIVOWITCH: A Technological Survey of Broadcasting's ›Pre-History‹, 1876-1920. In: Journal of Broadcasting, Vol. XV, No. 1 (Winter 1970-71). In: George Shiers (Hg.): The Development of Wireless to 1920. New York: Arno Press, 1977.

Frithjof SKUPIN (Hg.): Abhandlungen von der Telegraphie oder der Signal- und Zielschreiberei in die Ferne nebst einer Beschreibung und Abbildung der neuerfundenen Fernschreibemaschinen in Paris. Berlin, Carlsruhe u.a.: 1794 u. 1795; Reprint: Berlin, Transpress, 1986.

Arthur Bessey SMITH: Modern American Telephony in all its Branches. Chicago: Frederick J. Drake & Co., 1912.

Fraser SMITH: Who invented that bleeping thing? In: British Medical Journal. 27.09.2003, 327. S. 719). (http://www.bmj.com/cgi/content/full/327/7417/719)

Collette SNOWDEN: Cstng A pwr4l spLL: D evOLshn f SMS. (Casting a Powerfull Spell: The Evolution of SMS). In: Anandam Kavoori and Noah Arceneaux (Hg.): The Cell Phone Reader. New York: Peter Lang, 2006. S. 107-124.

SOCIALIGHT – http://www.socialight.com

Bruce STERLING: The Hacker Crackdown. Law and Disorder on the Electronic Frontier. New York u.a.: Bantam, 1993.

Bruce STERLING: Shaping Things. Cambridge: MIT Press, 2005.

Penelope STETZ: The Cell Phone Handbook. Newport, RI: Aegis Publishing Group, 2002.

Nathan B. STUBBLEFIELD: Wireless Telephone. United States Patent Nr. 887,357. Beantragt am 05.04.1907, bewilligt am 12.05.1908. (http://www.pat2pdf.org/patents/pat887357.pdf)

Laszlo SOLYMAR: Getting the message. A History of Communications. Oxford: Oxford University Press, 1999.

Adriana DE SOUZA E SILVA: The Invisible Imaginary: Museum Spaces, Hybrid Reality and Nanotechnology. In: N. Katherine Hayles (Hg.): Nanoculture. Implications of the New Technoscience. Bristol: Intellect, 2004. S. 27-46.

Adriana DE SOUZA E SILVA: Interfaces of Hybrid Space. In: Anandam Kavoori and Noah Arceneaux (Hg.): The Cell Phone Reader. New York: Peter Lang, 2006. S. 19-43.

Baruch DE SPINOZA: Kurze Abhandlung von Gott, dem Menschen und dessen Glück. In: ders.: Werke in drei Bänden. Hamburg: Felix Meiner Verlag, (1661) 2006 (I), Bd. 1.

Baruch DE SPINOZA: Descartes' Prinzipien der Philosophie in geometrischer Weise dargestellt mit einem Anhang, enthaltend Gedanken zur Metaphysik. In: ders.: Werke in drei Bänden. Hamburg: Felix Meiner Verlag, (1663) 2006, Bd. 3. (II).

Josef STALLMACH: Dynamis und Energeia. Untersuchungen am Werk des Aristoteles zur Problemgeschichte von Möglichkeit und Wirklichkeit. Meisenheim am Glan: Anton Hain, 1959.

Tom STANDAGE: Das Viktorianische Internet. Die erstaunliche Geschichte des Telegraphen und der Online-Pioniere des 19. Jahrhunderts. St. Gallen und Zürich: Midas, 1999.

Neal STEPHENSON: Mother Earth Mother Board. In: Wired Magazine 4/12, 12/1996. (http://www.wired.com/wired/archive/4.12/ffglass.html)

Jonathan STERNE: The Audible Past. Cultural Origins of Sound Reproduction. Durham & London: Duke University Press, 2003.

Charles STROSS: Accelerando. New York: ACE Books/Penguin, 2005.

T

Alex S. TAYLOR und Jane VINCENT: An SMS History. In: Lynn Hamill und Amparo Lasen (Hg.): Mobile World. Past, Present, Future. Surrey: Springer 2005. S. 75-91.

Nikola TESLA: Experiments with Alternate Currents of High Potentials and High Freqency. Delivered before the Institution of Electrical Engineers, London, February 1892. (http://www.tfc books.com/tesla/1892-02-03.htm)

Nikola TESLA: High Potential and High Frequency. A Lecture Delivered Before The Institution of Electrical Engineers, London. New York: The W. J. Johnstin Company,1892.

Nikola TESLA: On Light and Other High Frequency Phenomena. Delivered before the Franklin Institute, Philadelphia, February 1893, and before the National Electric Light Association, St. Louis, March 1893. (http://www.tfc books.com/tesla/1893-02-24.htm)

Nikola TESLA: System of Transmission of Electrical Energy. United States Patent Nr. 645,576. Beantragt am 02.09.1897, bewilligt am 20.03.1900. (http://www.pat2pdf.org/patents/pat645576.pdf)

Nikola TESLA: Method of and Apparatus for Controlling Mechanism of Moving Vessels or Vehicles. United States Patent Nr. 613,809. Beantragt am 01.07.1898, bewilligt am 08.11.1898. (http://www.pat2pdf.org/patents/pat613809.pdf)

Nikola TESLA: The Problem of Increasing Human Energy. With special references to the harnessing of the sun's energy. Century Illustrated Magazine, Juni 1900. (http://www.tfcbooks.com/tesla/1900-06-00.htm)

Nikola TESLA: Meine Erfindungen. Eine Autobiographie. Basel: Sternthaler Verlag, 1995.

O.V.: THE WIRELESS AGE. In: Los Angeles Times, 4.11.1901. S. 6. (http://earlyradiohistory.us/1901age.htm)

O.V.: The Year-Book of Wireless Telegraphy & Telephony 1915. London: The Wireless Press Ltd., 1915.

Bruno THIEME: Drahtlose Telegraphie und Telephonie und ihre Anwendung in der Praxis. Allgemeinverständlich dargelegt bis zu den neuesten Fortschritten. Unter besonderer Berücksichtigung der Flugtechnik. Berlin: Hermann Schran & Co, 1914.

Georg Christoph THOLEN: Die Zäsur der Medien. Kulturphilosophische Konturen. Frankfurt am Main, Suhrkamp 2002.

Henrietta THOMPSON: The Ultimate Guide to the Cell Phone Phenomenon. London: Thames & Hudson, 2005.

O.V.: TINIEST TUBE PAVES WAY FOR WRIST WATCH RADIO. In: Popular Science, November 1947. (http://blog.modernmechanix.com/2006/06/15/tiniest-tube-paves-way-for-wrist-watch-radio/)

O.V.: TINY RADIO BUILT IN CIGARETTE CASE. In: Popular Science, November 1935. (http://blog.modernmechanix.com/2007/08/20/tiny-radio-built-in-cigarette-case/)

O.V.: »TINY« WALKING RADIO. In: Modern Mechanix, Februar 1937. (http://blog.modernmechanix.com/2006/01/30/tiny-walking-radio/)

Bärbel TISCHLEDER und Hartmut WINKLER: Portable Media. Beobachtungen zu Handys und Körpern im öffentlichen Raum. In: Ästhetik & Kommunikation, Heft 112, Berlin 2001. S. 97-104.

Alan M. TURING: Computing Machinery and Intelligence. In: Mind, Vol. 59, Nr. 236, Oktober 1950. S. 433-460.

Emily TURRETTINI: SMS Celebrates 10th Birthday. Textually.org, 15.02.2003. (http://www.textually.org/textually/archives/2003/02/000040.htm)

V

O.V.: VACATION SETS ARE COMPACT AND EFFICIENT. In: Modern Mechanix, Oktober 1924. S. 673. (http://blog.modernmechanix.com/2007/03/30/vacation-sets-are-compact-and-efficient/)

Dirk VAIHINGER: Virtualität und Realität – Die Fiktionalisierung der Wirklichkeit und die unendliche Information. In: Holger Krapp und Thomas Wägenbaur (Hg.): Künstliche Paradiese, Virtuelle Realitäten. Künstliche Räume in Literatur-, Sozial- und Naturwissenschaften. München: Wilhelm Fink Verlag, 1997. S. 19-43.

Gianni VATTIMO und Wolfgang WELSCH: Medien-Welten Wirklichkeiten. München: Fink, 1998.

Paul VIRILIO: Fluchtgeschwindigkeiten. Frankfurt am Main: Fischer, 1999.

Clara VÖLKER: Mobile Media and Space. In: Gerard Goggin and Larissa Hjorth (Hg.): Mobile Media 2007, Conference Proceedings. Sydney: Sydney University Press 2007. S. 135-142.

Clara VÖLKER: Immer Online. Mobile Selbstinszenierung in Echtzeit. In: De:Bug 116, Berlin, 2007. S. 36.

Joseph VOGL: Medien-Werden: Galileis Fernrohr. In: Lorenz Engell und Joseph Vogl (Hg.): Archiv für Mediengeschichte – Mediale Historiographien. Weimar: Universitätsverlag, 2001. S. 115-123.

W

O.V.: WALKER CAN TUNE IN WITH RADIO IN CANE. In: Popular Science, März 1933. (http://blog.modernmechanix.com/2007/02/14/walker-can-tune-in-with-radio-in-cane/)

Martin WARNKE, Wolfgang COY, Georg Christoph THOLEN (Hg.): Hyperkult II. Zur Ortsbestimmung analoger und digitaler Medien. Bielefeld: transcript, 2005.

Mark WEISER: The Computer for the 21st Century In: Scientific American, Vol. 265, Nr. 3. September 1991. S. 94-104. Wiederveröffentlichung in: Mobile Computing and Communications Review, vol. 3, Nr. 3, Juli 1999. S. 3-11. S. 3.

Wolfgang WELSCH: »Wirklich«. Bedeutungsvarianten – Modelle – Wirklichkeit und Virtualität. In: Sybille Krämer (Hg.): Medien – Computer – Realität. Wirklichkeitsvorstellungen und Neue Medien. Frankfurt am Main: Suhrkamp, 1998. S. 169-212.

Wolfgang WELSCH: Eine Doppelfigur der Gegenwart. Virtualisierung und Revalidierung. In: Gianni Vattimo und Wolfgang Welsch: Medien-Welten Wirklichkeiten. München: Wilhelm Fin Verlag, 1998. S. 229-248.

Wolfgang WELSCH: Virtual to begin with? In: Mike Sandbothe und Winfried Marotzki (Hg.): Subjektivität und Öffentlichkeit. Kulturwissenschaftliche Grundlagenprobleme virtueller Welten. Köln: Herbert von Halem Verlag, 2000. S. 25-60.

Charles WHEATSTONE: The Scientific Papers. London: Taylor and Francis, 1879.

Thomas H. WHITE: Word Origins. In: ders.: United States Early Radio History, Section 22. (http://earlyradiohistory.us/sec022.htm)

Norbert WIENER: Cybernetics, or Control and Communication in the Animal and the Machine. New York: The Technology Press, 1948.

Norbert WIENER: The Human Use of Human Beings. Garden City, New York: Doubleday Anchor Books, 1954.

Hartmut WINKLER: Docuverse. Zur Medientheorie der Computer. München: Boer, 1997.

Brian WINSTON: Media Technology and Society. A History: From the Telegraph to the Internet. New York: Routledge, 1998.

Steward WOLPIN: Hold the Phone. In: Invention & Technology Magazine, Volume 22, Issue 3, Winter 2007. (http://www.americanheritage.com/articles/magazine/it/2007/3/2007_3_20.shtml)

Steve WOOLGAR and Geoff COOPER: Do Artifacts have Ambivalence? Moses' Bridges, Winner's Bridges and Other Urban Legends in S&TS. In: Social Studies of Science 29 (3), 1999. S. 433-449.

Steve WOOLGAR: Virtual Society? Technology, Cyberbole, Reality. Oxford: Oxford University Press, 2002.

Steve WOOLGAR: Mobiles back to front: Uncertainty in the theory-technology relation. In: Rich Ling and P.E. Pedderson (Hg.): Mobile Communications: Re-negotiation of the Social Sphere. London: Springer, 2005. S. 23-44.

Benjamin WOOLLEY: Die Wirklichkeit der virtuellen Welten. Basel u.a.: Birkhäuser Verlag, 1994 (1992).

Z

Siegfried ZIELINSKI: Expanded Reality. In: Florian Rötzer (Hg.): Cyberspace. Zum medialen Gesamtkunstwerk. München: Boer, 1993. S. 47-64.

Danksagung

Die vorliegende Studie wurde im Sommer 2008 als Dissertation an der Fakultät Medien der Bauhaus-Universität Weimar eingereicht.

Für ihre Unterstützung und Anregungen möchte ich mich bei Lorenz Engell und Claus Pias, dem Doktorandenkolloquium »Schwarzer Freitag« der Bauhaus-Universität Weimar, Jonathan Sterne, Darin Barney, Tim Hecker, Katherine Kline, dem Department für Communication Studies der McGill University, Kiwi Stefanie Menrath, Sascha Kösch, Karin Offenwanger, und Christian Mackrodt bedanken.

Für die finanzielle Ermöglichung meiner Doktorarbeit danke ich der Graduiertenförderung des Freistaats Thüringen sowie herzlich meiner Familie.

Ein besonderer Dank gilt Nomad sowie Florian Sebald von der Pfadfinderei Berlin für die Gestaltung des Buchumschlags.

Kultur- und Medientheorie

Matthias Bauer, Christoph Ernst
Diagrammatik
Einführung in ein kultur- und medienwissenschaftliches Forschungsfeld

Juni 2010, ca. 250 Seiten, kart., ca. 26,80 €,
ISBN 978-3-8376-1297-4

Christof Decker (Hg.)
Visuelle Kulturen der USA
Zur Geschichte von Malerei, Fotografie, Film, Fernsehen und Neuen Medien in Amerika

Oktober 2010, ca. 350 Seiten, kart., zahlr. Abb., ca. 29,80 €, ISBN 978-3-8376-1043-7

Erika Fischer-Lichte,
Kristiane Hasselmann,
Alma-Elisa Kittner (Hg.)
Kampf der Künste!
Kultur im Zeichen von Medienkonkurrenz und Eventstrategien

Juni 2010, ca. 300 Seiten,
kart., zahlr. Abb., ca. 28,80 €,
ISBN 978-3-89942-873-5

**Leseproben, weitere Informationen und Bestellmöglichkeiten
finden Sie unter www.transcript-verlag.de**

Kultur- und Medientheorie

Barbara Gronau, Alice Lagaay (Hg.)
Ökonomien der Zurückhaltung
Kulturelles Handeln zwischen Askese und Restriktion

Juni 2010, ca. 350 Seiten,
kart., zahlr. Abb., ca. 32,80 €,
ISBN 978-3-8376-1260-8

Annette Jael Lehmann,
Philip Ursprung (Hg.)
Bild und Raum
Klassische Texte zu Spatial Turn und Visual Culture

Juli 2010, ca. 300 Seiten, kart., ca. 29,80 €,
ISBN 978-3-8376-1431-2

Karlheinz Wöhler, Andreas Pott,
Vera Denzer (Hg.)
Tourismusräume
Zur soziokulturellen Konstruktion eines globalen Phänomens

Juli 2010, ca. 330 Seiten, kart., ca. 29,80 €,
ISBN 978-3-8376-1194-6

Leseproben, weitere Informationen und Bestellmöglichkeiten
finden Sie unter www.transcript-verlag.de

Kultur- und Medientheorie

CRISTIAN ALVARADO LEYTON,
PHILIPP ERCHINGER (Hg.)
Identität und Unterschied
Zur Theorie von Kultur,
Differenz und Transdifferenz
Januar 2010, 332 Seiten, kart., 29,80 €,
ISBN 978-3-8376-1182-3

BARBARA EDER,
ELISABETH KLAR,
RAMÓN REICHERT,
MARTINA ROSENTHAL (Hg.)
Theorien des Comics
Ein Reader
Juni 2010, ca. 300 Seiten,
kart., zahlr. Abb., ca. 28,80 €,
ISBN 978-3-8376-1147-2

ERIKA FISCHER-LICHTE,
KRISTIANE HASSELMANN,
MARKUS RAUTZENBERG (Hg.)
Ausweitung der Kunstzone
Interart Studies –
Neue Perspektiven
der Kunstwissenschaften
Juli 2010, ca. 300 Seiten, kart.,
zahlr. farb. Abb., ca. 28,80 €,
ISBN 978-3-8376-1186-1

DANIEL GETHMANN (Hg.)
**Klangmaschinen zwischen
Experiment und Medientechnik**
Juni 2010, ca. 260 Seiten, kart.,
zahlr. Abb., ca. 26,80 €,
ISBN 978-3-8376-1419-0

ALBERT KÜMMEL-SCHNUR,
CHRISTIAN KASSUNG (Hg.)
Bildtelegraphie
Eine Mediengeschichte in
Patenten (1840-1930)
August 2010, ca. 250 Seiten,
kart., zahlr. Abb., ca. 26,80 €,
ISBN 978-3-8376-1225-7

MARCUS MAEDER (Hg.)
**Milieux Sonores/
Klangliche Milieus**
Zum Verhältnis von Klang
und Raum
Juli 2010, ca. 180 Seiten, kart.,
zahlr. z.T. farb. Abb., ca. 23,80 €,
ISBN 978-3-8376-1313-1

PETER MÖRTENBÖCK,
HELGE MOOSHAMMER
Netzwerk Kultur
Die Kunst der Verbindung in
einer globalisierten Welt
April 2010, 156 Seiten, kart.,
zahlr. z.T. farb. Abb., 17,80 €,
ISBN 978-3-8376-1356-8

CHRISTOPH NEUBERT,
GABRIELE SCHABACHER (Hg.)
**Verkehrsgeschichte und
Kulturwissenschaft**
Analysen an der Schnittstelle
von Technik, Kultur und Medien
Juni 2010, ca. 250 Seiten, kart., ca.
26,80 €,
ISBN 978-3-8376-1092-5

SUSANNE REGENER
Visuelle Gewalt
Menschenbilder aus der
Psychiatrie des 20. Jahrhunderts
Juni 2010, ca. 220 Seiten,
kart., zahlr. Abb., ca. 25,80 €,
ISBN 978-3-89942-420-1

ROBERTO SIMANOWSKI
**Textmaschinen –
Kinetische Poesie –
Interaktive Installation**
Studien zu einer Hermeneutik
digitaler Kunst
Mai 2010, ca. 320 Seiten,
kart., zahlr. Abb., ca. 32,80 €,
ISBN 978-3-89942-976-3

**Leseproben, weitere Informationen und Bestellmöglichkeiten
finden Sie unter www.transcript-verlag.de**

ZfK – Zeitschrift für Kulturwissenschaften

Sebastian Gießmann, Ulrike Brunotte,
Franz Mauelshagen, Hartmut Böhme,
Christoph Wulf (Hg.)

Politische Ökologie

Zeitschrift für Kulturwissenschaften, Heft 2/2009

Oktober 2009, 158 Seiten, kart., 8,50 €,
ISBN 978-3-8376-1190-8
ISSN 9783-9331

ZfK – Zeitschrift für Kulturwissenschaften

Der Befund zu aktuellen Konzepten kulturwissenschaftlicher Analyse und Synthese ist ambivalent: Neben innovativen und qualitativ hochwertigen Ansätzen besonders jüngerer Forscher und Forscherinnen steht eine Masse oberflächlicher Antragsprosa und zeitgeistiger Wissensproduktion – zugleich ist das Werk einer ganzen Generation interdisziplinärer Pioniere noch wenig erschlossen.

In dieser Situation soll die **Zeitschrift für Kulturwissenschaften** eine Plattform für Diskussion und Kontroverse über Kultur und die Kulturwissenschaften bieten. Die Gegenwart braucht mehr denn je reflektierte Kultur, historisch situiertes und sozial verantwortetes Wissen. Aus den Einzelwissenschaften heraus kann so mit klugen interdisziplinären Forschungsansätzen fruchtbar über die Rolle von Geschichte und Gedächtnis, von Erneuerung und Verstetigung, von Selbststeuerung und ökonomischer Umwälzung im Bereich der Kulturproduktion und der naturwissenschaftlichen Produktion von Wissen diskutiert werden.

Die **Zeitschrift für Kulturwissenschaften** lässt gerade auch jüngere Wissenschaftler und Wissenschaftlerinnen zu Wort kommen, die aktuelle fächerübergreifende Ansätze entwickeln.

Lust auf mehr?

Die **Zeitschrift für Kulturwissenschaften** erscheint zweimal jährlich in Themenheften. Bisher liegen die Ausgaben Fremde Dinge (1/2007), Filmwissenschaft als Kulturwissenschaft (2/2007), Kreativität. Eine Rückrufaktion (1/2008), Räume (2/2008), Sehnsucht nach Evidenz (1/2009) und Politische Ökologie (2/2009) vor.
Die **Zeitschrift für Kulturwissenschaften** kann auch im Abonnement für den Preis von 8,50 € je Ausgabe bezogen werden.
Bestellung per E-Mail unter: bestellung.zfk@transcript-verlag.de

www.transcript-verlag.de